Rencontres religieuses et dynamiques sociales au Burkina Faso

Édité par Alice Degorce,
Ludovic O. Kibora
& Katrin Langewiesche

Rencontres religieuses et dynamiques sociales au Burkina Faso

Édité par Alice Degorce,
Ludovic O. Kibora
& Katrin Langewiesche

© Amalion 2019

Amalion
BP 5637 Dakar-Fann
Dakar CP 10700
Sénégal
http://www.amalion.net
ISBN 978-2-35926-083-0 (broché)
ISBN 978-2-35926-084-7 (ebook)

Conception de la couverture par Will McCarty
Achevé d'imprimer par Imprint Academic, Seychelles Farm, Upton Pyne, EX5 5HY, UK

Crédits: Les crédits sont indiqués à la page à laquelle l'image est présentée dans l'ouvrage. Pour la couverture, le rabat à gauche, photo de Harouna Marané, dessin de Damien Glez et murale de Zoetaba. Le rabat à droite, photos de Nyaba Ouédraogo, Adrien Bitibaly et Harouna Marané.

Cet ouvrage a été réalisé dans le cadre du programme « État des lieux des connaissances sur le religieux au Burkina Faso », mené d'octobre 2017 à octobre 2018, avec le soutien financier de l'Union européenne. Son contenu relève de la seule responsabilité des auteurs et ne reflète pas nécessairement les opinions de l'Union européenne.

Tous droits de reproduction, de traduction, d'adaptation, de représentation réservés pour tous pays. Aucune partie de cet ouvrage ne peut être traduite, adaptée ou reproduite de quelque manière que ce soit sans l'autorisation d'Amalion.

Sommaire

Tableaux vii
Cartes vii
Figures viii
Hommages à Jean-Marie Bouron et à Naffet Keïta ix
Note sur la transcription x
Contributeurs xi
Préface par *Benjamin Soares*. xvii

La pluralité – et après ? Une introduction
Alice Degorce, Ludovic O. Kibora & Katrin Langewiesche . . . 1

Première partie
Courants religieux contemporains

1. Qu'est-ce que la « tradition » ?
   Qu'appelle-t-on religion traditionnelle ?
   Ludovic O. Kibora & Katrin Langewiesche 17

L'islam au Burkina Faso

2. L'islam confrérique de la Tijâniyya et l'Hamawiyya
   Mara Vitale 41

3. Le mouvement sunnite au Burkina Faso. Implantation, diffusion et réinterprétation des marqueurs salafistes
   Maud Saint-Lary 56

4. Le réformisme islamique francophone au Burkina Faso
   Yacouba Ouédraogo 74

5. L'Association islamique ahmadiyya au Burkina Faso
   Issa Cissé & Katrin Langewiesche 90

Les christianismes au Burkina Faso

6. L'Église catholique au Burkina Faso : Pluralité et mutations
   Martial Halpougdou & Katrin Langewiesche 111

7. Histoire et contemporanéité des premières Églises pentecôtistes et évangéliques au Burkina Faso
   Alice Degorce 131

8. Les Églises évangéliques locales et les mouvements protestants interdénominationnels
   Louis Audet Gosselin 149

Deuxième partie
Religions et dynamiques socio-politiques

9. Les enjeux des chiffres : la démographie des religions au Burkina Faso
   Marc Pilon, Alice Degorce & Katrin Langewiesche 165

10. L'éducation privée confessionnelle au Burkina Faso
    Issa Cissé, Maxime Compaoré & Marc Pilon 197

11. ONG confessionnelles au Burkina Faso
    Louis Audet Gosselin & Kathéry Couillard 225

12. L'État et les religions au Burkina Faso
    Benoît Beucher, Ludovic O. Kibora & Pascal Kolesnoré 246

13. Le religieux sur Internet et dans les NTIC au Burkina Faso
    Frédérick Madore & Louis Audet Gosselin 269

14. La notion de djihad en contexte
    Hamidou Diallo & Alice Degorce 297

    Conclusion. La pluralité religieuse au Burkina Faso : modèle ou exception ?
    Katrin Langewiesche 313

Tableaux

Tableau 9.1. Modalités de réponses sur la religion prévues
    lors des différentes opérations de collecte au Burkina Faso . . 170
Tableau 9.2. Répartition (%) de la population selon
    la religion en Haute Volta en 1960–61 172
Tableau 9.3. Répartition (%) de la population selon
    la religion au Burkina Faso 174
Tableau 13.1. Portrait général de l'utilisation des TIC
    au Burkina Faso en janvier 2018 278

Cartes

Carte 1. Mouvements religieux transnationaux
    à destination du Burkina Faso 13
Carte 2. Circulation des mouvements religieux
    partant du Burkina Faso 14
Carte 3. Berceaux historiques des mouvements religieux 16
Carte 4. Réalisations dans le domaine du développement
    de l'Ahmadiyya, Humanity First et IAAAE en 2018 102
Carte 5. Répartition géographique des Églises et missions
    évangéliques en 1960 135
Carte 6. Attaques au Burkina Faso de 2015 à octobre 2018 306

Figures

Figure 9.1. Répartition (%) de la population selon la religion au Burkina Faso, pour chaque sexe....................176

Figure 9.2. Répartition (%) de la population des 15–49 ans selon la religion au Burkina Faso, pour chaque sexe.......177

Figure 9.3a. Répartition (%) de la population selon la religion au Burkina Faso, pour les hommes de 15–49 ans.........178

Figure 9.3b. Répartition (%) de la population selon la religion au Burkina Faso, pour les femmes de 15–49 ans.........179

Figure 9.4. Répartition (%) de la population selon la religion au Burkina Faso et le milieu de résidence...............182

Figure 9.5a. Pourcentage (%) de la population selon la religion (animiste) au Burkina Faso et le milieu de résidence.......185

Figure 9.5b. Pourcentage (%) de la population selon la religion (musulmane) au Burkina Faso et le milieu de résidence....186

Figure 9.5c. Pourcentage (%) de la population selon la religion (catholique) au Burkina Faso et le milieu de résidence.....186

Figure 9.5d. Pourcentage (%) de la population selon la religion (protestante) au Burkina Faso et le milieu de résidence.....187

Figure 9.6. Répartition (%) de la population selon la religion à Ouagadougou..188

Hommages
à Jean-Marie Bouron et à Naffet Keïta

Nous avons eu au cours de la rédaction de cet ouvrage la profonde douleur de perdre deux de nos collègues : Jean-Marie Bouron, qui devait rédiger un chapitre, et Naffet Keïta, invité de l'atelier de lancement du programme « État des lieux des connaissances sur le religieux au Burkina Faso », en janvier 2018. Il nous y avait présenté un exposé sur la question de la radicalisation au Mali. Nous tenons à rendre hommage à leurs mémoires par cette dédicace.

Jean-Marie Bouron était docteur en histoire contemporaine de l'Université de Nantes et de l'Université de Ouagadougou. Il avait soutenu en 2013 une thèse en cotutelle sous les directions de Magloire Somé et de Bernard Salvaing, intitulée « Évangélisation parallèle et configurations croisées. Histoire comparative de la christianisation du Centre-Ghana et du Nord-Volta (1945–1960) ». Il enseignait au lycée de Châteaubriant et était chercheur affilié à l'Institut des mondes africains (IMAF). Jeune chercheur rigoureux et talentueux, il avait publié durant sa courte carrière académique un nombre impressionnant d'articles et de chapitres de livres et édité un ouvrage. En 2016, il fut récompensé par le Prix du meilleur article d'histoire contemporaine décerné par l'Association des Historiens Contemporainéistes de l'Enseignement Supérieur et de la Recherche (AHCESR), dont il fut le premier lauréat. Jean-Marie était un collègue attentif et bienveillant. Sa générosité et son érudition faisaient de chaque collaboration avec lui un plaisir. Emporté en avril 2018 par une rupture d'anévrisme à l'âge de 32 ans, sa disparition laisse un grand vide parmi nous.

Naffet Keïta a soutenu en 1999 une thèse de troisième cycle sur la « Contribution à une anthropologie du pouvoir et de l'intégration nationale en Afrique : de la "rébellion Touareg" à une nouvelle nation au Mali », à l'Université Cheikh Anta Diop de Dakar (Sénégal). De retour au pays, il s'investit dans les recherches anthropologiques sur les problématiques sociétales en lien avec la construction de l'État-Nation. Il est nommé Maître de conférences en 2010, à la Faculté des Lettres et Art et Science Humaine (FLASH) de l'université de Bamako

(Mali). Naffet était reconnu par ses pairs comme le spécialiste du Nord Mali. Cela lui a valu d'être régulièrement sollicité pour éclairer l'État et les partenaires du Mali sur la crise sociopolitique que traverse le pays. En plus de ses activités académiques, Naffet participait ainsi à des rencontres diverses qu'il marquait par ses interventions d'homme de terrain ayant une connaissance avérée des acteurs et du contexte. Il a été de ce fait nommé conseiller technique au Premier ministère du Mali (juin 2014–février 2015). Naffet Keïta est l'auteur de nombreux articles scientifiques et de presse sur les questions d'actualité. Il a dirigé la publication des ouvrages suivants : *L'esclavage au Mali*, publié en 2012 à l'Harmattan Mali, et *Socio-anthropologie du changement social en Afrique de l'Ouest. Migrations, institutions et accès aux ressources : la mobilité des ressources humaines en postcolonie malienne*, publié en 2009 aux CODESRIA, en codirection avec Shaka Bagayogo. Naffet a été lauréat du Prix MOST-UNESCO International, des Meilleures Thèses de 2000–2001 et du Programme de subventions pour la rédaction de Mémoires et Thèses du CODESRIA (1997). Très rigoureux et dynamique, c'est en se rendant à un atelier de restitution de résultats de recherche qu'il a trouvé la mort dans un accident de la route, le 22 octobre 2018, à l'âge de 50 ans.

Les disparitions brutales de Jean-Marie et de Naffet ont bouleversé la création de ce livre et profondément attristé tous ceux qui, comme nous, les fréquentaient et les appréciaient.

Note sur la transcription

Cet ouvrage utilise dans la mesure du possible les orthographes officielles des termes utilisés par les auteurs dans les langues africaines. Toutefois, afin de faciliter la lecture et dans le but d'ouvrir ce livre à un lectorat non spécialiste et non africaniste, nous avons généralement privilégié l'orthographe francisée des ethnonymes (par exemple, Mossi au lieu de *Moose* ou *Moaaga*, Samo au lieu de *San*, etc.). D'un texte à l'autre, certains auteurs ont néanmoins pu préciser en note à quels noms ou ethnonymes correspondent dans les langues locales et les orthographes officielles les termes qu'ils utilisent.

Contributeurs

Louis AUDET GOSSELIN est Docteur en sociologie (Université du Québec à Montréal) et directeur adjoint du Centre d'expertise et de formation sur les intégrismes religieux, les idéologies politiques et la radicalisation au Cégep Édouard-Montpetit, à Longueuil, Canada. Ses recherches portent sur divers aspects de la vie religieuse au Burkina Faso, abordée de manière transversale entre les communautés chrétiennes et musulmanes, et l'histoire des intellectuels francophones dans les milieux religieux, les ONG religieuses de développement et les rapports intergénérationnels.

Benoît BEUCHER est Docteur en histoire (Paris-Sorbonne), chercheur affilié à l'Institut des Mondes africains (UMR CNRS 8171-IRD 243). Il est actuellement adjoint au référent Histoire auprès de l'état-major de l'armée de Terre (EMAT/DELPAT). Ses travaux portent principalement sur l'histoire des sociétés politiques et guerrières de la Boucle du Niger en décloisonnant les périodes précoloniale, coloniale et postcoloniale. Il interroge les rapports entre la guerre, l'État et les politiques de la « tradition » dans l'actuel Burkina Faso. Il a publié *Manger le pouvoir au Burkina Faso. La noblesse mossi à l'épreuve de l'Histoire,* Paris, Karthala (2017).

Adrien BITIBALY est photographe. Il a réalisé en 2016 une série sur les mines d'or (*Entre fortune et survie*) et en 2017 sur les extracteurs de la latérite (*Latérite*). Depuis 2010, il s'oriente et se spécialise dans la photographie documentaire et des portraits ce qui lui permet de témoigner des faits qui travaillent la société burkinabè tout en préservant une démarche d'auteur. En 2017, il a reçu une bourse pour étudier et résider à l'École Nationale Supérieure de la Photographie d'Arles (ENSP), France. Il prépare actuellement une réflexion sur les images éphémères des voyageurs.

Issa CISSÉ est historien, professeur titulaire à l'Université Ouaga I Joseph Ki-Zerbo. Il a été membre de nombreux programmes de recherche, dont l'ANR Publislam (2007–2012) et l'ANR Priverel (2012–2016). Il est aussi expert spécialiste des programmes auprès de l'ISESCO. Ses recherches portent principalement sur les dynamiques de l'islam burkinabè. Parmi les nombreux articles qu'il a publiés : « L'islam au Burkina pendant la période coloniale » in *Burkina Faso. Cent ans d'Histoire 1895–1995,* t. 1, 2003 ; « Le Wahhabisme au Burkina Faso : dynamique interne d'un mouvement islamique réformiste » in *Cahiers du CERLESHS,* 2009 ; « La Ahmadiyya au Burkina Faso » *Islam et Sociétés au sud du Sahara,* 2010 ; et « Conflits et médiations au sein de la Ummah du Burkina Faso » (in *Réconciliation ou reconnaissance ? Essais sur un dynamique d'entente durable,* Peter Land, 2014).

Maxime COMPAORÉ est titulaire d'un Doctorat d'Histoire Économique et Sociale de l'Université Paris 7 (1995). Il cumule plus de 20 ans d'expérience professionnelle dans le domaine de l'histoire et de l'éducation au Burkina Faso et en Afrique. Il est actuellement Coordonnateur de l'Atelier de recherche sur l'éducation au Burkina Faso (AREB). Il est auteur (co-auteur) de cinq ouvrages et plus d'une quinzaine d'articles scientifiques sur des thèmes portant sur l'éducation et sur l'histoire. Il a par ailleurs occupé de nombreux postes de responsabilité dans l'administration publique.

Kathéry COUILLARD détient une Maîtrise en histoire de l'Université Laval (Québec, Canada). Ses recherches ont porté sur les actions de l'Église catholique et d'associations islamiques dans les domaines de la santé et de l'éducation à Ouagadougou, Burkina Faso. Elle a notamment écrit « Leaders of National and Transnational Muslim NGOs in Burkina Faso : Diverse Forms and Experiences of Islamic Civic Engagement » (avec F. Madore et M. Gomez-Perez in *Faith and Charity, Religion and Humanitarian Assistance in West Africa,* dirigé par M. N. Leblanc et L. A. Gosselin, 2016. L'auteur est présentement gestionnaire dans une organisation culturelle.

Alice DEGORCE est chargée de recherche à l'IRD, membre de l'Institut des mondes africains (IMAF). Ses travaux portent sur les pratiques religieuses et langagières des migrants au Burkina Faso. Elle a publié entre autres, avec Honorine Sawadogo et Aude Nikièma « Les mères de jumeaux autour des mosquées à Ouagadougou : réappropriations, mobilités et mutations urbaines », *Cahiers d'Outre-Mer,* n° 274 (2018) ; « Du rap à l'évangélisation. Parcours de vie d'un bishop de Ouagadougou », *Volume ! La revue des musiques populaires,* n° 14–1 (2017) et *Chants funéraires des Mossi (Burkina Faso),* dans la collection Classiques Africains, Paris, Karthala, 2014.

Hamidou DIALLO a obtenu un Doctorat de troisième cycle à la Sorbonne (Paris 1) en 1979. Il enseigna l'histoire à l'Université de Ouagadougou de 1980 à 2016, année de sa retraite. En 2009, il a obtenu une thèse de Doctorat d'État sous la direction du professeur Jean-Louis Triaud à l'Université d'Aix-en-Provence. L'essentiel de ses recherches a porté sur les relations entre pasteurs et agriculteurs et l'islam dans la zone sahélienne du Burkina Faso actuel. Il fut le directeur général des Archives nationales du Burkina Faso de 2007 à 2016. Il a publié entre autres en 1997, « Moussa Aminou, le "Mahdi" de Ouani », in D. Robinson et J.-L. Triaud (dir.), *Le temps des marabouts,* Paris, Karthala, et avec Moussa W. Batenga (dir.), 2015, *Le Burkina Faso passé et présent,* Presses Universitaires de Ouagadougou.

Damien GLEZ est un dessinateur de presse franco-burkinabè, parolier et scénariste de séries télévisuelles. Ses dessins sont publiés régulièrement dans *Le Journal du Jeudi* (Burkina Faso), *Rolling Stone* (France), *Vita Non Profit Magazine* (Italie), *Slate Afrique* (France), *afronline.org* (Italie), *World Policy Journal* (États-Unis), *The Africa Report* (Afrique), *Jeune Afrique* (France-Afrique), etc. Ils ont également été diffusés sur diverses chaînes télévisées et primés lors de nombreux festivals.

Martial HALPOUGDOU est Docteur en histoire de l'Université Paris 7, chargé de recherche à l'INSS/CNRST et Directeur de l'information scientifique et technique du CNRST. Il est auteur et co-auteur de publications dont « L'Église catholique face au défi du développement en Haute Volta », *Cahiers du CERLESH,* Ouagadougou, 2005 ; Histoire de Boussouma des origines à la fin de l'occupation coloniale, DIST/CNRST (2012) et *L'Église catholique et les crises sociopolitiques au Burkina Faso,* ASA, février 2017 (avec Ludovic Kibora).

Ludovic Ouhonyioué KIBORA est Docteur en anthropologie, ethnologie, sciences des religions de l'Université Paris 7 Denis-Diderot. Il est directeur actuel de l'Institut des sciences des sociétés du Centre national de la recherche scientifique et technologique (INSS/CNRST). Il est co-auteur de l'ouvrage sur les *Transformations socio-politiques au Burkina Faso de 2014 à 2017. Perspectives anthropologiques des pratiques politiques et de la culture démocratique dans « un Burkina nouveau »*, Uppsala, Uppsala universitet, 2017 ; et l'auteur de *Du dehors au-dedans, l'alliance chez les Kasena,* Paris, Université Paris 7 Denis Diderot, 1997.

Pascal KOLESNORE est philosophe et prêtre de l'Archidiocèse de Koupéla. Il est actuellement enseignant-chercheur et Maître-Assistant à l'Université Saint Thomas d'Aquin (USTA) au Burkina Faso. Après avoir exercé diverses fonctions ecclésiastiques, il est formateur au Grand Séminaire de Kossoghin (Ouagadougou) rattaché à l'USTA. Titulaire d'un Doctorat en philosophie morale et politique et d'une Maîtrise en Sciences politique et sociale, il s'intéresse dans ses recherches au rapport de la religion à la politique. Il a déjà publié *Histoire et liberté : éclairages kantiens* (2012), *De la démocrature à la démocratie au Burkina Faso : Rôle de l'Église et défis* (2016).

Katrin LANGEWIESCHE est anthropologue à l'Institut d'ethnologie et des études africaines de l'Université Johannes Gutenberg de Mayence (Allemagne). Ses intérêts de recherche portent sur la pluralité religieuse dans les sociétés africaines modernes, les théories de la conversion, les mouvements islamiques et catholiques, les ONG confessionnelles, ainsi que sur des développements méthodologiques et épistémologiques en sciences sociales. Elle a notamment publié *Mobilité religieuse. Changements religieux au Burkina Faso* (Lit Verlag 2003), *La mission au féminin dans un monde globalisé* (dossier thématique de la revue *Histoire, Mondes & Cultures religieuses,* 2014), *L'enquête et ses graphies en sciences sociales* (coédité avec Jean-Bernard Ouédraogo, Amalion 2019).

Frédérik MADORE est titulaire d'un Doctorat en histoire obtenu à l'Université Laval en 2018. Il est chercheur postdoctoral Banting au Center for African Studies de l'Université de Floride (États-Unis) et membre du Sahel Research Group. Ses recherches ont exploré les relations entre la politique et l'islam, l'émergence de nouvelles formes d'activisme islamique chez les jeunes et les femmes ainsi que l'appropriation des médias par les musulmans au Burkina Faso et en Côte d'Ivoire. Il est notamment l'auteur du livre *La construction d'une sphère publique musulmane en Afrique de l'Ouest* (Presses de l'Université Laval/Hermann, 2016).

Harouna MARANE est photographe et lauréat du Prix Norbert Zongo du photojournalisme, du Grand Prix National de la photographie, du Prix Culture Islamique catégorie meilleur artiste. En mai 2017 il est en résidence à Gasteig/Aspekte Galerie de Munich (Allemagne) et en 2019 à l'Université de Bayreuth et de l'Iwalelahaus (Allemagne).

Aude NIKIEMA est géographe à l'Institut des Sciences des Sociétés au Burkina Faso. Spécialiste des Systèmes d'information géographique (SIG), elle a mené de nombreux travaux sur la ville. Elle a, notamment, analysé la répartition spatiale des équipements à Ouagadougou afin de mettre en évidence les disparités spatiales qui caractérisent la capitale. Parmi ses travaux figurent : *Ouagadougou 1850–2004 : une urbanisation différenciée* (IRD, 2008) et « Les mères de jumeaux autour des mosquées à Ouagadougou : réappropriations, mobilités et mutations urbaines », *Cahiers d'Outre-mer,* 2016, n°274 : 183–206 publié avec Alice Degorce et Honorine Ouédraogo.

Marc PILON est démographe, directeur de recherche de l'IRD et membre de l'UMR196 CEPED (Centre population et développement ; Université Paris Descartes - IRD). Si ses activités de recherche concernent principalement l'éducation, il porte un intérêt particulier à la valorisation des sources de données démographiques (recensements de la population et enquêtes) articulée à une approche critique des métadonnées.

Nyaba Léon OUÉDRAOGO est co-fondateur du collectif « Topics Visual Arts Platform », laboratoire de réflexion et concertation d'artistes autour de la photographie. Il a réalisé en 2008 une réflexion sur les déchets électroniques et ses conséquences (*L'enfer du cuivre*), en 2011 sur les casseurs de granite et du sable au Burkina Faso (*Erreur humaine*). En 2013 il présente une poésie photographique *The Phantoms of Congo River* et en 2014 une mise en scène *Les dévoreuse d'âmes au Burkina Faso*. Son travail est diffusé dans *Jeune Afrique, The Guardian, Connaissances des arts*. Ses œuvres sont collectionnées par des Musées internationaux et des collections privées.

Yacouba OUÉDRAOGO est Maître-assistant d'histoire au Département d'histoire et archéologie de l'Université Ouaga I Pr Joseph Ki-Zerbo. Membre du laboratoire Systèmes Politiques Économiques Religions et Sociétés en Afrique (SPERSA), il s'intéresse à l'islam et ses axes de recherche portent sur les rapports entre religion, politique et développement. Il a publié en 2017, « Courant musulman francophone et émergence d'un islam critique au Burkina Faso », dans *Acta Islamica : Revue d'études islamiques/African Studies Review* Numéro/Issue 1.

Maud SAINT-LARY est anthropologue rattachée à l'Institut des mondes africains (IMAF). Elle effectue depuis de nombreuses années des recherches sur les dynamiques de l'islam subsaharien en se penchant plus particulièrement sur le Burkina Faso. Elle est également membre et cofondatrice du Laboratoire de Sciences Sociales Appliquées (LaSSA). Elle a publié entre autres en 2019, *Réislamisations au Burkina Faso. Questions de genre et enjeux sociaux*, Paris, Karthala, et en 2018 « Politiques du genre et féminisme islamique au Burkina Faso », in Muriel Gomez-Perez (dir.), *Femmes d'Afrique et émancipation. Entre normes contraignantes et nouveaux possibles*, Paris, Karthala.

Benjamin SOARES est anthropologue et professeur au Département des Religions et directeur du Center for Global Islamic Studies à l'Université de Floride aux États-Unis. Il fut directeur de recherche au Centre d'études africaines à Leiden, Pays-Bas, après avoir enseigné dans différentes universités en France, aux États-Unis et au Royaume-Uni. Il est l'auteur de plusieurs publications : *Islam and the Prayer Economy: History and Authority in a Malian Town* (University of Michigan Press & Edinburgh University Press for the IAI, 2005); édité *Muslim–Christian Encounters in Africa* (Brill, 2006); coédité *Islam, Politics, Anthropology* (Wiley-Blackwell, 2010) avec Filippo Osella; coédité *Islam, État et société en Afrique* (Karthala, 2009) et *Islam and Muslim Politics in Africa* (Palgrave, 2007) avec René Otayek; et coédité *New Media and Religious Transformations in Africa* (Indiana, 2015) avec Rosalind Hackett.

Mara VITALE collabore avec l'ONG ULB-Coopération. Elle est anthropologue, doctorante à l'EHESS de Paris. Ses recherches portent sur l'islam soufi au Burkina Faso, notamment sur les dynamiques de développement de la Tijâniyya et les différentes expressions du pouvoir charismatique chez les leaders spirituels musulmans. Elle a participé aux projets de recherche ANR Publislam (2007–2012) et Priverel (2012–2016). Elle a publié, entre autres, « Trajectoires d'évolution de l'islam au Burkina Faso » *Cahiers d'études africaines,* 2012 ; « Quelle laïcité au Burkina ? Les enjeux du dialogue entre État, religions et citoyens » in *L'Afrique des laïcités. État, religion, pouvoir au sud du Sahara,* Éditions Tombouctou/ IRD Éditions, 2014 ; « From Local to Transnational Challenges: Religious Leaders and Muslim NGOs in Burkina Faso » in Marie Nathalie LeBlanc and Louis Audet Gosselin (eds), *Faith and Charity, Religion and Humanitarian Assistance in West Africa,* Pluto Press, 2016 ; « Women and Anthropologists in West Africa: Two Research Experiences » in Ruth Jackson and Max Kelly (eds.), *Women Researching in Africa: The Impact of Gender*, Palgrave, 2018.

PRÉFACE

Benjamin Soares

La religion a, et ce depuis longtemps, fait l'objet d'une grande attention au Burkina Faso – l'ancienne Haute-Volta. Depuis les premiers temps de la colonisation, le fait religieux – la religion, la pluralité religieuse et les mutations des phénomènes religieux – a fasciné divers observateurs de ce pays, des administrateurs coloniaux et missionnaires aux universitaires, en passant par le grand public et les décideurs d'aujourd'hui. Et cela pour une bonne raison. Depuis le début du XXe siècle, lorsque les missionnaires de l'Église catholique romaine sont arrivés, suivis de peu par les missionnaires protestants, le Burkina Faso a été le théâtre de changements considérables et parfois dramatiques dans le domaine religieux. Une longue lignée de chercheurs talentueux – anthropologues et historiens, dont certains étaient missionnaires – ont écrit un nombre impressionnant d'ouvrages sur la riche histoire religieuse et le fait religieux de ce pays. Cette littérature, qui est le plus souvent consacrée à l'une ou l'autre tradition religieuse, a permis d'illustrer comment l'islam, le catholicisme et le protestantisme sous diverses formes ont été adoptés et diffusés pendant la période coloniale, et après celle-ci. Parallèlement, ces travaux ont montré comment les dénommées « traditions » africaines sont restées très importantes et se sont transformées à travers l'espace et le temps dans le pays. Certaines des études les plus récentes et les plus passionnantes ont pour point de départ la perspective de la religion telle qu'elle est vécue et pratiquée au quotidien au Burkina Faso et ont envisagé les différentes traditions religieuses du pays à travers un cadre analytique identique, les mettant au même niveau et permettant des comparaisons et l'étude des interactions ou des circulations entre les religions. En effet, au cours de ces dernières années, le Burkina Faso est devenu un terrain où certains chercheurs ont pu réfléchir à des questions essentielles et pressantes en matière de religion, de pluralité et de religion vécue, dont la portée dépasse largement celle du champ des spécialistes du Burkina Faso, notamment concernant la mobilité religieuse et le fait interreligieux (par exemple à travers des pratiques telles que les mariages religieux mixtes).

Depuis la mainmise islamiste sur le nord du Mali en 2012, de ses suites et retombées au Burkina Faso, de nombreux observateurs, extérieurs ainsi que burkinabè, se sont à nouveau intéressés à la religion dans le pays et plus particulièrement à la question de la radicalisation religieuse en rapport avec l'islam. Cet intérêt s'est intensifié à la suite de violences récentes à Ouagadougou et ailleurs dans le pays, parfois au nom de l'islam ou du jihad. Face aux images médiatiques omniprésentes sur l'islam et le jihad au Sahel et aux discours persistants sur l'inévitable choc des civilisations entre l'islam et les non-musulmans, cet ouvrage sur les dynamiques sociales et rencontres religieuses au Burkina Faso est aussi important qu'il est d'actualité. Le volume est issu d'un projet financé par l'Union Européenne et réalisé par l'Institut de Recherche pour le Développement (IRD) et l'Institut des Sciences des Sociétés (INSS) à Ouagadougou. Le projet et la publication rassemblent des chercheurs séniors et juniors du Burkina Faso, d'Europe et d'Amérique du Nord, qui forment ensemble une excellente équipe d'experts sur les religions au Burkina Faso. En plus d'un aperçu des différentes traditions religieuses et de leur histoire au Burkina Faso, les auteurs fournissent des chapitres sur les religions en lien avec les dynamiques sociopolitiques, en abordant des questions aussi importantes que la démographie religieuse, l'éducation religieuse, les ONG confessionnelles, religion et médias, la politique et le djihad. L'ouvrage combine une description méticuleuse et succincte de ces objets d'étude et de la façon dont ils ont évolué au fil du temps, avec des nouvelles approches analytiques, dans une macro-perspective. Compte tenu de la richesse des résultats des recherches et des analyses présentées ici, il est certain que l'ouvrage deviendra incontournable et constituera une référence à laquelle toutes les recherches futures sur les religions au Burkina Faso seront comparées. À cette époque où les analyses instantanées naissent de la panique face aux menaces islamistes ou jihadistes, réelles ou imaginaires, et où des présupposés concernant les frontières religieuses rigides qui empêcheraient la coexistence des traditions religieuses se développent, le cas du Burkina Faso avec sa diversité religieuse complexe et les changements et reconfigurations du religieux – peut-être moins exceptionnels que beaucoup pourraient le penser – se prête tout particulièrement à des réflexions comparées. Il souligne également le besoin criant d'une approche similaire dans la sous-région – au Cameroun, en Côte d'Ivoire, au Mali, au Niger, au Sénégal, au Tchad, pour ne citer que quelques pays francophones de la région, mais aussi au Ghana avec lequel le Burkina Faso partage une histoire importante – où les études du fait religieux portant sur plus d'une religion et intégrées dans un même cadre analytique n'en sont pas moins urgentes. Les éditeurs et contributeurs sont à féliciter pour avoir si rapidement publié ce livre de grande qualité qui sera d'un réel intérêt pour les chercheurs, les décideurs et pour le grand public.

Professeur Benjamin Soares,
Département des Religions
Université de Floride, États-Unis

1. Murale de Zoetaba au palais d'Issouka à Koudougou, Burkina Faso. Photo par Alice Degorce, 2018.

LA PLURALITÉ – ET APRÈS ?
UNE INTRODUCTION

*Alice Degorce, Ludovic O. Kibora
& Katrin Langewiesche*

La pluralité religieuse burkinabè a souvent été citée comme exemplaire et comme faisant figure d'exception dans un Sahel à majorité musulmane. Selon le dernier recensement général de la population (INSD 2008), les musulmans sont les plus nombreux au Burkina Faso avec environ 60 % de fidèles, les chrétiens en comptant au total 23,2 % (catholiques et protestants) et les « animistes » 15,3 %. Ceux qui s'intéressent au fait religieux au Burkina Faso sont familiers de ces chiffres. Ils en connaissent aussi les limites, liées aux conditions d'enquête (par exemple que répondre à un enquêteur sur son appartenance religieuse si on cumule les pratiques ? Limite-on sa réponse à ce que le prénom enregistré à l'état-civil veut bien dire ?), à l'histoire du pays et de ses différentes cultures, ainsi qu'à l'hétérogénéité des identités et des pratiques religieuses d'une région ou d'une culture locale à l'autre. S'inspirant de ce contexte social et religieux pluriel, ce livre a pour objectif de proposer une synthèse sur la présence et les interactions des mouvements religieux au Burkina Faso.

Il s'articule autour de l'idée qu'il est essentiel de comprendre la diversité religieuse d'un pays ou d'un espace géographique donné, pour dépasser des idées reçues sur l'une ou l'autre des religions en présence. Il s'agit ainsi, à travers les différentes contributions, de mettre en exergue les dynamiques religieuses au Burkina Faso, c'est-à-dire de ne pas figer l'une ou l'autre des religions comme des « blocs » distincts et avec des pratiques et des croyances établies une fois pour toutes.

Malgré une organisation du livre présentant dans ses premiers chapitres différents courant religieux séparément, un des partis pris de cet ouvrage est ainsi de mettre en lumière les types de relations qui existent entre les traditions et les pratiques religieuses au Burkina Faso et d'aller à l'encontre des tendances actuelles qui isolent les analyses du fait religieux, en se consacrant soit à l'islam, soit aux christianismes, soit au religieux « traditionnel » par exemple, et qui, notamment dans les media et surtout en Europe, tendent à penser les différences religieuses en terme de violence, de radicalisme ou d'extrémisme violent. Les relations entre religions vont de la collaboration à la compétition, de la complémentarité à l'exclusion, de la tolérance à l'ignorance. Elles sont caractérisées par des mélanges, des emprunts, des oscillations, et il s'agit bien ici de pointer leur diversité et ces relations complexes.

Le concept de diversité religieuse peut se référer au nombre de groupes religieux ou au nombre de personnes qui adhèrent à différentes organisations religieuses. Dans d'autres cas, l'existence d'une différenciation interne au sein des principales institutions religieuses devient représentative pour la diversité (Giordan 2014 : 7). Les statistiques officielles qui recensent le nombre d'adhérents de divers groupes religieux et la critique postmoderne de l'homogénéité représentent deux faces du concept de la diversité religieuse impliquant des approches méthodologiques et épistémologiques contrastées (Kühle et al. 2018 : 4). La diversité (ou pluralité) religieuse définie comme la coexistence des communautés religieuses semble être un concept descriptif, mais elle pourrait aussi être considérée comme normative, si le contraire de la coexistence est « conflit », « violence » ou « radicalisation » (op. cit. : 5). La nécessité de soumettre la pluralité religieuse burkinabè et ses conséquences à un examen minutieux est le principal argument du présent ouvrage.

Un autre fil conducteur vise à souligner les liens entre le religieux, le politique et le social, tant au niveau local au Burkina Faso qu'au niveau global à travers les liens des différentes religions et de leurs membres dans la sous-région, afin de chercher à comprendre comment et à quel degré des frontières religieuses sont utilisées à des fins sociales. Un aperçu de l'histoire des religions au Burkina Faso et des agencements sociaux entourant la pluralité religieuse au quotidien nous permettra, en prélude à cet ouvrage, de donner au lecteur un avant-goût de ce contexte socioreligieux.

MUSULMANS, CHRÉTIENS ET « TRADITIONNALISTES » AU BURKINA FASO

Les pratiques liées au « coutumier » ou au « traditionnel » sont bien sûr les plus anciennes, mais aussi les plus diversifiées et à même d'interroger la place du religieux dans la société burkinabè. L'exemple de ce qu'est la « religion traditionnelle » ou « l'animisme », dans la société mossi (*moaaga*, pl. *moose*), permet d'illustrer ce point. Pour parler des pratiques religieuses traditionnelles (par exemple, les cérémonies funéraires, les sorties de masques, les sacrifices sur les autels de la terre, etc.), les interlocuteurs utilisent en *moore*, la langue des Mossi, le terme « *rog-n-miki* », que l'on pourrait traduire littéralement en français par « naître et trouver » (Degorce 2014).

Rog-n-miki renvoie donc à un ensemble de pratiques et de croyances religieuses. Ce terme est notamment défini dans ses rapports aux religions chrétienne et musulmane. Confronté à celles-ci, le *rog-n-miki* constitue effectivement un référent, par rapport auquel les religions universalistes prennent position. Mais le *rog-n-miki* est aussi une notion à la portée plus vaste que celle de religion, par rapport à laquelle se construisent les discours identitaires, que ce soit en opposition ou en accord avec elle. Dans ce contexte, ce concept renvoie à une sorte de socle culturel commun à partir duquel les identités se construisent. Enfin, le *rog-n-miki* peut renvoyer à un savoir-faire technique et à sa transmission, comme Lidia Calderoli (2010) a pu l'observer au sein d'un lignage de forgerons. La définition même des religions « traditionnelles » est donc multiple, mais, surtout, ne semble pas se limiter au champ du religieux. Leur place dans la pluralité religieuse burkinabè et leurs interactions au cours de l'histoire avec les autres religions nous donnent à penser les concepts même de religion et de pluralité religieuse. L'étude de la diversité religieuse soulève en effet la question de savoir comment la religion est définie et qui peut définir ce qui constitue une religion.

L'islam est la première religion universaliste à avoir été introduite dans l'espace burkinabè actuel, et notamment dans la région centrale du pays. Au cours de la période précoloniale, les royaumes mossi toléraient ainsi la présence de commerçants musulmans d'origine dioula, appelés Yarse, de Maransé d'origine songhay et de groupes peuls (Izard 1985 ; Saint-Lary 2012), qui pratiquaient en retour leurs activités et leur religion sans qu'elles soient associées à une quelconque forme de prosélytisme (Langewiesche 2003 : 154 ; Otayek 1996 : 235 ; Saint-Lary 2012 : 452).

Au contraire de la région de Bobo-Dioulasso, carrefour commercial fortement influencé par le courant islamique des lettrés mais aussi par sa proximité avec les grands empires soudanais (Cissé 2015), l'islam précolonial est ainsi resté marginal dans le *Moogo* (royaumes mossi) et seuls quelques chefs se sont convertis à l'islam à partir du XVIIIe siècle, dans un souci de cohésion sociale et de maîtrise des franges musulmanes commerçantes des populations des royaumes (Izard 1985 ; Otayek 1996 : 235). Dans le Nord-Est du Burkina Faso, dans les provinces actuelles du Séno (correspondant au Liptako) et du Yaaga, les populations peules qui étaient installées depuis les XVe et XVIe siècles, furent islamisées au cours du XIXe siècle, malgré la présence plus ancienne d'importantes familles maraboutiques (Diallo 2003).

Au XXe siècle, les conversions à l'islam se font de plus en plus nombreuses et la pratique de l'islam devient plus visible pendant la période coloniale. Avec l'ouverture au monde arabo-islamique du pays et avec l'arrivée au pouvoir du président de confession musulmane Aboubacar Sangoulé Lamizana en 1966, il commence à trouver un statut plus valorisé dans l'espace public et politique burkinabè. Issa Cissé situe « l'éveil de l'islam » au Burkina Faso à la fin des années 1970 et dans les années 1980 (Cissé 2015 : 428). Dans les années 1970 toutefois, les rivalités entre les différentes branches de l'islam en présence voient la scission de la Communauté musulmane de Haute-Volta (CMHV) qui avait été créée en 1962 (Traoré 2005). En 1973, le mouvement sunnite [1] crée une association autonome. Dans les années 2000, l'islam investit de façon plus marquée l'espace public et le milieu associatif dans un contexte plus global de renouveau islamique (Saint-Lary 2012 : 457). L'islam burkinabè n'est donc pas univoque. Aux confréries soufies (Tijâniyya, Qâdiriyya) et à l'islam sunnite, s'ajoutent des branches (quoique minoritaires) de l'Ahmadiyya, mouvement originaire du Pakistan (Cissé 2010), et de l'islam chiite (Saint-Lary 2012 : 457).

Du côté du christianisme, l'Église catholique, dont les missionnaires accompagnaient les colons français, s'implanta dès 1900 avec l'ouverture d'une première mission à Koupéla dans l'Est du pays mossi, puis en 1901 à Ouagadougou. Dès leurs débuts, les catholiques, soutenus par l'armée coloniale, misent sur la formation des élites via l'enseignement dans des établissements confessionnels (Otayek 1997 ; Somé 2015 ; Compaoré 1993). En 1902, l'école des Pères Blancs de Ouagadougou est créée, puis en 1925 le petit séminaire de Pabré (Somé 2015 : 278). Avec la scission en deux du vicariat du Sahara-Soudan en 1921, le vicariat de Ouagadougou nouvellement créé fut confié à Mgr Thévenoud, qui fonda les missions de Koudougou, Kaya, Kongoussi et Yako en pays mossi (Somé 2015 : 283). En 1927, avec la création de la Préfecture apostolique de Bobo-Dioulasso, l'évangélisation de l'ouest du pays débute. Des phénomènes de conversions massives s'observèrent en pays dagara, où l'on attribua des dons divins au Père supérieur de la mission (pouvoir de guérir, de faire tomber la pluie) (Somé 1993). Le Sud-Ouest du Burkina Faso, notamment le pays dagara, reste actuellement l'une des régions où les catholiques sont importants numériquement, avec le centre du pays et la région de Koudougou.

Les « protestants », pour reprendre l'appellation qui rassemble les différentes mouvances évangéliques et pentecôtistes, arrivèrent pour leur part en 1921 au Burkina Faso, avec l'implantation de la mission des Assemblées de Dieu à Ouagadougou. Celle-ci fut suivie en 1923 par le début de la mission de l'Alliance chrétienne à Bobo-Dioulasso, tandis que la Sudan Interior Mission (SIM) s'implante en 1930 dans l'Est du pays, la World Wide Evangelisation Crusade en 1937 en pays lobi et l'Église de Pentecôte en 1945 près de Léo. Ces différentes missions d'origine américaine revendiquent toutes une filiation avec le mouvement du Réveil (Fancello 2006 : 89 ; Somé 2015 : 287).

En 1961, la Fédération des Églises et Missions Évangéliques (FEME), qui regroupe actuellement 14 Églises évangéliques, est créée. Comme le souligne Sandra Fancello, si les Églises protestantes n'ont eu de cesse de s'implanter au Burkina Faso à partir de cette période, leur multiplication a cependant réellement connu un essor à partir des années 1980, avec l'implantation de multiples Églises nouvelles.

Ce rappel historique permet de pointer la diversité des mouvements religieux chrétiens et musulmans, dans un environnement marqué par l'antériorité de la religion traditionnelle. C'est sur cette diversité que se fonde la conception de cet ouvrage. L'histoire religieuse du Burkina Faso croise aussi les réseaux transnationaux de la globalisation religieuse et l'histoire migratoire du pays, notamment à propos de l'axe Burkina Faso–Côte d'Ivoire. Dans les années 1950, l'anthropologue américain Peter Elliot Skinner étudiait la manière dont les migrants se convertissaient sur leur lieu de migration dans le souci de s'intégrer et de s'assurer que des funérailles seraient organisées s'ils venaient à y mourir (Skinner 1958). Le phénomène inquiète les Pères Blancs, et des catéchistes sont alors formés pour suivre les migrants en Côte d'Ivoire (Bouron 2013 : 213), l'historien Magloire Somé parlant à ce propos d'une véritable « stratégie d'évangélisation de la mobilité » (Somé 2015 : 296). Envisageant à l'inverse ces migrations vers les pays côtiers comme un atout, les pentecôtistes des Assemblées de Dieu se sont appuyés à la fois sur la forte hiérarchisation des royaumes mossi et sur leur tradition migratoire pour étendre leur action missionnaire aux actuels pays limitrophes situés plus au Sud (Togo, Ghana, Bénin, et Côte d'Ivoire), et ce dès 1938 (Laurent 2003 : 55). La pluralité religieuse burkinabè s'inscrit donc dans l'histoire religieuse du pays, mais aussi dans ses liens aux pays voisins et dans des circulations religieuses transnationales plus globales.

Un autre point qui a souvent permis de qualifier le fait religieux au Burkina Faso est sa « religiosité tranquille » (Otayek 1999 : 35). Cette expression été employée à la fin des années 1990 par le politologue René Otayek pour souligner une spécificité du Burkina Faso qui, au contraire de pays voisins, n'est marqué ni par l'islam politique ni par l'engagement en politique de protestants évangéliques. Cette expression doit toutefois être recontextualisée : si l'histoire rapidement esquissée ici présente sans doute le paysage religieux de façon un peu lissée, il n'en demeure pas moins que les conflits et les concurrences religieuses ont marqué l'histoire religieuse burkinabè, et nous rappellent que, vues sous un certain angle, les tensions actuelles ne sont pas si nouvelles. Elle permet aussi d'interroger des pratiques sociales du quotidien plurielles et fonctionnelles agencées autour de la pluralité religieuse.

IMPLICATIONS SOCIALES DE LA DIVERSITÉ RELIGIEUSE AU QUOTIDIEN

Un des lieux privilégiés d'observation de la pluralité religieuse se situe en effet dans les pratiques quotidiennes. Les exemples burkinabè de régulation des différences religieuses dans divers contextes sociaux ne manquent pas. Ces événements sont en effet banals, dans le sens de « quotidiens », « habituels ». Ils n'ont rien d'extraordinaire, mais la mise en perspective de ces différentes situations entre elles dit beaucoup de ce mode de cohabitation religieuse.

Un premier ensemble de pratiques est constitué par celles qui sont mises en œuvre lors des grands moments de la vie, comme la naissance, le mariage et la mort. Des enquêtes qualitatives en milieu urbain ont par exemple montré que de nombreux jeunes couples se marient selon plusieurs rites pour ne pas heurter les sensibilités des parents. Des couples peuvent ainsi se marier (après avoir finalisé des rites coutumiers auprès de leurs familles) le matin à l'église, l'après-midi à la mairie et un autre jour à la mosquée en expliquant que : « comme ça tout le monde est content et moi et ma femme nous suivons la voie qui nous convient ». [2] Cette pratique très pragmatique se retrouve souvent auprès des couples issus de deux religions différentes (on pourrait dire des « mariages mixtes »), et aussi auprès de couples où au moins l'un des partenaires s'est converti à une autre religion que celle de ses parents.

Les « mariages mixtes » peuvent parfois constituer un moment de conflit, lorsque l'une des familles insiste sur l'exclusivité de sa religion. Cependant, la tolérance vis-à-vis des « mariages mixtes » évolue d'année en année au Burkina Faso. Il manque certes des enquêtes pour l'affirmer au niveau national, car il existe sans doute des disparités régionales, ainsi qu'entre le milieu urbain et rural. Mais, nous pouvons le confirmer pour la ville de Ouahigouya où les registres paroissiaux catholiques permettent de dire que les mariages enregistrés avec disparités de cultes sont durant certaines années plus nombreux que ceux entre catholiques (Langewiesche 2003 : 357). Ce sont des résultats surprenants, vu le discours ambiant, qui nécessiteraient sans doute plus d'enquêtes à des fins de comparaison, mais qui indiquent que les frontières religieuses sont fluctuantes.

Un autre exemple est celui des funérailles. Au moment du décès d'un « vieux », avec tout le respect entendu au Burkina Faso derrière l'emploi de cette expression, se pose souvent la question pour la famille du rite selon lequel il doit être enterré. Dans beaucoup de sociétés du Burkina Faso, les rites coutumiers sont considérés comme incompatibles avec l'islam ou le christianisme. Pourtant, sa famille proche est souvent composée d'adeptes des religions traditionnelles, de musulmans et de chrétiens. Comme dans le cas des « mariages mixtes », cette situation de pluralité peut engendrer des tensions et des exclusions, mais il arrive aussi que les concernés s'arrangent en adoptant des rites (plus ou moins discrètement) ou en réalisant deux enterrements décalés dans le temps, un coutumier et un autre catholique par exemple (Langewiesche 2011), ou encore les *doa* musulmans du septième et du quarantième jour, puis les rites funéraires traditionnels. Alors, chacun choisit en fonction de ses convictions de participer à tous ou à l'un et l'autre de ces rites.

Cette porosité des frontières religieuses se montre aussi dans les pratiques de « conversions réversibles » et dans la mobilité religieuse individuelle en fonction des circonstances de la vie. Katrin Langewiesche a suivi le parcours d'une centaine de personnes durant cinq ans : un tiers de ces personnes ont changé de religion plus que trois fois pendant la durée de l'observation (Langewiesche 2003).

La cohabitation des croyants de différentes appartenances religieuses au sein des familles est un fait au Burkina Faso, autant au sein des familles nucléaires qu'au niveau de la grande famille. Elle peut cependant donner lieu à des conflits, par exemple autour de l'éducation des enfants. La cohabitation peut engendrer des oppositions autour des soins : est-ce que le parent catholique cotisera pour un traitement coutumier, des prières de guérison ou des amulettes en plus du traitement à l'hôpital ? Il faut noter néanmoins qu'en cas de maladie chronique au long cours, les populations n'hésitent pas à recourir aux soins, quel que soit l'habillage religieux qui l'entoure. La plupart du temps cette cohabitation engendre beaucoup de discussions et aboutit à résoudre le problème d'une manière tout à fait pragmatique en cherchant le compromis plutôt que la confrontation.

En revanche, c'est souvent lors des confrontations ouvertes quand les individus ne trouvent pas de compromis que la presse s'empare du sujet des frontières religieuses. On peut citer l'exemple des gênes sonores en ville à cause des chants protestants ou des appels à la prière des musulmans à travers des haut-parleurs. Dans ces situations, les concernés revendiquent les frontières entre les religions devant la loi. On connaît également des compétitions autour de l'implantation de lieux de culte nouveaux ou pour sauvegarder ceux des cultes ancestraux (par exemple à Orodora en 2016 [3]). Les usagers se servent des frontières religieuses pour défendre leurs intérêts et attendent de la justice qu'elle trouve un compromis.

Si la multiplicité des différentes formes de cohabitations entre les religions et leurs membres suggère une certaine résilience vis-à-vis des conflits violents, elle révèle aussi qu'un potentiel de conflit existe dans certains domaines (Nolte et Ogen 2017 : 264). Cette multiplicité des interactions ne constitue cependant pas une garantie pour éviter des conflits, car l'imbrication des pratiques religieuses dans la vie sociale a comme conséquence que parfois un changement dans un parcours personnel (par exemple, lors d'une migration ou lors du mariage) ou un changement dans la gestion des affaires publiques, comme la permission ou l'interdiction de diffuser des prêches par haut-parleur, suffisent pour affecter cet équilibre d'une manière inattendue.

La coexistence des religions « à la Burkinabè », que l'on trouve aussi ailleurs en Afrique, défie l'idée trop souvent véhiculée que des relations entre musulmans et chrétiens sont forcément conflictuelles. Benjamin Soares a rappelé récemment que la complexité des interactions entre musulmans et chrétiens en Afrique ne doit pas être réduite à une coexistence pacifique d'un côté et de l'autre à des conflits – latents ou violents (2016). Entre ces deux pôles existe une multitude de nuances qui changent avec le temps. À l'heure où les questions de radicalisation religieuse ou d'extrémisme violent se posent au niveau global, mais également dans la zone sahélienne et au Burkina Faso, il nous semblait important de revenir dans cet ouvrage sur les spécificités de la situation et de l'histoire religieuse burkinabè.

Il s'agissait ainsi de mettre en avant les connaissances disponibles sur le fait religieux au Burkina Faso, afin de mieux saisir les éventuelles raisons locales et historiques de l'émergence de ces violences, mais aussi, et en même temps, de mettre en lumière les mécanismes de tolérance existants et les éléments qui font que la diversité religieuse se vit le plus souvent sans affrontements. On se doit de souligner les démarches institutionnelles dans le domaine des pratiques interreligieuses (avec les incitations au « dialogue interreligieux » qui se multiplient ces dernières années), mais on doit aussi et surtout souligner toutes ces pratiques quotidiennes et individuelles qui permettent de vivre avec les différences des autres. Tous ces arrangements, que les individus trouvent localement, montrent la créativité, l'adaptabilité et les ambiguïtés des pratiques. Sans pourtant ignorer le durcissement de certaines positions dans l'expression de pratiques religieuses individuelles et collectives, il convient pour nous de mettre en avant ces aspects de la vie religieuse burkinabè qui ne sont pas encore suffisamment documentés. Le « génie du paganisme » – selon l'expression du titre d'un livre de Marc Augé publié en 1982 – permet d'adoucir, de contourner, de dévier les relations conflictuelles. La différence religieuse n'est pas nécessairement associée au conflit. Il nous semble important de souligner cette coexistence des religions au Burkina Faso pour produire une contre-image aux radicalismes religieux violents et afin de comprendre comment les frontières religieuses sont utilisées socialement.

RASSEMBLER LES CONNAISSANCES SUR LE RELIGIEUX AU BURKINA FASO

Le livre s'inscrit dans le cadre d'un projet de recherche plus vaste financé par l'Union européenne. Sous le titre « État des lieux des connaissances sur le religieux au Burkina Faso », ce programme se focalisait sur la valorisation des savoirs existants sur les religions dans ce pays. Les connaissances sur le religieux sont aujourd'hui régulièrement sollicitées et discutées dans des débats fortement politisés sur la cohésion sociale, autant en Europe qu'en Afrique. La demande d'une mise en lumière et d'une diffusion des travaux scientifiques sur le religieux au Burkina Faso faite en 2017 par l'Union européenne s'intègre dans ce contexte social et prouve le souci et le besoin d'ancrer des actions concrètes et des décisions politiques dans une réflexion académique de longue durée, qui dépasse le moment de la « radicalisation ». L'appel à un examen attentif des recherches sur les religions au Burkina Faso est un appel à examiner les origines et le développement de la façon de penser le religieux et à considérer les conséquences de ces conceptualisations.

Les contributeurs de cet ouvrage proviennent d'horizons géographiques et disciplinaires différents. Une grande diversité de chercheurs a en effet travaillé sur le religieux au Burkina Faso [4]. Anthropologues, historiens, politistes, philosophes, socio-démographes, provenant du Burkina Faso, du Canada, de France ou d'Allemagne ont ainsi participé à ce livre. Si la conception de celui-ci s'est voulue la plus englobante possible, nous avons cependant conscience que la liste des contributeurs aurait sans doute pu encore être allongée et que tous n'ont pas pu exposer leurs travaux dans les pages qui suivent. Les auteurs qui présentent leurs textes ici appartiennent également à différentes générations, et de jeunes chercheurs côtoient des historiens et des sociologues confirmés. Enfin, un exercice original, et osé, a consisté à faire écrire ensemble des chercheurs qui n'en avait pas l'habitude ou qui se connaissaient très peu, afin de favoriser ce dialogue entre spécialistes de l'islam et du christianisme autour d'un thème commun. En tant qu'éditeurs, nous sommes heureux d'avoir pu relever ce défi chronophage et très instructif.

Certaines photographies ont été produites par les auteurs des chapitres, d'autres par des artistes, notamment Adrien Bitibaly, Harouna Marané et Nyaba Ouédraogo, trois photographes qui suivent les mutations de la société burkinabè et présentent leurs regards sur ces changements.

La caricature a été réalisée par Damien Glez, très connu dans la presse burkinabè pour ses dessins satiriques.

L'ouvrage se divise en deux parties. La première présente différentes recherches sur les courants religieux en présence au Burkina Faso. Ces mouvements sont donc présentés ici de manière autonome, sans que leurs interactions soient nécessairement précisées. Il s'agit ainsi de présenter leurs histoires, leurs doctrines, la place des jeunes et des femmes en leur sein, etc. Cependant, selon le courant concerné et les orientations méthodologiques et théoriques des auteurs, chacun a été libre d'adapter le plan de son texte en fonction des réalités de terrain. Cette partie vise notamment à présenter la diversité et la multiplicité des courants intrinsèques aux trois religions en présence dans le contexte burkinabè : islam, christianisme et religions traditionnelles. Toutefois, tous les mouvements ne sont pas représentés dans cet ouvrage. Ainsi, ceux qui ne comptent qu'un nombre limité de membres au Burkina Faso ne sont pas évoqués dans ce livre : par exemple les Mennonites, les Adventistes, les Baha'is, les Musulmans chiites ou les Tablighi, pour lesquels nous ne disposons pas d'études approfondies quant à leur enracinement au Burkina Faso.

La deuxième partie de l'ouvrage aborde de manière transversale des thèmes fondamentaux, tels que le rapport au politique, l'éducation, les ONG confessionnelles ou les usages des nouveaux médias. Une notion comme celle de djihad y est également discutée au vu de l'actualité burkinabè. Enfin, le texte sur la démographie des religions traite de ce thème novateur et jusqu'à présent délaissé au Burkina Faso.

La division de l'ouvrage en deux parties permet donc aux lecteurs une double entrée dans le paysage religieux burkinabè en fonction de leurs intérêts et priorités. La première partie offre une vision panoramique des différents mouvements religieux tandis que la seconde propose une façon de penser le religieux en terme d'interactions.

Le livre se termine par une conclusion qui met l'accent sur les perspectives plus larges que l'on peut tirer de l'exploration des différentes formes de coexistence religieuse au Burkina Faso dans un environnement où les mouvements insurrectionnels violents se développent davantage. Dans un contexte de pluralité, chaque groupe se définit par ses coutumes, ses comportements, ou ses affiliations, ses relations avec son voisin. Tantôt les différences sont perçues avec sympathie, tantôt elles sont dénigrées avec véhémence. Selon les circonstances, le même individu peut se comporter en « sujet tolérant » et, à d'autres moments au contraire, se replier sur une identité bornée. Des attitudes – de complémentarité ou d'exclusion – peuvent ainsi varier, d'un jour à l'autre, selon les temps forts du calendrier rituel ou encore selon les âges de la vie, quand se réveillent ou se dissimulent les appartenances, les dogmes et les souvenirs.

Rappeler les pratiques de mixité, les épisodes de coexistence, les valeurs partagées ne doit pas masquer la vigueur vécue des antagonismes. Une voie pour les surmonter est de prendre conscience de la relativité et de l'évolution de ces différences, et d'en récuser le caractère absolu.

Bibliographie

Augé M., 1982, *Le génie du paganisme*, Paris, Gallimard.

Bender C., Klassen P.E., 2010, *After Pluralism: Reimagining Religious Engagement*, New York, Columbia University Press.

Bouron J.-M., 2013, *Évangélisation parallèle et configurations croisées. Histoire comparative de la christianisation du Centre-Volta et du Nord-Ghana (1945–1960)*, Thèse de doctorat en histoire, Université de Nantes / Université de Ouagadougou.

Calderoli L., 2010, *Rite et technique des forgerons moose du Burkina Faso. Forger, apaiser, soigner*, Paris, L'Harmattan (Connaissances des hommes).

Cissé I., 2010, « La Ahmadiyya au Burkina Faso », *Islam et sociétés au Sud du Sahara*, 2, p. 95–116.

Cissé I., 2015, « L'islam au Burkina Faso : de 1960 à nos jours », *in* H. Diallo et M. W. Bantenga (dir.), *Le Burkina Faso. Passé et présent*, Ouagadougou, Presses Universitaires de Ouagadougou, p. 417–38.

Compaoré M., 1993, « L'enseignement privé catholique en Haute-Volta (1901–1960) », *in* Jean Ilboudo (dir.), *Burkina 2000. Une Église en marche vers son centenaire*, Ouagadougou, Presses africaines, p. 201–21.

Degorce A., 2014, *Chants funéraires des Mossi (Burkina Faso)* (recueillis et présentés par), Paris, Collection Classiques Africains.

Diallo H., 2003, « Les Peuls du Nord du Burkina Faso entre le Califat de Sokoto et la Diina du Maasina », *Cahiers du Centre d'études et de recherches en Lettres, sciences humaines et sociales* (CERLSHS), Université de Ouagadougou, deuxième numéro spécial, p. 43–58.

Fancello S., 2006, *Les aventuriers du pentecôtisme ghanéen. Nation, conversion et délivrance en Afrique de l'Ouest*, Paris, IRD & Karthala.

Giordan G., 2014, "Introduction: Pluralism as Legitimization of Diversity," *in* G. Giordan & E. Pace (dir.), *Religious Pluralism: Framing Religious Diversity in the Contemporary World*, Switzerland, Springer International Publishing, p. 1–12.

Institut national de la statistique et de la démographie (INSD), 2008, *Recensement général de la population et de l'habitation de 2006*, Ouagadougou, INSD.

Izard M., 1985, *Gens du pouvoir, gens de la terre : les institutions politiques de l'ancien royaume du Yatenga (Bassin de la Volta Blanche)*, Cambridge, New York, Paris, Cambridge University Press & Éditions de la Maison des sciences de l'homme.

Kühle L., Hoverd W., Borup J. (dir.), 2018, *The Critical Analysis of Religious Diversity*, Leiden, Boston, Brill.

Langewiesche K., 2003, *Mobilité religieuse : changements religieux au Burkina Faso*, Münster, Berlin, Lit Verlag, Mainzer Beiträge zur Afrika-Forschung.

Langewiesche K., 2011, "Funerals and Religious Pluralism in Burkina Faso," in M. Jindra & J. Noret (dir.), *Funerals in Africa. Explorations of a Social Phenomenon*, New York, Berghan Books, p. 130–53.

Laurent P.-J., 2003, *Les pentecôtistes du Burkina Faso. Mariage, pouvoir et guérison*, Paris, Karthala & IRD.

Nolte I., Ogen O., Jones R. (dir.), 2017, *Beyond Religious Tolerance. Muslim, Christian and Traditionalist Encounters in an African Town*, London, James Currey.

Otayek R., 1996, « L'islam et la révolution au Burkina Faso : mobilisation politique et reconstruction identitaire », *Social Compass*, 43, 2, p. 233–47.

Otayek R., 1997, « L'Église catholique au Burkina Faso. Un pouvoir à contretemps de l'histoire ? » *in* F. Constantin & C. Coulon (dir.), *Religion et transition démocratique en Afrique*, Paris, Karthala, p. 221–58.

Otayek R. (dir.), 1999, *Dieu dans la cité. Dynamiques religieuses en milieu urbain ouagalais*, Talence, Centre d'études d'Afrique Noire.

Peel J. D. Y., 2016, *Christianity, Islam and Orisa Religion. Three Traditions in Comparison and Interaction*, Berkeley, University of California Press.

Saint-Lary M., 2012, « Du wahhabisme aux réformismes génériques. Renouveau islamique et brouillage des identités musulmanes à Ouagadougou », *Cahiers d'études africaines,* 206–207, p. 449–70.

Skinner E. P., 1958, "Christianity and Islam among the Mossi," *American Anthropologist*, 60, 6, p. 1102–19.

Soares B., 2016, "Reflections on Muslim–Christian Encounters in West Africa," *Africa* 86, 4, p. 673–97.

Somé M., 1993, « La révolution de conversion des Dagara au christianisme : l'odyssée d'un mouvement massif » in J. Ilboudo (dir.), *Burkina 2000. Une Église en marche vers son centenaire,* Ouagadougou, Presses Africaines, p. 141–50.

Somé M., 2015, « La christianisation de la Haute-Volta de 1900 à 1960 », in H. Diallo & M. W. Bantenga (dir.), *Le Burkina Faso. Passé et présent*, Ouagadougou, Presses Universitaires de Ouagadougou, p. 274–307.

Traoré B., 2005, « Islam et politique à Bobo-Dioulasso de 1940 à 2002 », *in* M. Gomez-Perez (dir.), *L'islam politique au sud du Sahara. Identités, discours et enjeux,* Paris, Karthala, p. 417–47.

Notes

1. Le « mouvement sunnite » regroupe au Burkina Faso les musulmans d'obédience wahhabite, bien que cette appellation fasse débat (Saint-Lary 2012 : 450).
2. Entretien avec un jeune adulte en 2014 à Ouahigouya.
3. « Orodara : Conflit de parcelle à connotation religio-coutumière », *L'Événement*, 2016, en ligne : https://www.evenement-bf.net/spip.php?article1482
4. Katrin Langewiesche, 2019, *Un bilan de 60 ans de recherches en sciences sociales sur le religieux au Burkina Faso*. Arbeitspapiere des Instituts für Ethnologie und Afrikastudien der Johannes Gutenberg-Universität Mainz n° 182, versions anglaise et française en ligne : http://www.ifeas.uni-mainz.de/92.php

Carte 1. Mouvements religieux transnationaux à destination du Burkina Faso

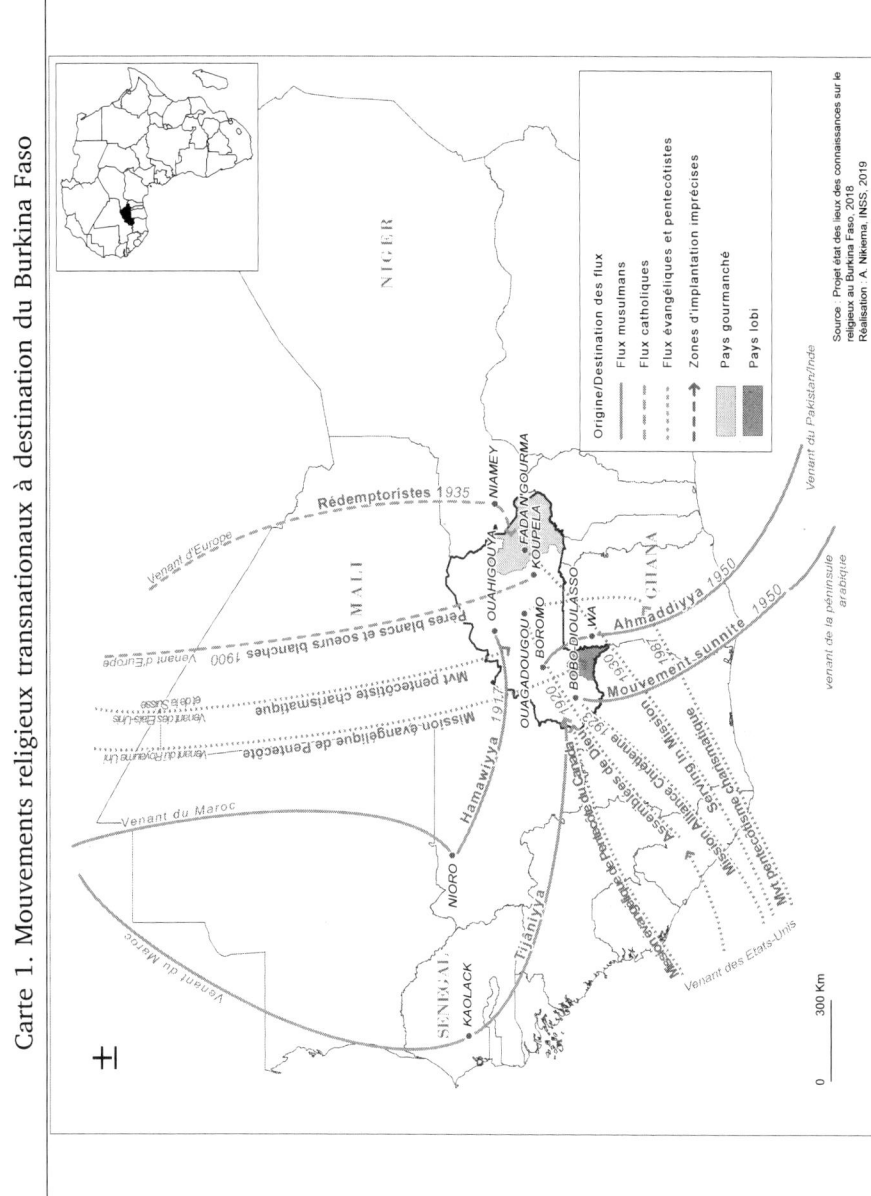

Carte 2. Circulation des mouvements religieux partant du Burkina Faso

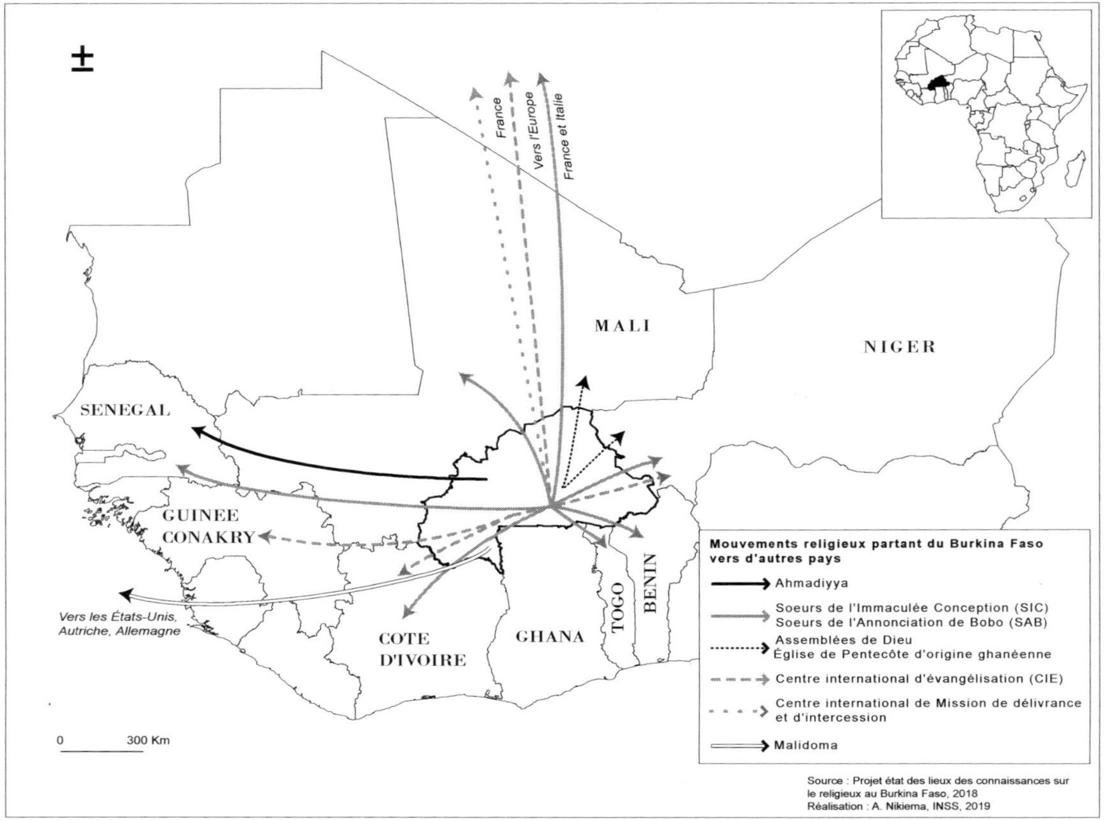

Première partie

COURANTS RELIGIEUX CONTEMPORAINS

Carte 3. Berceaux historiques des mouvements religieux

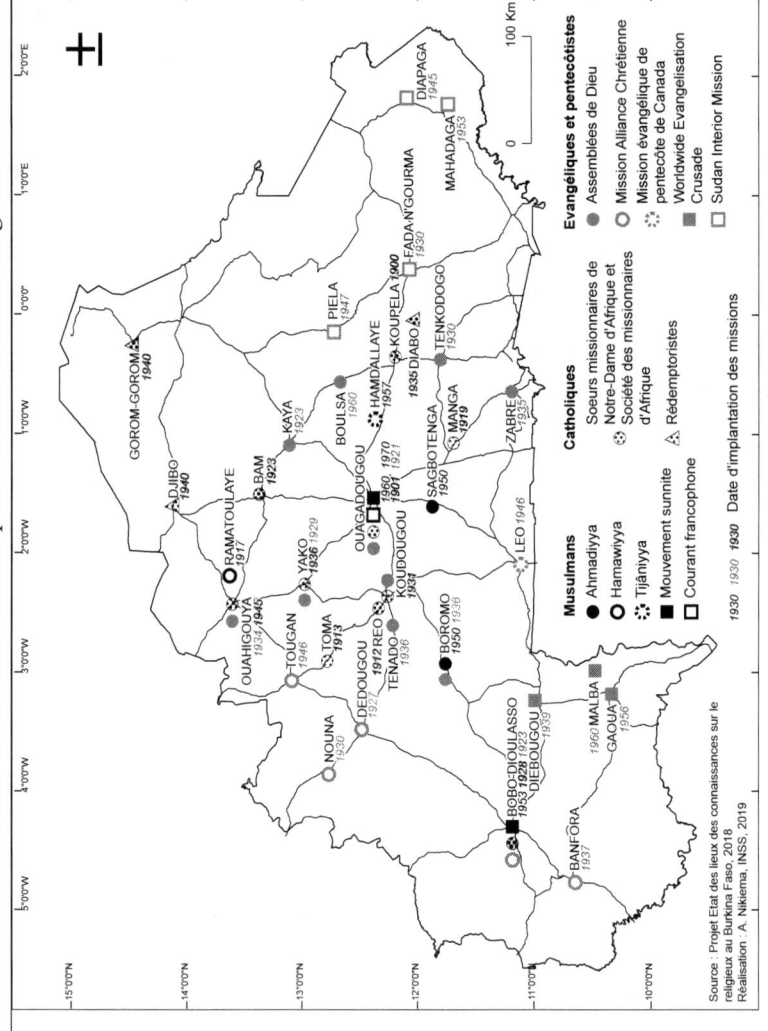

Source : Projet Etat des lieux des connaissances sur le religieux au Burkina Faso, 2018
Réalisation : A. Nikiema, INSS, 2019

1.

QU'EST-CE QUE LA « TRADITION » ?
QU'APPELLE-T-ON RELIGION TRADITIONNELLE ?

Ludovic O. Kibora
& Katrin Langewiesche

Au Burkina Faso, la question de la tradition est omniprésente dans le débat public depuis plusieurs décennies. Depuis l'indépendance du pays en 1960, en réaction aux problèmes existentiels qui résulteraient de la modernité imposée, le citoyen ordinaire, l'intellectuel et le politique n'hésitent pas à présenter la tradition comme un réservoir de valeurs sûres, qui pourrait servir de source d'inspiration voire d'énergie vitale, pour toute action de développement socio-économique. Le passé colonial non lointain et la difficile recherche des voies du développement avec le schéma actuel des politiques publiques, ont renforcé dans la conscience de nombreuses personnes cette idée de la nécessité de puiser les ressources dans l'héritage traditionnel. C'est ce que résumait le professeur Joseph Ki-Zerbo en ces termes :

> « L'obstacle majeur au développement endogène des peuples africains subsahariens, est la perturbation très profonde et aliénante de la culture spécifique de chacune de leurs sociétés sous le coup mortel de l'imposition d'une civilisation étrangère aux leurs » (Ki-Zerbo 1992 : 82).

La tradition si souvent évoquée dans les discours n'est pas toujours cernée et expliquée de façon claire et précise. Tantôt elle est confondue à la culture, tantôt elle est référée au passé historique glorieux de micro-états et autres groupes socioculturels. Dans un tel contexte, la mise en perspective avec la question religieuse est intéressante. Elle permet de comprendre les attitudes et pratiques des Burkinabè qui semblent faire l'unanimité sur l'apport possible de la tradition au maintien de la cohésion sociale et du mieux vivre ensemble. L'engouement partagé des Burkinabè en faveur de la tradition, source de « valeurs positives », a-t-il un lien quelconque avec leurs rapports aux pratiques religieuses dites traditionnelles ? C'est autour de cette question principale que nous avons bâti notre réflexion à partir d'éléments socioculturels provenant de l'observation de la société burkinabè d'une part et de la littérature d'autre part. Le constat *a priori* est que la présence des religions dites importées (islam et christianisme surtout) entraîne une reconfiguration de l'univers des pratiques religieuses traditionnelles sans pour autant les anéantir (Degorce 2014). Après une analyse du concept de « tradition » et de ses acceptions locales, nous abordons le sujet de la religion traditionnelle et son expression actuelle au Burkina Faso.

LA TRADITION EN QUESTION

À priori, l'idée de « tradition » renvoie non seulement aux us et coutumes, aux mœurs, aux normes et conventions mais aussi aux choses du passé. Non pas un passé clos, mais un passé dynamique du fait de sa perpétuation intergénérationnelle qui l'enrichit d'apports nouveaux au fil du temps. La tradition englobe le patrimoine culturel immatériel des communautés, tout en étant partie de ce patrimoine (UNESCO 2011). La tradition intègre leurs systèmes de représentations qui, malgré les transformations sociales, résistent à certaines agressions extérieures. La tradition est une transmission des manières de vivre, de savoirs et savoir-faire dans la longue durée. Selon Hobsbawm la tradition se différencie des concepts apparemment similaires de coutumes, conventions et routine par son invariance, sa signification rituelle et sa fonction symbolique (Hobsbawm 1983 : 8). Pour Gérard Lenclud, « La tradition serait un fait de permanence du passé dans le présent, une survivance à l'œuvre, le legs encore vivant d'une époque pourtant globalement révolue. Soit quelque chose d'ancien, supposé être conservé au moins relativement inchangé et qui, pour certaines raisons et selon certaines modalités, ferait l'objet d'un transfert dans un contexte neuf. » (Lenclud 1987)

Dans son sens commun, la tradition est souvent considérée comme un repère. Elle est une notion polysémique et renvoie à ce qui rassure face aux incertitudes de la vie actuelle. La tradition c'est aussi l'expérience vécue qui permet d'éviter les écueils actuels de la vie. À ce sujet, il est généralement admis que « Lorsqu'on ne sait pas d'où l'on vient, on ne saurait savoir où on va ». La tradition fixe ainsi les bases de notre construction sociale, mais aussi de notre personnalité sociale, au point d'être le socle de notre identité. C'est pourquoi, elle parvient à s'imposer dans des domaines où les idéologies séparent les hommes. La tradition est réservoir de normes et de valeurs. Mungala affirme :

> « Ainsi, la tradition revêt à la fois un caractère normatif et fonctionnel. La normativité se fonde essentiellement sur le consentement à la fois collectif et individuel. Elle fait de la tradition une sorte de convention collective acceptée par la majorité des membres, un cadre de référence qui permet

à un peuple de se définir ou de se distinguer d'un autre. La fonctionnalité d'une tradition se révèle dans son dynamisme et dans sa capacité d'intégrer de nouvelles structures ou des éléments d'emprunt susceptibles d'améliorer (parfois même de désagréger) certaines conditions d'existence des membres de la communauté » (Mungala 1982).

Contrairement à certaines conceptions évolutionnistes qui stigmatisent le conservatisme de la société traditionnelle, la tradition, à l'image de la culture, n'est pas fermée [1]. La tradition fait partie de la culture et elle est le plus souvent confondue avec elle. L'UNESCO (1982) définit la culture comme étant :

« ... l'ensemble des traits distinctifs, spirituels et matériels, intellectuels et affectifs, qui caractérisent une société ou un groupe social. Elle englobe, outre les arts et les lettres, les modes de vie, les droits fondamentaux de l'être humain, les systèmes de valeurs, les traditions et les coryances » (UNESCO, déclaration de Mexico City, juillet-août 1982).

Pour la différencier du patrimoine, Cassin et Wozny définissent la tradition comme ce qui mérite d'être transmis. Tandis que le patrimoine fait référence à tout ce que nous avons reçu en héritage. Cet héritage peut être biologique, matériel, naturel et il est, bien évidemment, toujours culturel (Cassin et Wozny 2014).

Dans les groupes socioculturels du Burkina Faso, il est souvent difficile de trouver des mots qui désignent la culture de façon pleine et entière. Il n'est pas évident que ces mots ou expressions soient fondamentalement différents de ceux qui définissent la tradition. Vouloir les sérier, s'avère une périlleuse gymnastique intellectuelle. Les dénominations de la culture et du fait culturel se confondent, le plus souvent à la tradition. Chez les Moose, *rog-n-miki*, qui signifie de façon littérale « ce qu'on a trouvé en naissant » et *kudumde* (les choses anciennes) sont indistinctement utilisés chez de nombreux locuteurs pour désigner la culture ou la tradition, comme pour signifier que tout ce qui est culturel est évidemment traditionnel. Ainsi *rog-n-miki* combine aussi des notions d'identité et de religion. D'une manière plus abstraite, on pourrait le traduire également par « le chemin des ancêtres ». Parfois, les gens disent « *mam maad rog-n-miki* » *(je fais du rog-n-miki)* pour exprimer qu'ils ne suivent ni l'islam ni le christianisme. Le *rog-n-miki* fait donc le lien entre culture, tradition et religion.

Dans la Province du Nahouri au sud-est du Burkina Faso, où la majorité de la population appartient au groupe socioculturel Kasena, les termes « *diin* », ou « *culu* » sont fréquemment utilisés en guise de synonymes du mot « culture ». Ces mêmes termes sont utilisés pour designer la tradition. *Diin* signifie littéralement « hier » et évoque l'héritage légué par les parents ascendants. Cette idée est exprimée à travers la périphrase : « *Ce que nous sommes nés trouver* » (*Diban na lug di yi won kulu*) qui est souvent utilisée par les populations. Le mot « *culu* », dont se servent certains locuteurs du *kasim* (langue des Kasena) pour designer culture/tradition, signifie aussi « interdit ». Cela peut vouloir traduire l'idée selon laquelle les normes et interdits socioculturels sont fixés par la tradition transmise de génération en génération. Le même terme « *culu* » est utilisé pour exprimer des faits et des rites de la pratique des religions traditionnelles.

En dioula, langue véhiculaire très répandue dans l'Ouest du Burkina Faso, l'expression la plus usitée pour désigner la culture est « *kôrôlen ko* » (les choses du passé). C'est aussi le mot qui sert à désigner la tradition. De nos jours, l'expression s'est enrichie avec un mot accolé (*lônkô*) qui signifie les savoirs (savoir-faire, savoir-être) : « *lônkô à ni kôrôlenkô* » (les savoirs et les choses du passé). En fulfudé le terme *finaatawaa* est identique au *rog'n miki* des Moose. Il est indistinctement utilisé pour désigner tradition et culture, comme le terme gurmachema *maasuagu*.

Loin d'être des confusions terminologiques, la difficulté de spécification entre tradition, religion et culture traduit le rapport que les hommes entretiennent avec ces réalités dans le sens de la construction de leur identité. Dans les mots et expressions des langues du Burkina Faso, les différences entre culture, identité, religion et tradition se confondent, traduisant ainsi l'acceptation de l'idée que toute culture est traditionnelle. Suivant cette conception, la distinction entre sociétés dites traditionnelles et sociétés dites modernes ne fait guère sens. L'attention portée aux mots intraduisibles explicite les discordances, soumet à la réflexion et complique l'universel. La focalisation sur ces intraduisibles nous permet de ne pas viser une quelconque concordance des valeurs éthico-religieuses, dont il faudrait comprendre l'analogie ou l'hétérogénéité. En revanche, elle nous invite à partir des mots eux-mêmes et non pas des concepts (Cassin 2016 : 82).

TRADITION ET RELIGIONS TRADITIONNELLES

Si la culture prend en compte tous les éléments de sociabilité d'hier et d'aujourd'hui, la tradition aussi dans son dynamisme propre, parvient à embrasser des choses nouvelles du fait des mutations sociales. De telles considérations sont développées dans les attitudes et comportements en lien avec les religions dites traditionnelles.

Le mot « religion » ne trouve pas non plus son équivalent dans les langues du Burkina Faso. Il n'existe pas de terme approprié pour exprimer dans sa globalité ce que renferme le concept de religion selon le monde occidental, qui d'ailleurs n'a trouvé aucun consensus à ce propos. Toutefois, il existe dans tous les groupes socioculturels du Burkina Faso la conviction de l'existence d'une puissance supérieure qui impose des postures à chaque membre de la communauté. De ce fait, existent des croyances et des pratiques qui en découlent. Elles s'expriment en termes de quête permanente d'une symbiose désirée entre les hommes, entre les humains et la nature entre le monde visible et celui invisible. Ces pratiques expriment la recherche d'un mieux-être ici-bas et maintenant, mais aussi dans le futur de l'au-delà. Elles contribuent à la formulation de réponses aux questions liées au fonctionnement du monde. La relation harmonieuse entre l'homme et l'invisible (les vivants et les morts) est au centre des préoccupations des religions traditionnelles.

Les religions traditionnelles africaines ne sont pas de religions institutionnalisées. Elles n'ont ni clergé sacerdotal, ni lieu de culte édifié unique, ni doctrine enseignée et pas de texte écrit qui fait autorité. Une religion traditionnelle s'appuie sur l'autorité de la tradition par opposition aux religions révélées ou religions du Livre, qui tirent leur légitimité du Livre Saint (Hefner 1993 : 21). L'exécution des rites permet d'éviter les malheurs et de trouver des solutions aux problèmes existentiels (Denis 2007). La tradition est la sève des religions traditionnelles. C'est pourquoi les religions traditionnelles sont en adéquation avec la culture, dont elles sont l'émanation. Faisant corps avec la culture, l'une de ses particularités est qu'on naissait adepte de fait de la religion traditionnelle. C'est pourquoi de nos jours encore, ses défenseurs avancent le fait qu'elle n'oblige personne à y adhérer de force, comme cela s'est avéré historiquement avec le christianisme et l'islam. Elle ferait preuve de tolérance envers ceux qui ne savent pas. Chez les Kasena, toute personne étrangère qui viendrait par mégarde à s'asseoir sur l'autel des ancêtres (*nabari*) qui trône devant chaque habitation d'où est issu le lignage principal, serait invité à se lever sans d'autre forme de sanction. Pourtant cet autel est un lieu sacrificiel de grade importance dans la pratique de la religion traditionnelle. Cette tolérance est affirmée par Mélégué M. Traoré, personnalité politique burkinabè et grand adepte des religions traditionnelles. Cet auteur estime que pratiquer une religion traditionnelle, c'est vivre sa culture, surtout qu'à l'époque de la rencontre des cultures, celles des Africains ont été malmenées par celles de l'Occident à travers des préjugés méprisants [2].

Poursuivre sa religion traditionnelle induit, dans le contexte de la rencontre et du métissage, une réflexivité tout à fait comparable à celle des religions du Livre demandant constamment la réaffirmation de la foi. Cependant, élément important de la culture, l'expression d'une religion traditionnelle marque différents aspects de la socialisation, d'où la difficulté de bien circonscrire l'appellation.

« RELIGION TRADITIONNELLE », UNE APPELLATION HISTORIQUEMENT CHARGÉE

Dans une analyse très fouillée, Emelie Tremblay, de l'université du Québec à Montreal, étudie l'évolution du concept et les enjeux idéologiques (Tremblay 2015). La notion de religion traditionnelle africaine aurait été proposée par Geoffrey Parrinder dans les années 1950 pour remplacer des appellations critiquées telles que « religions primitives », « religions tribales », « animisme », qui comportent des connotations péjoratives, évolutionnistes ou ethnocentriques (Cox 2007). Elle a ensuite été reprise par des générations de chercheurs africains et occidentaux, tout en continuant de subir des contestations de part et d'autre. Parrinder, dans *West African Religion* (1949), compare, à partir d'études ethnographiques, les systèmes religieux de trois peuples africains à savoir les Ewe, les Akan et les Yoruba. Cette comparaison lui permet de tirer la conclusion que leurs conceptions religieuses ont plus de points de rencontres que de différences. Cette diversité ne devrait pas être cause de rejet d'une appellation commune, à l'image de ceux que l'on désigne dans le français courant au Burkina Faso comme « les religions importées ». Ainsi, la religion traditionnelle africaine adopterait des formes différentes selon les régions, qu'il s'agisse des rituels adressés aux ancêtres ou de la manière de concevoir l'existence de Dieu. Aussi ambigu et chargé historiquement qu'il puisse être, le terme de « religion traditionnelle » vise à exprimer la particularité selon laquelle les entités ainsi désignées n'ont pas de concepts religieux standardisés définis sous forme de texte, mais dépendent de la situation. L'adjectif « traditionnel » ne fait donc pas référence à une stabilité présupposée de ce type de religion – les traditions ne sont que permanentes et durables dans l'imagination des personnes concernées (Hobsbawm & Ranger 1983 ; Ranger 1993) –, mais au type de légitimité qui lui est inhérent.

Les mouvements nationalistes liés aux luttes pour la décolonisation de l'Afrique au milieu du XXe siècle, ont été marqués par l'affirmation de l'identité africaine en réaction aux pratiques humiliantes et aux pensées coloniales condescendantes relayées par les écrits d'ethnologues, d'explorateurs et de missionnaires. Les missionnaires et anthropologues européens ont été fortement critiqués pour leurs manières de décrire la vie religieuse africaine et les concepts qu'ils employaient pour traduire leurs observations. Les premiers, pour avoir discrédité les croyances religieuses comme superstitions associées aux fétiches des païens et pour avoir considéré le christianisme comme étant la seule vraie religion, et les seconds, pour leur « science colonialiste » qui a dépeint les sociétés africaines comme primitives.

Le rangement des religions humaines dans des classifications savantes – animisme, fétichisme, polythéisme – a été entrepris par des générations de missionnaires et de chercheurs, de telle sorte que chaque terme a sa théorie et son historicité propre. Les notions « animisme », « fétichisme », « paganisme », « polythéisme » se contentent en général de retenir un aspect particulier de la pratique considérée qui organise notre expérience du monde social, naturel et surnaturel. C'est l'importance accordée à l'une ou l'autre de ces pratiques qui donne à une culture son profil, et s'exprime, notamment, dans ses rituels et ses croyances. L'animisme a été défini par Edward B. Tylor (1832–1917) comme la croyance selon laquelle la nature est régie par des esprits analogues à la volonté humaine. Il y voyait la forme primitive ayant engendré toutes les religions. Ce terme a été largement adopté par les missionnaires et les administrateurs coloniaux pour décrire les croyances et institutions religieuses qu'ils trouvaient sur place et va souvent de pair avec le « paganisme », inventé par la théologie missionnaire qui exprimait ainsi l'idée d'une simplicité supposée des conceptions religieuses païennes par rapport aux religions du Livre. Le terme de fétichisme, Charles de Brosse l'emploie pour la première fois en 1760 pour désigner des cultes rendus à des objets matériels. Largement repris par l'ethnologie française du XIXe siècle, l'expression reste liée à l'opposition entre religion et magie.

Le parcours du terme fétichisme se situe aujourd'hui plutôt en dehors des travaux anthropologiques, tandis qu'une série d'écrits contemporains des anthropologues amazonistes, à la suite de Descola (2005), poursuivent des réflexions sur l'animisme et le retour de l'animisme dans les pratiques en dehors des sociétés traditionnelles et des thérapies néo-chamaniques. En revanche, dans le français courant au Burkina Faso les locuteurs utilisent les termes de « fétiches » pour désigner certains objets rituels et « animisme, animiste » pour nommer la religion traditionnelle et ses adeptes. Ce dernier terme est également repris dans les statistiques nationales comme une des modalités pour recenser l'appartenance religieuse, ainsi que dans les journaux et quotidiens sans pour autant se référer au bagage historique ambigu de ces termes.

Puisque la croyance en l'existence d'un Dieu unique a longtemps été déniée « aux animistes africains », la question – est-ce que les Africains croyaient ou non en un Dieu unique ? – est devenue pour de nombreux intellectuels africains au tournant des indépendances une manière d'affirmer la valeur des religions traditionnelles africaines au même titre que celles des religions dites universalistes. Les futurs hommes politiques Ghanéens J.B. Danquah (1895–1965) et Kofi A. Busia (1913–1978) et le Kenyan Jomo Kenyatta (1893–1938), formés en Angleterre par Malinowski, Radcliffe-Brown, Fortes et Evans-Pritchard, ont tous défendu l'existence de la croyance en un Dieu suprême chez différents peuples africains avant l'arrivée des missionnaires chrétiens. Toutefois, les intellectuels africains, de gauche pour la plupart, étaient face à un dilemme : comment défendre la culture africaine sans faire l'apologie de la religion, cet « opium du peuple ». Ce qui expliquerait sans doute que la question de la religion traditionnelle n'ait pas été au cœur des luttes d'indépendance. D'autant plus que leurs diversités s'accommodent peu de la volonté de rassembler autour d'une cause commune panafricaine.

Cependant, non seulement différents intellectuels africains de cette époque, mais aussi certains missionnaires européens, et théologiens africains [3], ont mis l'accent sur la tendance monothéiste des religions traditionnelles afin de pouvoir calquer plus facilement des concepts chrétiens sur les croyances locales. Le placage du monothéisme sur la culture locale reflète le désir des missionnaires de rehausser la religion de leurs futurs catéchumènes et le souci des théologiens africains de valoriser leurs cultures d'origine. La tentative de montrer que l'Africain croit aussi en un Dieu unique et qu'il est un « être essentiellement religieux » (Mbiti 1969) a aussi contribué à maintenir pendant longtemps le cliché de l'Afrique incurablement religieuse (Langewiesche 2003 : 105). Dans sa préface du livre *Textes sacrés d'Afrique noir*, Amadou Hampaté Bâ [4] donne un bel exemple de ce stéréotype de « l'Afrique incurablement religieuse » où « l'incroyance » n'aurait pas de place. Il présente comme suit la place des religions traditionnelles :

> « Essayer de comprendre l'Afrique et l'Africain sans l'apport des religions traditionnelles serait ouvrir une gigantesque armoire vidée de son contenu le plus précieux. [...] La religion, en Afrique, ne consiste pas seulement à respecter les dogmes établis pour rendre hommage à un Dieu unique ou à des dieux multiformes. Elle est l'armature de la vie. Elle charpente toutes les actions publiques et privées de l'homme ; ceux qui se disent incroyants, s'ils vivaient en Afrique, verraient leur conviction ébranlée » (Dieterlen 1965).

Au-delà de toute catégorisation, il est certain que l'analyse des religions traditionnelles change en fonction de l'idéologie et des théologies des auteurs, ainsi que des contextes historiques et politiques dans lesquels ils évoluent et publient. Il convient de s'intéresser de façon empirique aux multiples expressions d'une religion traditionnelle, de les décrire et d'analyser leurs changements et significations pour nos contemporains, en tenant compte des perspectives que l'un ou l'autre auteur défend.

Au Burkina Faso, les religions traditionnelles vivent surtout à travers une diversité de pratiques, mais aussi grâce à des syncrétismes avec l'islam et le christianisme. Malgré les statistiques disponibles sur les différentes religions et leurs adeptes, il n'est pas rare d'entendre cette boutade : « 100 % des Burkinabè sont animistes », pour montrer l'ancrage des pratiques de la religion traditionnelle dans la société. En témoigne ce fait anecdotique dans la commune rurale de Réo, dans la région du centre-Ouest. De décembre 2017 à avril 2018, le conseil municipal, n'a pu se tenir parce que des conseillers accusent le maire d'avoir utilisé des rites de la religion traditionnelle pour les anéantir. Le maire aurait été surpris effectuant une visite nocturne dans la salle de réunion de la mairie, la veille de la tenue du conseil. Il aurait, par des sacrifices rituels traditionnels, marqué les sièges des conseillers d'une substance noirâtre. Les accusateurs sont pourtant des croyants catholiques et musulmans [5].

Partout dans le pays de nombreux Burkinabè adeptes de l'islam et du christianisme, en cas de malheur, de maladie ou face à des problèmes sociaux divers, n'hésitent pas à « aller au village pour consulter ». Dans sa thèse portant sur l'analyse des éléments du rituel d'investiture du souverain dans l'Est du Burkina Faso, Louari écrit :

> « Le recensement général de la population et de l'habitat (RGPH) du Burkina Faso de 2006, précise que la population de la région de l'Est du Burkina Faso, région du Gulmu, est en majorité de religion musulmane à plus de 60 %, suivi de la religion traditionnelle, puis celle chrétienne. En réalité, dans la vie pratique, tout Gulmance est de religion traditionnelle, car il n'hésite pas à y recourir dès que survient un quelconque problème » (Louari 2018 : 87).

Ce ne sont pas seulement les Gourmantché, mais beaucoup de Burkinabè qui acceptent volontiers tout ce qui leur est proposé sur le plan culturel pour résoudre un problème donné. Pourtant ces solutions passent le plus souvent par des rites, et sacrifices liés à la religion traditionnelle.

LES RITES DANS LES RELIGIONS TRADITIONNELLES

Ils sont nombreux les Burkinabè qui font des sacrifices (imposés par la divination) de façon ordinaire ou dans des situations conjoncturelles. Il n'est pas rare de voir des divinations maraboutiques aboutir à des prescriptions qui ont une relation forte avec les religions traditionnelles. C'est ainsi que pendant les périodes préélectorales pour les politiciens, ou d'examen pour les élèves, les lieux privilégiés de sacrifices tels que les carrefours de rue et les termitières sont envahis par des offrandes sacrificielles de toutes sortes, y compris dans les grandes villes. La demande de protection des ancêtres et autres divinités est culturellement normale. Ce constat a déjà été fait en 1934 dans *Le secret des sorciers noirs* de Dim Dolobsom, par Robert Randau, le préfacier de l'ouvrage :

« On a souvent, dans le monde colonial, la mauvaise habitude d'appeler fétiche une effigie de terre, de bois ou de pierre, que l'on estime représenter une divinité. Ceci est loin d'être toujours exact. Le plus souvent, dans les pays soudanais, chaque famille a ses puissances protectrices, attachées dès l'origine, par un rituel compliqué, à un assemblage de diverses substances qu'a groupé et sensibilisé, grâce à des incantations et à des sacrifices, un voyant-de-choses-cachées. Ces puissances sont maintenues et accrues par l'être qu'elles protègent, au cours des cérémonies annuelles, ou à l'occasion de quelque consultation... » (Dim Dolobsom 1934 : 8).

Bien que les rites et les représentations des divinités (masques, statuettes, autels, etc.) soient différents d'une ethnie à une autre, les religions traditionnelles africaines présentent cependant de nombreux points communs, à savoir la croyance en un seul Dieu. Le Dieu suprême est souvent assimilé au Ciel et associé à la divinité Terre. En plus, il existe des puissances protectrices et des ancêtres lignagers que les vivants n'auront de cesse d'invoquer et d'associer à toutes les activités de la vie quotidienne. Pour atteindre Dieu, il y a nécessité de s'adresser à des puissances intermédiaires. Le sacrificateur kasena, lors d'un rite religieux, interpelle directement et de façon hiérarchique les aînés de lignage, pour leur demander d'intercéder auprès de l'ancêtre du lignage, qui à son tour portera l'offrande, voire la sollicitation à Dieu. Au passage il invoque « sa femme, la Terre ». Dans la pratique d'une religion traditionnelle, on n'est pas toujours obligé soi-même de procéder à un sacrifice. Cela peut être fait en votre nom. Cette facilité « couvre » de nombreux chrétiens ou musulmans obligés de participer à des cérémonies ou des rituels traditionnels lors desquels des prières sont adressées, en leurs noms, aux puissances tutélaires. Dans la société traditionnelle, pour assurer l'harmonie du groupe, les aînés de lignage, les chefs de famille sont généralement les premiers guides spirituels de la religion traditionnelle. Ils sont tenus d'éduquer l'enfant dans ce sens et de pratiquer un certain nombre de rites périodiques. Il existe aussi en fonction des autels et des divinités concernés des responsables rituels attitrés au sein de la communauté. Chez les Kasena, par exemple, sur les *tangwana* qui sont des autels dispersés sur l'espace villageois (colline, cours d'eau, bosquet...), seul le *tagwam-tu* (responsable du *tangwam*), peut faire des sacrifices au nom des membres des lignages. Chaque *tangwam* est supposé abriter les souffles de deux lignages associés (Liberski-Bagnoud 2002 ; Kibora 1997). Dans de nombreuses sociétés du Burkina Faso, la divination joue un grand rôle. C'est le devin qui sait interpréter « les choses cachées ». Il lit les messages des invisibles pour indiquer la conduite à tenir et les rites ou sacrifices à accomplir.

Les rites des religions traditionnelles sont effectués de façon individuelle ou communautaire. Il existe des rites périodiques comme des rites circonstanciels. De nombreuses expressions culturelles comme les initiations et les sorties des masques sont fortement associées aux pratiques des religions traditionnelles. De même, avant de poser un quelconque acte du quotidien, il est important d'invoquer les ancêtres et/ou de faire des sacrifices, pour conjurer le mauvais sort, et se mettre sous bonne protection des divinités qui sont partout. De telles pratiques demeurent vivaces en milieu rural et surtout dans les zones où, selon les statistiques

2. Lebenga dans la région de Gourcy en mai 2017. Photo par Adrien Bitibaly.

nationales (INSD 2009), la pratique des religions traditionnelles reste importante. C'est le cas du Sud-Ouest où les Lobis forment l'une des communautés qui a le plus conservé sa religion traditionnelle. Ils croient en un être suprême *Thãgba*, créateur de tous les êtres vivants. *Thãgba* demeure le destinataire ultime de toutes les prières et sacrifices qui sont offerts aux ancêtres et aux nombreuses entités spirituelles représentées par les éléments de la nature (eaux, montagnes, cavernes, etc.). La plupart des Lobis croient aux *kontinbiir* (génies), êtres surnaturels de petites tailles habitant les forêts sacrées, les collines, les clairières, les eaux, etc. Ils sont providentiels lorsqu'on parvient à entrer dans leur bonne grâce. Par contre, ils peuvent être source de démence ou de déviance sociale en cas de conflit avec eux. La statuaire très répandue dans cette communauté est aussi un canal de communication avec les différentes puissances surnaturelles. Généralement en bois ou en pierre, on en trouve dans chaque habitation. La croyance en l'existence des puissances surnaturelles dans les bosquets, forêts sacrées, les cours d'eau, les collines est partagée par de nombreuses communautés burkinabè. C'est le cas aussi des Kasena cités plus haut. En milieu rural surtout, de nombreuses pratiques demeurent fortes, même si elles composent au besoin avec des éléments de l'islam ou du christianisme. Le plus souvent, il n'est pas rare de voir les populations combiner les deux formes de pratiques devant certaines situations sociales [6]. La spécificité du culte dans les religions traditionnelles est qu'il n'est pas obligatoirement quotidien. Le rite ne se déroule pas non plus sur la place publique ou dans un édifice déterminé. Dans des endroits fortement christianisés ou islamisés, les notables des religions traditionnelles sont parfois chargés d'effectuer publiquement des rituels au nom du village ou du lignage, même si l'un ou l'autre sont composés à 90 % de chrétiens ou de musulmans qui ne s'afficheront pas lors des cérémonies. Pour que la protection du lignage soit assurée, il suffit parfois qu'un membre endosse la responsabilité de poursuivre les rites exigés par la tradition afin d'en dispenser tous les autres. Cette discrétion favorise des expressions syncrétiques.

Dans le contexte contemporain de nos sociétés interconnectées, on peut s'attendre à ce que les religions traditionnelles dépassent le cadre strictement local et étendent leurs influences dans d'autres continents culturels, notamment à travers les diasporas et les migrations. Olupona (2006) souligne que les religions traditionnelles contemporaines sont, comme toutes les autres religions, un produit de la globalisation. Pourtant, le renouveau des identités locales au sein de la diaspora et leur rapatriement dans les pays d'origine, ainsi que les processus de changement qui en résultent, n'ont pas encore été étudiés pour le Burkina Faso. On peut cependant nommer l'exemple de Malidoma Patrice Somé qui se décrit comme un chaman de l'Afrique, envoyé pour

3. Capture d'écran, www.malidoma.com

enseigner à l'Occident « la sagesse, les technologies et les pratiques qui soutiennent son peuple, les Dagara, depuis des milliers d'années »[7]. Sa défunte épouse Sobonfu E. Somé l'a aidé dans cette tâche. Ensemble, ils ont enseigné lors de séminaires internationaux, notamment en Amérique et en Allemagne. Les activités de Malidoma s'adressent à un public *New Age* en Europe et en Amérique, ainsi qu'aux Afro-Américains qui veulent approcher leurs racines africaines sur un plan spirituel et qui sont prêts à payer le prix approprié. L'entreprise religieuse de ce chef religieux est une des expressions les plus visibles des religions traditionnelles burkinabè à l'étranger, où celui-ci intègre sa publicité en tant que « chaman africain » au sein des réseaux mondiaux de la spiritualité du *New Age* et en tant que représentant de l'authenticité religieuse africaine. Cet exemple permet de souligner que les réseaux de la diaspora ne doivent pas être négligés pour appréhender les changements d'une religion localisée en Afrique. Une perspective transnationale montre que la circulation des idées, des pratiques, de l'argent et des personnes conduit, par des va-et-vient entre l'Afrique et l'Europe, à la création d'espaces d'échanges religieux qui demandent à être examinés au regard de leurs répercussions sur l'Afrique.

LES RELIGIONS TRADITIONNELLES DANS LE CONTEXTE DE MONTÉE DE L'EXTRÉMISME VIOLENT

Les religions traditionnelles au Burkina Faso précèdent les deux grandes religions que sont l'islam et le christianisme. L'islam, qui est de loin le premier à avoir été introduit, a évolué jusqu'à maintenant dans un contexte conciliant, en favorisant l'expression d'un « islam local ». Entre douce séduction et violente réaction, le christianisme a eu du mal à s'attaquer aux cultes traditionnels et à leurs symboles. La mise en œuvre de la politique d'inculturation par l'Église catholique a plutôt favorisé (même si tel n'était pas le but) un métissage religieux.

Le désir des nouvelles religions de vouloir séparer l'homme africain de son univers religieux d'origine, s'opposait à des résistances. Faute de pouvoir supprimer les traditions africaines, il convenait de les tolérer. C'est certainement pour cette raison que l'Église ne cesse d'exhorter les fidèles à un nouveau regard sur les autres traditions religieuses (Mafuta 2010 ; Mortensen 2003). Les membres de certains courants évangéliques et les adeptes d'un islam rigoriste, sont de nos jours connus comme ceux qui s'insurgent contre ces pratiques religieuses métissées ou considérées comme purement traditionnelles.

En théorie, toutes les religions qui existent au Burkina Faso disent prôner la paix et la tolérance. Toutefois, on constate de plus en plus de propos et d'actes d'intolérance religieuse de la part de personnes se réclamant de telle ou telle religion. L'absence d'une organisation unique (type clergé hiérarchisé) dans les autres religions en dehors du catholicisme rend difficile tout contrôle à ce niveau, bien que les associations faîtières ou certaines grandes associations confessionnelles (AEEMB, Cerfi) jouent parfois un rôle de médiateur. Pour les religions traditionnelles, qui sont caractérisées par une diversité des pratiques, la multiplicité des expressions rend encore plus difficile leur contrôle. Toutefois, le constat est que sur l'ensemble du territoire, les religions traditionnelles entretiennent des relations de coexistence pacifique avec les religions du Livre. Historiquement les « religions importées » sont passées par des manœuvres diverses, y compris la force, pour avoir des adeptes. De telles attitudes sont inimaginables de la part des religions traditionnelles. Néanmoins, au sein de la population, il existe de plus en plus de personnes qui considèrent que les religions traditionnelles n'offrent plus l'aspect complet des religions islamiques ou chrétiennes, au niveau des croyances et des pratiques. En milieu urbain, hormis certains « activistes intellectuels »[8], tout se passe comme si ce n'est pas « politiquement correct » de se réclamer d'une religion traditionnelle. La pratique religieuse traditionnelle s'exprime dans une certaine discrétion à l'occasion d'un rite qui vise à régler des problèmes sociaux ou de santé, d'emplois, etc. Ainsi, un aspect qui renforce l'existence des religions traditionnelles est leur lien très étroit avec la médecine traditionnelle. Les expressions les plus visibles de ces religions traditionnelles africaines en ville se trouvent dans les pratiques spécialisées des tradipraticiens, des guérisseurs et des devins, qui fournissent des biens et des services spirituels. En cas de problème de santé, le patient et ses proches ne se préoccupent pas souvent des rites religieux qui accompagnent la pratique thérapeutique traditionnelle. Seul le résultat final compte. Certains « leaders musulmans ou chrétiens » qui excellent dans les prières de guérison donnent l'impression de mêler des rites « païens » dans leurs pratiques. Cela donne des arguments aux praticiens des religions traditionnelles sur la nécessité de leur existence, qu'ils considèrent comme plus directe, plus originelle.

Au Burkina Faso, les leaders religieux, dans leur ensemble, sont convaincus du bien-fondé de la coexistence pacifique entre les différentes confessions religieuses. Ils essayent d'entretenir cette dynamique à travers l'instauration du dialogue interreligieux. Les religions traditionnelles ne sont pas oubliées en théorie, mais l'impression qui se dégage est qu'elles sont marginalisées. Durant les dernières années, nous assistons à de nombreux efforts de concertations [9] et d'échanges entre les différentes confessions religieuses au Burkina Faso pour renforcer la cohésion sociale. Par cette démarche, les différentes religions parviennent à créer une nouvelle attitude d'ouverture et de coopération, ou même d'engagement et de lutte contre l'extrémisme violent. À cet égard, le dialogue interreligieux est appelé à canaliser les forces vers la lutte contre le terrorisme. Le dialogue interreligieux – englobant autant la rencontre de dirigeants de différentes religions lors de conférences ou de cérémonies religieuses, que la connaissance des doctrines par tous les croyants et parfois des actions conjointes dans des domaines socialement pertinents – est considéré par les décideurs publics comme l'une des possibilités de combattre les conflits religieux. Des actions préventives de coopération et de lutte contre le radicalisme sur une base interreligieuse ont été préconisées afin de freiner les germes contemporains du conflit dans le Nord du Burkina Faso, en particulier dans la région du Soum par le think tank International Crisis Group (2017 : 22), par le programme USAID PDEV II et par l'UE [10]. La panacée du dialogue interreligieux tend à suspendre les significations souvent litigieuses et les conséquences problématiques de ce concept, comme par exemple la marginalisation des religions traditionnelles. En effet, dans toutes ces actions, soutenues directement ou indirectement par l'État et ses partenaires, aucune action conséquente n'est menée à l'endroit des religions traditionnelles. Il y a comme une gêne, même de la part de l'autorité publique à les considérer au même titre que les autres. Les raisons pour lesquelles les religions traditionnelles n'ont pas obtenu une plus grande attention méritent l'analyse. Plusieurs auteurs soutiennent l'hypothèse que les religions traditionnelles seraient toujours perçues comme archaïques, primitives et fermées sur elles-mêmes, donc contraires au développement et à la modernité à cause de l'utilisation, presque obsessionnelle, des concepts de paganisme, fétichisme ou animisme qui renforcent l'imaginaire que les religions traditionnelles seraient quelque chose de radicalement différent (Cox 2007 ; Olupona 2004 ; Harvey 2000).

Les chefs traditionnels sont sollicités pour renforcer l'assise sociale des religions traditionnelles (Kibora 2012). C'est ce que reconnaît l'un deux, le *Dapoya Naaba*, un des ministres du roi de Ouagadougou (Moogo Naaba) :

> « Les coutumiers ont mis en place un conseil supérieur de la chefferie coutumière et traditionnelle qui regroupe tous les coutumiers du Burkina Faso. Il réunit, deux à trois fois par an, toutes les religions pour voir comment est-ce qu'ils vont travailler pour amener les autres religions à se souder » [11].

L'enjeu de ce cadre est de surveiller et d'éteindre les foyers latents susceptibles d'alimenter des crises et l'extrémisme violent. Les chefs coutumiers sont l'exemple patent de pratiques de croyances religieuses multiples. En effet, bien que la plupart d'entre eux soient de nos jours chrétiens ou musulmans, cela ne les empêche pas de pratiquer des rites religieux traditionnels. La religion traditionnelle est si fortement liée à un ordre politique soutenu par les chefferies que cet amalgame fait indubitablement des chefs des représentants de la religion traditionnelle, même si ces derniers se réclament chrétiens ou musulmans. En réponse à une interview de Naaba Kiiba [12] (roi du Yatenga) accordée au journal *l'Observateur paalga* du 27/07/09, un communicateur avait écrit ce qui suit :

> « Chefs coutumiers du Burkina Faso, vous le savez bien plus que tous : vous êtes garants de la tradition et des coutumes ; ce qui est un pouvoir noble et un noble pouvoir. Tout pouvoir vient de Dieu, dit-on. Le vôtre également, puisque la religion traditionnelle reconnaît l'existence d'un Dieu suprême, qu'elle désigne sous l'expression mooré « *Naaba Ziid Wendé* » (le Roi Dieu), et dit que la terre serait son épouse selon la formule sacrée « *Naaba wend pa yuud koom la paaga Teng yuuda koom* » (Dieu ne boit pas de l'eau mais son épouse, la Terre en prend). Votre pouvoir, vous le détenez donc de « *Naaba Wendé* » par l'intermédiaire des ancêtres, qui contrôleraient l'exercice de ce pourvoir » [13].

Le rapport historique entre le cycle annuel religieux et l'ordre politique traditionnel se perpétue par le rôle prépondérant que les royautés ou chefferies jouent sur le plan religieux actuellement. Ce qui donne de l'espoir aux adeptes des religions traditionnelles, même si ceux qui s'en réclament publiquement sont de moins en moins nombreux. En outre, en réaction aux actes terroristes qui secouent le Burkina Faso, nombreux sont les Burkinabè qui ne verraient pas d'un mauvais œil des réactions appropriées de groupes d'auto-défense (Koglweogo, Dozo) qui mettent leurs actions sous le couvert des pratiques mystico-religieuses ... traditionnelles. Les Koglweogo (littéralement « garder la brousse ») dans le Nord du pays et les Dozo dans l'Ouest sont des groupes auto-organisés, fondés sur l'appartenance fictive ou réelle à des groupes d'âge et d'initiation. Ils utiliseraient la force que l'imaginaire attribue aux chasseurs et à leur maîtrise des pratiques magiques tout autant que leurs connaissances de la géographie du terroir et des plantes que leur habileté à manipuler les armes afin de protéger la population locale contre le banditisme et l'extrémisme violent [14]. Se situant en dehors du droit étatique, les dérives ou les risques d'instrumentalisation de ces hommes et femmes au nom d'une tradition « authentiquement africaine » sont évidemment réelles.

CONCLUSION

Dans la période post-indépendance, de nombreux intellectuels revendiquaient l'importance des religions traditionnelles parce qu'elles représentent une part entière de l'identité culturelle africaine. Les discours sur l'affirmation de la culture africaine dans tous les domaines de la vie sociale, n'ont pas pour autant, favorisé le développement des pratiques religieuses traditionnelles. Les idéologies marxisantes que la plupart de ces intellectuels partageaient ne pouvaient pas s'accommoder d'un militantisme pro-religieux, fut-il traditionnel. L'évolution sociopolitique du Burkina Faso a montré que le pouvoir moderne a souvent eu des contradictions fortes avec celui coutumier (voir la contribution de Beucher, Kibora et Kolesnoré dans ce volume). Ce fut le cas bien avant l'indépendance [15], jusqu'au premier président Maurice Yaméogo qui ne voyait pas d'un bon œil l'immixtion de la cour royale de Ouagadougou dans les affaires publiques. La tension sera plus vive pendant la révolution démocratique et populaire (1983–1987) où le pouvoir traditionnel était assimilé aux « forces rétrogrades » qu'il fallait combattre pour avancer. Pourtant, le pouvoir traditionnel avait, dans de nombreux royaumes et chefferies, favorisé le développement des religions traditionnelles. Les conversions de certains chefs et rois au christianisme et à l'islam ont plutôt été des occasions d'un renforcement du syncrétisme religieux que de rejet des religions traditionnelles. L'expression des religions traditionnelles a pâti du rejet des intellectuels révolutionnaires et positivistes, mais aussi des attaques de l'État contre la chefferie traditionnelle et tout ce qui y était assimilé. Les religions du Livre et les analyses anthropologiques présentent les religions traditionnelles comme radicalement différentes ont aussi contribué à construire un univers social où ces religions traditionnelles sont marginalisées, confinées dans des rites particuliers, avec des domaines géographiques réduits. Les religions traditionnelles sont de nos jours beaucoup attendues dans la lutte contre l'extrémisme violent sans qu'on puisse spécifier clairement quelle pourrait être leur contribution. Certaines questions mériteraient d'urgence des études empiriques : quel rôle jouent les religions traditionnelles pour le bien-être et le vivre-ensemble des populations ? Comment les responsables religieux traditionnels s'impliquent-t-ils dans le développement et les relations interreligieuses ? Quel rôle jouent-ils en cas de conflits locaux et par quels mécanismes interviennent-ils ? Le nombre de plus en plus réduit de leurs adeptes déclarés ainsi que la diversité des pratiques amènent les pouvoirs publics à plutôt privilégier les leaders musulmans et chrétiens dans les actions contre la montée de l'extrémisme violent. Cela suppose aussi que l'extrémisme de la part de ces religions traditionnelles, même s'il venait à se développer, ne saurait donner lieux à des expressions et d'une ampleur comparable à celles qu'on a connues « chez ceux du Livre ».

Bibliographie

Adogame A. & Ludwig F., 2004, *European Traditions in the Study of Religion in Africa*, Wiesbaden, Harrassowitz Verlag.

Cassin B. & Wozny D., 2014, *Les intraduisibles du patrimoine en Afrique subsaharienne*, Paris, Démopolis.

Cox L. J., 2007, *From Primitive to Indigenous: The Academic Study of Indigenous Religions*, Aldershot, Ashgate Publishing.

Degorce A., 2011, « Un islam africain minoritaire. Funérailles et situation religieuse plurielle au Burkina Faso », in K. Fall et M. N. Dimé (dir.), *La mort musulmane en contexte d'immigration et d'islam minoritaire : enjeux culturels, identitaires et espaces de négociations*, Presses de l'Université Laval, p. 207–24.

Degorce A., 2014, *Chants funéraires des Mossi (Burkina Faso)* (recueillis et présentés par…), Paris, Karthala.

Denis P., 2007, *La montée de la religion traditionnelle africaine dans l'Afrique du Sud démocratique*, Paris, Karthala.

Descola P., 2005, *Par-delà nature et culture*, Paris, Gallimard.

Dieterlen G., 1965, *Textes sacrés d'Afrique noire*, Paris, Gallimard, Collection L'aube des peuples.

Dim Delobsom A. A., 1934, *Le secret des sorciers noirs,* Paris, Librairie Émile Nourry, Collection science et magie n° 5.

Grottanelli V. & Baum R. M., 2005, "African Religions: History of Study," in L. Jones (dir.), *Encyclopedia of Religion*, Detroit, MacMillan Reference USA, vol. 1, p. 111–9.

Harvey G., 2000, *Indigenous Religions. A Companion*, London, Cassell.

Hefner R. W., 1993, *Conversion to Christianity: Historical and Anthropological Perspectives on a Great Transformation*, Berkeley, University of California Press.

Hagberg S., 2004, "Political Decentralization and Traditional Leadership in the Benkadi Hunters' Association in Western Burkina Faso," *Africa Today*, 50, 4, p. 51–70.

Hellweg J., 2009, "Hunters, Ritual, and Freedom: Dozo Sacrifice as a Technology of the Self in the Benkadi Movement of Côte d'Ivoire," *Journal of the Royal Anthropological Institute (N.S.)*, 15, p. 36–56.

Hellweg J., 2004, "Encompassing the State: Sacrifice and Security in the Hunters' Movement of Côte d'Ivoire," *Africa Today*, 50, 4, p. 3–28.

Hobsbawm E. & Ranger T. (dir.), 1983, *The Invention of Tradition*, Cambridge, New York, Melbourne, Cambridge University Press.

INSD, 2009, *Annuaire statistique du Burkina Faso*, Ouagadougou, INSD.

Kibora L. O., 1996, *Du dehors au-dedans, l'alliance chez les Kasena*, Paris, Thèse de doctorat, Université Paris 7, Denis-Diderot.

Kibora L. O., 2012, « Professionnalisation de l'action politique à l'épreuve des cultures locales : le cas du Burkina Faso », *in* D. C. Sossa (dir.), *Nouvelles démocraties et socialisation politique. Étude comparée des cas du Bénin, du Burkina Faso et de la Roumanie*, Paris, L'Harmattan, p. 112–40.

Ki-Zerbo J., 2010, *À propos de culture*, Ouagadougou, Fondation Joseph Ki-Zerbo.

Ki-Zerbo J. (dir), 1992, *La natte des autres. Pour un développement endogène en Afrique*, Dakar, CODESRIA.

Kalmogo G.M.A., 1979, « De la religion des Mossi à la foi en Jésus-Christ », *Savanes, Forêts*, p. 43–149.

Karlsholm P. & Hultin J., 1994, *Invention and Boundaries: Historical and Anthropological Approaches to the Study of Ethnicity and Nationalism*, Roskilde, International Development Studies.

Lafargue L., 1994, « Le Christ face aux religions traditionnelles », *Fac-réflexion*, 28, p. 18–29.

Langewiesche K., 2011, « Funerals and Religious Pluralism in Burkina Faso » in M. Jindra & J. Noret (dir.), *Funerals in Africa. Explorations of a Social Phenomenon*, New York, Berghan Books, p. 130–53.

Langewiesche K., 2003, *Mobilité religieuse. Changements religieux au Burkina Faso*, Hamburg, Berlin, Münster, LIT-Verlag.

Liberski-Bagnoud D., 2002, *Les dieux du territoire. Penser autrement la généalogie (Burkina Faso)*, Paris, Éditions de la Maison des Sciences de l'Homme, Chemins de l'ethnologie.

Lenclud G., 1987, « La tradition n'est plus ce qu'elle était... Sur les notions de tradition et de société traditionnelle en ethnologie », *Terrain*, 9, p. 110–23, en ligne : https://journals.openedition.org/terrain/3195, consulté le 19/04/2018.

Louari Y. D., 2018, *Investiture du Nunbado : analyse des éléments symboliques d'une identité culturelle*, Thèse de doctorat unique, université Ouaga 1, Professeur Joseph Ki-Zerbo, inédit.

Mafuta D. K., 2010, *Double appartenance religieuse des chrétiens africains? Inculturation et pluralité religieuse*, Paris, L'Harmattan.

Mbiti J. S., 1969, *African Religions and Philosophy*, London, Heinemann.

Montserrat P.-M., 1966, « Tradition et modernisme en Afrique noire. Les religions africaines traditionnelles », *Revue de l'histoire des religions*, 170, 1, p. 110–11, en ligne : www.persee.fr/doc/rhr_0035-1423_1966_num_170_1_8404, consulté le 19/04/2018.

Mortensen V., 2003, *Theology and Religions, a Dialogue*. Cambridge, Eerdmans Publishing Company.
Mounier E., 1948, *L'éveil de l'Afrique*, Paris, Seuil.
Mungala A. S. 1982, « L'éducation traditionnelle en Afrique », *Éthiopiques, Revue socialiste de culture négro-africaine, 29,* en ligne : http://ethiopiques.refer.sn/article.php3?id_article=838, consulté le 30/05/18.
Olupona J. (dir.), 2004, *Beyond Primitivism. Indigenous Religious Traditions and Modernity*, New York, Routledge.
Onunwa U. R., 1991, « African Traditional Religion in African Scholarship: An Historical Analysis », *in* Uka, E.M. (dir.), *Readings in African Traditional Religions*, New York, Peter Lang, p. 109–22.
Otto T. & Pedersen P. (dir.), 2005, *Tradition and Agency. Tracing Cultural Continuity and Invention*, Aarhus University Press.
Parrinder G., 1954, *African Traditional Religion*, London, New York, Hutchinson's University Library.
Peel J. D. Y., 2001, "African Studies: Religion," *in* N. J. Smelser and P. B. Baltes (dir.), *International Encyclopedia of the Social & Behavioral Sciences*, Oxford, Elsevier Science, vol. 1, p. 259–63.
Pouillon J., 1975, « Tradition : transmission ou reconstruction », *in* J. Pouillon, *Fétiches sans fétichisme*, Paris, Maspero, p. 155–73.
Ranger T. O., 1993, "The Invention of Tradition Revisited: The Case of Colonial Africa," *in* T. O. Ranger & O. Vaughan (dir.), *Legitimacy and the State in the Twentieth Century Africa*, London, Palgrave & Macmillan, p. 62–111.
Ranger T., 1999, *Voices from the Rocks: Nature, Culture, and History in the Matopos Hills of Zimbabwe*, Bloomington, Indiana University Press.
Rinsum H. & H. J. van, 2004, " 'They Became Slaves of their Definitions.' Okot p'Bitek (1931–1982) and the European Traditions in the Study of African Religions," *in* F. Ludwig & A. Adogame (dir.), *European Traditions in the Study of Religion in Africa*, Wiesbaden, Harrassowitz Verlag, p. 23–38.
Rony J., 2012, La religion traditionnelle, la religion la plus pratiquée en Afrique, http://www.agoravox.fr/tribune-libre/article/la-religion-traditionnelle-la-125054, consulté le 17/01/18.
Sahlins M., 1999, "Two or Three Things I Know About Culture," *Journal of the Royal Anthropological Institute, 5,* 3, p. 399–421.
Sanon A. T, 1985, *Das Evangelium verwurzeln. Glaubenserschliessung im Raum afrikanischer Stammesinitiationen*, Freiburg im Breisgau, Herder.
Sanon A. T., 1991, « Jesus, Master of Initiation», *in* R. J. Schreiter, *Faces of Jesus in Africa*, New York, Orbis Books, p. 85–102.
Sidibé A. L. G., 2017, « Ambassade des États-Unis au Burkina Faso : la liberté et la tolérance religieuse au cœur d'un échange », novembre 2017, *in* lefaso.net : http://lefaso.net/spip.php?article80465, consulté le 18/02/18.
Simboro E., 2016, « Culture et développement », *in* F. Sanou et A. J. Sissao (dir.), *Développement endogène de l'Afrique et mondialisation*, Ouagadougou, PUO-Fondation Joseph Ki-Zerbo, p. 459–93.
Sourou J. B., 2009, *Jean-Paul II : Pape blanc et Africain*, Paris, L'Harmattan.
Tremblay E., 2015, *Représentations des religions traditionnelles africaines : analyse comparative de réseaux régionaux et disciplinaires africains et occidentaux* https://www.researchgate.net/publication/48268384_Representations_des_religions_traditionnelles_africaines_analyse_comparative_de_reseaux_regionaux_et_disciplinaires_africains_et_occidentaux, consulté le 20/04/18.

UNESCO, 2011, *Convention 2003 pour la sauvegarde du patrimoine culturel immatériel*, Paris, UNESCO.

Walls A., 2004, « Geoffrey Parrinder (1910) and the Study of Religion in West Africa», in F. Ludwig & A. Adogame (dir.), *European Traditions in the Study of Religion in Africa*, Wiesbaden, Harrassowitz Verlag, p. 207–15.

Notes

1. Le célèbre livre de Hobsbawm et Ranger (1983) sur l'invention de la tradition a engendré une longue discussion en anthropologie et histoire sur les concepts de tradition, culture et le changement social (Sahlins 1999 ; Ranger 1993, 1999) et des études de cas sur l'émergence des nouvelles traditions dans toutes les parties du monde (Karlsholm et Hultin 1994 ; Otto et Pederson 2005).
2. Communication lors d'un panel organisé pendant la semaine nationale de la culture 2016 sur le thème : « Dialogue interreligieux au profit de la cohésion nationale ».
3. Dans le contexte burkinabè des théologiens comme Kalmogo (1979), Sanon (1972, 1985, 1991) ont mis leurs connaissances sur les traditions de leurs sociétés au service de l'évangélisation. Cette approche de la religion traditionnelle se lit comme une initiation anthropologique pour une pastorale pratique afin d'enraciner le christianisme dans la culture locale. Onunwa appelle ce courant les « Indigenous Christian Scholars » (1991).
4. Celui qu'on appelait le Sage de Bandiagara vécut en grand musulman pratiquant, tout en prônant le dialogue interreligieux.
5. Modeste Bationo, conseil municipal de Réo : Le maire accusé de pratiques mystiques, Le Pays du 23 avril 2018 http://lepays.bf/conseil-municipal-de-reo-maire-accuse-de-pratiques-mystiques/, consulté le 01/11/2018.
6. Les messes de requiem effectuées à l'église n'empêchent pas certains chrétiens de réaliser des funérailles traditionnelles pour leurs défunts au village. Il en est de même des Doua de certains défunts musulmans qui précèdent des cérémonies traditionnelles propres aux religions traditionnelles en milieu rural sans oublier les pratique maraboutiques liées à la pratique de l'islam (sur les funérailles et le pluralisme religieux au Burkina Faso, voir Degorce 2011 et Langewiesche 2011).
7. http://malidoma.com/main/
8. C'est le cas de Béteo Nébie linguiste, ancien cadre de l'institut des Peuples Noirs, et des membres de la génération de Cheikh Anta Diop, tous partisans de l'égyptologie.
9. Créée à Dori en 1973, l'Union fraternelle des Croyants (UFC) est très active dans le Sahel depuis 2005 dans cette dynamique de concertation. L'insurrection populaire de 2014 et la tentative de coup d'état de 2015 ont connu une participation active et concertée des différentes confessions religieuses pour résoudre les crises. Le 22 juin 2017 les leaders religieux se sont retrouvés autour du chef de l'État dans son palais pour la rupture du jeûne musulman. Le 17 janvier 2018, la Radio Notre Dame du Sahel a lancé à Ouahigouya un projet de consolidation du dialogue interreligieux. En plus de l'UFC, la Commission épiscopale pour le dialogue islamo-chrétien,

10. l'Union des Religieux et Coutumiers du Burkina (URCB) sont des cadres de promotion du dialogue interreligieux.
10. Projet EU (2015–1019) Neighbours South, Projet pilote pour la lutte contre la radicalisation et l'extrémisme violent dans la région du Sahel-Maghreb ou aussi le projet STRIVE (2016).
11. Cité selon Aïssata Laure G. Sidibé, « Ambassade des États-Unis au Burkina Faso : La liberté et la tolérance religieuse au cœur d'un échange », novembre 2017. Voir : http://lefaso.net/spip.php?article80465
12. Ce dernier avait demandé aux journalistes de ne plus parler de l'éviction de Salif Diallo des instances du CDP, alors parti au pouvoir.
13. Sibiri Nestor Samné 2009, « Chefferie traditionnelle et politique : La confusion offense le pouvoir et érode l'autorité », voir http://lefaso.net/spip.php?article32689, consulté le 31/05/18.
14. Sur le mouvement des chasseurs et la sécurité, voir les travaux de Joseph Hellweg en Côte d'Ivoire (2004, 2009) et de Sten Hagberg au Burkina Faso (2004).
15. Le jeune député qui siégeait au Palais Bourbon, Philipe Zinda Kaboré, bien que prince de naissance, demandait à la chefferie traditionnelle de comprendre que son temps était dépassé et qu'elle devrait s'adapter à la forme nouvelle de l'État naissant.

L'ISLAM AU BURKINA FASO

4. La Mosquée Ramatoulaye, Burkina Faso. Photo par Mara Vitale.

5. Cheikha Maiga à l'occasion de la prière du vendredi, juin 2012. Photo par Mara Vitale.

2.

L'ISLAM CONFRÉRIQUE DE LA TIJÂNIYYA ET L'HAMAWIYYA

Mara Vitale

Parmi les différentes expressions de la religion islamique présentes au Burkina Faso et ailleurs en Afrique, nous observons d'une part plusieurs tendances dites réformistes et, d'autre part, les confréries soufies. Ces dernières représentent une composante sociale, économique et politique très importante en Afrique de l'Ouest, où le soufisme est devenu la pratique religieuse dominante, notamment dans certains pays très islamisés comme le Sénégal ou le Mali [1].

Expression d'un islam mystique, voué à la contemplation et à la méditation dans le but de se rapprocher au divin, l'islam soufi est présent dans cette région depuis le XIe–XIIe siècles (Geoffroy 2003 ; Green 2012). Sur le plan étymologique, le mot « soufi » dérive de *suf*, qui signifie en arabe « *laine* », en référence aux habits modestes des ascètes. Originaire d'Afrique du Nord, le soufisme se diffusa progressivement au Sud du Sahara grâce aux commerçants et aux prédicateurs lettrés, mais aussi, parfois, par la force [2]. Sa consolidation se fit toutefois essentiellement à partir du XIXe siècle, lorsque la colonisation française participa, malgré elle, à l'essor de l'islam. Ce courant de l'islam, décliné en plusieurs *turuq* (voies spirituelles, au singulier *tarîqa*) et encadré par diverses familles maraboutiques, servit en effet de refuge moral, social et politique face à la conquête coloniale. Comme l'ont remarqué certains chercheurs (Diallo 1990 ; Triaud 2000), le soufisme fut perçu par les populations comme le rempart permettant de préserver des valeurs traditionnelles, telles que la solidarité familiale et villageoise, et le respect des aînés (Seeseman & Soares 2009). Il prit rapidement une dimension politique et de nombreux guides spirituels fondateurs des grandes *zâwîya* (centres spirituels) [3], collaborateurs ou réfractaires à la nouvelle administration, devinrent des intermédiaires privilégiés entre les colons et les populations. Au moment de l'arrivée des Européens en

Haute-Volta (ancien nom de l'actuel Burkina Faso), les confréries soufies signalées par les autorités coloniales dans leurs rapports destinés à la mère-patrie, étaient la Tijâniyya et la Qâdiriyya [4].

La Qâdiriyya, fondée par Abd'l Qadir Al-Jilani au XIe siècle à Bagdad, a été l'une des confréries pionnières du soufisme en Afrique de l'Ouest. Au fil des ans, elle a toutefois perdu beaucoup de terrain, et finalement cédé la place – autour du XIXe siècle – à d'autres confréries soufies, et notamment la Tijâniyya, voie spirituelle émergente à cette époque (Triaud & Robinson 1997) [5].

La Tijâniyya est aujourd'hui l'une des voies soufies les plus populaires au monde, qui a su s'imposer en participant au cours du XIXe siècle au processus de conversions massives des populations africaines à l'islam. Cette confrérie, originaire du Maroc, a été fondée par l'algérien Ahmed ben Mahammad ben El Mukhtar ben Salem (1737–1815), qui – comme cela est souvent le cas pour les grandes figures mystiques – montrait dès son plus jeune âge les caractéristiques d'un Saint (El Adnani 1998). Au cours de ses voyages et avant de fonder la Tijâniyya, il rentra en contact avec d'autres confréries soufies (Nâsiriyya, la Qâdiriyya, la Siddîqiyya, la Malâmatiyya et la Khalawatiyya). Son passage à travers toutes ces *turuq* contribua à la composition de son *silsila* (chaîne initiatique) [6], mais aussi à la formation des rituels et des comportements tijâni (en effet, la Tijâniyya est marquée par certains des traits distinctifs de chacune de ces voies mystiques, et ce caractère syncrétique a été un facteur décisif pour son succès). La Tijâniyya pénétra dans les territoires qui forment l'actuel Burkina Faso par des commerçants et les premiers disciples, mais aussi par l'intervention armée d'El hadj Umar Tall, premier khalife tijâni en Afrique de l'Ouest (Robinson & Triaud 1997), qui dirigeait son *djihad* non seulement contre les païens et les armées coloniales, mais également contre les musulmans pratiquant une doctrine différente. Ce n'est qu'à partir du XXIe siècle que la Tijâniyya trouve sa place dans l'espace burkinabè, à travers la participation des chefs religieux à son organisation.

LA TIJÂNIYYA BURKINABÈ ET SES RAMIFICATIONS

La Tijâniyya se caractérise par les nombreuses ramifications qui se sont formées à la fin du XIXe siècle et au début du XXe, comme par exemple la *zawiya* de Tivaouane au Sénégal fondée par Al-Hajj Malik Sy (1885–1922), et celle d'Al-Hajj Abdoulaye Niasse (1840–1922) à Kaolack (Sénégal). Cette dernière, grâce à l'œuvre du fils du fondateur, Ibrahima Niasse (1902–1975), est rapidement devenue la filière tijâni la plus dynamique et ouverte au processus de modernisation et de développement. Grâce à cette caractéristique, elle a été capable d'atteindre

– parmi les différentes branches – la plus vaste diffusion en Afrique (surtout au Sénégal où elle est majoritaire, au Niger et au Nigeria) et ailleurs dans le monde [7]. Un troisième courant, fondé au Mali dans le village de Nioro du Sahel par Cheikh Hamahoullah (1882–1943) et connu sous le nom d'Hamawiyya, a rapidement rencontré un grand succès au Burkina Faso et en Côte d'Ivoire [8]. Comme nous le montrerons après, ces ramifications se distinguent entre elles par des spécificités doctrinales, mais sont définies essentiellement par l'attachement à la figure du fondateur, considéré par les adeptes comme un saint.

En Haute-Volta les deux premiers adeptes de l'Hamawiyya, qui s'affilièrent en recevant l'initiation (*wird* en arabe) *hamawi*, furent Sidi Aboubakar Maiga de Ramatoulaye [9] et Abdoulaye Fodé Doukouré d'Hamdallaye [10]. Ces deux *zâwîyas* demeurent toujours les deux pôles principaux de la Tijâniyya burkinabè.

La Tijâniyya Hamawiyya de Ramatoulaye

L'histoire de la Tijâniyya Hamawiyya au Burkina Faso commence notamment avec la fondation en 1917 de Ramatoulaye, petit village dans le nord du pays, par Aboubakar Maïga I qui fut ensuite nommé *moqaddem* par le cheikh Hamallah à Nioro du Sahel (en 1923), et chargé de diffuser le message du Prophète chez les Mossi de la Haute-Volta (Dassetto *et al.* 2013). Son parcours fut marqué par de nombreuses difficultés dues principalement à la méfiance des autorités coutumières et coloniales de l'époque envers l'islam [11]. À sa mort en 1946, son fils Sidi Mohammed prend donc la relève et dirige les affaires religieuses, tout comme la communauté, pendant 41 ans. C'est à partir de cette deuxième génération que la Tijâniyya hamawiyya s'est dynamisée. Les centres hamawi se sont multipliés, surtout dans le nord du pays [12], et le cheikh Sidi Mohammed Maïga, fils du fondateur de la *zawiyya*, a utilisé ses qualités politiques et diplomatiques pour promouvoir le développement de Ramatoulaye et s'installer dans la capitale, afin d'être à proximité des institutions politiques, des autorités religieuses, des routes commerciales et des voies de communication. Entre autres, Sidi Mohammed a su faire des grandes festivités musulmanes des moments privilégiés de rencontre entre la politique et la religion musulmane. Dans cette logique, il a rendu très populaire le *Mawlid* ou Mouloud, la fête – déjà introduite par le fondateur de Ramatoulaye – qui commémore la naissance du Prophète Mohammed [13]. Actuellement nous retrouvons à la tête de la *zawiya* de Ramatoulaye le cheikh Aboubakar Maiga II [14]. Conseiller aux affaires étrangères de l'ancien président du Faso Blaise Compaoré, le cheikh de Ramatoulaye n'a pourtant pas mis en évidence de qualités politiques et diplomatiques comparables à celles de son père, ou du cheikh d'Hamdallaye, le Dr Doukouré.

Le cheikh Doukouré d'Hamdallaye

Le cheikh Doukouré appartient à l'autre grande famille de guides spirituels de la Tijâniyya, basée dans le quartier d'Hamdallaye de la capitale Ouagadougou. Le fondateur de cette *zawiya* ouagalaise, Abdoulaye Fodé Doukouré [15] fut chargé de propager l'hamawiyya vers 1915 par le cheikh de Nioro. Après son passage au Mali, il se consacra principalement à remplir cette mission, parallèlement à son activité commerciale qui l'amena pendant environ quatorze ans à parcourir le Sénégal, le Mali (Soudan Français), la Mauritanie, la Côte d'Ivoire et la Haute-Volta. Il décida ensuite d'abandonner toutes ses occupations matérielles, afin de pouvoir se consacrer uniquement à la religion, choix qui lui coûta un long emprisonnement entre la Côte d'Ivoire et le Sénégal, avant de rentrer en Haute-Volta en 1957. Pendant ces années de détention, nombreux hommes politiques africains s'intéressèrent à son cas, notamment des dirigeants du Rassemblement Démocratique Africain (RDA) tels que Félix Houphouët-Boigny, Mamadou Konaté, Daniel Ouezzin Coulibaly et Gérard Kango Ouédraogo, qui obtinrent en 1952 la liberté surveillée (à Dakar) pour le cheikh. Le soutien du RDA au chef religieux s'explique d'abord par leurs intérêts communs anti-français, mais les dirigeants du RDA avaient aussi entrevu en Doukouré un leader charismatique capable de transmettre aux masses leur message politique, de lui donner une légitimation religieuse, et donc de leur apporter un important soutien au moment des élections [16]. Au moment du retour de Doukouré en Haute-Volta en 1957, le nombre de talibés ne cessait d'augmenter et le cheikh demanda un terrain plus vaste en dehors de la ville pour s'y installer et créer sa *zâwiya*. Le chef des Mossi lui affecta alors un terrain situé à quelques kilomètres à l'ouest de la capitale qui, suite à une ultérieure expansion, allait devenir le village puis le quartier d'Hamdallaye. À sa mort, le foyer-mère de Djibo revint au fils aîné, Mohamed Lamine, tandis que celui de Hamdallaye fut confié au jeune Boubakary qui venait de terminer ses études en Arabie Saoudite. Ce dernier a su, au cours des ans, valoriser le travail commencé par son père en proposant à la fois un renouvellement et une modernisation de la *zâwiya* d'Hamdallaye [17]. Dans les années 1980, il fonde sa propre association, la Ittihad Islami (Union de l'Islam) à laquelle il essaie de donner une orientation plus orthodoxe, dans la lignée des enseignements appris pendant son long séjour au Moyen-Orient. Boubakary Doukouré est aujourd'hui l'une des autorités spirituelles les plus importantes et influentes du paysage religieux et sociopolitique du Burkina Faso. Arabisant, conseiller aux affaires étrangères du président du Burkina Faso, membre fondateur de la Fédération des associations islamiques du Burkina (FAIB), et président, depuis 2006, du Conseil exécutif de l'Organisation islamique pour l'Éducation, les Sciences et la Culture (isesco), dont la siège permanent se trouve à Rabat au Maroc, il a conjugué le charisme mystique hérité de son père avec ses capacités relationnelles et ses talents d'entrepreneur, qu'il met au service – comme nous le verrons ensuite – d'importants projets socio-économiques. Le cheikh d'Hamdallaye joue aussi un rôle politique important : conseilleur aux affaires étrangères de l'ex-président Blaise Compaoré, il a su imposer son influence dans les affaires politiques avec le monde arabe, en permettant l'intensification des relations avec ces pays.

LA DOCTRINE TIJÂNI ET SES DÉCLINAISONS

Dès son apparition, la Tijâniyya, a su s'imposer à la société africaine comme une confrérie innovatrice et capable de s'adapter aux exigences de la communauté musulmane. Au contraire d'autres *turuq* africaines, la Tijâniyya se caractérise par son polycentrisme et son hétérogénéité due aux différentes appartenances ethniques de ses adeptes, aux enjeux locaux et aux logiques successorales. En effet, l'une des spécificités de la Tijâniyya est son articulation en plusieurs pôles ou branches, avec le pouvoir charismatique des leaders religieux de ces branches qui s'impose souvent beaucoup plus aux fidèles que la figure du fondateur de la *tarîqa*.

Plusieurs raisons expliquent les succès de la Tijâniyya dans le contexte subsaharien et burkinabè. Tout d'abord, un facteur décisif est son intégration dans le tissu social de la population majoritaire au Burkina Faso, les Mossi. En deuxième lieu, la confrérie tijâni se caractérise par une dimension spirituelle poussée, où l'introspection et la connaissance ésotérique du texte coranique jouent un rôle fondamental. D'autres traits distinctifs de cette *tariqa*, tout aussi importants pour son expansion, sont l'étroite relation spirituelle entre maître et disciple (*talibé*), la courte *silsila* (chaîne de descendance) qui permet aux fidèles de bénéficier de l'influx surnaturel de la *baraka* (bénédiction) [18], l'importance des enseignements du fondateur et de ses descendants, et enfin les récitations et la répétition de rites distinctifs.

La spiritualité tijâni se caractérise par la volonté d'atteindre une purification de soi par la pratique du bien-agir (*ihsân*), qui complète l'acte de foi (*iman*) et les accomplissements rituels (*ibadat*) spécifiques. Le cheikh, qui représente l'autorité suprême de la confrérie, enseigne aux disciples l'ensemble de prières rituelles qui constituent le *dikhr* (remémoration) [19], c'est-à-dire la répétition à différents moments de la journée de versets coraniques et d'invocations spécifiques propres à la voie spirituelle. Le *dikhr*, qui peut se réciter à voix haute ou à voix basse, individuellement ou collectivement, est vécu par le fidèle comme un cheminement intérieur qui doit le rapprocher de la connaissance divine. Il est généralement accompagné par des mouvements du corps et des techniques de respiration spécifiques permettant la mémorisation et la répétition des formules prévues.

Le *dikhr* tijâni se compose de trois récitations : *lazim*, *wazîfa* et *tahil*. Le *lazim*, qui doit être récité deux fois par jour (le matin entre la prière de l'aurore et celle du lever du soleil, et le soir entre la prière de l'après-midi et celle de la nuit), se compose à son tour de trois séquences, dont la dernière est la *Shahâda*, l'attestation de foi musulmane, qui marque l'appartenance à l'islam. La deuxième récitation, appelée *wazîfa*, est une invocation supplémentaire qui doit être récitée deux fois par jour (ou une seule en cas d'empêchement), sur un drap blanc et propre (El Adnani 2007) [20]. Elle contient des spécificités propres à la branche tijâni, et prévoit notamment la répétition 12 (ou 11 fois) du *Jâwaharat al-kamâl* (« La Perle de la perfection »). Cette formule, transmise oralement à l'état de veille par le Prophète à Ahmed al-Tijâni, est au cœur de la spiritualité tijâni, centrée sur la notion de grâce (*al-fayda*), d'effusion par laquelle on percevrait l'influence du fondateur de la confrérie. La récitation de la Perle de la perfection est aussi l'objet de la polémique entre les Tijâni oumariens, qui la répètent 12 fois, et les Tijâni hamawi, qui la répètent 11 fois. Le *tahil* est accompli seulement le vendredi soir avec les autres fidèles. Dans l'ensemble, les islamologues et les historiens s'accordent à dire que le rituel tidjani est l'un des principaux signes distinctifs d'appartenance à cette branche soufie, car il accompagne et organise la vie quotidienne du fidèle, bien plus que dans le cas d'autres confréries (Kane & Triaud 1998). Au-delà des aspects rituels, l'appartenance à la Tijâniyya est réglée par certains commandements, qui concernent tout d'abord la relation entre fidèle et cheikh : le fidèle doit aimer le cheikh d'un amour puissant, il ne doit pas le critiquer, il doit respecter la hiérarchie, et son affiliation peut être validée exclusivement par un *moqaddem* (chargé de propager la doctrine) ou par un cheikh. À un deuxième niveau se situent les normes qui règlent la relation entre le fidèle et la confrérie : le fidèle ne peut avoir d'autre affiliation, il doit avoir une forte conviction de l'efficacité de la voie tijâni, il ne doit pas lui nuire, ni l'abandonner sous peine de sanctions graves. Viennent ensuite le respect des croyances, la participation aux rites et les normes sociales.

Comme nous l'avons expliqué plus haut, la Tijâniyya se compose de plusieurs branches, qui se différencient par rapport à certains points doctrinaux. La Tijâniyya niassène est caractérisée par une rénovation du rituel d'initiation, et sa doctrine se fonde principalement sur deux piliers, la *fayda* ou infusion de grâce divine et la *tarbiya* à savoir l'initiation qui doit se révéler à tous les fidèles. Au fil des années, les chefs religieux qui se sont succédés à la tête de la *tarîqa* ont donné au mouvement un caractère urbain et transnational, et ils ont montré une ouverture envers les femmes en leur réservant un rôle de plus en plus important au sein de l'*oumma*. Il s'agit en effet de la seule branche de la Tijâniyya qui a popularisé l'enseignement ésotérique aux femmes, qui peuvent ainsi devenir *moqaddem* – et donc avoir une *silsila* – et gérer une communauté de fidèles. Ce phénomène, qui encore relativement méconnu, est en train de se produire dans tous les pays où la Tijâniyya niassène est présente. Et si, jusqu'à il y a quelques années, les autorités religieuses gardaient une certaine discrétion à ce sujet, aujourd'hui les femmes *moqaddem* occupent visiblement l'espace public : nous les retrouvons donc aux côtés des cheikhs lors des grands événements de la *tariqa* (Mouloud, conférences, etc.), elles apparaissent dans les sites internet officiels de la *fayda*, et sont très actives sur les réseaux sociaux. Cela témoigne de l'engagement de ces femmes dans la Tijâniyya, ainsi que de la pleine conscience et acceptation de leur rôle de la part de la communauté.

Les tijânis sont souvent critiqués par les autres groupes musulmans, qui les accusent de ne pas être de « vrais musulmans ». Cette idée s'est consolidée au cours du XIXe siècle, et elle est encore bien présente chez les élites religieuses et intellectuelles musulmanes qui prétendent trouver chez les confréries soufies les racines du retard du développement de leurs sociétés. Les mouvements réformistes (en particulier les wahhabites) critiquent à plusieurs niveaux le soufisme, et ils ont accru leur méfiance envers les *turuq*, en les tenant pour responsables de l'introduction dans le dogme et les pratiques de l'islam d'innovations blâmables (*bid'a*) : les confréries soufies propageraient la superstition, des légendes aussi que l'ignorance et seraient, de ce fait, un obstacle au développement et au progrès de la société. Ils considèrent le soufisme comme non conforme à l'islam et le qualifient de *chirk* (polythéisme), *inhirâf* (déviation) ou même *kufr* (mécréance). Dans la spécificité de la Tijâniyya, les musulmans réformistes reprochaient à cette confrérie de ne pas professer le vrai islam, et l'accusaient de charlatanisme. Ils critiquaient la commémoration de la naissance du Prophète (*Mawlid* ou Mouloud), le pèlerinage aux tombeaux des cheikhs de la confrérie, le culte des saints, l'anthropolâtrie, la pédagogie coranique traditionnelle ainsi que certains aspects de la pratique de la prière. Les réformistes critiquaient aussi les séances de litanies (*dikhr*) qui faciliteraient (selon eux) des expériences extatiques ainsi que la dimension secrète de la connaissance soufie, et enfin le rapport entre maître et disciple, qui sous-entendrait l'existence d'une hiérarchie et une dépendance du disciple par rapport à son maître. Ces aspects du soufisme violeraient non seulement les principes de la doctrine musulmane, mais seraient perçus comme inadéquats pour l'épanouissement et l'autonomie personnelle du sujet moderne (Bruinessen & Howell 2007).

L'ORGANISATION DE LA TIJÂNIYYA BURKINABÈ

Depuis 2009, la Tijâniyya burkinabè s'est constituée, par volonté du cheikh de Ramatoulaye Aboubakar Maiga II, en association qui rassemble tous les foyers tijâni de toutes tendances, sous le nom de Communauté Islamique de la Tijâniyya du Burkina Faso (CITBF). Plusieurs raisons expliquent la décision de s'associer, qui répond en premier lieu à une exigence précise émergée à Fez en 2007, lors d'un grand forum rassemblant tous les plus importants guides spirituels de la confrérie. À cette occasion, les autorités religieuses ont été en effet invitées à l'unité et à la coexistence pacifique. En outre, l'adhésion des *zâwîya* à l'association rendait possible un recensement, même approximatif, des Tijâni au Burkina Faso [21]. Pour terminer, les leaders tijâni ont estimé qu'une association soudée et de taille importante aurait pu intervenir avec un poids politique beaucoup plus important au moment de négocier des importantes décisions institutionnelles.

La CITBF, qui au moment de sa formation s'est dotée d'un nouveau bureau exécutif national, se compose du conseil des cheikhs et des oulémas, d'un organe de conception, d'exécution et d'administration, d'un organe de gestion et de conciliation, et peut compter sur deux instances de décision et de délibération. Malgré les recommandations du Forum de Fez, la formation d'une nouvelle association réunissant toutes les orientations de la Tijâniyya burkinabè (douze grains, hamawi et niassène), n'a pas empêché la création de nouvelles fractures internes à la *tariqa*. En effet, le congrès général des tijânis a (implicitement) remis en question la validité de la pratique de « onze grains », et donc la légitimité de Nioro et de son guide spirituel, ainsi que d'autres tendances internes à la confrérie. Par ailleurs, d'anciennes querelles de leadership entre les deux principales *zawîyyas* burkinabè, celle de Ramatoulaye et celle de Hamdallaye, ont retrouvé une certaine vigueur. Dans l'ensemble, la CITBF joue un rôle presqu'exclusivement représentatif : les chefs religieux n'ont jamais entamé de projets communs et chaque foyer poursuit son activité de façon indépendante. Il en résulte une forte compétition entre les chefs religieux, qui les pousse à différencier les activités et les projets socioculturels destinés à la population.

La Tijâniyya au service de la société

Dans ce paysage de forte compétition, les leaders religieux tijâni ont choisi plusieurs stratégies pour mettre en valeur leur autorité et leur puissance religieuse. Le cheikh d'Hamdallaye est celui qui a su « concrétiser » plus que d'autres autorités religieuses son pouvoir, en se posant en tant que « planificateur social » efficace et qu'entrepreneur averti. Il a mené à bien plusieurs projets directement destinés au développement social et urbain du Burkina Faso, en réalisant, par exemple, la construction d'un institut franco-arabe (Al Elmi), d'un lycée privé (Ridwane), d'un Centre universitaire polyvalent du Burkina (cupb), et tout récemment d'une radio (Radio Ridwane pour le développement), ainsi que d'autres importantes structures à usage commercial [22]. Cheikh Doukouré, tout en sachant les difficultés rencontrées par les jeunes diplômés des écoles islamiques, a fait le choix de privilégier pour ses instituts scolaires la langue française et l'anglais, au détriment de l'arabe. En effet, les difficultés d'insertion dans le monde du travail rencontrées par les jeunes diplômés arabophones l'ont convaincu de différencier son offre de formation par rapport aux autres écoles musulmanes, et de proposer des programmes centrés sur la formation professionnelle.

La compétition entre les différentes tendances de la Tijâniyya, a amené certains chefs religieux à créer des ONG locales intervenant dans le développement socio-économique et dans l'éducation. Par exemple, le cheikh Abdoul Aziz Ouédraogo a promu la naissance de la Fondation internationale de solidarité cheikh Abdoul Aziz Ouedraogo (FISCAAZO) et la Fédération mondiale pour la réconciliation sociale et la paix (FEMORES/paix), qui – à côté d'une activité de prosélytisme – proposent des programmes de scolarisation, d'insertion des jeunes dans le monde du travail, et de formation professionnelle des femmes (Vitale 2016).

LE RÉVEIL DES FEMMES ET DES JEUNES TIJÂNI

Pendant une longue période, les femmes et les jeunes musulmans ont participé de façon presque exclusivement « passive » à la pratique religieuse et à la vie de la confrérie [23]. Leur engagement dans la vie de la communauté est donc très récent, et d'importantes différences subsistent entre le milieu urbain de Ouagadougou et l'environnement rural.

Dans la capitale, les jeunes musulmans, sensibles à la compétition avec les autres tendances islamiques, font de plus en plus preuve de dynamisme au sein de la communauté tijâni, et participent davantage aux débats de société. Comme dans d'autres contextes africains, l'activisme des jeunes musulmanes se manifeste dans certains « lieux » privilégiés, à savoir les associations (nationales et de quartier), la mosquée et les médias (LeBlanc et Gomez-Perez 2007). Dès sa formation, la CITBF a constitué une cellule de jeunes qui, à travers plusieurs activités de prosélytisme (conférences, journée d'études, pèlerinages, etc.), essaie de se rendre visible dans l'espace public burkinabè. D'autres jeunes ont souhaité se détacher de cette association, et proposent des activités répondant aux exigences pratiques de la jeunesse musulmane. En outre, plusieurs nouvelles formations ont vu le jour à partir de 2010, en partie sous l'impulsion des mouvements de protestations contre le régime de Blaise Compaoré. Dans le cas spécifique du quartier d'Hamdallaye, la plupart des associations de jeunes n'a pas une dénomination religieuse (islamique ou tijâni), mais les activités qu'elles proposent ne cachent pas une orientation religieuse, et l'islam (avec ses valeurs et sa doctrine) est le dénominateur commun des participants. En particulier, deux associations qui travaillent en synergie – Hamdallaye 4ever et l'Association Dawla pour le développement (ADD) – poursuivent l'objectif de mobiliser les jeunes, et d'améliorer leurs conditions au sein de la société. Sur le plan pratique, l'élément caractérisant des associations des jeunes musulmans est certainement l'utilisation poussée des médias et des réseaux sociaux, ou ils coordonnent leur engagement et échangent des informations favorisant leur participation à la vie sociale et religieuse.

En ce qui concerne les femmes tijâni, elles participent selon des modalités différentes à la revitalisation de l'islam. Au Burkina Faso, nous retrouvons de nombreuses associations de femmes musulmanes, travaillant surtout à la diffusion de l'islam et à la formation religieuse des autres femmes. Ces associations ne sont toutefois pas indépendantes des hiérarchies masculines, et les femmes érudites et charismatiques qui les dirigent – comme par exemple la présidente de l'association des femmes de la Tijâniyya de Ramatoulaye – se retrouvent souvent dans l'obligation de se cacher (par respect de la loi islamique) et restent donc à l'écart des activités publiques organisées [24]. En outre, et surtout en milieu rural, le domaine d'intervention de « l'associationnisme » féminin est limité à l'apprentissage coranique et à l'organisation des grandes festivités du calendrier musulman. En revanche, dans la capitale Ouagadougou et de façon générale dans les centres urbains (Ouahigouya, etc.), l'engagement des femmes tijâni s'exprime dans une gamme plus variée d'activités sociales et religieuses, telles que l'assistance hospitalière, le nettoyage de rues, les visites dans les prisons, la formation des enfants, le prosélytisme, etc. Au niveau national, la plus importante association féminine est l'Alliance des femmes islamique du Burkina (AFIB) [25], qui ressemble les femmes musulmanes de toute tendance (Vitale 2009). Dans le cas spécifique de la Tijâniyya, la Ittihad Islami du cheikh Doukouré a créé une section féminine active dans le quartier et dans le réseaux tijâni du cheikh. Mais l'innovation la plus intéressante de ces dernières années s'est produite chez les tijâni niassènes, car les femmes peuvent désormais aspirer au rôle de guide spirituel et mettre au service de la communauté leur charisme et leurs compétences. Exemple d'émancipation, ces femmes chargées de propager l'islam disposent d'importantes sommes d'argent mises à leur disposition par les fidèles sous forme d'aumône, qu'elles réinvestissent pour financer des projets d'aide à la population [26]. En général, l'associationnisme féminin burkinabè montre bien que, si la route vers l'émancipation est encore très longue – parfois à cause des rôles imposés par la religion –, cette dernière peut devenir un vecteur d'émancipation, qui permet à certaines femmes de trouver une place importante à l'intérieur du tissu social et religieux, et contribuer significativement au développement socio-économique du pays. Malgré quelques résistances dans les milieux masculins, le succès des associations féminins semble montrer que les nouvelles générations de croyants sont prêtes à accepter des changements assez radicaux dans les structures hiérarchiques de la communauté religieuse.

RIGORISMES, ET « RÉVEIL » DE LA TIJÂNIYYA AU BURKINA FASO

Le Burkina Faso est devenu depuis quelques années le théâtre de plusieurs attaques violentes de matrice terroriste où un nombre important de civils et militaires ont perdu la vie. Au lendemain des différents attentats, les autorités religieuses représentées par la Fédération des Associations Islamiques du Burkina Faso (FAIBF) ont immédiatement condamné toute forme violente de l'islam, et les chefs religieux tijânii ont confirmé leur engagement dans la diffusion d'un message de paix et de coexistence pacifique entre différentes cultures et religions. La vague de radicalisation qui, provenant de l'extérieur, a fini par toucher aussi l'islam burkinabè et, bien que marginalement, la Tijâniyya, s'accompagne de deux phénomènes bien précis. D'un côté, la montée de la religiosité semble se traduire par une défense des pratiques religieuses et des préceptes islamiques à travers la modification des comportements individuels extérieurs, vestimentaires (*hijab*, pantalon court, calotte et barbe) et alimentaires. De l'autre, au niveau de l'espace public, on constate un renforcement de l'islam et de la pratique la plus rigoureuse de cette religion à travers une prolifération de mosquées, écoles coraniques et franco-arabes, universités, centres culturels, et lieux informels de prières. Cette attitude rigoriste de la communauté musulmane burkinabè (et, en partie, de la Tijâniyya), déterminée aussi par la forte présence (culturelle et économique) du monde arabe, ne doit pas être interprétée exclusivement comme une réponse au climat actuel d'intimidation et de pression internationale. Il serait plus correct de l'insérer dans un processus de « réveil » de cette religion, qui d'une part, veut affirmer sa vision du monde et sa culture, et de l'autre part, essaie d'obtenir une plus forte visibilité et reconnaissance sociale vis-à-vis des élites chrétiennes qui occupent toujours les principaux postes de l'administration publique (Vitale 2012).

Bibliographie

Bruinessen M. van & J. Day Howell (dir.), 2007, *Sufism and the "Modern" in Islam*, London, I. B. Tauris.

Dassetto F., Laurent P.-J. & T. Ouédraogo, 2013, *Un islam confrérique au Burkina Faso*, Paris, Karthala.

Deniel R. & J. Audouin, 1978, *L'islam en Haute Volta à l'époque coloniale*, Paris, L'Harmattan.

Diallo H., 1990, « Introduction à l'histoire de l'islam dans l'Ouest du Burkina Faso : des débuts à la fin du 19ème siècle », *Islam et sociétés au Sud du Sahara, 4*, p. 33–45.

El Adnani, 1998, *Entre hagiographie et histoire, les origines d'une confrérie musulmane maghrébine : la Tijâniyya (1781–1880)*, Université d'Aix-Marseille I.

Geoffroy E., *Le soufisme. Voie intérieur de l'islam*, Paris, Fayard.

Green N., 2012, *Sufism. A Global History*, Malden MA, Wiley-Blackwell.

Kane O. & J.-L. Triaud (dir.), 1998, *Islam et islamisme au sud du Sahara*, Paris, Karthala.

Leblanc M.-N., 2006, « L'orthodoxie à l'encontre des rites culturels », *Cahiers d'études africaines, 206–207*, p. 417–36.

Leblanc M.-N. & M. Gomez-Perez, 2007, « Jeunes musulmans et citoyenneté culturelle : retour sur des expériences de recherche en Afrique de l'Ouest francophone », *Sociologie et sociétés, 39*, 2, p. 39–59.

Moreau R. L., 1964, « Les marabouts de Dori », *Archives de sociologie des religions, 17*, p. 113–34.

Robinson D. & J.-L. Triaud (dir.), 1997, *Le temps de marabouts. Itinéraires et stratégies islamiques en Afrique occidentale v. 1880–1960*, Paris, Karthala.

Seeseman R. & B. F. Soares, 2009, "Being as Good Muslims as Frenchmen: On Marabouts, Colonial Modernity and the Islamic Sphere in French West Africa," *Journal of Religion in Africa, 39*, p. 91–120.

Tall M. L., 1991, *Un islam militant en Afrique de l'ouest au XIXe siècle. La Tijâniyya de Saiku Umar Futiyu contre les pouvoirs traditionnels et la puissance coloniale*, Paris, L'Harmattan.

Triaud J.-L., 2000, « La Tijâniyya, une confrérie pas comme les autres ? », *in* J.-L. Triaud et D. Robinson (dir.), *La Tijâniyya. Une confrérie musulmane à la conquête de l'Afrique*, Paris, Karthala.

Triaud J.-L. & D. Robinson (dir.), 2000, *La Tijâniyya. Une confrérie musulmane à la conquête de l'Afrique*, Paris, Karthala.

Vitale M., 2009, « Économie morale, islam et pouvoirs charismatique au Burkina », *Afrique contemporaine, 231*, p. 229–43.

Vitale M., 2012, « Trajectoires d'évolution de l'islam au Burkina Faso », *Cahiers d'études africaines, 206–207*, p. 367–87.

Vitale M., 2016, "From Local to Transnational Challenges: Religious Leaders and Muslim NGOs in Burkina Faso," in M.-N. LeBlanc et L. Audet Gosselin (dir.), *Faith and Charity. Religion and Humanitarian Assistance in West Africa*, London, Pluto Press, p. 141–60.

Notes

1. Nous ne disposons pas de statistiques officielles sur les différentes tendances islamiques au Burkina Faso. Cependant la Tijâniyya a sûrement connu une forte augmentation du nombre d'adeptes au cours des dernières années, suite à une visibilité accrue de cette confrérie et à l'engagement des chefs religieux dans la vie socio-économique du pays.
2. Plusieurs djihads ont été conduit pour conquérir les populations non musulmanes en Afrique subsaharienne. On rappelle notamment le djihad d'Oumar Tall en 1850 qui a porté à la fondation de l'empire toucouleur, ou encore celui de Sékou Amadou, fondateur de l'empire du Macina au XIXe siècle.
3. Une *zâwîya* est un édifice religieux, un emplacement ou la cour d'une habitation, où se rassemblent les adeptes d'une confrérie soufie. Il est le centre spirituel et social autour duquel la communauté se structure. On distingue entre *zâwîya-mère*, qui correspond généralement à la résidence du chef religieux (*cheikh*), et les *zâwîyas* qui se rattachent à elle et en sont dépendantes.
4. Dans la province de Ouagadougou les autorités coloniales recensèrent environ 25 000 fidèles musulmans, dont 6 000 tijâni et 4 000 quâdyri dans les années 1950 (Deniel & Audouin 1978 : 64).
5. Le déclin de la Qâdiriyya au Burkina Faso peut être compris, au moins en partie, en se referant à sa compostion ethnique. En effet la majorité des quâdyri était au XIXe siècle d'ethnie dioula, un groupe devenu très minoritaire dans ce pays (ils composaient 0,8 % de la population en 2017).
6. Le concept de *silsila* est très important dans l'islam soufi. Une *silsila* est une chaîne initiatique de transmission spirituelle qui remonte jusqu'au Prophète, et définit ainsi la proximité entre le fidèle et Mahomet. La pratique de multiplier les *silsilas* (chaînes initiatiques), afin de légitimer le pouvoir spirituel d'un chef religieux, est très répandue chez les soufis.
7. Pour plus de détails, voir Triaud et Robinson (2000).
8. Ce phénomène social et religieux, qui prend ses origines dans la Tijâniyya, est considéré par les uns comme une confrérie autonome, et par les autres, comme une branche dissidente. Les raisons de cette impasse sont liées tout d'abord à la dénomination du mouvement : selon R. L. Moreau, le hamallisme est une création de l'administration coloniale, qui devait donner un nom, mais aussi attribuer une doctrine, à ce mouvement qui se créa autour du cheikh Hamallah de Nioro (Moreau 1964). Ce fut aux Français de définir les disciples d'Hamallah avec le néologisme « hamalliste ».
9. Ramatoulaye est une petite ville à 25 km au nord de Ouahigouya.
10. Hamdallaye est un quartier de Ouagadougou fondé par le même Doukouré. Sa *zâwîya* d'origine est cependant celle de Djibo.
11. Entre 1935 et 1945, Cheikh Aboubakar fut arrêté à plusieurs reprises. À sa libération, il retourna à Ramatoulaye où il trouva la mosquée détruite et ses partisans chassés. Bien qu'affaibli par les années de détention, il démarqua le même lieu pour la construction d'une autre mosquée et décéda ensuite en 1946, en laissant la *zâwiya* de Ramatoulaye à son fils aîné.
12. C'est à ce moment que Ramatoulaye se proclamait la *zâwîya-mère* de la Haute-Volta.
13. Cette célébration, fut introduite en 1922, mais fêtée pendant longtemps en cachette afin d'éviter des ennuis avec l'administration locale et les habitants de Namissiguima (ce village est aujourd'hui le chef-lieu du

département homonyme : depuis 2010, Ramatoulaye n'est plus un quartier de Namissiguima et a acquis le statut administratif de village). Sidi Mohammed, grâce à son travail diplomatique avec les autorités politiques et religieuses, a donné une nouvelle allure et signification à cette festivité : en effet, donnant la possibilité aux autorités politiques burkinabè et aux représentants religieux étrangers de participer activement à la cérémonie du Mouloud, il a permis au village d'être connu au-delà du Burkina Faso, de pouvoir compter sur de nouveaux appuis économiques et de bénéficier de quelques avantages administratifs.

14. Cheikh Aboubakar Maïga II est né en 1947 à Ramatoulaye Sa formation religieuse démarre au village, à côté de son père, et à Ouahigouya où il fréquenta l'école franco-arabe pendant trois ans. Jeune adolescent, il partit à Nioro du Sahel pour apprendre le Coran et il resta au Mali pendant douze ans. Après cette période de formation spirituelle et humaine, il partit en Côte d'Ivoire et, dans les années 1970, grâce à des financements provenant des pays arabes, il eut la possibilité de séjourner pendant neuf ans au Soudan pour approfondir ses études de jurisprudence, et de là il put partir pour son Hadj à la Mecque. Il fréquenta l'université d'Al-Azhar au Caire où il obtint une maîtrise en Charia et droit).
15. Il est né en 1885 à Diawara dans le cercle de Bakel au Sénégal.
16. Selon un informateur qui nous avons rencontré à Ouagadougou, l'intervention de Cheikh Aboubakar Doukouré aux élections de Keïta au Mali fut très importante, et le président malien qui l'appelait « père » n'hésitait pas à le reconnaître comme son guide spirituel.
17. Sur le plan strictement doctrinal, le cheikh Doukouré choisit de se détacher de la tradition soufie paternelle, et donc d'un certain islam « ésotérique ».
18. Ce point s'avère aussi très important pour les guides religieux : plus la *silsila* est courte, plus les pouvoirs spirituels dont les cheikhs peuvent disposer et leur influence charismatique auprès des fidèles sont considérés comme étant importants. Parmi les pouvoirs qui dérivent de cette proximité généalogique (à savoir des relations se caractérisant par une faible distance généalogique), il faut rappeler la possibilité de nommer de nouveaux adeptes et de nouveaux guides spirituels.
19. Un *dhikr* est une forme de prière recommandée par le Coran, et peut être traduit par « souvenir du cœur ». Il consiste à répéter un grand nombre de fois certains chapitres et versets pour enfin terminer avec l'invocation de Dieu et de ses noms. Les confréries soufies l'ont transformé en un système liturgique et technique visant l'obtention des plus hauts états mystiques.
20. Selon les sources anciennes, les premiers disciples récitaient la *wazifa* devant la maison d'al Tijâni. Comme la propreté n'était pas assurée, le fondateur avait demandé d'étaler un drap blanc et propre, car le Prophète aurait pu apparaître aux disciples à la septième lecture de « la Perle de la perfection » (El Adnani 2007).
21. À nos jours un recensement des fidèles tijani n'a pas encore été fait. Cependant le CITBF a établi une liste des plus importantes *zâwîya* et des guides spirituels.
22. Il est intéressant de noter qu'en général, dans la réalisation de projets, il ne s'appuie pas sur un seul mécène afin de s'assurer plus de liberté dans la gestion.
23. Avec le terme « jeunes » nous nous référons dans notre analyse à la partie de la population dont l'âge varie de la puberté biologique à la quarantaine,

regroupant surtout des hommes célibataires, souvent sans grandes ressources économiques (LeBlanc 2006).
24. Depuis la création de l'association dans les années 1990, c'est la première femme du cheikh qui recouvre le role de présidente de l'association. Cependant selon la loi islamique les femmes du cheikh ne peuvent pas se montrer à un public masculin, en particulier aux hommes ne faisant pas partie de la famille.
25. Pour donner un exemple d'activité culturelle organisée par l'AFIB, lors d'un séjour en 2007 cette association s'est réunie pour trouver des réponses appropriées aux conditions de vie précaires des enfants talibés. À la fin des deux journées de rencontre, les prêcheuses ont décidé de se constituer en tant qu'ONG, afin de promouvoir les droits des enfants et apporter un changement positif dans la vie quotidienne des talibés.
26. Elles peuvent créer leurs propres zâwîya et nommer des nouveaux adeptes, mais il leur est interdit de diriger la prière.

3.

LE MOUVEMENT SUNNITE AU BURKINA FASO. IMPLANTATION, DIFFUSION ET RÉINTERPRÉTATION DES MARQUEURS SALAFISTES

Maud Saint-Lary

Au Burkina Faso comme dans toute l'Afrique de l'Ouest, le wahhabisme a joué un rôle important sur l'évolution actuelle de la communauté des musulmans. Depuis son implantation dans les années 1930 jusqu'à aujourd'hui, si le mouvement a progressivement fait de nombreux adeptes, il est surtout parvenu à diffuser un *ethos* du « vrai » islam. Aujourd'hui de nombreux musulmans « ordinaires » ne se réclamant pas de cette mouvance se sont appropriés des aspects de cette doctrine. On est face à un processus de réislamisation où la récupération de pratiques wahhabites relève parfois plus d'une logique d'affichage de sa piété que de l'adhésion à une idéologie. L'étude des logiques d'implantation de ce mouvement et de sa place au sein de la communauté musulmane du pays met en lumière les dynamiques actuelles de l'islam au Burkina Faso.

Cet article retrace d'abord l'histoire de l'implantation du wahhabisme sur le territoire actuel du Burkina Faso, puis il montre les mécanismes de déploiement du mouvement sunnite et son rôle dans la diffusion d'un *ethos* du « bon » musulman.

PRÉLUDE SUR LE PROBLÈME DE LA TERMINOLOGIE

« Wahhabisme », « réformisme islamique », « salafisme », « mouvement sunnite » sont autant de termes qui seront utilisés dans cet article pour désigner la même chose, avec quelques nuances qu'il convient de préciser. Toutes ces catégories de l'islam dit réformiste, qu'elles relèvent du langage local ou scientifique, sont à la fois indispensables pour décrire et analyser les dynamiques de l'islam subsaharien, mais elles figent aussi une réalité beaucoup plus mouvante qu'il n'y paraît. Comme le rappelle

Fabienne Samson (2012) ces catégories placent les chercheurs face à un « véritable problème de définition ».

Pour exemple, « wahhabite » est une catégorie dans laquelle les intéressés ne se reconnaissent pas. Ils sont désignés de cette manière par ceux qui n'appartiennent pas à leur mouvement et eux-mêmes se désignent comme « sunnites ». Leur association a été reconnue officiellement sous le nom de « mouvement sunnite ». Or, en s'autodésignant ainsi, ils proclament implicitement la supériorité de leur orthodoxie sur les autres mouvances de l'islam pourtant elles aussi sunnites. En effet, à l'exception d'un petit mouvement chiite récemment implanté dans le pays, toutes les mouvances de l'islam présentes au Burkina Faso sont sunnites [1]. Cette dénomination de « mouvement sunnite » introduit une confusion entre les « sunnites » entendus dans un sens large (ceux qui ne sont pas chiites) et les « sunnites » se réclamant du « mouvement sunnite ». Des discours recueillis dans les années 2008–2012 indiquent que nombreux sont les musulmans qui éprouvent le besoin de rappeler qu'ils sont sunnites (au sens large), sans pour autant appartenir au « mouvement sunnite ». Ils réaffirment probablement ainsi que le sunnisme n'appartient pas exclusivement aux membres du « mouvement sunnite ». On voit bien ici tout l'enjeu qu'il y a à nommer l'autre et se nommer soi-même.

Quoiqu'il en soit, le wahhabisme, appelé « mouvement sunnite » au Burkina Faso, Izâla au Niger, Ibadou au Sénégal, correspond à une mouvance de type salafiste. Ce réformisme puritain porte à ce titre un certain nombre de caractéristiques que les chercheurs ont bien identifiées (Loimeier 2005 ; Seesemann 2005 ; Hodgkin 1998), parmi lesquelles la critique du soufisme et une volonté de retour à un islam « authentique » tel que pratiqué au temps du prophète.

Dans ce texte, nous parlerons largement du wahhabisme, car il s'agit bien de la doctrine née en Arabie saoudite qui s'est diffusée dans toute l'Afrique de l'Ouest. Et s'agissant de la période plus récente, nous emploierons également le terme plus large de « salafisme ». Comme le suggère Mathieu Pellerin, « le courant salafiste est difficilement discernable. Il est d'usage localement de qualifier indistinctement salafisme et wahhabisme, alors que le salafisme est une méthode (*manhaj*) à la différence du wahhabisme qui est une tendance dérivée de l'école hanbalite » (Pellerin 2017 : 6). En d'autres termes, le salafisme est une vision philosophique qui cherche à revitaliser l'islam pur et authentique des premières générations et « cette vision peut s'appliquer à toutes les écoles, même si l'école hanbalite, et plus particulièrement sa réinterprétation wahhabite, semble y prédisposer davantage » (*op. cit.*). Aussi, comme l'indique l'auteur, il est intéressant d'avoir à l'esprit que le wahhabisme est un mouvement, alors que le salafisme est davantage

« une méthode » susceptible de se greffer sur différents mouvements réformistes puritains.

IMPLANTATION DU WAHHABISME (1930-1970)

Le wahhabisme est un mouvement qui a vu le jour dans la péninsule arabique au XVIIIe siècle sous l'impulsion de Muhammad Abd Al-Wahhab (1703-1793). Fortement influencé par l'école [2] hanbalite et par la pensée du réformiste Ibn Tamiyya (1263-1328), ce fils de jurisconsulte a développé une idéologie rigoriste empreinte d'une critique forte à l'égard des cultes des saints, du soufisme et de l'islam chiite. Son pacte avec la famille Sa'ûd en 1744 scellera le caractère officiel de la doctrine wahhabite. Un lien fort entre les deux lignées perdure encore aujourd'hui en Arabie Saoudite.

Dans les années 1930, deux siècles après la réforme de Muhammad Abd al-Wahhab, le mouvement s'implante en Afrique de l'Ouest avec plusieurs caractéristiques : 1. une lecture littéraliste de l'islam : les textes sont pris au pied de la lettre ; 2. un discours axé sur l'idée de retour aux sources en revenant au message authentique du Prophète ; 3. un refus des cérémonies ostentatoires qui expriment une volonté de purification des mœurs ; 4. une critique des pratiques soufies [3] (Tijâniyya, Qâdiriyya) telles que les cultes sur les tombeaux des saints, l'affiliation à des chefs spirituels et la magie.

Les historiens et les anthropologues s'accordent pour considérer que le wahhabisme commence à s'établir en Afrique de l'Ouest dès les années 1930 et s'implante plus massivement au tournant de 1950, notamment par le biais des pèlerins de La Mecque et des étudiants boursiers d'Al-Azhar [4]. Il se développe en Afrique de l'Ouest dans les années 1950 dans un contexte d'urbanisation d'après-guerre où les idées anticolonialistes commencent à faire leur chemin. Alors que le premier congrès du Rassemblement démocratique africain (RDA) se tient en 1953 à Bamako, la même année, l'Union culturelle musulmane (UCM) voit le jour à Dakar. Elle est constituée de lettrés, francophones et arabisants, également fortement engagés dans la lutte anticolonialiste.

À Bobo-Dioulasso, une sous-section de l'UCM se constitue dans la foulée du congrès fondateur à Dakar. Elle représentera un véritable ancrage pour le mouvement wahhabite déjà bien implanté dans l'ouest du pays (Cissé 2009). En effet, la zone de Bobo-Dioulasso compte un grand nombre de commerçants *yarse* venus de Bouaké où le wahhabisme a déjà commencé à se diffuser (Kaba 1974 ; Koné-Dao 2005) et de pèlerins fraîchement revenus de la Mecque. La création de la section bobolaise de l'UCM leur offrira un ancrage institutionnel propice à attirer les financements des pays arabes : des écoles franco-arabes sont créées et des bourses d'étude vers le Caire et les pays du Golfe sont octroyées à la jeune génération. Quant aux militants de l'UCM, certains ouvrent des écoles coraniques à partir desquelles sont diffusés les enseignements wahhabites (Traoré 2005). C'est donc aux confins ouest du pays, proches des frontières ivoirienne et malienne que le mouvement apparaît.

Dans les années 1960, il se diffuse à l'extérieur de la zone bobolaise, et notamment à Ouagadougou, ce qui marquera sans aucun doute une phase importante dans son développement. À cette période, la Haute-Volta vient d'acquérir son indépendance et le régime de Maurice Yaméogo est largement noyauté par les élites chrétiennes. En réaction à une domination ressentie comme une marginalisation politique, les musulmans s'organisent au sein d'une association unique créé en 1962 sous le nom de Communauté musulmane de Haute-Volta (CMHV), appelée « communauté musulmane ». Elle remplacera rapidement la section bobolaise de l'UCM avec une vocation forte de rassembler les musulmans face à l'hégémonie chrétienne. La communauté musulmane sera un interlocuteur privilégié pour représenter les musulmans du pays auprès des pouvoirs publics. À ses premières heures, elle est chapeautée par

6. Étudiants au campus de l'Université Pr Ki-Zerbo de Ouagadougou. Photo par Harouna Marané 2017.

les wahhabites aux côtés des soufis représentés par les responsables des deux principaux centres affiliés à la Tijaniyya.[5]. Mais cette cohabitation ne durera pas longtemps.

Sur la base de désaccords doctrinaux avec les responsables de la Tijâniyya, et sur fond de conflits de *leadership,* les wahhabites se désolidarisent de la communauté musulmane. Ils souhaitent un « retour aux sources » et critiquent à ce titre les pratiques maraboutiques qu'ils qualifient de charlatanisme. Selon les adeptes du wahhabisme, les soufis ne respectent pas le principe d'unicité divine (premier pilier de l'islam[6]). Ils considèrent que leurs pratiques du culte des saints et leur système d'affiliation aux chefs spirituels sont des « innovations blâmables », *bi'da*. De leur côté, les représentants de l'islam confrérique anciennement implanté comptent bien préserver leur leadership. Ils acceptent mal le mépris dont ils sont l'objet de la part des wahhabites qu'ils traitent de « barbus ». La communauté musulmane de son côté ostracise les wahhabites : dénigrements, entrave dans leurs prêches et défense d'accès aux mosquées.

Venant de se désolidariser de la communauté musulmane, les adeptes du wahhabisme tentent à plusieurs reprises de se constituer en association pour obtenir une reconnaissance officielle. Leur demande est systématiquement refusée par le gouvernement qui, fortement influencé par la communauté musulmane, ne souhaite pas prendre en compte toutes les tendances de l'islam (Koné-Dao 2005 : 452). Pendant plus de dix ans, leurs tentatives de déploiement se heurteront au refus de la puissance publique de les reconnaître officiellement. Le mouvement se développe dans la clandestinité.

En 1973, grâce à l'appui de leurs membres francophones implantés dans l'administration, les wahhabites obtiennent un terrain pour la construction de leur grande mosquée à Zangouettin, en plein centre-ville. Cette décision, argumentée par le principe de liberté de croyance stipulé dans la constitution, met le feu aux poudres. Une première crise aiguë éclate dans la ville de Ouagadougou, provoquant une série d'affrontements mortels, de mises à sac et d'expulsions des wahhabites. Rapidement la colère se propage dans tous les endroits du pays où les adeptes du mouvement ont élu domicile, notamment dans l'Ouest. Le récit de Zenabo, une femme wahhabite relate l'atmosphère de l'époque :

> « La *sunna* (le mouvement sunnite), ça a commencé avec nos mamans (il y a une génération). En ce moment, on était petites. C'est nous qui partions acheter les condiments et qui allions au moulin. Nos mamans restaient à la maison. Si par exemple, il y avait un prêche en ville, et qu'elles sortaient, là, c'était chaud ! Les gens couraient vers elles pour les voir. Ils disaient " ce sont les masques de Zangouettin, ce sont les masques de Zanguouettin " » (Zenabo, sunnite, septembre 2012, Ouagadougou).

Comme le montre ce récit, les populations musulmanes critiquaient fermement les tenues des femmes wahhabites qui portent une ample robe noire accompagnée du voile intégral. Zenabo rend compte du rejet que provoquait la vue d'une femme déambulant vêtue d'un voile intégral. Appelé « masque de Zangouettin », le voile intégral est un marquage qui, dans les premières années d'implantation des wahhabites, suscitait largement le rejet pouvant aller jusqu'aux affrontements :

> « Quand nos parents sortaient, c'était grave. Il fallait s'équiper de flèches, de couteaux, et à nos mamans, on leur donnait des marteaux. Les vendredis (jour de la grande prière), on pilait du piment qu'on empochait, et quand ça chauffait, on jetait le piment (dans les yeux des agresseurs) et on courrait pour pouvoir retourner à la maison ! » (Zenabo, sunnite, septembre 2012, Ouagadougou).

Suite à la crise provoquée par l'autorisation de construire la grande mosquée, le gouvernement voltaïque intervient pour rétablir la paix. En décembre 1973, les adeptes du wahhabisme obtiennent la reconnaissance officielle de leur association (Koné-Dao 2005), nommée « mouvement sunnite ». Là aussi, les membres francophones du mouvement ont actionné leur réseau dans les milieux administratifs qui a permis cette officialisation (Cissé 2009).

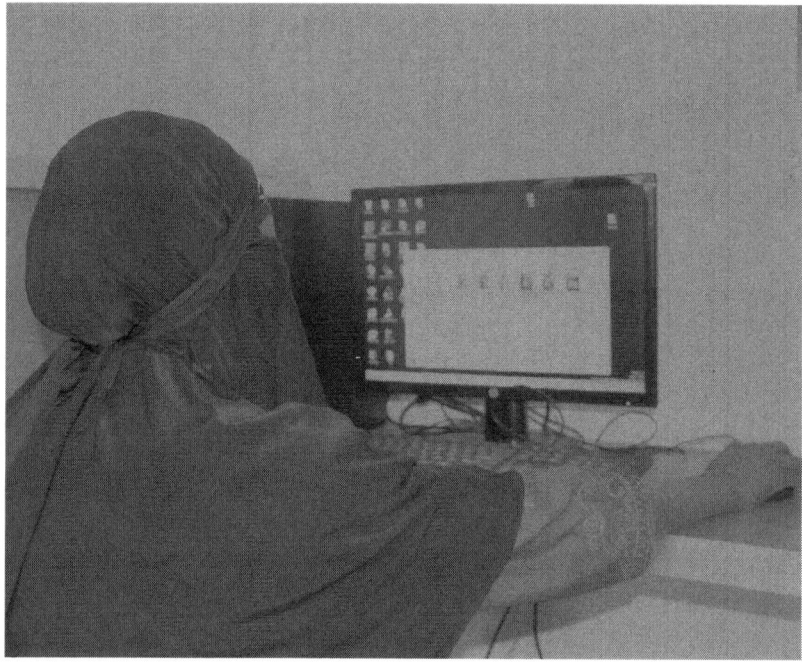

7. Femme voilée dans un cybercafé à Ouagadougou. Photo par Harouna Marané.

LE DÉPLOIEMENT DU MOUVEMENT SUNNITE : DES SCISSIONS AU DISCOURS UNITAIRE DES MUSULMANS

L'histoire du déploiement du mouvement sunnite est importante à connaître pour mieux comprendre comment les conflits internes et les scissions qui l'ont traversé ont conduit à la diffusion de l'idéologie wahhabite. En effet, après la reconnaissance officielle de son association, le mouvement sunnite s'organise. Entre 1973 et 1987, il se dote d'une hiérarchie pyramidale, avec un bureau national, des sections régionales et locales. Des paysans rallient le mouvement, qui n'est plus uniquement l'apanage des commerçants et élites intellectuelles. En dépit de cette ouverture à toutes les couches de la population, c'est à Ouagadougou qu'il s'ancre réellement (Otayek 1984), comme en témoigne le nombre de mosquées construites dans la ville qui passe de une en 1973 à vingt en 2002 (Koné-Dao 2005). Ces mosquées sunnites qui s'ouvrent dans les quartiers de Ouagadougou sont fréquentées par des adeptes du mouvement sunnite mais aussi par de simples croyants qui s'y rendent pour des raisons de proximité sans nécessairement adhérer au mouvement. Avec la stratégie de la *da'wa* [7] dans les mosquées, les musulmans ordinaires s'imprègnent de l'idéologie wahhabite. Progressivement le mouvement fait des adeptes. Il parvient notamment à diffuser gratuitement des livres et opuscules dans un contexte où le Coran avait longtemps été un objet rare, détenu exclusivement par les maîtres. Grâce à eux, le Livre saint devient disponible avec ses traductions et ses commentaires, introduisant ainsi un nouveau rapport aux textes islamiques.

À la fin des années 1980, le mouvement sunnite connaît une scission en son sein qui marque un tournant important [8]. L'introduction d'une ligne issue du mouvement pakistanais *Jamat al Tabligh* génère des conflits de leadership. Dans le milieu des années 1990, les conflits internes au mouvement sont à leur apogée. En 1995 et en 2002 des affrontements mortels conduisent à la fermeture de la grande mosquée sunnite située dans le centre-ville. Ces épisodes marquent encore aujourd'hui nettement les consciences collectives à tel point qu'en 2006, lors de la troisième réouverture de la grande mosquée sunnite, diverses personnalités coutumières, politiques et religieuses saluent l'« unité retrouvée » au sein de la communauté sunnite du Burkina (*Le Pays*, 9 octobre 2006).

Cette succession de conflits et d'affrontements conduit plusieurs membres à rompre avec le mouvement sunnite et à rejoindre son principal concurrent, la communauté musulmane rebaptisée « Communauté musulmane du Burkina Faso » (CMBF) (Koné-Dao 2005). Plus encore, ces divisions au sein du mouvement sunnite sont, d'après Bakary Traoré (2005), à l'origine des nouvelles « associations réformistes de l'ère de la mondialisation », qui voient le jour à la fin des années 1980, comme l'AEEMB et le CERFI ou encore le mouvement *Ansar-Din* [9], d'origine malienne et implanté à Bobo-Dioulasso. C'est ainsi qu'entre les années 1970 et 2000, la communauté des musulmans du pays se déploie, mais aussi se segmente en une kyrielle de tendances et d'associations islamiques.

Les conflits internes au mouvement auront donc un double effet. D'abord, ils suscitent des ruptures avec le départ de nombreux adeptes qui le discréditent. Le fonctionnement interne de l'association est jugé empreint de clientélisme et sclérosé sur le modèle saoudien. Tout enseignement acquis dans un autre pays que l'Arabie Saoudite n'y serait pas considéré comme valable. Leur prosélytisme menaçant des flammes de l'enfer est perçu comme dépourvu de pédagogie et méprisant à l'égard des soufis. Toutefois, ces scissions auront aussi pour effet de diffuser une conception plus conservatrice de l'islam. Les anciens adeptes du wahhabisme qui fondent de nouvelles associations islamiques ont quitté le mouvement pour diverses raisons, mais n'ont pas nécessairement abandonné l'idéologie. Ils ont contribué à la vulgariser et à la diffuser au Burkina Faso. Trente ans après la reconnaissance officielle du mouvement sunnite, « la peur de l'islam réformiste des wahhabiyya et ses multiples préjugés se sont considérablement atténués » (Cissé 2009 : 25). Cette tendance de l'islam fait désormais partie intégrante du paysage religieux.

Au début des années 2000, face au spectacle désolant de la division, les musulmans développeront des stratégies destinées à favoriser leur réconciliation et leur unification. D'abord, beaucoup d'associations et mouvements islamiques se créent en revendiquant explicitement de n'être fermés à aucune tendance et de ne pas en faire la promotion. L'idée d'afficher une unité en espérant la produire fait son chemin. Ces fidèles et ces leaders associatifs se considèrent comme des « musulmans simples », des « sans mouvement » ou encore des sunnites au sens large du terme. Ils brouillent les identités musulmanes et les particularismes, pour préserver, du moins en apparence, son caractère universel. Cette manière aujourd'hui de se dire « sans mouvement » illustre cette volonté de mettre en avant une *umma* unifiée.

Plus récemment l'initiative d'un fidèle acquis aux technologies de l'internet qui a créé le site islam.bf témoigne de cette logique d'affichage d'une unité [10]. En effet, ce site à l'intitulé évocateur, « le musulman du Faso », ne mentionne aucune association ou individu qui en serait l'artisan. Il rassemble une somme importante de dossiers traitant de thèmes généraux sur l'islam tels que « femmes et islam », « la *zakat* », « islam et politique », « islam et excision », etc., ainsi que les sermons de différentes figures islamiques du Burkina Faso. Depuis 2011, le site est régulièrement enrichi, de façon à constituer pour les musulmans du pays une sorte de guide leur permettant de répondre aux questions qu'ils se posent afin d'agir en adéquation avec l'islam. Aucune mention n'est faite des différentes mouvances de l'islam, si ce n'est à travers ce que l'internaute connaît des appartenances des prédicateurs dont les prêches sont mis en ligne. En somme, bien qu'il ne dise pas son nom, c'est le mouvement sunnite qui est en arrière fond de ce site guidant ainsi les croyants dans cette conception particulière du « vrai » islam.

En outre, dans un univers qui encore récemment était traversé par des conflits graves au sein de la sphère islamique, cette volonté de gommer les scissions et d'afficher l'unité des musulmans révèle ce souci partagé par de nombreux musulmans de ne pas prêter le flanc à une quelconque *fitna* (désaccords, divisions, guerres), jugée contraire aux préceptes islamiques.

EMPREINTE WAHHABITE ET DÉTOURNEMENTS DE NORMES

Ce brouillage des mouvances de l'islam incarné par le fait de se dire « sans mouvement » ou « musulman simple » ne doit pas laisser supposer l'absence d'idéologie salafiste et plus précisément wahhabite. L'exemple du site internet « le musulman du Faso », largement guidé par le mouvement sunnite, illustre une logique discrète de diffusion de l'idéologie : le nom du mouvement sunnite n'apparaît nulle part sur le site, donnant ainsi un caractère universel à l'islam salafiste.

Ce réformisme générique révèle ainsi comment les marqueurs autrefois propres aux wahhabites se sont diffusés et ont été récupérés par des musulmans qui n'ont pas nécessairement conscience d'adopter une pratique wahhabite. Pour saisir ce phénomène, il convient de reprendre une à une les pratiques spécifiques aux wahhabisme lors de son implantation et d'analyser comment ces pratiques ont pu être récupérées et parfois détournées. Cela permettra de comprendre en quoi ces conceptions de l'islam, qui étaient il y a moins de vingt ans l'apanage quasiment exclusif des membres du mouvement sunnite, font l'objet aujourd'hui d'une relative banalisation : un grand nombre d'individus, loin de se réclamer d'un mouvement rigoriste, en reproduisent certains marqueurs.

La mise à distance du soufisme

Les conflits qui ont émaillé l'histoire des musulmans du Burkina Faso ont été largement alimentés par une critique ouverte des adeptes du wahhabisme envers les chefs spirituels soufis (qui s'autodésignent comme tijani ou qadiri). Ces derniers étaient accusés de pratiquer le culte des saints, les retraites mystiques et la magie (appelée « maraboutage »).

Aujourd'hui, si la critique ouverte des soufis n'est pas de bon ton, elle l'est toutefois de manière plus implicite : dans un univers qui encore récemment était traversé par des conflits graves entre soufis et wahhabites, beaucoup de musulmans sont soucieux de préserver la paix en mesurant leur discours. Ils considèrent primordial ne pas susciter la division jugée contraire aux préceptes islamiques. C'est pour cette raison que l'idée de ne « pas faire de différence entre les musulmans » est partagée par de nombreux interlocuteurs, qu'ils soient des leaders associatifs ou de simples fidèles : de fait, la critique ouverte des soufis n'est pas de mise.

Ce qui est vivement critiqué, ce sont les pratiques magiques, dont on sait qu'elles sont en partie l'apanage des soufis. En témoigne le propos de cet enseignant coranique, qui manifeste une certaine admiration pour les retraites mystiques des soufis, mais dénonce catégoriquement les pratiques magiques des marabouts. À plusieurs reprises, lors de ses enseignements aux fonctionnaires, il les dissuade de consulter les marabouts :

> « Le maraboutage ne fait pas partie de la religion. Les gens ne comprennent pas. Les gens voient par exemple de grands marabouts, de grands musulmans qui font le maraboutage. Il y a beaucoup cette image pour faire croire aux gens que le maraboutage est permis dans l'islam, alors que c'est strictement interdit » (Enseignant coranique, août 2008, Ouagadougou).

Ce discours visant à discréditer les pratiques maraboutiques était de rigueur lors de l'implantation du mouvement sunnite. Une chose diffère : le discrédit n'est pas explicitement jeté contre des personnes, en l'occurrence des leaders soufis, mais contre leurs pratiques et contre ceux qui les consultent. Plusieurs fois, lors de ses enseignements auxquels j'ai pu assister, ce maître coranique fustige les croyants qui ont recours aux marabouts. Il dénonce la pratique qu'il qualifie de « charlatanisme » et d' « associationnisme », mais ne cite aucun individu. Il considère que la magie constitue une entrave au principe d'unicité divine (*tawid*). Beaucoup d'interlocuteurs qui partagent ce point de vue tentent, par une rhétorique habile, de démontrer le non-conformisme du maraboutisme sans mettre à l'index celui qui les promeut.

Il s'agit de défendre un point de vue à la fois unitaire (des musulmans) et distant à l'égard du soufisme. Les propos de ce vieillard, titulaire d'un doctorat en théologie islamique et formé dans une université syrienne, se disant « sunnite » au sens large du terme, sont à ce titre révélateurs :

> « Je peux dire que les Cheikh qui adorent la Tijâniyya, nous ne sommes pas contre, mais il y a des choses là-bas, que moi personnellement, je n'accepte pas chez eux. C'est pas pour les contredire. Par exemple, j'entends des gens dire qu'ils ont des mots (méditations) à dire, qui sont mieux que le Saint Coran. Ils ont un livre qu'une fois que tu le récites, c'est comme si tu

récites tout le Coran soixante fois. Moi, ce genre de paroles, je n'accepte pas. Ça ne passe pas. Sans quoi généralement on n'a pas de différence » (Ouagadougou, août 2008).

Dans cet extrait d'entretien, ce « docteur » en théologie islamique évoque en quoi il n'adhère pas aux pratiques mystiques adoptées par les soufis. Son discours est encadré de précautions révélant son souci de dire sa position tout en se gardant d'avoir une critique acerbe. Cette prise de distance à l'égard des marquages soufis est éprouvée par certains leaders soufis eux-mêmes. Ainsi, Cheikh Doukouré, éminent représentant de la tidjâniyya « hamalliste », membre du conseil exécutif de l'organisation islamique pour l'éducation, les sciences et la culture (ISESCO), a troqué son appellation de « chef spirituel de la Tidjâniyya » contre celle de chef spirituel du mouvement *Ittihad Islami* (de l'arabe, l'union islamique). En renommant son mouvement « *Ittihad Islami* », ce représentant de la tidjâniyya bien connu dans le pays gomme l'identité « soufie » de son organisation au profit d'un nom plus porteur auprès des bailleurs de fonds arabes. Cet effacement de l'identité soufie indique bien l'apparition d'une « nouvelle forme de religiosité, hybride, entre soufisme et fondamentalisme » (Vitale 2012 : 370).

Il est intéressant de voir, qu'en 2008, lorsque je me rendais au siège de l'AEEMB, les vendeurs de journaux et d'ouvrages sur l'islam tenant les kiosques devant le siège de l'association déclaraient ne pas vendre le journal *Al Qibla*, « parce que les AEEMBistes le trouvent trop soufi ». Ce journal, qui n'est désormais plus publié, était associé à un islam maraboutique et n'avait, à ce titre, pas sa place dans les librairies tenues par les membres de l'association. Mais là encore, une telle position n'aurait jamais été exprimée ouvertement au cours d'un entretien, car les militants des associations islamiques sont partagés entre la volonté réelle de préserver l'unité d'une communauté musulmane jadis blessée par les conflits meurtriers et celle de marquer leur distance à l'égard d'un islam maraboutique propre au soufisme.

La « purification » des mœurs et le refus des cérémonies ostentatoires

Parmi les autres idées salafistes banalisées, du moins dans les discours, il y a également un refus des cérémonies ostentatoires (mariages, baptêmes, funérailles, pèlerinages). En effet, face à la persistance des cérémonies engageant des moyens financiers considérables au regard des possibilités concrètes de la plupart des ménages burkinabè, les prêches dénonçant le manque de sobriété se multiplient. Par exemple dans *An Nasr Vendredi*, transcription des sermons du vendredi ayant lieu à la mosquée de l'AEEMB, on peut lire s'agissant du retour des pèlerins :

« Les séances d'invocations ou cérémonies de *doua* [11] où aucune mesure n'est observée dans la gestion des biens (gaspillage) et où l'aspect festif l'emporte sur celui spirituel [sic] (qui doit être le motif essentiel de ces *doua*), sont à éviter absolument » (*An Nasr Vendredi*, 2007 : 3).

En prenant l'exemple du retour des pèlerins, ce passage dénonce les excès festifs qui conduisent les intéressés à rentabiliser socialement leur pèlerinage à la Mecque en faisant des cérémonies coûteuses, m'as-tu vu, où, comme l'indique le sermon, « l'aspect festif l'emporte sur celui spirituel ». Les discours en appellent alors à la sobriété des cérémonies, en particulier de mariage et, dans une moindre mesure, des baptêmes. L'imam Tiemtoré de l'AEEMB prêche pour une simplification de la cérémonie de mariage. Selon lui, le « *walima* » (festin de mariage) n'est pas obligatoire :

« Quand quelqu'un a une joie, il peut partager un repas de joie, un festin. Donc c'est selon les moyens. Trois jours après le mariage, quatre jours, tu invites les amis, on mange, on fait le *doua* (bénédictions) et puis c'est terminé. Mais nous, les Mossi, on traverse tout le quartier avec des assiettes sur la tête. Et on tue un mouton pour la belle famille qui est arrivée. Tout ça c'est des dépenses ! La vie chère est rentrée chez les musulmans, donc ce qu'on dépensait beaucoup, il faut diminuer maintenant. Sinon aucun jeune ne va marier vos filles. Les gens prendront des raccourcis » (Imam Tiemtoré, AEEMB, conférence donnée à la LIBULMESCO, Ouagadougou, août 2008).

Les « raccourcis » évoqués par l'imam, c'est-à-dire l'union libre, sont perçus comme la conséquence directe des cérémonies coûteuses. Dans un contexte où les manifestations contre la vie chère ponctuent le calendrier d'une population urbaine en proie à la paupérisation, l'imam touche la corde sensible. Pour les jeunes qui s'emparent de ces prescriptions, et décident de « simplifier leur mariage », cet argument les libère d'une contrainte sociale forte. Il leur est alors possible de s'appuyer sur ce type de discours pour s'extraire d'un mariage à forte inflation.

On le voit ici, le mode de vie ascétique prôné par le salafisme conduit à un discours de simplification des cérémonies des âges de la vie sous couvert d'un argumentaire très pragmatique. En l'occurrence, derrière ces discours contre les mariages coûteux, c'est le spectre des mariages tardifs, des unions libres et leur corollaire, la sexualité hors mariage, qui est visé. En effet, aujourd'hui nombre d'élites islamiques perçoivent cette volonté d'économiser pour organiser un mariage fastueux comme une menace pour la virginité des futurs époux qui risquent, comme le suggère cet imam, de « prendre des raccourcis ». Cette simplification des cérémonies et des rites de passage destinée à les rendre moins coûteux et plus austères, constitue une porte de sortie, légitimée par le religieux, pour faire face à la vie chère. Portée au départ par les wahhabites, cette conception se diffuse plus largement dans la sphère islamique. Elle reste toutefois difficile à mettre en œuvre par les croyants qui sont rattrapés par une pression sociale où le faste est valorisé.

Les marqueurs corporels salafistes : signe d'une « bonne » pratique

Le mouvement sunnite s'est longtemps singularisé par son marquage corporel : la barbe et le pantalon « sauté » (jusqu'au tibia) pour les hommes, le *hijab* avec un voile intégral pour les femmes et la prière les bras croisés. Ces marqueurs ont fait l'objet d'une récupération par des musulmans « ordinaires », sans appartenance à une mouvance particulière de l'islam. Ainsi il ne faut pas nécessairement être adepte du mouvement sunnite pour porter la barbe pour les hommes, se vêtir d'une ample robe noire et d'un voile (ne cachant pas le visage) pour les femmes. Point besoin d'être wahhabite pour prier les bras croisés, saluer ses coreligionnaires en langue arabe, et ponctuer ses paroles d'invocations, de « *Incha Allah* » (« Si Dieu le veut ») ou de « *Allah Akbar* » (« Dieu est grand »). Tout cela participe d'un marquage corporel et langagier qui vise à afficher sa religiosité, à montrer toute la bonne volonté que l'on a à être un « bon musulman ».

Ces phénomènes de pénétration des marqueurs salafistes et de renouveau de la culture matérielle islamique ont été relevés dans de nombreux pays d'Afrique de l'Ouest. Muriel Gomez-Perez et Marie Nathalie LeBlanc notent par exemple que cette « esthétique corporelle », qui passe par le voile, la barbe à la bonne longueur et l'hygiène corporelle, est particulièrement vive chez les jeunes militants musulmans (Gomez-Perez & LeBlanc 2007 : 45). D'une manière générale, le marquage corporel des mouvements réformistes et des arabisants a été bien étudié, notamment s'agissant des femmes sunnites au Sénégal (Augis 2005) ou encore des jeunes arabisants en Côte d'Ivoire (LeBlanc 2009), mais on interroge moins toutes les formes de récupérations de ces usages corporels en dehors des mouvements fondamentalistes.

Du côté des femmes par exemple, il y a une cinquantaine d'années, se voiler était quasi-exclusivement l'apanage des adeptes du wahhabisme. Depuis deux décennies, le voile s'est largement diffusé dans le pays. Il s'est banalisé autant dans les villes que dans les campagnes. En milieu rural, dans le nord du Burkina Faso où 90 % de la population est musulmane, il était fréquent, à la fin des années 1990, de voir des femmes déambulant dans leur quartier avec la poitrine nue. Aujourd'hui, ce type de scène du quotidien n'a plus lieu. La banalisation du port du voile a transformé le contenu même de la notion de pudeur, qui s'applique désormais à tout le haut du corps, y compris les épaules et les bras. En ville, le voile prend une pluralité de formes et de manières de le porter. Du voile agrémenté de coquetteries, au voile intégral en passant par le *hijab* couvrant, ses multiples appropriations sont repérables même pour l'observateur le moins averti. Le voile est l'expression d'une appartenance à l'islam et d'une « bonne » pratique religieuse. Il s'est généralisé au milieu des années 1990, d'abord dans les milieux islamiques universitaires. La recrudescence du port du voile est le résultat d'un travail de sensibilisation effectué par l'AEEMB et le CERFI, dont un certain nombre de membres étaient issus du mouvement sunnite. Dans un contexte où, pendant longtemps, les fonctionnaires et les élèves scolarisés à « l'école du Blanc » ont été perçus comme de piètres musulmans, le port du voile à l'université et sur le lieu de travail marque une volonté de s'opposer à cette représentation. Le port du voile visait à remettre en cause ce présupposé, largement diffusé par les tenants du wahhabisme, selon lequel étudiants et fonctionnaires seraient nécessairement des « mécréants ». Il est alors perçu comme un progrès pour les musulmanes comme l'exprime cette militante de la cellule féminine du CERFI :

> « Le port du voile et le fait de prier dans les services, c'est le CERFI qui est venu révolutionner ça. Comment ? En formant les membres, en leur faisant comprendre qu'on peut bien rester intellectuel et puis rester musulman, comme on peut rester intellectuel et rester catholique. Il n'y a pas de complexe à avoir là-dedans » (Habibou, Ouagadougou, militante de la cellule féminine du CERFI 2009).

Le voile dans les « services » est alors apparu au début des années 1990 comme l'affirmation d'une pratique de l'islam compatible avec la modernité incarnée par la figure du fonctionnaire. Porter le voile au travail est présenté dans cet extrait comme une « révolution ». C'est une revendication permettant de bousculer les idées reçues sur la figure du fonctionnaire qui serait un pur produit occidental (puisque formé dans les écoles « du Blanc ») et donc forcément « mécréant ». Cet extrait montre également que le port du voile n'est pas seulement affaire de femmes. Les changements en la matière qui se sont opérés dans les milieux intellectuels et scolarisés sont le résultat de « formations » effectuées au départ par les hommes. Comme l'affirme un membre du CERFI, « il était nécessaire dans les années 1990 de sensibiliser les femmes au port du voile » (Tidiane, militant de l'AEEMB, novembre 2011). Selon lui, le message délivré avait une double fonction : décomplexer les femmes musulmanes afin qu'elles s'autorisent à pratiquer leur religion sur leur lieu de travail ; mais aussi les sensibiliser sur leur devoir de porter le voile. Le port du voile se généralise alors progressivement, les premières jeunes filles réceptives au discours des « AEEMBistes » suscitant rapidement un effet d'imitation chez leurs coreligionnaires militant à leurs côtés dans l'association.

Il en est de même du port de la djellaba qui est, dans l'imaginaire collectif, associée au wahhabisme. Elle est aussi largement prisée par des musulmanes « ordinaires » qui portent cette tenue dans les lieux où il faut se faire jolie, comme les marchés. La tenue est, pour citer une jeune femme de vingt ans, « à la mode ». Si cette mode ne fait pas pour autant l'unanimité, car cet habit reste dans les esprits de beaucoup de femmes un marqueur wahhabite, nombreuses sont celles qui y voient une tenue d'occasion parmi d'autres. La djellaba vient rompre avec le classique « complet » cousu dans un pagne, auquel elles ne renoncent pas pour autant. Dans cette panoplie islamique, il faut insister sur le fait que le visage couvert reste un marqueur exclusivement wahhabite. Ainsi le voile intégral, les gants noirs et les chaussettes noires demeurent dans les usages propres aux wahhabites. La frontière entre usage ordinaire du voile et usage wahhabite se situe sur la « longueur du bout de tissu » et précisément au niveau du choix de voiler ou non son visage. On peut voir dans cette « mode » de la djellaba noire, assortie au voile (non intégral), une récupération partielle du signifiant wahhabite pour montrer son attachement à l'islam. L'objectif est, encore une fois, d'afficher avant tout sa capacité à être une bonne musulmane.

La même logique s'observe avec le port de la barbe pour les hommes. Si ce marquage était, au départ, l'apanage des wahhabites reproduisant les traits physiques du Prophète, qui ont pu leur valoir d'être appelés « barbus », aujourd'hui, le port de la barbe tend à devenir une technique du corps pour les musulmans soucieux de mettre en avant à la fois leur statut d'aînesse, mais aussi leur attachement à la religion. La barbe revêt désormais un sens très polysémique, « elle est l'apanage du patriarche, du dignitaire et du dirigeant » (Lagrange 2012). Il s'agit là d'un phénomène mondialisé si l'on en croit les analyses faites par ailleurs sur la symbolique de la barbe dans les milieux musulmans de migration en Europe (Fliche 2000). Ces usages corporels pluriels, qui confèrent tantôt la sagesse de l'aînesse, tantôt celle du religieux, brouillent les pistes de l'observateur ordinaire qui sera tenté de conclure rapidement à une expansion du wahhabisme à la vue fréquente, dans la capitale, d'hommes portant la barbe à une longueur ne dépassant pas le poing.

Le même constat de récupération pourrait se faire s'agissant de la prière les bras croisés. Elle était autrefois un élément pour distinguer les wahhabites des tidjânyya, les premiers priant les « bras croisés » et les seconds, « bras ballants ». Face au constat que beaucoup de fidèles semblaient prier les bras croisés, nous avons effectué une série de comptages pendant les prières pour mesurer la diffusion de cette pratique [12]. Les résultats révèlent que dans cinq mosquées de la capitale où les imams ne se revendiquent d'aucune mouvance de l'islam (mosquées de marchés ou mosquées « ordinaires »), plus de la moitié des prières s'effectuent les bras croisés. Ce qui montre que cette pratique, autrefois exclusivement réservée aux wahhabites, s'est largement diffusée chez les musulmans « ordinaires ».

De plus, dans les mosquées historiquement liées à la tijâniyya, où les fidèles affiliés à cette mouvance sont supposés être plus nombreux, la prière les bras ballants est majoritairement pratiquée, mais environ 20 % des fidèles prient toutefois les bras croisés. Ce chiffre peut être interprété de plusieurs façons. Soit une partie non négligeable des adeptes de la tidjâniyya ont, eux aussi, adopté la prière les bras croisés révélant ainsi que son sens (d'identification au wahhabisme) a été partiellement oublié. Soit, hypothèse la plus tenable, la mosquée est fréquentée par un nombre non négligeable de musulmans « ordinaires » qui ne se reconnaissent pas dans une mouvance quelconque. Ainsi une partie d'entre eux prie les bras croisés à l'instar de ce qui s'observe dans les mosquées « ordinaires ». Cela révèle que l'obédience de certaines mosquées n'est pas prise en considération par les croyants qui prient « là où ils sont », estimant qu'« une mosquée est une mosquée » pour reprendre les propos de nombreux fidèles.

Le salafisme s'est ancré dans les pratiques quotidiennes des croyants sans qu'ils en aient parfois conscience. Les normes wahhabites de distanciation d'avec le soufisme, de sobriété des cérémonies (et particulièrement de mariage), et de techniques du corps ont largement été intériorisées par les musulmans « ordinaires ». On voit donc que le salafisme a contribué à rendre plus visible la religion musulmane sur les corps, même si le sens de ces marqueurs est partiellement détourné. On prie les bras croisés sans être wahhabite, on porte la barbe ou la djellaba pour afficher sa religiosité, on dénonce les cérémonies coûteuses comme réponse islamique à la vie chère. Toutes ces pratiques sont inscrites sur les corps des croyants soucieux d'affirmer leur religiosité. Elles symbolisent l'ethos du « bon » musulman, ou encore du « vrai » islam.

Bibliographie

Amselle J.-L., 1985, « Le wahhabisme à Bamako », *Canadian Journal of African Studies*, 19, 2, p. 345–57.

Augis E., 2005, « Dakar's Sunnite Women: The Politics of Person », *in* M. Gomez-Perez (dir.), *L'Islam politique au sud du Sahara. Identités, discours et enjeux*, Paris, Karthala, p. 309–26.

Cissé I., 2009, « Le wahhabisme au Burkina Faso : dynamique interne d'un mouvement islamique réformiste », *Cahiers du CERLESHS*, XXIV, 33, p. 1–33.

Fliche B., 2000, « Quand cela tient à un cheveu », *Terrain*, 35, en ligne : http://terrain.revues.org/index1133.html

Gomez-Perez M., 1997, « Le réformisme musulman au Sénégal, 1956–1960 », in J.-L. Triaud & D. Robinson (dir.), *Le temps des marabouts : itinéraires et stratégies islamiques en Afrique occidentale française,* Paris, Karthala, p. 521–38.

Gomez-Perez M. & LeBlanc M. N., 2007, « Jeunes musulmans et citoyenneté culturelle : retour sur des expériences de recherche en Afrique de l'Ouest francophone », *Sociologie et sociétés, 39,* 2, p. 39–59.

Hodgkin E., 1998, « Islamism and Islamic Research in Africa », *in* O. Kane & J.-L. Triaud (dir.), *Islam et islamismes au sud du Sahara,* Paris, Karthala, p. 197–262.

Holder G., 2012, « Chérif Ousmane Madani Haïdara et l'association islamique Ançar Dine », *Cahiers d'études africaines, 206–207,* p. 389–425.

Kaba L., 1974, *The Wahhabiyya: Islamic Reform and Politics in French West Africa,* Evanston, Northwestern University Press.

Koné-Dao M., 2005, « Implantation et influence du wahhâbisme au Burkina Faso de 1963 à 2002 », *in* M. Gomez-Perez (dir.), *L'Islam politique au sud du Sahara. Identités, discours et enjeux,* Paris, Karthala, p. 449–59.

Lagrange F., 2008, *Islam d'interdits, Islam de jouissance,* Paris, Tétraède.

Leblanc M.-N., 2009, « Foi, prosélytisme et citoyenneté culturelle : le rôle sociopolitique des jeunes arabisants en Côte d'Ivoire au tournant du XXIe siècle », *in* G. Holder (dir.), *L'islam, nouvel espace public en Afrique,* Paris, Karthala, p. 173–96.

Loimeier R., 2005, « De la dynamique locale des réformistes musulmans : études bibliographiques (Sénégal, Nigeria, Afrique de l'Est) », *in* M. Gomez-Perez (dir.), *L'Islam politique au sud du Sahara. Identités, discours et enjeux,* Paris, Karthala, p. 29-48.

Miran M., 2006, *Islam, histoire et modernité en Côte d'Ivoire,* Paris, Karthala.

Otayek R., 1984, « La crise de la communauté musulmane de Haute-Volta. L'islam voltaïque entre réformisme et tradition, autonomie et subordination », *Cahier d'études africaines, 34,* 3, 95, p. 299–320.

Saint-Lary M., 2012, « Du wahhabisme aux réformismes génériques », *Cahiers d'études africaines, 206–207,* p. 449–70.

Samson F., 2012, « Les classifications en islam », *Cahiers d'études africaines, 206–207,* p. 329–49.

Seesemann R., 2005, « The Quotidian Dimensions of Islamic Reformism in Wadai (Chad) », *in* M. Gomez-Perez (dir.), *L'Islam politique au sud du Sahara. Identités, discours et enjeux,* Paris, Karthala, p. 327–46.

Traoré B., 2005, « Islam et politique à Bobo-Dioulasso de 1940 à 2002 », *in* M. Gomez-Perez (dir.), *L'Islam politique au sud du Sahara. Identités, discours et enjeux,* Paris, Karthala, p. 417–48.

Vitale M., 2012, « Trajectoires d'évolution de l'islam au Burkina Faso », *Cahiers d'études africaines, 206–207,* p. 307–87.

Notes

1. Le premier grand chisme dans l'islam a partagé les musulmans entre les sunnites (généralement considérés comme représentant 85 % de la population musulmane mondiale) et les chiites (10 %), la troisième branche, moins connue, étant celle des kharijites (5 %).

2. L'islam sunnite est divisé en quatre « écoles juridiques » appelées parfois « rites » : l'école hanbalite, l'école shaféite, l'école malikite qui s'est déployée en Afrique de l'Ouest et l'école hanafite.
3. Le soufisme est un ordre hiérarchisé dans un système de filiation spirituelle où les croyants sont rattachés à un saint (fondateur) par l'intermédiaire de maîtres spirituels. Le soufisme suppose la transmission de savoirs ésotériques et de pratiques mystiques.
4. Sur l'histoire du wahhabisme en Afrique de l'Ouest, on se reportera à Lansine Kaba (1974) et Jean-Loup Amselle (1985) pour comprendre le succès du mouvement dans les milieux commerçants du Mali à partir des années 1950. Marie Miran (2003) étudie le même phénomène en Côte d'Ivoire et Issa Cissé (2009b) au Burkina Faso.
5. La branche de Ramatoulaye est représentée par Cheikh Maïga et celle de Djibo par Cheikh Doukouré.
6. La *Shahada*, premier pilier de l'islam, est l' « attestation » de deux choses : 1. Que nul ne mérite d'être adoré à part Dieu ; 2. Que Mohamed est le messager de Dieu. Le principe d'unicité divine est la première chose que reconnaît le musulman.
7. De l'arabe, « appel », « invitation », désigne une méthode pacifique de prosélytisme.
8. Pour une analyse détaillée des dynamiques internes du mouvement, voir l'article d'Issa Cissé (2009).
9. Il s'agit du mouvement *Ançar-Din* dirigé par Chérif Ousmane Haïdara et non du groupe islamiste implanté dans le nord du Mali, dirigé par Iyad ag Ghali, qui en 2012 a participé à l'insurrection malienne. Pour plus d'informations sur le mouvement dirigé par Haïdara, lire G. Holder (2012).
10. http://islam.bf/
11. Bénédiction.
12. Mes plus vifs remerciements à Abdoul Hadi Sawadogo qui a effectué ce travail de comptage.

4.

LE RÉFORMISME ISLAMIQUE FRANCOPHONE AU BURKINA FASO

Yacouba Ouédraogo

Dans l'Afrique coloniale de manière générale, les musulmans pensaient que l'école était une institution chrétienne et étrangère dont les principes s'opposaient à ceux de l'islam, car détruisant ses valeurs essentielles à visées universalistes (Coulon 1983 : 98). Pour les tenants de cette thèse, envoyer un enfant à l'école coloniale était synonyme de le conduire sur le chemin de la mécréance et de l'éloigner de l'islam. Les musulmans entrevoyaient l'école coloniale comme un moyen ourdi par le colonisateur et les missionnaires chrétiens pour détourner les fidèles de leur religion. Ainsi, les écoles coraniques, et plus tard les médersas [1], furent les cadres privilégiés de socialisation des enfants musulmans (Cissé 1990 ; 2012). Les écoles françaises laïques ou missionnaires n'ont donc pu scolariser qu'une minorité d'enfants musulmans.

En Afrique subsaharienne, ces lettrés musulmans francophones ont d'abord été appâtés dans l'ensemble par les idéologies marxistes et révolutionnaires avant d'opérer un mouvement de retour vers le religieux (Triaud 2010 : 55). En Haute-Volta, le champ islamique, qui était l'apanage d'acteurs traditionnels comme les marabouts et les commerçants, se vit réinvesti par les musulmans formés dans le système d'enseignement officiel hérité de la colonisation (Audouin & Deniel 1975). Ce phénomène en gestation à partir des années 1970 dans l'espace ouest-africain, notamment en Côte d'Ivoire, a aussi été observable en Haute-Volta (Miran 2006 ; Miran-Guyon & Oyewole 2015 : 141 ; Ouédraogo 2000 ; Oubda 2016). En effet, un phénomène de prise de conscience et de réveil militant anima les élèves musulmans scolarisés en langue française. Cette dynamique plus visible dans les grands établissements de la ville de Ouagadougou a abouti dans les années 1980 à la création d'un binôme de mouvements islamiques spécifiquement francophones :

l'Association des élèves et étudiants musulmans au Burkina (AEEMB) et le Cercle d'études, de recherche et de formation islamiques (CERFI).

De nos jours, grâce à leur dynamisme, l'AEEMB et le CERFI ont acquis une notoriété certaine et une visibilité dans l'espace public (Saint-Lary 2012 : 456). S'inscrivant dans une posture réformiste, ce mouvement islamique francophone de scolaires, d'étudiants et d'intellectuels adopte une attitude décomplexée de l'islam, affirme et revendique son identité islamique. Il se réfère à la fois à la culture occidentale et arabo-islamique pour répondre au besoin du moment.

En général, la mouvance réformiste islamique prône à la fois un retour aux écritures et une reformulation du dogme en vue d'une accommodation aux temps contemporains (Mervin 2000 : 153 ; Loimeier 2016). Ce chapitre se propose de montrer la place qu'occupe ce réformisme islamique francophone dans le paysage islamique burkinabè et régional (Traoré 2005 : 436). L'analyse s'appuie sur la littérature ainsi que sur les archives de l'AEEMB et du CERFI, les sources de presse et les sources audio-visuelles. Il retrace la genèse de ce courant, son évolution, en accordant une attention particulière à sa vision religieuse, à ses activités et à ses liens avec une francophonie islamique plus globale.

LA GENÈSE D'UN MOUVEMENT RÉFORMISTE FRANCOPHONE

Les premières associations islamiques [2] de la Haute-Volta indépendante comptaient parmi leurs membres des musulmans francophones socialisés dans les écoles officielles [3]. Les plus engagés d'entre eux avaient des responsabilités dans les bureaux de ces structures. Certains occupaient des fonctions de leadership (président, vice-président, secrétaire général, etc.) tandis que d'autres jouaient des rôles moins importants. Par rapport aux marabouts [4], aux commerçants et aux anciens étudiants des instituts et universités arabo-islamiques, les musulmans francophones constituaient un groupe minoritaire et confiné aux fonctions administratives. Entre le milieu des années 1970 et la fin des années 1980, deux associations islamiques regroupant spécifiquement des lettrés francophones vont naître et contribuer à la recomposition du champ islamique.

L'AEEMB ou le réveil de la jeunesse musulmane occidentalisée

Tout est parti d'un espace de prière et d'une devise. Un groupe d'élèves du plus grand établissement secondaire du Burkina Faso, le lycée Philippe Zinda Kaboré à Ouagadougou, pensionnaires de l'internat ont décidé d'aménager un espace pour leurs prières. Mais, au-delà de l'accomplissement de la prière, ces élèves ont exprimé le besoin de forger d'autres modes de sociabilité (Oubda 2016 : 185). Ainsi en 1975, un groupe d'élèves musulmans se réunit autour de la devise « Union, Discipline, Croyance » avec au menu principalement l'organisation de la prière en groupe et l'animation religieuse (apprentissage du Coran et chants islamiques-cantiques).

À partir de 1977, le groupe prit une nouvelle dimension. Issouf Sawadogo [5] propose la mise en place d'une organisation islamique mieux structurée et ambitieuse. Ainsi naquit la « Troupe Mohammed » dont la dénomination s'inspirait du modèle du prophète Mohammed. Les objectifs du groupe résument bien les difficultés et les besoins des scolaires musulmans évoluant dans l'enseignement public :

> « disposer d'un cadre de formation, d'encadrement et d'épanouissement moral et spirituel ; réduire l'ampleur de la démobilisation des jeunes musulmans par les autres confessions religieuses en l'occurrence la JEC (Jeunesse étudiante catholique) et le GB (Groupe biblique) ; briser les complexes et les mythes qui entachent l'islam pour une meilleure pratique de ce dernier [6] ».

Après le départ d'Issouf Sawadogo du lycée en 1980, la direction du groupe revint à Marboulaye Nombré, fils d'un *Moqadem* [7] du cheikh de Ramatoulaye et jusqu'alors chargé de la formation religieuse. Il donne une nouvelle orientation en mettant en place un bureau et un programme d'activités. Les difficultés du mouvement se révèlent dans la mesure où les élèves ne disposaient pas de ressources humaines, matérielles et financières nécessaires pour réaliser leur vœu. En outre, la structure ne bénéficiait pas d'une reconnaissance officielle auprès des autorités scolaires, contrairement aux autres associations. La « Troupe Mohammed » s'oriente vers les associations islamiques en place et notamment la Communauté musulmane de Haute-Volta. Elle lui adresse une correspondance pour expliquer le bien-fondé du mouvement et solliciter un appui en ressources humaines pour l'instruction religieuse et en documentation. Ce plaidoyer ne fut pas entendu comme il se doit, mais les élèves reçurent des livres d'un membre du bureau de la Communauté musulmane de Haute-Volta et purent suivre des cours islamiques dispensés en français au centre culturel arabe-libyen de Ouagadougou.

Entre temps en 1980, à l'initiative de Marboulaye Nombré, la « Troupe Mohammed » prit une autre dénomination : *Jamaatu'l muhamadiyya al islamiyya* ou Communauté islamique de Mohammed. L'expression « troupe » à consonance vulgaire et l'importance grandissante que prenait le mouvement en milieu scolaire motivaient le changement de nom [8].

En plus du lycée Philippe Zinda Kaboré, la Communauté islamique de Mohammed rallia en 1981 des groupes de scolaires musulmans de deux établissements voisins : le collège d'enseignement technique et le lycée national des jeunes filles. Alors, le mouvement allait connaître un tournant dans son histoire.

En décembre 1981, les scolaires musulmans s'accordèrent sur la création d'un mouvement à caractère national. Ainsi, l'Association musulmane des scolaires voltaïques (AMSV) est érigée en remplacement de la Communauté islamique de Mohammed. Elle adopte un statut primaire qui règlemente l'association et mentionne qu'elle compte s'appuyer sur les trois associations islamiques existantes [9].

Ses premiers militants rentrent en 1983 à l'Université de Ouagadougou. Marboulaye Nombré, inscrit à l'École supérieure des sciences économiques de l'Université de Ouagadougou rencontre d'autres étudiants désireux de créer un cadre d'expression de leur identité islamique. Ibrahima Bara, ancien militant de l'Association des élèves et étudiants musulmans de Côte d'Ivoire (AEEMCI), rentré au pays pour continuer ses études, compte parmi eux. Les deux groupes installent une section universitaire de l'AMSV en 1984 et Issaka Dipama, étudiant de l'École supérieure des sciences économiques est désigné responsable.

Le rapprochement entre les deux sections suscita l'idée de la création d'une association commune aux élèves et aux étudiants. Les démarches favorisèrent la mise en place d'une commission chargée de rédiger les textes règlementaires.Une assemblée générale convoquée le 21 mai 1985 au Centre austro-voltaïque examina et adopta les textes portant sur la création de l'Association des élèves et étudiants musulmans au Burkina (AEEMB). Cette dénomination, proposée par Ibrahim Bara, porte l'empreinte du modèle ivoirien [10]. Ibrahim Bara lui-même fut désigné président du fait de son expérience militante en Côte d'Ivoire. L'AEEMB est reconnue officiellement le 21 janvier 1986 par le régime révolutionnaire mené par Thomas Sankara. L'initiative des scolaires et étudiants va inspirer d'autres catégories de musulmans, notamment les travailleurs de l'administration publique et privée.

Le CERFI, cadre des intellectuels musulmans francophones

Pendant que la dynamique engagée au niveau des élèves et étudiants suivait son cours, un processus similaire se dessinait au sein des intellectuels musulmans francophones. En effet, les multiples crises de leadership qui ont secoué les associations traditionnelles comme la Communauté musulmane du Burkina Faso (CMBF) et le Mouvement sunnite du Burkina Faso (MSBF) ont provoqué un début de démarcations de certaines figures intellectuelles francophones. On peut citer Souleymane Ouédraogo qui avait démissionné de son poste de président du MSBF en 1988 (Cissé 2009) et d'autres musulmans francophones issus de la CMBF. Ces lettrés francophones sentaient non seulement le besoin de renforcer leurs connaissances islamiques, mais aussi celui de créer un cadre d'expression spécifique. Ainsi, au-delà des rencontres de formation qu'ils organisaient, l'idée de la mise en place d'une association germa. Les initiateurs approchèrent d'anciens membres de l'AEEMB devenus fonctionnaires pour les associer au projet. Ces anciens de l'AEEMB ont ainsi saisi l'opportunité dans la mesure où ils aspiraient aussi à continuer leur militantisme religieux après avoir intégré le monde du travail. L'action conjuguée des deux groupes permit la création d'une commission chargée de la rédaction des statuts. Une assemblée générale constitutive, convoquée le 29 janvier 1989 à Ouagadougou, consacra la naissance de l'association dénommée Cercle d'études, de recherches et de formation islamiques (CERFI). Elle matérialisa donc le projet islamique d'intellectuels musulmans issus des associations islamiques traditionnelles et d'anciens militants de l'AEEMB. Ces deux associations développent une vision commune de l'islam.

LA VISION DU MONDE ET LES DOCTRINES DES RÉFORMISTES FRANCOPHONES BURKINABÈ

Les contextes de création des associations islamiques francophones préfigurent déjà les éventuelles orientations que le mouvement prendra. Il s'agira de chercher à transformer d'abord le visage de l'islam dans le milieu francophone par l'augmentation de la pratique religieuse, mais aussi d'étendre la dynamique de changement à toute la société.

Montrer le « vrai visage de l'islam [11] »

En partant de leurs textes réglementaires, l'AEEMB et le CERFI estiment que les musulmans sont victimes d'un mouvement islamophobe et d'une campagne diffamatoire vis-à-vis de l'islam. La cause fondamentale serait une méconnaissance de l'islam, raison pour laquelle ils comptent en montrer le vrai visage. Selon leur conception, l'incapacité des musulmans à montrer le vrai visage de l'islam trouve sa source dans la faible connaissance que les musulmans et les non-musulmans ont de l'islam. Voilà pourquoi la priorité doit être accordée à la formation et à l'information.

Les deux associations ne se réclament pas d'une tendance schismatique de l'islam comme le Mouvement sunnite, à orientation wahhabite, ou la Communauté islamique de la Tijâniyya du Burkina Faso. Elles n'affichent pas une identité doctrinale spécifique (Traoré 2005 : 437) et se déclarent ouvertes aux musulmans des différents courants reconnus par la *Oumah* comme des tendances relevant de l'orthodoxie islamique. Cette orthodoxie est, selon l'imam Tiego Tiemtoré [12], fondée sur le Coran et la *Sunna*. Ainsi, au sein de l'AEEMB cohabitent des scolaires et étudiants provenant de familles tant d'obédience wahhabite que confrérique. Si les deux associations observent une tolérance vis-à-vis des chiites, elles excluent en revanche la Ahmadiyya de la communauté musulmane, pour hérésie.

Le retour aux sources dans une démarche salafiste ne signifie pas pour autant que les deux associations sont dans la perspective d'une vision rigoriste de l'islam (Saint-Lary 2012 : 456). À l'image du courant moderniste au Niger, qui vise un décloisonnement entre les écoles et multiples courants de l'islam (Hassan 2005 : 143), cette attitude entend opérer un dépassement des clivages connus. L'islam dont ces élèves, étudiants et travailleurs sont les promoteurs est exprimé en langue française.

Promouvoir un islam francophone

Le français, longtemps stigmatisé et rejeté comme langue de l'islam, se trouve réapproprié dans le discours islamique des musulmans francophones. Le choix du français comme moyen d'action répond à une prise en compte logique de l'historicité de cette langue, parce que legs colonial et langue d'État (Holder 2017). Cette forme de religiosité islamique, observable en Afrique subsaharienne d'une façon générale, combine la culture islamique, la culture occidentale avec l'utilisation de la langue française comme outil linguistique d'islamisation et de réislamisation (Triaud 2010 : 76). Ainsi, le français est largement usité au niveau des sermons du vendredi, des prêches, des cours, des chorales, des médias et des publications livresques. À propos des sermons du vendredi en langue française, la mosquée de l'AEEMB (située dans l'enceinte du siège à Ouagadougou) et celle du CERFI (située à la cité 1 200 logements à Ouagadougou), dotées de rectorats à l'image de la mosquée de Paris, constituent des références. Les imams qui y officient s'expriment dans un niveau de langue à registre soutenu. Par ailleurs, les émissions islamiques à la radio et à la télévision publiques, animées surtout en langues nationales depuis les années 1960 par les prêcheurs de la communauté musulmane se retrouvent aujourd'hui « récupérées » par les musulmans francophones. Entre 1991 et 1997, le CERFI et la télévision nationale ont coproduit une émission « Islam et société » où d'éminents spécialistes nationaux et internationaux ont été conviés. De nos jours, dans l'émission « Foi de croyant » initiée par la télévision nationale au profit des différentes confessions religieuses, ce sont les imams du CERFI qui animent en français les plages horaires accordées à la communauté musulmane.

Pour un engagement sociétal

Les réformistes islamiques francophones ont fait de l'engagement social une priorité. Les « AEEMBistes » (ou militants de l'AEEMB) comptent participer au développement socio-économique du pays et entendent réaliser un développement plural :

> « l'AEEMBiste n'est pas un marginal et doit œuvrer à ne pas l'être. Il doit savoir que l'intérêt supérieur de l'islam recommande qu'il soit fils de son temps et de son pays... qu'il soit catholique ou animiste, protestant ou témoin de Jéhovah, athée ou musulman, tout le monde doit pouvoir s'identifier dans l'œuvre de l'AEEMBiste [13] ».

Ce qui explique l'engagement de l'AEEMB dans le dialogue interreligieux aux côtés d'autres structures comme l'Action des chrétiens pour l'abolition de la torture (ACAT) ou la Jeunesse étudiante chrétienne (JEC). L'AEEMB et l'ACAT ont organisé en mai 2003 une prière commune à l'endroit des victimes de la guerre en Côte d'Ivoire, en Palestine et en Irak. Avec la JEC, l'AEEMB a organisé un séminaire sur la paix en juillet 2003. Par ailleurs, pour accompagner le Centre national de transfusion sanguine dans sa stratégie de collecte de sang, l'AEEMB a signé avec ledit centre en avril 2010 un protocole de collaboration en vue de le pourvoir en poches de sang.

Les intellectuels musulmans du CERFI partagent la même vision. Dans la mesure où le pays est majoritairement musulman [14], les musulmans sont tenus de s'impliquer dans le développement national et de s'engager pour le progrès de l'humanité :

> « Être musulman aujourd'hui au (Burkina) Faso, c'est tout un programme... Dans notre cas du Burkina, c'est de redevenir de vrais fils du Faso ayant compris l'importance de participer au débat social et politique qui engage l'avenir de la nation... Nous devons dire non à l'islam par procuration, pour authentifier un islam militant, vivant et porteur de changement [15] ».

Comme l'engagement sociétal nécessite des ressources, le financement des activités du mouvement islamique francophone se fait en principe sur fonds propres. Les textes prévoient que les ressources proviennent essentiellement des droits d'adhésion, des cotisations annuelles et ponctuelles, des quêtes, des dons, et de la *zakat* [16]. Les ambitions sont orientées vers la mobilisation des ressources propres dans une perspective d'autonomie :

> « Si nous voulons être présents au 21e siècle, il nous faut dès maintenant préparer le viatique nécessaire. La force d'une communauté réside dans sa capacité à nourrir ses filles et ses fils, aussi bien physiquement, intellectuellement que spirituellement. La bataille de notre développement

ne saurait être assumée par les autres. En la matière, l'histoire est riche d'enseignements. Aucune communauté ne s'est identifiée par des actes de philanthropie extérieure [17] ».

L'autofinancement envisagé est adaptable aux besoins tant que les actions se limitent au domaine de la formation. Par exemple, le projet de construction d'un centre culturel islamique à Ouagadougou par l'AEEMB, d'un coût de 800 millions, a nécessité un appel à contributions. L'insuffisance des ressources internes et la multiplication de projets plus coûteux ont poussé l'AEEMB et le CERFI à développer des partenariats avec des ONG et des institutions internationales. Le soutien financier de bailleurs de fonds tels que l'Unicef, l'ISESCO, Qatar Charity ont permis de réaliser des infrastructures scolaires et sanitaires et de soutenir la lutte contre le sida en milieu jeune. En 2012, l'ONG qatarie a financé au profit de l'AEEMB la construction d'un complexe scolaire composé de trois classes, d'un bloc sanitaire et d'une mosquée dans le quartier Nagrin à Ouagadougou. Quant au CERFI, il a pu réaliser la construction d'un établissement secondaire à Banfora et deux centres [18] socio-éducatifs dans la commune de Komsilga et dans la ville de Fada N'Gourma.

8. Imam Khalid Ilboudo de l'AEEMB et du CERFI accordant une interview à la presse après la prière de la fête de Ramadan 2016. Photo par AEEMB-CERFI.

Par ailleurs pour mobiliser les finances, des responsables de l'AEEMB et du CERFI ont proposé deux innovations majeures. Ils ont mis en place une structure chargée de la collecte et de la gestion de la *zakat*, la Fondation Omar Ben Khattab en 1994, et une institution financière qui fonctionne selon le système bancaire islamique, la Mutuelle *Baïtoul Maal* en 1997. Cette mesure indique la volonté des musulmans francophones de se soustraire à l'emprise du système bancaire capitaliste jugé non conforme aux valeurs de l'islam. Il s'agit de trouver une alternative au financement bancaire classique par la promotion de la finance islamique.

L'engagement sociétal se lit également au niveau des discours et des attitudes. À travers les sermons et les écrits de presse, les élites islamiques francophones se prononcent sur des sujets sociétaux tels l'excision, le planning familial, l'émancipation de la femme, l'alcoolisme, le tabagisme, l'intégration régionale, la mondialisation, le développement humain durable, la gouvernance, etc. C'est cette réceptivité qui explique leurs sollicitations par les acteurs au développement (Saint-Lary 2012 : 144). Ces élites ont l'habitude de se prononcer ou de faire des déclarations communes à l'occasion des différentes consultations électorales et des crises sociopolitiques qui ont affecté le pays. Avec les réformistes islamiques francophones, on assiste à l'émergence d'un islam critique au Burkina Faso. Depuis quelques décennies, ceux-ci prennent souvent leurs distances avec les autorités musulmanes traditionnelles, notamment quant à leur attitude sur des questions politiques, et ils critiquent l'État à propos de sa gestion du fait religieux (Ouédraogo 2017). Par exemple, les critiques que les élites islamiques francophones ont formulées sur la gestion étatique de la laïcité ont conduit à la tenue d'un forum national sur la laïcité en 2012.

L'ORGANISATION ET LES ACTIVITÉS PRATIQUES

Un réformisme aux structures hiérarchisées et collaboratives

L'AEEMB et le CERFI sont organisés suivant un schéma hiérarchique. Les organes centraux siègent tous à Ouagadougou, avec une ramification dans les régions, les provinces, les communes et les corporations. Des congrès biennaux pour l'AEEMB et triennaux pour le CERFI sont organisés régulièrement pour donner des orientations, renouveler la composition des membres de bureau et réformer les textes.

L'AEEMB et le CERFI entretiennent depuis leur création une complicité qui occulte souvent leur autonomie sur le plan juridique, chacune des associations détenant un récépissé. Les liens historiques et les visions communes se répercutent sur les activités et les prises de position. La plupart des militants de l'AEEMB intègrent le CERFI au moment de leur insertion professionnelle et acquièrent le statut d'anciens de l'AEEMB. Cela justifie la double casquette que portent la plupart des imams et des prédicateurs.

Sur le plan national, l'AEEMB et le CERFI sont membres de la structure faîtière des musulmans, la Fédération des associations islamiques du Burkina (FAIB) créée en 2005. Leur ouverture se conjugue aussi dans les stratégies d'intégration aux structures régionales et internationales. Depuis 1989, l'AEEMB collabore avec des associations bien connues de la jeunesse musulmane francophone : l'Association des élèves et étudiants musulmans de Côte d'Ivoire (AEEMCI), l'Association des étudiants musulmans de l'Université de Dakar (AEMUD), l'Association des élèves et étudiants musulmans de Guinée (AEEMG), la Ligue Islamique des Étudiants et des Élèves du Mali (LIEEMA), etc. Sur le plan régional, ils ont pris une part active dans la création en 1993 à Orodara de l'Organisation de la jeunesse musulmane en Afrique de l'Ouest (OJEMAO) (Traoré 2005 : 437).

Sur le plan international, les élites islamiques francophones ont participé à la mise en place du Colloque international des musulmans de l'espace francophone (CIMEF), dont la première édition s'est déroulée en 2000 à Grand Bassam en Côte d'Ivoire, sous la direction de Tariq Ramadan. La quatrième édition, tenue à Ouagadougou en août 2006, a débattu du thème : « De l'islamophobie aux chocs des civilisations : défis et enjeux ». Les grands orateurs furent entre autres le Belge Yacoub Mahi, Tariq Ramadan et Alain Gresh, ancien rédacteur en chef du journal *Le Monde diplomatique*.

La formation et l'information, l'épine dorsale du militantisme

Le réformisme islamique francophone promu par l'AEEMB et le CERFI est guidé par l'action culturelle. Conformément aux textes fondateurs, la formation constitue l'activité phare. Les activités de l'AEEMB et du CERFI se jaugent au baromètre des cours islamiques, des colonies de vacances, des séminaires, des conférences, des colloques, des ateliers, des journées de réflexion. Depuis sa création, l'AEEMB a organisé, sur imitation de l'AEEMCI, une série de séminaires nationaux (SENAFI) et régionaux (SEREFI) de formation islamique qui réunissent à cette occasion des centaines de participants. Ces séminaires permettent d'occuper la jeunesse musulmane pendant les vacances par une instruction religieuse. En marge des séminaires aux thématiques diversifiées [19] sont organisées des activités récréatives et sportives (sorties, jeux, théâtre, football, etc.). Les associations « sœurs » de la sous-région y sont régulièrement invitées. Dans un autre registre, propre au milieu intellectuel, le CERFI reste dynamique dans l'organisation de conférences ou de dîner-débats au cours desquels, des intellectuels musulmans francophones célèbres sont régulièrement conviés : Ahmed Simozrag, refugié politique algérien, El Hadj Aboubacar Fofana et Djiguiba Cissé de la Côte d'Ivoire, Tariq Ramadan, Hani Ramadan, Daniel Youssef Leclerq, Thomas Milcent, Ben Halima Abderraouf, Abdoul Maguid Kossogbia du Congo, etc.

Durant les formations islamiques, les pédagogies occidentales apprises à l'université et dans les grandes écoles sont largement réinvesties au bénéfice de la *dawa* (appel à l'islam). Il s'agit notamment des guides de formation, des fiches pédagogiques, du système de prises de notes, des modes d'évaluation, des certifications (attestations de niveau ou de capacité). À l'AEEMB comme au CERFI, les militants s'inscrivent, suivent des cours, prennent des notes, sont évalués, passent en cycle supérieur ou sont recalés. Il est possible de gravir les échelons pour passer de simple apprenant à celui de conférencier ou d'imam.

La mobilisation féminine

Les responsables des associations islamiques francophones prirent très tôt des initiatives en faveur de la mobilisation féminine. Des cadres internes sont créés pour promouvoir les échanges et la formation des femmes.

L'AEEMB lança l'« Opération Kadidja » comme cadre d'échange et de formation des scolaires et étudiantes sur des thématiques précises, chapeauté par le Secrétariat à la mobilisation et à la formation des sœurs. Il fut finalement institué avec l'organisation du séminaire national des sœurs de l'AEEMB dont le premier se tint à Ouahigouya en 1989 [20].

Au CERFI, l'intérêt pour la femme musulmane était manifeste. Un mouvement de femmes scolarisés à l'école française, appelé Organisation des femmes musulmanes du Burkina (OFMB), mis en place en 1988 mais non reconnu officiellement, a été associé à la création du CERFI. Ce regroupement de femmes constitue depuis lors la cellule féminine du CERFI, une sorte de commission spécialisée dont le but est la mobilisation et la formation des femmes musulmanes. Dirigée par une présidente, elle a ses démembrements dans les provinces et entend former les femmes dans une prise de conscience de leurs droits et devoirs, de leur place et de leur rôle dans la communauté. Elle a déjà à son actif l'organisation des journées de la femme musulmane depuis la première édition en février 1993. La deuxième édition organisée en mars 1995 a été financée en grande partie par l'Unicef. En fait, cette journée de la femme musulmane est organisée dans la mouvance de la célébration de la journée internationale de la femme. La cellule féminine du CERFI et les sœurs de l'AEEMB collaborent dans de nombreuses actions comme celle de la mise en place de clubs anti-excision dans les écoles. Elles participent ensemble à l'organisation d'activités islamiques comme les colonies de vacances à l'intention des enfants et les camps vacance Coran.

Les médias et la littérature islamiques francophones

L'investissement dans l'information et la communication constitue l'autre versant de la formation. Une presse écrite islamique accompagne les actions du mouvement réformiste. Très tôt, les associations ont lancé la publication de journaux islamiques qui n'ont pas eu de succès : *Le Muezzin* et *Al Minbar*. *L'Appel*, journal animé à partir des années 1990 par des intellectuels membres des deux associations a cessé de paraître après une cinquantaine de numéros. D'autres journaux islamiques ne bénéficient point d'une parution plus régulière : *Al Maidane* et *La Preuve*. L'AEEMB, malgré ses ressources modestes, publie régulièrement un trimestriel, *An Nasren*, depuis 1997. Elle publie en outre *An Nasr*, paraissant chaque semaine le vendredi, et *An Nasr Ramadan* pendant le mois de Ramadan. Quant au CERFI, son journal *Le Cerfiste*, lancé en 2006, paraît irrégulièrement.

Au niveau des nouvelles technologies, l'AEEMB fut l'une des premières associations islamiques à lancer son site web www.aeemb.bfen 2000, régulièrement mis à jour. Le CERFI, qui a imité l'exemple de l'AEEMB en créant son site www.cerfi.bf essaie de suivre la dynamique imprimée par les élèves et étudiants.

Depuis les années 2000, une littérature islamique francophone commence à se développer, mais d'une manière timide. Les publications se font rares et la bibliothèque recensée présente seulement quelques productions :
- Diallo Belko Abdoul Aziz, 2004, *La polygamie. Pour ou contre ? Vous ne savez pas ? Réflexions*, Bobo-Dioulasso, L'Éducateur.
- Tiendrebeogo Ismaël, 2008, *La sexualité du couple. Conseils pratiques pour une vie conjugale plus épanouie*, Ouagadougou, La bonne exhortation.
- Tiemtoré Tiégo, 2008, *Prénoms pour enfants musulmans*, Ouagadougou, Édition Muja, 42 p.
- Ouédraogo Souleymane, *Un regard sur la Noël et la Saint-Sylvestre*, Imprimerie ESIF, 129 p.
- Sawadogo Kadré, Gansonré Boukaré, Ouibga Moumouni (dir.), 2016, *Histoire du CERFI des origines à 2015*, Imprimerie ESIF, 71 p.
- Abou Zeid, 2017, *Combats contre les démons et les sorciers*, Ouagadougou, Édition IPC, 249 p.
- Ilboudo Alidou, 2017, *Le vivre ensemble selon l'islam. pour un retour à l'idéal des enseignements coraniques et prophétiques*, Imprimerie ESIF, 39 p.

QUE RETENIR DE CE MOUVEMENT RÉFORMISTE ISLAMIQUE FRANCOPHONE ?

Au Burkina Faso le mouvement réformiste islamique francophone s'est constitué en deux temps : la jeunesse scolaire et estudiantine s'est organisée d'abord, et ensuite les travailleurs de l'administration. Ces deux associations, qui forment un tandem, innovent en matière d'approche de l'islam par l'utilisation du français. Le dynamisme de ce mouvement réformiste francophone se mesure non seulement à travers son engagement public, mais aussi par son ouverture dans l'espace régional et international. Son intégration dans un réseau mondial de mouvements islamiques utilisant le français augure-t-elle, peut-être de la gestation d'une véritable francophonie islamique différente de la francophonie classique (Saint-Lary 2011). Ce modèle islamique francophone a acquis une visibilité certaine, mais il est fortement concurrencé par les autres acteurs islamiques. S'il est dynamique dans l'espace public, il représente encore un islam minoritaire du point de vue démographique comparativement aux autres courants.

Bibliographie

Audouin J., Deniel R., 1975, *L'islam en Haute-Volta à l'époque coloniale,* Abidjan, Inades.

CIMEF, 2001, *Les musulmans francophones, réflexions sur la compréhension, la terminologie, le discours,* Paris, Éditions Tawhid.

Cissé I., 1990, « Les médersas au Burkina, l'aide arabe et l'enseignement arabo-islamique », *Islam et sociétés au Sud du Sahara,* 4, p. 57–72.

Cissé I., 1994, Islam et État au Burkina Faso : de 1960 à 1990, Thèse de doctorat d'histoire, Paris VII.

Cissé I., 2009, « Le wahhabisme au Burkina Faso : dynamique interne d'un mouvement islamique réformiste », *Cahiers du CERLESHS, XXIV,* n° 33, p. 1–33.

Cissé I., 2012, « Enseignement confessionnel musulman et laïcité au Burkina Faso » in O. Goerg & A. Pondopoulo (dir.), *Islam et sociétés en Afrique subsaharienne à l'épreuve de l'histoire. Un parcours en compagnie de Jean-Louis Triaud,* Paris, Karthala, p. 337–54.

Coulon C., 1983, *Les musulmans et le pouvoir en Afrique noire. Religion et contre-culture,* Paris, Karthala.

Hassane S., 2005, « Mouvances islamiques et demande d'ouverture démocratique au Niger », Revue *Esprit, 317,* p. 128–46.

Holder G., 2017, « Le réformisme islamique francophone au Sahel : vers un salafisme républicain ? », *L'ENA hors les murs,* magazine des anciens élèves de l'ENA, n° *467,* p. 31–32.

Loimeier R., 2016, *Islamic Reform in Twentieth-Century Africa,* Edinburgh, Edinburgh University Press.

Mervin S., 2000, *Histoire de l'islam. Fondements et doctrines*, Paris, Flammarion [2016, nouvelle édition].

Miran M., 2006, *Islam, histoire et modernité en Côte-d'Ivoire*, Paris, Karthala.

Miran-Guyon M., 2007, « La lumière de l'islam vient de Côte d'Ivoire : le dynamisme de l'islam ivoirien sur la scène ouest-africaine et internationale », *Revue canadienne des études africaines*, 41, 1, p. 95–128.

Miran-Guyon M., Oyewole N., 2015, « Côte d'Ivoire, un islam d'expression française à la fois tangible et restreint », *Histoire, monde et cultures religieuses*, 36, *Religiosités musulmanes dans le monde francophone*, Paris, Karthala, p. 141–58.

Nana A., 1993, La communauté musulmane et les régimes politiques au Burkina Faso de 1962 à nos jours, Mémoire de maîtrise d'histoire, Université de Ouagadougou.

Otayek R., 1984, « La crise de la communauté musulmane de Haute-Volta. L'islam voltaïque entre réformisme et tradition, autonomie et subordination », *Cahiers d'études africaines*, 24, 95, p. 299–320.

Oubda M., 2016, « Naissance et évolution d'une association de jeunes musulmans francophones en milieu scolaire et estudiantin au Burkina Faso : l'AEEMB », *Sifoe*, Revue d'histoire, d'arts et d'archéologie de Bouaké-Côte d'Ivoire, 6, p. 184–198.

Ouédraogo Y., 2000, « L'élite francophone musulmane et l'islam au Burkina Faso de 1960 à nos jours », Mémoire de maîtrise d'histoire, Université de Ouagadougou.

Ouédraogo Y., 2013, « Diversité musulmane et laïcité au Burkina Faso », *Cahiers du CERLESHS*, XXVIII, n° 45, p. 1–28.

Ouédraogo Y., 2017, « Courant musulman francophone et émergence d'un islam critique au Burkina Faso », *Acta Islamica: Revue d'études islamiques / Islamic Studies Review*, 1, p. 32-42.

Saint-Lary M., 2012, « Quand le droit des femmes se dit à la mosquée : ethnographie des voies islamiques d'émancipation au Burkina Faso », *Autrepart*, 61, 2012-2, p. 137–55.

Saint-Lary M., Samson F., 2011, « Pour une anthropologie des modes de réislamisation. Supports et pratiques de diffusion de l'islam en Afrique subsaharienne », *ethnographiques.org*, 22, en ligne : http://www.ethnographiques.org/2011/Saint-Lary-Samson - consulté le 19.02.2014.

Traoré B., 2005, « Islam et politique à Bobo-Dioulasso de 1940 à 2002 », *in* M. Gomez-Perez (dir.), *L'islam politique en Afrique au sud du Sahara*, Paris, Karthala, p. 417-447.

Traoré B., 2010, « À la recherche d'une voie africaine de la laïcité. Islam et pluralisme religieux au Burkina Faso. », *Islam et sociétés au sud du Sahara*, 2, *Diversité et habits singuliers*, p. 9–54.

Triaud J.-L., 2010, « Niger-Sénégal. Les nouveaux intellectuels islamiques francophones. Autour de deux colloques », *Islam et sociétés au sud du Sahara*, 2, *Diversité et habits singuliers*, p. 55–76.

Sources de presse et Internet

An Nasr n° 000, Bulletin trimestriel d'information et de formation de l'AEEMB, janvier-février-mars 1997.

An Nasr, n° 001, Bulletin trimestriel d'information et de formation de l'AEEMB, avril-mai-juin 1997.

An Nasr, n° 002, Bulletin trimestriel d'information et de formation de l'AEEMB, juillet-août-septembre 1997.
Al Maïdane, mensuel d'information islamique, n° 036 du 15 janvier au 15 février 2004.
www.aeemb.bf
www.cerfi.bf

Notes

1. L'école coranique est un cadre informel d'instruction religieuse basée sur l'apprentissage du Coran tandis que la médersa est un établissement privé confessionnel musulman dispensant un enseignement formel. Au Burkina Faso, l'école coranique est placée sous la tutelle du ministère de l'administration territoriale et la médersa sous la tutelle du ministère de l'Education nationale.
2. Il s'agit de la Communauté musulmane de Haute-Volta créée en 1962, du Mouvement sunnite de Haute-Volta fondée en 1973 et de l'Association islamique de la Tidjania de Haute-Volta mise en place en 1979.
3. Écoles publiques et privées qui appliquent les programmes officiels de l'État.
4. Ils sont pour la plupart des maîtres d'écoles coraniques.
5. Élève actif dans le mouvement scolaire. Il a été délégué général des élèves du lycée Philippe Zinda Kaboré de 1977 à 1978.
6. *An Nasr* n° 000, Bulletin trimestriel d'information et de formation de l'AEEMB, janvier-février-mars 1997, p. 10.
7. Représentant d'un chef de confrérie dans une localité et autorisé à initier un nombre limité de fidèles à la prière propre à la confrérie.
8. *An Nasr*, n° 001, Bulletin trimestriel d'information et de formation de l'AEEMB, avril-mai-juin 1997, p. 10.
9. Communauté musulmane de Haute-Volta, Mouvement sunnite de Haute-Volta et Association islamique de la Tidjania de Haute-Volta.
10. Sur l'influence de la francophonie islamique ivoirienne sur le champ islamique en Afrique de l'ouest, voir Miran (2006 et 2007).
11. Ce passage est tiré des statuts du CERFI.
12. Ex-président de l'AEEMB et chargé des questions théologiques du CERFI, imam des deux associations, entretiens du 13 août et du 7 septembre 1998 à Ouagadougou.
13. *An Nasr*, n° 002, Bulletin trimestriel d'information et de formation de l'AEEMB, juillet-août-septembre 1997, p. 2.
14. Environ 52 % de la population en 1991 selon les enquêtes de l'Institut national de la statistique et de la démographie et 60,53 % au recensement général de la population de 2006.
15. *Al Maïdane*, mensuel d'information islamique, n° 036 du 15 janvier au 15 février 2004.
16. Prescription religieuse sous forme d'aumône obligatoire prélevée annuellement sur des biens imposables.
17. *An Nasr* n° 000, Bulletin trimestriel d'information et de formation de l'AEEMB, janvier-février-mars 1997, p. 9.
18. Chaque centre est doté d'un collège d'enseignement, d'un dispensaire et d'une mosquée.

19. Par exemple : « La contribution de l'AEEMB à la réalisation de l'unité islamique au Burkina », « La contribution de la jeunesse musulmane au développement socioéconomique du Burkina », « Islam et médias », « Jeunesse musulmane face au défi du 21e siècle », « La foi islamique : une alternative contre le Sida », « Foi et science, défi pour un développement durable ».
20. Thèmes déjà débattus : « La jeune fille et les problèmes sociaux », « Éducation et formation de la jeune fille gage d'une société responsable », « Femme musulmane et entreprenariat ».

5.

L'ASSOCIATION ISLAMIQUE AHMADIYYA AU BURKINA FASO

Issa Cissé & Katrin Langewiesche

L'Association islamique ahmadiyya du Burkina Faso fait partie du mouvement transnational ahmadiyya apparue à la fin du XIXe siècle en Inde. Bien que le fondateur Mirza Ghulam Ahmad et ses héritiers soient considérés comme des hérétiques par les musulmans à l'échelle mondiale, l'Association islamique ahmadiyya prend au Burkina Faso, depuis sa reconnaissance officielle en 1986, de plus en plus d'ampleur. Lors de sa fondation l'association enregistre une centaine de membres, tandis que les responsables estiment aujourd'hui – 30 ans plus tard – leurs pratiquants à 65 000 personnes. Les débuts de l'Ahmadiyya au Burkina Faso s'inscrivent dans un mouvement d'émergence de multiples associations islamiques à partir du milieu des années 1980 (Cissé 2007). Depuis cette époque, jusqu'à nos jours, les différents mouvements musulmans et les Églises sont obligés de s'enregistrer en tant qu'associations au ministère de l'administration territoriale et de la décentralisation (MATD) afin de pouvoir bâtir des lieux de cultes. La communauté ahmadie au Burkina Faso a gardé le titre de cette reconnaissance juridique comme appellation générale en tant que « Association islamique ahmadiyya du Burkina Faso ». Elle est aujourd'hui active non pas seulement dans le domaine religieux, mais aussi dans les secteurs sanitaires et éducatifs ainsi que dans les domaines du développement et de la communication. L'ONG « Humanity First » fondé par l'Ahmadiyya a une visée humanitaire.

HISTOIRE DE L'AHMADIYYA

L'Ahmadiyya est apparue sous la colonisation britannique dans le sous-continent indo-pakistanais. Fondée en 1889 par Mirza Ghulam Ahmad (1835–1908) en réaction au prosélytisme des missionnaires chrétiens, l'Ahmadiyya se comprend comme un mouvement de réforme au sein de l'islam. Comme d'autres mystiques islamiques de son époque, Ghulam Ahmad a critiqué les luttes de pouvoir internes des savants et leur inaction face au danger qui, à son avis, émanait des missionnaires chrétiens. Il se présentait d'abord comme le réformateur (*mujaddid*) de l'islam avant de se proclamer quelques années plus tard comme « messie et *mahdi* » dont la venue serait attendue des musulmans depuis des générations (Friedman 2003 ; Lathan 2010). Après sa mort en 1908, des différences théologiques et le désaccord concernant sa succession ont abouti, déjà en 1914, à une séparation de l'Ahmadiyya en deux groupes : la Lahore ahmadiyya (*Ahmadiyya Anjuman-i Isha`at-i Islami* – AAIIL) et la Communauté musulmane ahmadiyya (*Ahmadiyya Muslim Jama'at* – AMJ). Les deux branches se fondent essentiellement sur la même doctrine, mais diffèrent notamment quant à leur appréciation du statut du fondateur. Comme la plupart des musulmans, l'AAIIL reconnaît Muhammad comme le sceau des prophètes et Ghulam Ahmad uniquement comme réformateur de l'islam. Ils avancent l'argument que traditionnellement des saints musulmans ont été nommé prophètes (*nabi*) ou messagers (*rasul*) au sens figuré, sans qu'on leur reconnaisse un statut de prophète (Lathan 2008). L'AAIIL n'a pas de représentants au Burkina Faso. « L'Association islamique ahmadiyya du Burkina » fait partie de la deuxième branche, de l'*Ahmadiyya Muslim Jama'at* (AMJ) qui s'appelle dans les pays francophones communément « Communauté musulmane ahmadiyya ».

L'évolution de l'Ahmadiyya en Inde britannique fut influencée de manière déterminante par deux éléments. D'une part, l'histoire de l'Ahmadiyya est liée au paysage religieux de la fin du XIXe siècle au Nord de l'Inde, caractérisé par sa forte concurrence entre missionnaires protestants, adeptes hindous et différents courants musulmans. L'Ahmadiyya est le premier mouvement musulman missionnaire fondé en Inde, indépendant de tout soutien de l'État et attirant des convertis de toutes les cultures et origines (Gaborieau 2001 : 38). D'autre part, sa genèse est étroitement liée à la situation politique et la naissance de l'État du Pakistan. Avant la partition de l'Inde et du Pakistan, l'Ahmadiyya était attaqué par le parti Ahrar (*Majlis-e Ahrar-e Islam-e Hind*). Entre 1940 et 1947, ce parti politique s'était opposé à l'idée de la division de la colonie de l'Inde britannique selon des critères religieux et à la création d'un État distinct. Cependant, lorsque la division a été imposée, l'opposition à l'Ahmadiyya était devenue une question bienvenue pour le parti Ahrar afin d'obtenir l'autorité et l'attention dans l'arène publique dans la jeune nation pakistanaise, dont ils avaient combattu l'existence. Dans cette atmosphère, certains acteurs islamiques, et pas seulement les Ahrar, ont réussi à dépeindre les Ahmadis comme des ennemis de l'islam (Lathan 2010 : 81). Ces accusations sont devenues une question politique vers 1947, lorsque certains acteurs de la scène politique exigeaient que les Ahmadis soient déclarés non-musulmans et que leurs activités missionnaires soient interdites. Qasmi (2015) affirme que les disputes anti-ahmadi s'étaient propagées pendant la période coloniale. Il examine en détail comment, dans le contexte de l'État postcolonial du Pakistan, une polémique théologique s'est transformée en question politique.

L'apogée de cette crise se situe en 1974, lorsque les Ahmadis furent déclarés non musulmans au Pakistan. Depuis, ils y ont un statut de minorité religieuse et y sont fortement persécutés. En 1984, après la promulgation des lois anti-ahmadi par le général Zia, la persécution prit de telles proportions que le leader spirituel fut contraint de quitter le pays et de s'installer à Londres où se trouve jusqu'à présent le siège administratif de l'organisation [1].

Les itinéraires de l'Ahmadiyya en Afrique occidentale coloniale

La propagation de l'Ahmadiyya de l'Inde britannique et du Pakistan vers l'Afrique a longtemps été basée sur des liens linguistiques et géopolitiques ainsi que sur des relations personnelles établies à la suite de voyages d'études et d'affaires. En effet, en Afrique de l'Ouest, les missionnaires ahmadis sont d'abord arrivés dans les pays sous domination britannique entre 1910 et 1920, puis dans les pays francophones dans les années 1950. En Gold Coast (l'actuel Ghana), au Nigeria, en Gambie et en Sierra Leone, l'Ahmadiyya est apparue à partir de 1915 et a affiché sa présence avec force dans l'espace public dès les années 1930, notamment dans le système d'éducation en Gold Coast, puis au Ghana (Fisher 1963 ; Hanson 2017 ; Skinner 2013).

Depuis le Nigeria, les premiers missionnaires Ahmadis arrivèrent au Bénin vers 1960 (Bregand 2006). En Gold Coast, la zone de relais vers la colonie française de la Haute-Volta, l'Ahmadiyya a été favorablement accueillie par les Fanti de la côte. Le nord de la Gold Coast, en l'occurrence la localité de Wa, grâce à la conversion de son chef, a emboîté le pas des Fanti dans les années 1940 (Hanson 2007 : chapitre 8). À partir de là, le mouvement a été introduit en Haute Volta, autour de 1950 et en Côte d'Ivoire en 1961 [2].

Les axes de pénétration ahmadiyya au Burkina Faso

Bien que relevant de métropoles différentes, les deux colonies, la Gold Coast et la Haute-Volta, furent liées par des échanges économiques importants dus au trafic commercial et au travail saisonnier. Au plan culturel, les Dagari et Dagari Dioula à cheval entre les deux territoires ont contribué au renforcement des liens entre les deux colonies. Ces dynamiques ont été déterminantes pour les itinéraires de l'Ahmadiyya en Haute Volta à partir de Wa. Trois axes peuvent être définis pour son introduction en Haute Volta autour de 1950 (Cissé 2010).

Le premier est celui de Wa-Koho-Boromo-Ouahabou. En 1949, Yousouf Kanaté, lors d'un travail saisonnier sur les sites aurifères au Ghana, s'est converti à l'islam ahmadiyya à Wa, où il est connu comme pionnier de l'Ahmadiyya. Mais compte tenu de l'enracinement solide de l'islam dans la zone grâce à l'action de Mamadou Karantao et des markas les adeptes de l'Ahmadiyya y sont restés minoritaires. Rappelons que Mamadou Karantao, un personnage historique bien connu pour la période d'effervescence islamique du XIXe siècle, fondateur de Ouahabou, s'est illustré sur cet axe autour de 1850. Wa a été une étape importante sur le chemin de son retour du pèlerinage, lors de la préparation de sa guerre sainte (Koté 1981/82). Rejetés par les populations musulmanes, certains ahmadis sont venus s'installer près du fleuve Balé et ont créé Hèrèdougou situé à 5 km de Ouahabou.

Le second axe se situe entre Wa et Kougny localité *san* islamisée depuis la fin de la première moitié du XIXe siècle par Zanzié Cissé (Paré 1989/90). Durant les années 1930, cette population se déplaçait fréquemment vers la Gold Coast pour travailler dans les mines d'or et plantations à Koumassi. Ainsi Bitomo Barro, parti à la recherche de la fortune dans les mines s'est converti à l'Ahmadiyya à Wa. Cependant la forte présence de l'islam à Kougny n'a pas permis à Bitomo d'obtenir des conversions importantes à l'islam ahmadiyya au-delà de sa propre famille. En plus, en 1973, une crise aigüe avait éclaté au sein de l'*ummah* burkinabè qui avait opposé les *wahhabiyya* aux autres musulmans (Cissé 2009). Les musulmans de Kougny ont profité de cette crise généralisée pour piller et brimer leurs Ahmadis. L'imam Modi Barro, frère de Bitomo Barro, a été obligé de se réfugier chez ses oncles à Siéna, village distant d'environ 30 km de Kougny. Dans cette région, l'Ahmadiyya est demeurée minoritaire et confinée au sein de la famille Barro.

Le troisième axe s'étend entre Wa et Sagbotenga, localité mossi située à 60 km de la capitale Ouagadougou. Dans cette région le commerce des Yarse fut un élément important pour l'introduction de l'Ahmadiyya à Sagbotenga à partir de Wa. En effet, Moctar Sanfo, un commerçant yarga (singulier de Yarse) faisait le commerce entre la Haute Volta et la Gold Coast. Son logeur, Salia Tegda, fut marabout et imam Ahmadi résidant à Wa. La réussite de la prière de son logeur pour la prospérité de son commerce et l'hospitalité offerte ont incité Moctar Sanfo à adhérer à l'Ahmadiyya. Il l'a, à son tour, introduite à Sagbotenga. Afin de stabiliser la présence ahmadi, il a envoyé ses deux enfants, Kassoum et Adoul Kader, se former à Wa auprès de son ancien logeur entre 1956 et 1968. Le rôle de ces deux enfants sera déterminant pour l'avenir de l'Ahmadiyya au Burkina Faso.

Sur les trois axes de sa pénétration en Haute Volta, les adeptes *ahmadis* rencontrent donc des difficultés et résistances importantes jusqu'en 1960 pour enraciner cette nouvelle forme de l'islam. La présence ahmadie reste confinée à Sagbotenga, à Kougny et près du fleuve Balé à Hèrèdougou durant une bonne partie de la période de l'indépendance, avant de passer à une phase de métamorphose considérable à partir du milieu des années 1980. Soulignons que l'implantation de l'Ahmadiyya a été favorisée par sa reconnaissance administrative par les autorités burkinabè, elle-même impulsée par le contexte politique de l'époque, par le soutien logistique des missionnaires pakistanais installés en Côte d'Ivoire, qui ont aidé leurs coreligionnaires burkinabè à s'organiser sous la révolution, ainsi que par l'engagement et la détermination des deux enfants de Moctar Sanfo, déjà mentionnés. Karim et Abdoul Kader Sanfo, sous la révolution, approchèrent avec succès quelques personnalités politiques pour faire reconnaître l'Ahmadiyya définitivement sous une forme associative (Cissé 2010).

DOCTRINE ET VISION DU MONDE

Dans ses écrits, l'Ahmadiyya fait référence aux sources de l'islam : le Coran est considéré comme le livre infaillible révélé par Dieu et première source de droit, suivi par la pratique du prophète Mohammed (*sunna*) et ses traditions (*hadiths*), considérées comme fondamentales tant qu'elles ne contredisent pas le Coran. Si les trois sources juridiques ne mènent pas à un résultat sans équivoque, Ghulam Ahmad prescrit à ses fidèles de se référer à l'école de droit hanafite et en dernier lieu à la constatation indépendante de justice (*ijtihad*) par des spécialistes de la *Jama'at musulmane ahmadiyya* (Lathan 2008).

Les croyances Ahmadis sont plus conformes à la tradition sunnite qu'à la tradition chiite, comme les cinq piliers de l'islam et les six articles de la foi islamique. Le trait distinctif de l'Ahmadiyya avec l'islam majoritaire sont sa doctrine de Jésus, son interprétation du djihad et son exégèse du dogme du sceau du prophète. La raison principale pour laquelle les Ahmadis ne sont pas reconnus par la communauté des musulmans est le fait qu'ils considèrent leur fondateur non pas seulement comme un réformateur de l'islam, mais comme le messie promis et l'imam *mahdi*. L'Ahmadiyya ne voit pas cette croyance comme une contradiction au dogme selon lequel Mohammed est le « sceau du prophète ». Cela a cependant donné lieu à des controverses sur l'interprétation du terme coranique « sceau du prophète » (*khatam-al-nabiyyin*). Ghulam Ahmad comprend le mot *khatam* dans l'expression *khatam-al-nabiyyin* non pas comme le « dernier » mais comme le « meilleur » et le « plus grand » des prophètes. Ghulam Ahmad et d'autres penseurs de la mystique islamique avant lui (Muhyi al-Din Ibn al-Arabi, 1165–1420) argumentent en se fondant sur la différence entre les « prophètes législatifs » (*anbiya tashri'*) et « les prophètes non-législatifs » (*anbiya la tashri' a lahum*) (Friedmann 2003 : 73–5) [3]. Ghulam Ahmad se voit lui-même comme un prophète non législatif qui est venu revitaliser l'enseignement du Coran en tant que dernière Écriture sainte et qui reconnaît Mohammed comme le dernier prophète législatif. Le nom du mouvement va dans le même sens, car il fait référence au deuxième nom du prophète Mohammed, qui fut Ahmad.

La deuxième raison qui a provoqué des discordes entre l'Ahmadiyya et les autres musulmans est l'interprétation du djihad. Le fondateur de l'Ahmadiyya a conseillé à ses disciples de se focaliser sur le moyen et le grand djihad c'est-à-dire sur « le djihad avec les mots et non pas avec l'épée » et sur la lutte contre ses propres faiblesses. Il s'agit en effet d'un djihad basé sur l'intellect. Il faut cultiver l'intellect dans tous les domaines de la science pour défendre l'islam. D'où toute l'importance accordée par cette communauté à l'éducation variée et diversifiée. Selon le fondateur, une lutte armée contre des gouvernements non musulmans ou avec le but de convertir vers l'islam ne correspond pas au concept coranique du petit djihad. En conséquence, Ghulam Ahmad refusait à son époque la guerre contre les colonisateurs britanniques, bien qu'il n'interdisait pas l'autodéfense à ses disciples. Cette attitude a fait que les détracteurs de l'Ahmadiyya lui reprochent jusqu'à aujourd'hui de faire de l'« espionnage » pour le compte du colonisateur (Fisher 1963 ; Hanson 2017).

Une autre différence doctrinale concerne les croyances relatives au prophète Jésus. Ghulam Ahmad défend la thèse que Jésus a survécu à sa crucifixion et qu'il a migré en Inde, où il est décédé d'une mort naturelle à l'âge de 120 ans.

Les deux branches de l'Ahmadiyya se fondent essentiellement sur la même doctrine, mais diffèrent quant à leur appréciation du statut du fondateur. Les deux branches de l'Ahmadiyya refusent la violence et se considèrent comme des organisations strictement apolitiques (Lathan 2008). Tous les *ahmadis* burkinabè appartiennent à la Communauté musulmane ahmadiyya (AMJ).

ORGANISATION, PRATIQUES ET ACTIVITÉS AU BURKINA FASO

Une organisation charismatique

La Communauté musulmane ahmadiyya est fortement centralisée et hiérarchisée. Elle est guidée par le calife qui dirige la communauté internationale depuis 1984 à partir de Londres, où se trouve jusqu'à présent le siège administratif de l'organisation. Le calife a l'autorité absolue sur la communauté, car il est considéré comme choisi par Dieu et confirmé par le vote de certains membres bien déterminés. L'actuel porteur du charisme est le cinquième calife, Hadrat Mirza Masroor Ahmad. Il est considéré comme le lien direct entre Allah et les fidèles grâce à sa spiritualité exceptionnelle. C'est pour cette raison que chaque Ahmadi cherche à avoir une relation personnelle avec le calife. Si cela n'est pas possible, il lui écrit régulièrement des lettres pour lui dédier son enfant, pour demander de l'aide pour une décision importante ou pour obtenir l'interprétation d'un rêve. Les nouveaux convertis sont invités à lui écrire une fois par mois pour établir une relation de proximité avec lui. Il reçoit des milliers de lettres par jour, auxquelles il répond avec l'aide de son bureau londonien.

Depuis 1990, chaque pays a un président national (*amir*) et un chef missionnaire responsables de la communauté d'un pays. L'*amir* est le représentant direct du calife, comparable à un ambassadeur qui a à ses côtés un bureau composé de membres élus et une trentaine de départements. Une réunion internationale et annuelle (*majalis-e shura*) assure depuis 1922 des conseils aux califes et aux *amirs* nationaux quant aux questions financières et éducatives qui concernent l'Ahmadiyya dans sa globalité ainsi que par rapport aux grands projets missionnaires.

Au sein du mouvement existent des sous-organisations pour les femmes et les hommes qui sont indépendantes les unes des autres. Les garçons de 7 à 15 ans se retrouvent dans la sous-organisation les *atfal* ; ensuite ils deviennent membres des *khuddam* (15–40 ans) et à partir de 40 ans des *ansarullah*. Les filles de 7 à 15 ans se regroupent dans l'association des *nasirat* avant de devenir des *lajna*. Toutes les sous-organisations exercent leurs activités au niveau national, régional et local. Elles sont composées d'un président ou d'une présidente, qui est secondé(e) par un bureau avec différents départements composés de membres élus ou nommés. Le niveau subordonné est obligé de rendre des comptes sur une base mensuelle au niveau supérieur jusqu'au calife. Les départements importants comme celui de l'éducation, de la formation religieuse, des finances et des publications existent au niveau international, national et local.

Cette organisation hiérarchique assure la possibilité d'atteindre individuellement chaque membre et permet également un contrôle social rapproché. Au Burkina Faso, en 2018, l'Association islamique ahmadiyya compte 35 centres régionaux (qu'elle appelle « missions »), localisés dans les 13 régions du pays et qui évoluent sous l'autorité d'un *amir* d'origine pakistanaise, d'un président national des jeunes (*sadr khuddam*), des personnes âgées (*sadr ansar*) et de la présidente nationale des organisations des femmes (*sadr lajna*), qui est/sont Burkinabè. Chaque communauté locale a un président et une présidente. Sur l'ensemble du territoire burkinabè, la communauté estime avoir environ 65 000 membres actifs. Elle a construit une centaines de mosquées dont s'occupent 13 missionnaires internationaux d'origine pakistanaise et environ 200 missionnaires locaux burkinabè. Les missionnaires nationaux et locaux sont responsables de la vie spirituelle d'une ou de plusieurs communautés locales. Ils exercent souvent en même temps la fonction d'imam, prêchent le vendredi et proposent des discours sur des thèmes religieux, accompagnent les membres de la paroisse et distribuent la littérature. Le fonctionnement de l'Ahmadiyya est fondé sur la formation de missionnaires à temps plein dans des universités (*jamia*) propres au mouvement dans lesquelles les futurs missionnaires internationaux sont formés durant sept ans pour les responsables régionaux et trois ans pour les missionnaires de zones. Ces institutions sont réservées aux hommes [4]. Les femmes ne peuvent pas devenir missionnaires. L'unique centre de formation pour l'Afrique de l'Ouest s'est longtemps trouvé au Ghana, puis récemment un autre centre a ouvert au Burkina Faso, avec une première promotion de 23 personnes venant de l'Afrique francophone.Les missionnaires sont sans doute les plus actifs dans la propagation du message, mais en principe chaque membre est obligé de faire le *tabligh*, ce qui signifie "prêcher" afin d'annoncer le message Ahmadi à des non-Ahmadis, qu'ils soient musulmans ou chrétiens. Tous les Ahmadis doivent activement et avec détermination participer à cette tâche. Ils y sont préparés lors de séminaires qui enseignent la rhétorique, le prêche et les argumentations pour persuader.

Chaque membre est obligé de donner une partie de ses revenus à la communauté, en général un seizième. Il s'y ajoute les cotisations pour les sous-organisations, ainsi que des sommes mineures pour le financement d'événements particuliers. Ces contributions internes à l'Ahmadiyya doivent être payées en plus de la *zakat* que tous les musulmans paient. Le chef de famille cotise pour l'ensemble de son ménage, mais chaque membre (enfants, femmes, étudiants) est invité à donner personnellement en fonction de ses moyens. La responsabilité individuelle de chaque membre est mise en avant pour garantir le succès du collectif. Il n'est pas inhabituel que des Ahmadis offrent entre 6 % et 10 % de leurs revenus mensuels à la *jama'at*. Le paiement des cotisations détermine si un membre peut voter ou non dans les différentes organisations afin de participer aux décisions collectives. Les croyants qui souhaitent être enterrés dans un des deux cimetières célestes à Rabwah au Pakistan, où sont enterrés le fondateur et les premiers califes, souscrivent à un don régulier de 10 % de leur salaire mensuel et au legs d'un dixième de leur fortune au bénéfice de la communauté. Au Burkina Faso, peu de gens sont en mesure de payer la *zakat* ; les paysans paient leurs contributions en général par an sous forme de céréales et d'autres biens, tandis que les fonctionnaires règlent leurs cotisations sur une base mensuelle. Les communautés locales peuvent proposer des projets au bureau central, mais la plupart du temps ce dernier initie les projets et les soutient financièrement et par des appuis logistiques. Cette organisation permet aux communautés locales de réaliser des projets qui, sans la contribution de la centrale, dépasseraient leurs moyens.

On devient membre de l'Ahmadiyya par naissance ou par la signature d'un contrat, la *bai'ah* [5]. Souvent la signature de la *bai'ah* se fait au cours d'une cérémonie durant laquelle chacun jure allégeance et obéissance au calife jusqu'à la fin de sa vie. L'adhésion à l'Ahmadiyya se fait de manière individuelle suivant le principe de la liberté religieuse. Les enfants renouvellent (ou non) la décision d'appartenir à la communauté vers l'âge de 16 ans et de poursuivre (ou non) l'engagement que leurs parents ont pris lors de leur naissance envers le calife.

Pratiques locales et transnationales

Les membres d'une communauté locale se retrouvent régulièrement au sein de leurs sous-organisations pour la formation religieuse continue, des compétitions sportives ou pour préparer des rencontres nationales ou internationales, de sorte que presque toutes les fins de semaine des fidèles sont occupés par des activités au sein de la *jama'at*. La plus grande de ces rencontres est la *jalsa salana*, trois journées de prières consécutives, organisées annuellement dans chaque pays. La plus grande *jalsa salana* en Afrique a lieu au Ghana. Celle du Burkina Faso a lieu vers le mois de mars près de Ouagadougou. En 2017, elle a attiré plus de 12 000 fidèles et visiteurs. Ces rencontres ne sont pas seulement dédiées à un accomplissement spirituel : elles sont aussi l'occasion de rencontrer des parents et amis du monde entier et de présenter les multiples réseaux Ahmadis professionnels et éducatifs, l'association humanitaire Humanity First, l'agence matrimoniale du mouvement (*Rishta nata*) et ses activités médiatiques. L'engagement de l'Ahmadiyya dans les domaines de l'éducation, de la santé, du développement local et des médias, mais aussi les pratiques matrimoniales, ont un but missionnaire (Langewiesche à paraître).

Pratiques éducatives et professionnelles

Le système éducatif de l'Ahmadiyya peut être décrit comme un méga-système organisé à différents niveaux : au niveau de la famille pour ce qui concerne la petite enfance, au niveau de la communauté pour l'instruction religieuse continue et par le département de l'éducation (*Ta'lim Department*). Le *Ta'lim Department* de chaque communauté locale supervise le progrès académique de chaque membre, organise des séminaires d'orientation pour étudiants, élèves et parents ainsi que des cours religieux. L'éducation scientifique et religieuse de tous les membres, avec une attention particulière pour l'éducation des filles et des femmes, est considérée comme une condition préalable pour le développement individuel et national. L'accent est mis sur la responsabilité individuelle de participer par son travail au bien-être de sa famille et au développement national.

La Communauté musulmane ahmadiyya a établi des réseaux professionnels qui offrent à leurs membres des relations internationales particulièrement intéressantes pour des jeunes en début de carrière. Au niveau national et international, des associations d'architectes, des juristes ou de politologues ahmadis [6] proposent aux étudiants ou aux élèves des stages et une orientation dans leurs études. En Afrique, cet encadrement par la communauté est aussi très efficace en milieu rural. Une famille ahmadie, même dans un village éloigné de la capitale, qui n'a pas les moyens d'envoyer son enfant à l'université sera soutenue par un système de tuteur ou par des logements en cité universitaire propres à la communauté. Dans tous les pays, il existe également des associations nationales d'étudiants qui fournissent des tutoriels et des conseils pour la carrière professionnelle ou universitaire.

Le mouvement invite tous les membres à offrir gratuitement leurs services à la communauté pendant au moins trois mois chaque année. Par exemple, de jeunes Ahmadi burkinabè qui terminent leurs études d'agronomie viennent apporter leur aide dans des villages nigérians pendant trois mois. Ce système de service religieux crée une circulation permanente entre les villageois et une élite musulmane cosmopolite, en encourageant les jeunes Ahmadis bien éduqués à retourner régulièrement dans un village et à ne pas se déconnecter comme c'est souvent le cas pour les jeunes qui ont étudié et ne retournent pas au village, soit parce qu'ils ne le souhaitent pas, soit parce qu'ils n'ont pas de perspectives professionnelles en milieu rural.

L'Ahmadiyya s'investit également dans l'éducation national des pays où elle est installée. En Afrique, le meilleur exemple de cet investissement est le Ghana où la Communauté musulmane ahmadiyya est bien implantée depuis 1921. Elle y est fortement impliquée dans l'enseignement public, avec plus de 100 écoles primaires, 60 collèges et lycées et un institut de formation des enseignants (Skinner 2013 : 442). Au Burkina Faso, les écoles fondées par l'Association islamique ahmadiyya suivent comme au Ghana le programme de l'éducation nationale et sont ouverts à tous. Elles sont reconnues comme établissements privés par le ministère de l'Enseignement de base et de l'alphabétisation.

Pratiques humanitaires et structures sanitaires

L'Ahmadiyya propose un vaste panel de services sociaux et de charité : en Afrique, des hôpitaux, des camps médicaux, des écoles, des logements pour étudiants où des aides d'urgences en situation de crise ; en Europe des dons de sang, des actions de nettoyage d'espaces publics ou du soutien aux SDF ("sans domicile fixe"). Depuis 1995, le mouvement religieux a de plus créé une organisation humanitaire, Humanity First, qui n'a en revanche aucune visée missionnaire. Humanity First est l'une des organisations non gouvernementales (ONG) islamiques transnationales qui alignent leurs activités sur la politique publique des pays où elle travaille et dans le cadre juridique de ses pays d'accueil (Langewiesche à paraître). Au Burkina Faso, Humanity First finance des forages, organise des opérations de la cataracte et des camps médicaux dans les villages. L'Association islamique ahmadiyya a investi le secteur sanitaire burkinabè depuis 1997 avec la construction d'un hôpital à Ouagadougou dans le quartier de Somgandé.

Pratiques matrimoniales

Que ce soit en Allemagne, au Royaume-Uni ou au Burkina Faso, il est recommandé aux parents *ahmadis* de choisir un partenaire pour leurs enfants. Ils sont soutenus dans cette entreprise par un département, le *Ristha nata*, qui fonctionne comme une agence matrimoniale internationale entre *ahmadis* et organise des séminaires nationaux, souvent pendant la *jalsa salana*, qui permettent aux mères d'établir des contacts avec d'autres mères cherchant des conjoints pour leurs enfants, car l'Ahmadiyya encourage l'endogamie de ses membres. Mais la sociabilité autour des moquées, lors des rencontres des sous-organisations ou dans le cadre d'une de ses nombreuses associations est souvent suffisante pour que les parents trouvent un partenaire convenable à leur enfant ou que les futurs époux se rencontrent. Chaque époux doit consentir au mariage, les unions forcées sont interdites selon l'idéologie de l'Ahmadiyya. Un homme peut se marier avec une femme non *ahmadie*, s'il s'engage à encourager son épouse à se convertir. Tandis qu'une *ahmadie* ne peut pas se marier avec un homme non *ahmadi*. Ces règles sont adaptées en fonction des coutumes régionales, notamment afin d'intégrer les nouveaux convertis (Fisher 1963 : 149 ; Langewiesche 2019b). L'endogamie ahmadie facilite le maintien des connections transnationales de la communauté globale, permet de développer des nouveaux réseaux et participe à agrandir la communauté (Balzani 2006). Cependant, en Afrique, une endogamie stricte est pratiquée entre les Ahmadis d'origine pakistanaise ce qui laisse apparaître l'impression d'une ségrégation culturelle entre les Ahmadis d'origine pakistanaise et ceux qui sont africains.

Pratiques médiatiques

L'engagement dans les médias trouve sa justification théologique dans la vision du djihad défendu par l'Ahmadiyya – « le *djihad* par la plume et non pas par l'épée » ce qui signifie la propagation de l'islam par des écrits dans tous types de média (Hanson 2007 ; Sevea 2009). La transmission du message de l'islam Ahmadi et l'augmentation du nombre des convertis sont le but explicite des réseaux médiatiques que la Communauté musulmane ahmadiyya a mis en place. La distribution gratuite de brochures et de livres fait partie des stratégies pour gagner des convertis. La Communauté musulmane ahmadiyya possède aujourd'hui plusieurs maisons d'édition et des imprimeries dans chaque sous-région pour publier les revues et toute la littérature ahmadi. La revue internationale *Review of Religion* est publiée depuis plus de 100 ans, presque sans interruption. Le fondateur lui-même a écrit une soixantaine de livres. Il a encouragé ses membres à faire de même et à traduire le Coran dans toutes les langues. Jusqu'à aujourd'hui le Coran a ainsi été traduit en 72 langues [7].

Hormis des écrits, l'Ahmadiyya investit les médias de l'audiovisuel et le web. Partout où c'est permis par la loi, elle établit des radios locales. Au Burkina Faso, elle possède jusqu'à présent quatre stations radio qui permettent une large diffusion de son message même à ceux qui ne participeraient pas à des réunions proposées par l'Ahmadiyya, en raison de sa stigmatisation parmi les musulmans. La télévision satellite MTA (Muslim Television Ahmadiyya) existe depuis 1994 et se compose de quatre chaînes. Depuis 2006, tous les sermons du vendredi du calife sont traduits simultanément en plusieurs langues et peuvent être regardés en direct sur MTA. Quelques jours plus tard, le sermon est disponible en 18 langues sur le site web alislam en version audio, vidéo ou texte. Les fidèles peuvent aussi l'avoir comme application pour smartphone, Apps pour Android ou iOS ou encore comme matériel didactique pour l'enseignement en format Powerpoint. Au Burkina Faso, la première chaîne MTA a ouvert son plateau en novembre 2017 à Bobo-Dioulasso.

En plus du site web international « alislam », chaque communauté nationale établit sa propre présence internet, dont les 36 plus importantes sont accessibles via la page alislam. Tous les sites officiels sont

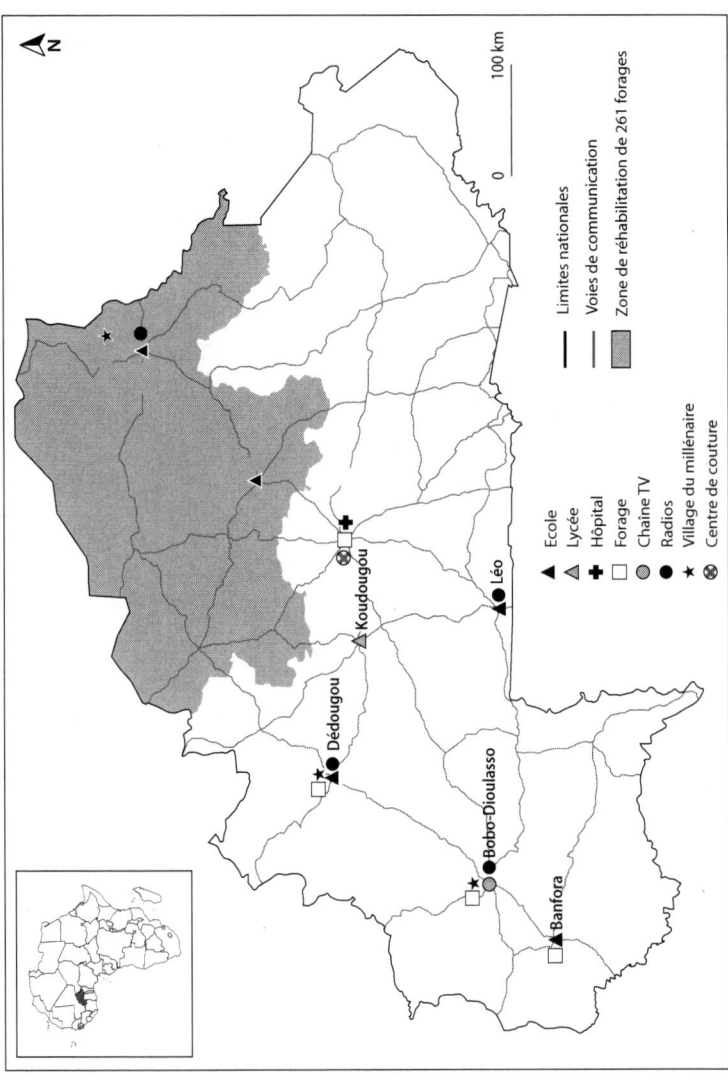

Carte 4. Réalisations dans le domaine du développement de l'Ahmadiyya, Humanity First et IAAAE en 2018

Carte réalisée par A. Nikiema

sous le contrôle de la centrale pour assurer un message homogène (Langewiesche à paraître). D'innombrables blogs individuels diffusent les idées de l'Ahmadiyya à travers des mises en scène personnelles. C'est un moyen contemporain de mettre en pratique le slogan « djihad par la plume et non par l'épée ».

FEMMES ET JEUNES AU SEIN DE L'AHMADIYYA

La formation des femmes et des filles ne se présente pas en termes d'émancipation chez les adeptes de l'Ahmadiyya, mais plutôt comme une application du modèle prophétique. L'éducation scientifique et religieuse des femmes est indispensable pour qu'elles puissent encadrer au mieux leurs enfants et mener leurs foyers d'une manière réfléchie, rigoureuse et pieuse. Les mères sont censées assurer la lecture du Coran à leurs enfants à partir de 3 ans. Dans la plupart des familles d'origine pakistanaise les enfants âgés de 5 ou 6 ans peuvent lire des versets du Coran en arabe. Les parents, en particulier les mères, reçoivent de nombreuses instructions sur l'éducation idéale des enfants. La quantité de littérature, de sujets de séminaires et de discours lors des *jalsa salana* traitant de l'éducation des enfants indique que la famille et l'éducation de la jeunesse est une valeur majeure pour la Communauté musulmane ahmadiyya. Le développement d'un sens critique à travers des études et l'acquisition d'un savoir religieux en parallèle est explicitement encouragé non pas seulement pour que les mères puissent encadrer l'éducation de leurs enfants, mais aussi pour assurer que les épouses ne suivent pas uniquement leurs maris, mais s'engagent individuellement et avec conviction pour la communauté ahmadie.

Certains enfants, qu'on appelle les enfants *waqf-e-nau*, reçoivent une éducation spéciale soigneusement conçue par la famille et la communauté qui organise des événements pour ces enfants et leurs parents une fois par mois. Des classes hebdomadaires sont organisées pour les enfants dans les mosquées afin d'assurer une socialisation progressive dans l'habitus d'un *waqf-e nau* qui idéalement commence de la grossesse : « Lorsqu'elle récite le Saint Coran, la future mère devrait être invitée à le lire à haute voix, car la science moderne a prouvé que le fœtus capte les bons et les mauvais signaux et que tout message ou traitement transmis à ce stade affecte plus tard le comportement de l'enfant » (*Waqf-e-e-nau* Scheme, *Waqf-e-nau* Syllabus série n°1 livre 4. Lignes directrices pour les parents d'enfants de 7 à 10 ans.)

L'encouragement à former les membres, en vue de cultiver leur raisonnement scientifique et leur sens critique, va de pair avec une éducation religieuse soutenue : l'apprentissage du Coran en arabe, en ourdou ou en langue nationale, des études comparées du Coran et de la Bible ainsi que l'histoire du mouvement Ahmadi et de son fondateur. L'Ahmadiyya considère l'harmonie entre l'islam et la science comme une partie intégrante de sa théologie.

L'attention que l'Ahmadiyya accorde à l'éducation des jeunes et à leurs réussites académiques se traduit par une mobilité sociale élevée par rapport au reste de la population. Des enfants ahmadis en Europe ou aux États-Unis, dont la plupart sont issus de familles d'immigrés pakistanais, exercent souvent des professions socialement prestigieuses nécessitant des études universitaires approfondies. Parmi les femmes, beaucoup ont des diplômes universitaires tandis que leur professionnalisation n'est autorisée que lorsqu'elle n'entrave pas la vie familiale ou quand elle est mise au profit de la communauté sous forme de bénévolat (Ahmed-Ghosh 2006).

RIGORISMES, RADICALISMES, EXTRÉMISMES

L'Ahmadiyya se caractérise par un appareil normatif restrictif qui vise à améliorer la société et les individus. La vie quotidienne des fidèles est organisée par une morale conservatrice et des pratiques rigoureuses, comme par exemple une pratique vestimentaire exigeante, un confort modeste et non ostentatoire, l'interdiction de fréquenter des cinémas, des salles de danse ou d'autres loisirs publics où hommes et femmes se mélangent. Certains auteurs les ont qualifiés de « puritains » de la communauté musulmane (Peacock 1978).

L'Ahmadiyya se considère comme un mouvement de réforme au sein de l'islam. En effet, les principes classiques du réformisme musulman – l'interprétation personnelle du Coran, la purge de l'islam des traditions locales et un retour aux racines – sont présents dans l'islam Ahmadi. Ainsi, ils refusent par exemple la célébration ostentatoire du *mauloud* comme le font d'autres courants musulmans au Burkina Faso et le recours à des amulettes ou pratiques divinatoires.

Les propositions radicales et rigoureuses que l'Ahmadiyya juge nécessaire pour améliorer la société et les hommes sont exemptes de tout extrémisme violent. Cette attitude pacifique s'exprime entre autres dans leur devise « l'amour pour tous, la haine pour personne » adopté sous le troisième calife. Le refus de la violence fait partie de la doctrine théologique développée par le fondateur dans le contexte de la colonisation britannique du XIXe siècle. Son interprétation du djihad refusant la lutte armée est réactualisée régulièrement par ses successeurs, notamment par le quatrième calife Tahir Ahmad dans son livre *The True Islamic Concept of Jihad* (1985) fondé sur une série de sermons et par un discours du cinquième calife en 2008 *The True Islamic Jihad*[8]. Au niveau international et national les différents responsables de l'Ahmadiyya et le calife interviennent publiquement pour condamner des actes violents. Lors des attentats au Burkina Faso, l'Association islamique ahmadiyya a organisé une marche de soutien à la paix et aux victimes de l'attaque terroriste du 15 janvier 2016.

L'attitude pacifique de l'Ahmadiyya s'exprime également dans son engagement pour le dialogue interreligieux et interislamique. Au Burkina Faso, l'Association islamique ahmadiyya organise au moins une rencontre interconfessionnelle chaque année, parfois en lien avec une conférence sur « la dignité de la femme ». Mais habituellement, seuls les invités catholiques, évangéliques et les représentants du conseil municipal ou d'autres autorités publiques ainsi que les chefs coutumiers répondent à l'invitation. Les représentants des autres mouvements musulmans refusent de participer. Cette situation n'est pas liée à la configuration du Burkina Faso, mais reflète l'exclusion de l'Ahmadiyya de l'*ummah*. L'Association musulmane ahmadiyya du Burkina Faso en a tiré des conséquences en invitant désormais à ses réunions interreligieuses, non plus au nom de l'Association musulmane ahmadiyya, mais au nom des autorités locales. Ainsi, les réunions ont lieu dans les bureaux municipaux pour encourager tous les mouvements musulmans à participer sans réserve. Par cette pratique du dialogue interreligieux qui est fonde sur une tradition instaurée par le fondateur Ghulam Ahmad lui-même, l'Ahmadiyya essaie de se placer comme un interlocuteur privilégié parmi l'ensemble des musulmans vis-à-vis de l'État et des organisations internationales qui travaillent dans la prévention des conflits. Néanmoins la réussite de leurs efforts pour un dialogue interislamique dépend de l'attitude des gouvernements nationaux à leur égard ainsi que de la présence et du degré d'organisation de groupes anti-ahmadis dans le pays en question. Au Burkina Faso, le gouvernement traite avec l'Ahmadiyya à travers les ministères de la Santé et de l'Enseignements qui intègrent leurs établissements dans le secteur privé, mais refuse de l'associer à l'Observatoire national des faits religieux (Onafar) crée en 2015 comme un organe consultatif et de veille, chargé de promouvoir le dialogue interreligieux et d'éviter des dérives. L'Association islamique ahmadiyya ne fait pas partie de la Fédération des associations islamiques du Burkina (FAIB) qui joue un rôle d'interlocuteur auprès des pouvoirs publics. Ces attitudes ambiguës qui acceptent les services sociaux de l'Ahmadiyya sans reconnaître sa place parmi les musulmans, essaient de tenir compte du principe de la neutralité religieuse, sans vouloir affronter la communauté musulmane globale.

Bibliographie

Ahmad-Ghosh H., 2006, « Ahmadi Women Reconciling Faith with Vulnerable Reality through Education », *Journal of International Women's Studies, 8*, p. 36–51.

Balzani M., 2006, « Transnational Marriage Among Ahmadi Muslims in the UK », *Global Networks, 6* (4), p. 147-57.

Brégand D., 2006, « La Ahmadiyya au Bénin », *Archives de Sciences Sociales des religions, 135*, p. 73–90.

Cissé I., 2007, « Les associations islamiques au Burkina Faso, de la Révolution d'août 1983 à l'avènement de la IVe République », *Cahiers du CERLESHS, 28*, p. 51–73.

Cissé I., 2009, « Le Wahhabisme au Burkina Faso : dynamique interne d'un mouvement islamique réformiste », *Cahiers du CERLESHS, 33*, p. 1–33.

Cissé I., 2010, « La Ahmadiyya au Burkina Faso », *Islam et sociétés au Sud du Sahara*, Paris, Les Indes Savantes, p. 95–116.

Fisher H. J., 1963, *Ahmadiyyah. A Study in Contemporary Islam on the West African Coast*, London, Oxford University Press.

Friedmann Y., 2003 (1989), *Prophecy Continuous. Aspects of Ahmadi Religious Thought and Its Medieval Background*, London, Oxford University Press.

Gaborieau M., 2001, « De la guerre sainte au prosélytisme. Les organisations transnationales musulmanes d'origine indienne », *in* J.-P. Bastian, F. Champion & K. Rousselet (dir.), *La globalisation du religieux*, Paris, L'Harmattan, p. 35–48.

Hanson J., 2007, « Jihad and the Ahmadiyya Muslim Community: Non-violent Efforts to Promote Islam in the Contemporary World », *Nova Religio, 11*, 2, p. 77–93.

Hanson J.H., 2017, *The Ahmadiyya in the Gold Coast. Muslim Cosmopolitans in the British Empire*, Bloomington, Indiana University Press.

Jonker G., 2016, *The Ahmadiyya Quest for Religious Progress: Missionizing Europe 1900–1965*, Leiden, Brill.

Koté B., 1982, Les Marka et l'islam dans la boucle de la Volta noire : du jihâd d'El Hadj Mahamoudou Karantao au début de la colonisation française (1820–1915), Mémoire de maîtrise d'histoire, Université de Ouagadougou.

Kouanda A., 1989, « La religion musulmane facteur d'intégration à l'identité lignagère », *in* J.-P. Chrétien & G. Prunier (dir.), *Les ethnies ont une histoire*, Paris, Karthala & ACCT, p. 125–34.

Langewiesche K., (à paraître), « Le calife et son portrait. L'iconographie d'un Islam missionnaire. Le cas de l'Ahmadiyya », *in* M.-P. Ba, M. Saint-Lary, et F. Samson (dir.), *Matérialités religieuses. Aux frontières du public et du privé*, Dakar, Codesria.

Langewiesche K., (à paraître), « Dialectics Between Transnationalism and Diaspora. The Example of the Ahmadiyya Muslim Community », *in* J. S. Cornelio, F. Gauthier, T. Martikainen, L. Woodhead (dir.), *International Handbook of Religion in Global Society*, London, Routledge.

Langewiesche K., (à paraître), « A Muslim Minority and the Development Work of its NGO in Africa », *in* A. Heuser & J. Köhrsen (dir.), *Does Religion Make a Difference?*, London, Bloomsbury.

Lathan A., 2008, « The Relativity of Categorizing in the Context of the Ahmadiyya », *Welt des Islams, 48*, 3/4, p. 372–93.

Lathan A., 2010, « Reform, Glauben und Entwicklung: die Herausforderungen für die Ahmadiyya-Gemeinde », *in* Dietrich Reetz (dir.), *Islam in Europa: Religiöses*

Leben heute. Ein Portrait ausgewählter islamischer Gruppen und Institutionen, Münster, Waxmann, p. 79–108.

Paré I., 1990, Islamisation et colonisation dans le sud San de 1840 à 1961 : cas de la circonscription de Kougny, mémoire de maîtrise, Université de Ouagadougou.

Peacock J. L., 1978, *Muslim Puritans: Reformist Psychology in Southeast Asian Islam*, Berkeley, University of California Press.

Sevea I. S., 2009, « The Ahmadiyya Print Jihad in South and Southeast Asia », in R.M. Feener & T. Sevea (dir.), *Islamic Connections. Muslim Societies in South and Southeast Asia*, Singapore, Institute of Southeast Asian Studies, p. 134–48.

Skinner D. E., 2013, « Conversion to Islam and the Promotion of 'Modern' Islamic Schools in Ghana », *Journal of Religion in Africa, 43*, p. 426–50.

Yacooba M., 1986, « Ahmadiyya and Urbanization: Easing the Integration of Rural Woman in Abidjan », *Asian and African Studies, 20*, p. 125–40.

Site web : Ahmadiyya at www.alislam.org

Notes

1. Sur l'histoire du mouvement au Pakistan, voir Ahmed 1975 ; Khan 2015 ; Qasmi 2015.
2. *Africa Speaks*, publié par Majilis Nusrat Jahan Tahrik-i-Jadid, Pakistan, 1970. En 1978, l'Ahmadiyya comptait 600 membres (Yacoob 1983).
3. Dans l'idéologie de la AMJ, il y a deux types de prophètes : les prophètes législateurs (qui ont apporté un livre et une loi) et les prophètes réformateurs (qui ont été envoyés pour compléter une mission qui a démarré avec un autre prophète). Pour l'AMJ, leur fondateur est un prophète réformateur comme Jésus-Christ et non un prophète législateur comme Moïse ou Muhammad.
4. Les *jamia* se trouvent en Inde, au Pakistan, en Angleterre, au Bangladesh et au Ghana.
5. Dans le système de l'Ahmadiyya, chacun signe un contrat au cours d'une cérémonie, la *bai'ah*. Les dix conditions de la *bai'ah* en français se trouvent en ligne: https://www.islam-ahmadiyya.org/images/stories/pdf/les_dix_conditions_de_la_baiat_et_nos_responsabilites.pdf
6. Par exemple *International Association for Ahmadi Architects & Engineers* (IAAAE), l'association des politologues et avocats *ahmadis* ou l'association des professeurs (Ahmadiyya Muslim Teachers Association – AMTA).
7. Selon les sources de la Communauté musulmane ahmadiyya http://www.mta.tv/jalsaconnect/jamaat-ahmadiyya-facts-figures consulté le 1er mars 2018.
8. Pour une énumération des textes traitant du *djihad* par l'Ahmadiyya voir : https://www.alislam.org/library/jihad/, consulté le 28 février 2017.

9. L'enfant au pied de la croix, Dédougou, 2016. Photo par Adrien Bitibaly.

LES CHRISTIANISMES AU BURKINA FASO

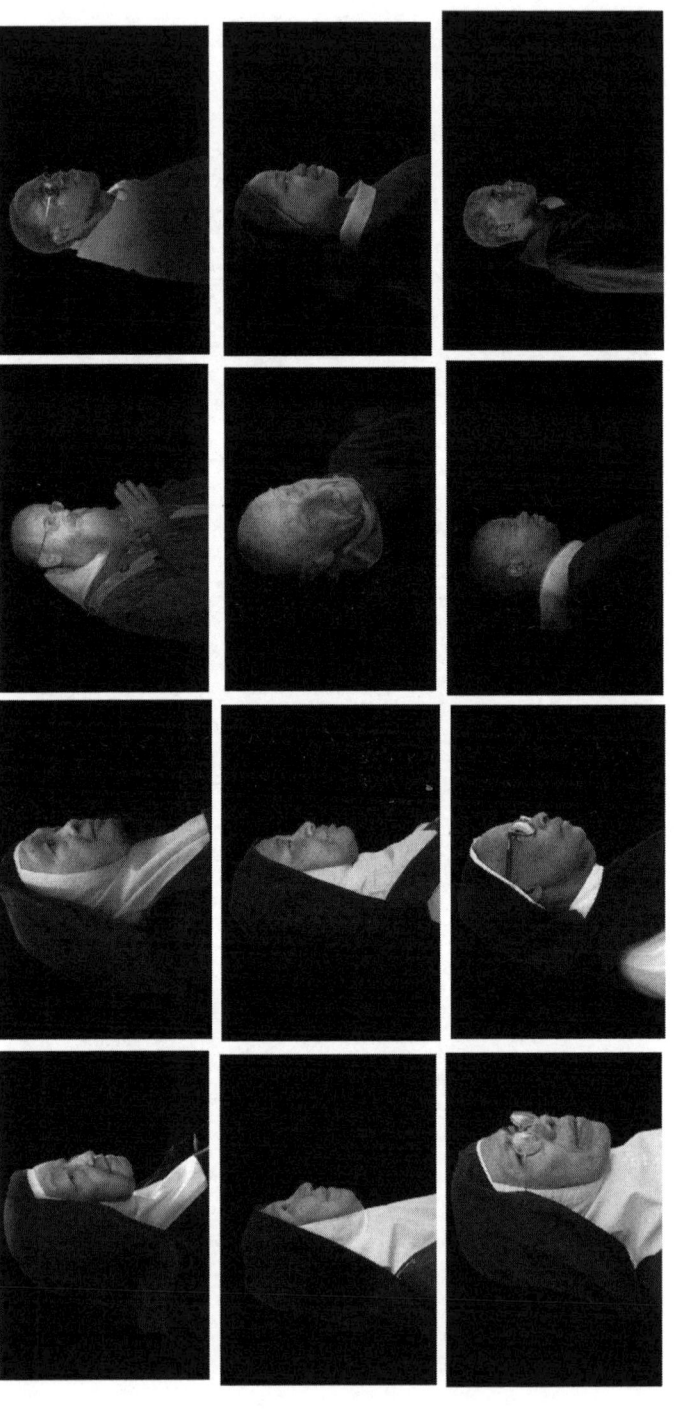

10. Portraits de moines et moniales catholiques. Photo par Nyaba Ouédraogo, 2017.

6.

L'ÉGLISE CATHOLIQUE AU BURKINA FASO : PLURALITÉ ET MUTATIONS

Martial Halpougdou & Katrin Langewiesche

L'Église catholique romaine forme une communauté qui se retrouve dans la reconnaissance du baptême, la célébration commune de l'eucharistie et la reconnaissance de l'office pétrinien de l'évêque de Rome. Universelle dans sa déclaration, elle est depuis longtemps traversée par différents courants et intègre avec plus ou moins de réussite les contextes culturels. Pour ce qui concerne l'Église catholique au Burkina Faso, elle est romaine et burkinabè à la fois.

PRINCIPAUX FAITS DE L'HISTOIRE DU CATHOLICISME AU BURKINA FASO

Les premiers missionnaires catholiques qui sont arrivés en 1900 sur le territoire du Burkina Faso actuel appartiennent à la Société des Missionnaires d'Afrique (SMA), communément appelée « Pères Blancs ». Ils furent suivis en 1912 par la branche féminine de leur institut religieux, les Sœurs Missionnaires de Notre-Dame d'Afrique (SMNDA), plus connues sous le nom de « Sœurs Blanches ». En 1900, les Pères Blancs ont fondé la première mission en pays mossi à Koupéla, puis celle de Ouagadougou en 1901. Les missionnaires ont concentré leurs efforts d'évangélisation d'abord sur les zones les plus peuplées, en l'occurrence le plateau mossi, avant de s'installer par la suite, à partir de 1927, dans l'ouest et le sud-ouest du pays auprès des populations jugées réfractaires à l'islam et attachées aux cultes traditionnels. À partir de 1935, les Rédemptoristes [1] s'installèrent à l'est du pays, dans la région habitée par les Gourmantché et plus tard, vers le milieu des années 1940, dans le Sahel. Le Sahel a été la dernière région d'installation des missions chrétiennes en Haute-Volta, d'un côté parce que l'insuffisance de personnel ne leur permettait pas d'ouvrir des postes de mission dans tout le pays, d'autre part, parce que l'implantation ancienne de l'islam dans cette région n'encourageait pas la hiérarchie ecclésiastique à s'y investir. Cependant, Koudbi Kaboré constate à partir du cas du Liptako, emblématique pour toute la région du Sahel burkinabè, que « le refus des autorités traditionnelles du Liptako à l'installation missionnaire n'est pas une opposition entre l'islam et le christianisme, […], mais plutôt une opposition d'intérêt liée surtout à la question de l'esclavage » (Kaboré 2016). Dans les rapports annuels des postes de mission, les rédacteurs associaient les Peuls à des esclavagistes endurcis.

La plus grande partie du territoire de la Haute-Volta a été sous la tutelle des Pères Blancs jusqu'à la veille de la Seconde Guerre mondiale avant que d'autres congrégations missionnaires s'installent à leur tour à partir des années 1940. Les Franciscaines Missionnaires de Marie arrivent à Dissin en 1939, suivies de plusieurs autres congrégations, surtout après la guerre (Lorin 2000 : 63). En 1946, l'évangélisation du Sahel burkinabè revient définitivement aux Rédemptoristes qui avaient débuté leur mission en pays gourmantché. L'arrivée tardive d'autres congrégations missionnaires a sans aucun doute adouci les concurrences et rivalités qui ont eu lieu dans d'autres pays entre missionnaires de différentes congrégations (Eyezo'o & Zorn 2011). Les rivalités des congrégations catholiques entre elles ainsi que le rôle de l'évangélisation protestante sont, on le sait, déterminantes comme matrice des prophétismes et des Églises indépendantes africaines. La christianisation homogène de la Haute-Volta, et particulièrement du pays mossi, où peu d'obédiences se côtoyaient et où chacune avait son aire de prédilection [2], peut en partie expliquer l'absence de figures prophétiques d'envergure issue du milieu autochtone. Des réactions aux contextes sociopolitiques peuvent également expliquer l'importance des Églises dites indépendantes. Dans les pays où peu de sociétés missionnaires se sont partagé géographiquement "leurs" espaces, comme dans la Haute Volta, les Églises africaines indépendantes ont plutôt joué un rôle de second plan (Langewiesche 2003 ; Cooper 2006).

L'uniformité du paysage missionnaire et l'arrivée tardive de congrégations religieuses étrangères, contrairement aux pays côtiers, ont contribué à rendre la christianisation au Burkina Faso plus ou moins, pacifique. En pays mossi, l'opposition entre les premiers missionnaires, Pères Blancs, et la population locale a été relativement réduite. La résistance contre les missionnaires n'a pas provoqué un mouvement de rejet important et organisé. Localement, comme dans la région de Gaoua chez les Lobi, la population a manifesté son opposition au recrutement forcé des catéchumènes (Baux 2006). En revanche chez les Dagara, dans l'ouest du pays, la population s'inscrivait massivement au catéchisme afin d'échapper au système de l'indigénat et aux travaux forcés instaurés par les colons. Ils se savaient soutenus dans leurs revendications par les Pères Blancs (Somé 2004).

Le Burkina Faso a eu ses trois premiers prêtres ordonnés en 1942, dont le futur cardinal Paul Zoungrana [3]. Les prêtres étrangers ont commencé à être progressivement remplacés par le clergé local à partir des années soixante-dix. L'africanisation du personnel apostolique féminin a commencé encore plus tôt. En 1960, il y avait déjà plus de religieuses burkinabè que de prêtres (Langewiesche 2008) [4]. En effet, la direction des paroisses par un clergé étranger a duré moins longtemps au Burkina Faso que dans les pays côtiers qui ont été évangélisés et colonisés plus tôt et qui ont dû composer pendant longtemps avec les religieux étrangers. De ce fait, des conflits entre des prêtres européens et africains y ont été moins prononcés et moins nombreux.

Quant aux relations entre missionnaires catholiques et administration coloniale, les historiens distinguent plusieurs périodes qui invitent à nuancer l'idée d'une complicité *a priori* et sans réserve entre missions catholiques et administration coloniale (Audouin 1982 ; Bouron 2010, 2011, 2012, 2013 ; de Benoist 1987 ; Somé 2004, 2015). La première (1888–1900) est marquée par l'étroite collaboration entre l'évangélisation et la colonisation. Les missionnaires arrivent dans la boucle du Niger quelques années après la conquête du Soudan Français. Les militaires se déchargent des œuvres sociales à leur profit. Mais peu à peu cette collaboration se dégrade, notamment autour de 1905 lors de la séparation de l'Église et de l'État en France (de Benoist 1987). Les missionnaires osent de plus en plus souvent critiquer certaines actions des administrateurs. Inversement, de 1904 à 1911, l'administration coloniale interdit toute nouvelle fondation de mission. La famine de 1908 fut l'occasion d'une opposition ouverte entre les deux entités. Tandis que l'administration minimisait les effets de cette famine, la mission insistait sur le désastre humanitaire et les milliers de morts au point de susciter une vague de commisération en Europe (Halpougdou 1998 : 163 ; Somé 2015 : 281). Vers 1911, les relations entre administrateurs et missionnaires se détendent, puisque les premiers invitaient les seconds à collaborer au niveau des œuvres sociales afin d'endiguer les influences de l'islam et des mouvements panislamiques craints par le colonisateur. L'amélioration significative des relations commence au lendemain de la Première Guerre mondiale avec la signature de la convention de Saint-Germain-en-Laye le 10 septembre 1919.

Dans les années 1930 éclatèrent de nouveaux conflits entre missionnaires et administrateurs, restant sporadiques jusqu'en 1946, année qui consacre l'allégement des travaux forcés et du code de l'indigénat (de Benoist 1987 : 438). Après la Deuxième Guerre mondiale, l'influence politique de la mission catholique en Haute-Volta atteint son apogée.

La mission aide l'administration dans sa campagne de recensement et de collecte de l'impôt. De son côté, le commandant de cercle tient compte des demandes des Pères, quand ils ont besoin du bras séculier pour, par exemple, contraindre un mari polygame à restituer une femme chrétienne (Audouin 1982 : 360). Avec l'approche de l'indépendance et l'émergence du clergé africain s'ouvre une ère nouvelle de relations entre l'administration et l'Église. Selon une opinion largement répandue, les missions catholiques se situaient en marge des nouvelles forces politiques qui préparaient l'indépendance nationale. En effet, à l'heure où la future autorité politique risquait de lui échapper et avant qu'elle perde l'appui du pouvoir colonial, l'Église catholique canalisait son influence sur le pouvoir traditionnel dont elle avait besoin pour l'évangélisation du pays (Audouin 1982 : 363). Cependant, Jean-Marie Bouron, qui a consacré des analyses détaillées aux activités politiques des Pères Blancs en Haute-Volta après la Deuxième Guerre mondiale jusqu'à l'indépendance et sous la première République voltaïque, montre dans son analyse que, malgré un discours officiel apolitique, l'Église catholique influence indirectement, mais décisivement, le domaine public par son hebdomadaire, *Afrique nouvelle,* par les mouvements d'action catholique et surtout par l'enseignement scolaire des futures élites (Bouron 2010, 2011, 2012). Occasionnellement, la mission catholique a participé directement au débat politique, par exemple à travers l'élection du père docteur Jean-Louis Goarnisson en 1948 à l'Assemblée territoriale de Haute-Volta, l'institution chargée de traiter des questions sociales, éducatives, administratives et budgétaires, où il siègea jusqu'en 1959. La lutte des Pères contre le mouvement panafricaniste et le Rassemblement démocratique africain (RDA), apparenté jusqu'en 1949 au Parti communiste français (PCF), est connue par tous les acteurs de la scène politique de l'époque. Les responsables de l'Église catholique soutiennent l'Union voltaïque (UV), parti de tendance "conservateur" issu de l'entourage du Moogo-naaba. Forts du consentement de l'administration coloniale française pour ces préférences, les Pères Blancs participent pleinement à l'animation politique du territoire. À la veille de l'indépendance, la communauté catholique se comportait comme une « minorité dominante » au sein de la société voltaïque [5]. Le poids politique de l'Église permet de compenser la faiblesse numérique de ses fidèles. L'influence indirecte des Pères se manifeste dans le fait qu'ils deviennent les pères spirituels de plusieurs leaders de la Haute-Volta et parfois d'ailleurs, tels Daniel Ouezzin Coulibaly, Nazi Boni, Félix Houphouët Boigny, Joseph Conombo [6].

Durant les premières années post-indépendance, dans un contexte marqué par l'effervescence du débat politique, le paternalisme catholique ayant provoqué l'insubordination des anciens élèves, devenus l'élite, et entraîné leur éloignement de la mission, les Pères se voient contraints de construire une nouvelle approche du politique fondée davantage sur les œuvres sociales, éducatives et sanitaires afin de ne pas mettre en danger leurs projets apostoliques (Bouron 2010). S'il n'y a pas eu de consensus au sein de l'Église catholique en Haute-Volta concernant l'adoption d'une position vis-à-vis de l'indépendance des colonisés, on constate par contre que les missionnaires se sont accordés sur l'importance des actions de « promotion humaine » (Bouron 2010 : 12 ; Somé 2005 : 258). En effet, comme les œuvres sociales faisaient partie des recommandations de Lavigerie à l'endroit des Pères en pays de mission, les actions sociales ont connu une intensification quelques années avant l'indépendance et se sont davantage orientées vers la promotion de la femme, le renforcement des structures sanitaires et la création de petites industries comme les imprimeries (Halpougdou 2005).

LES COURANTS THÉOLOGIQUES ET SPIRITUELS AU BURKINA FASO

Les différences théologiques qui traversent le clergé burkinabè depuis 1960 couvrent toutes les nuances entre une théologie plutôt conservatrice, représentée par le cardinal Paul Zoungrana, une théologie de l'inculturation défendue dans les premiers travaux de Mgr Anselme Titianma Sanon, puis une théologie de libération adaptée au milieu burkinabè, annoncée par ce dernier dans ses directives pastorales ultérieures et poursuivie par de nombreux théologiens burkinabè.

Paul Zoungrana est connu pour sa réflexion sur l'incarnation de la foi dans les cultures africaines selon le modèle de l'inculturation postconciliaire reposant sur le présupposé, implicitement admis par toute une génération de théologiens, selon lequel la religion africaine traditionnelle s'accomplit dans le christianisme. Il insiste sur le fond chrétien des religions traditionnelles et donc sur leurs adaptations possibles aux exigences chrétiennes.

La thèse de Anselme Titianma Sanon, *Tierce Église ma mère ou la conversion d'une communauté païenne au Christ*, publiée en 1972, lance les bases d'une théologie africaine de l'inculturation. La culture est considérée comme le terreau de l'incarnation de l'Évangile et de la pratique sacramentelle. Si dans ses premiers travaux, l'on retrouve un certain comparatisme qui s'achève par une exhibition des « valeurs positives ancestrales » (Tchonang 2010), présentées comme compatibles avec la révélation chrétienne, ses publications plus récentes soulignent que le débat à propos de l'inculturation de l'Evangile ne doit, en aucun cas, camoufler les problèmes sociaux de corruption, de maladie ou de pauvreté [7]. Dans ses prises de position, il se rapproche des théologiens d'Amérique du Sud et présente l'histoire du peuple de Dieu comme une histoire de libération.

S'inspirant des analyses de ce courant de la théologie de la libération et en suivant Engelbert Mveng, théologien et historien camerounais, et d'autres intellectuels, comme le philosophe et pasteur luthérien congolais Kä Mana, le théologien burkinabè Alexandre Yikyi Bazié prospecte la possibilité et la pertinence d'une théologie africaine de la libération. Il élabore une spiritualité de la rencontre comme condition de transformation des structures politiques économiques et sociales qui met le développement au service de la personne humaine dans sa globalité (Bazié 1997).

De même, la situation précaire de l'Afrique incline certains théologiens burkinabè, comme Michel Belemgouabga (1999), à mener un combat contre l'afro-pessimisme en développant une théologie de l'espérance à partir de l'exhortation apostolique *Ecclesia in Africa*.

Les options fondamentales de l'Église de Haute-Volta en 1979 dont l'une consistait en la construction d'une « Église-Famille de Dieu », a donné lieu à une vague de réflexions théologiques autour de cette notion, comme celles de Jean-Marie Kusièlé Dabiré (1993) et de Bernard Yanogo 2018). Il ne s'agit pas essentiellement d'une tendance théologique, mais plutôt d'essais de fondation théologique de cette option de l'Église locale.

Bien que les discussions autour des tensions entre les théologies de l'inculturation, de rencontre, de reconstruction ou de dialogue et la théologie de la libération, sont toujours d'actualité et suscitent des débats engagés au sein des Églises catholiques de toute l'Afrique, différents courants développés en parallèle dans des séminaires africains et universités catholiques à l'étranger trouvent leurs répercussions parmi les théologiens burkinabè ; par exemple la théologie de la libération holistique développée par le congolais, Benoît Awasi Mbambi Kungua, professeur de philosophie à l'université Saint-Paul d'Ottawa au Canada qui fournit un soubassement théologique à tous ceux qui s'impliquent dans le ministère de guérison et d'exorcisme, comme le faisait Mgr Emmanuel Milingo en Zambie (Tchonang 2010 : 187).

Le représentant le plus connu de ce dernier courant au Burkina Faso est aujourd'hui l'abbé Blaise Bicaba du « Renouveau charismatique » qui attire les foules lors de ses messes et retraites [8]. L'abbé Bicaba est moins impliqué dans l'élaboration épistémologique et philosophique d'une théologie de la guérison que dans son application pratique. En effet, il reprend au nom du Renouveau charismatique un rite propre aux Églises pentecôtistes. Il guérit par des prières et l'imposition des mains. Ces séances de guérison provoquent parfois des discordances concernant la délivrance de forces spirituelles néfastes au sein de l'Église catholique [9].

Pour l'instant, ce groupe charismatique reste pourtant à l'intérieur de l'institution catholique même s'il en représente une particularité [10].

Le courant charismatique catholique existe au Burkina Faso depuis 1973. À partir de ce moment, des groupes de prière ou association, plus ou moins soutenus par la hiérarchie ecclésiastique [11], se sont répandus dans toutes les villes. Les catholiques charismatiques ont une orientation spirituelle qui s'inspire des Églises pentecôtistes. Leurs rassemblements sont caractérisés par l'accent mis sur la louange, la méditation, la prière de délivrance et les témoignages parfois emprunts d'improvisation et de spontanéité. Comme au niveau des Églises pentecôtistes, les prières pour les malades, la libération du mal, les miracles spectaculaires et les services religieux géants dans les stades de football figurent en bonne place dans le rituel du renouveau charismatique catholique. Le Buisson Ardent, une de ses manifestations locales au Burkina Faso, qui rassemble les élèves et étudiants, adopte des éléments de l'Église pentecôtiste dans les domaines de la guérison des malades et des services de délivrance en particulier. En revanche, rien n'indique que la perspective socio-économique particulière des Églises pentecôtistes, en particulier l'évangile de la prospérité et sa promesse d'affluence personnelle, est adoptée par le mouvement catholique du renouveau au Burkina Faso [12]. La « charismatisation » de l'Église catholique du Burkina consiste principalement dans la croyance en l'influence directe de l'Esprit Saint, dans la pratique des mêmes types de prières exaltées, et dans l'accent mis sur la guérison et la rédemption par la prière, et ne semble pas inclure l'éthique de la richesse et la spiritualisation du succès qui figurent en bonne place parmi les mouvements pentecôtistes (Langewiesche 2015) [13].

ORGANISATION DE L'ÉGLISE CATHOLIQUE BURKINABÈ

À l'époque de l'expansion missionnaire, les circonscriptions catholiques furent créées par la Sacrée Congrégation de la Propagande de la Foi, institution vaticane chargée d'organiser dans le monde entier l'installation des missions catholiques en arbitrant la répartition des différents territoires aux congrégations et instituts religieux. En Haute-Volta, à partir des 1955, les anciens vicariats apostoliques sont devenus progressivement des diocèses et les postes de mission des paroisses. Depuis la succession de Mgr Marcel Chauvin par Mgr Jean-Marie Compaoré au siège épiscopal de Fada N'Gourma en 1979, tous les évêques des jadis neuf diocèses du pays sont des nationaux.

Aujourd'hui, le Burkina Faso est divisé en trois provinces ecclésiastiques (Ouagadougou, Bobo-Dioulasso, Koupéla) qui comptent 15 diocèses. Les diocèses regroupent un nombre variable de paroisses, allant de 5 à 30. Le diocèse le plus récent est celui de Tenkodogo, érigé le

11 février 2012. Trois archevêques du Burkina Faso – ceux de Bobo-Dioulasso, de Koupéla et de Ouagadougou – animent les trois provinces ecclésiastiques. Les 15 évêques du Burkina et les deux autres du Niger forment une même Conférence épiscopale du Burkina-Niger (CEBN), dont le siège est à Ouagadougou. La nonciature apostolique, qui gère les relations entre l'Église locale et le Saint-Siège, se trouve également à Ouagadougou [14]. Son ouverture en 2007 indique probablement un rapprochement entre l'Église burkinabè et le Saint-Siège et une certaine vitalité de l'Église locale. Le deuxième cardinal du Burkina Faso, Philippe Ouédraogo a été élevé à ce statut par le Pape François le 22 février 2014. Il participe désormais au gouvernement de l'Église globale en tant que représentant de l'Église du Burkina Faso (Kibora & Halpougdou 2017).

Les évêques du Burkina Faso et du Niger disposent d'environ 1 100 prêtres natifs de ces deux pays (dont 998 diocésains, 102 religieux) et collaborent avec 70 instituts religieux pour assurer le service pastoral et le travail social de l'Église (*Message des évêques aux prêtres à l'occasion du jubilé des 75 ans des premières ordinations presbytérales* 2017). Le clergé, les instituts religieux, les communautés chrétiennes de base et les acteurs laïcs se retrouvent au sein de *l'Église-Famille de Dieu*, concept clé, développé pour les Églises d'Afrique à partir de l'Assemblée spéciale pour l'Afrique au Synode des Évêques en 1994.

Le Burkina Faso accueille sept monastères et environ 60 instituts religieux, étrangers ou locaux, qui représentent ensemble à peu près 4 100 personnes consacrées. Les quatre congrégations locales, de droit diocésain ou pontifical, dirigées aujourd'hui par des religieuses burkinabé, sont celles qui comptent le plus de membres : les Sœurs de l'Immaculée Conception (SIC), les Sœurs de l'Annonciation de Bobo (SAB), les Sœurs de Notre-Dame du Lac (NDL) et les Servantes de l'Eucharistie et de la Mission (SEM). Formées par les Sœurs Missionnaires de Notre-Dame d'Afrique (Sœurs Blanches), celles-ci, représentent la spiritualité missionnaire catholique traditionnelle du cardinal Lavigerie et sont très proches dans leurs charismes orientés vers le service des pauvres et la pastorale (Langewiesche 2014). Les congrégations et monastères, bien qu'ils collaborent avec l'évêque du lieu, sont assez autonomes dans leur gestion interne et aussi en ce qui concerne leurs activités.

En revanche, les communautés chrétiennes de base (CCB) ont été mises en place par la hiérarchie ecclésiastique pour soutenir le clergé, les catéchistes et les personnes consacrées dans leurs efforts d'évangélisation et de travail social. En janvier 1970, la première communauté chrétienne de base est organisée à Ouagadougou (Dabiré 1993: 285). Inspiré de l'exemple latino-américain, ce projet doit faire participer des laïcs aux tâches pastorales en leur donnant des responsabilités au sein des paroisses. Mais, contrairement à l'Amérique latine où cette initiative est venue des laïcs et a été un produit de la théologie de la libération, elle relève, au Burkina Faso, d'une stratégie imposée par une hiérarchie soucieuse de la pérennité de son institution (Boillot 1990 : 178). Ces communautés ne dépassent pas les clivages entre le clergé, les catéchistes et les laïcs et n'atteignent jamais la portée politique de leurs homologues latino-américaines qui, elles, ont joué un rôle important dans le processus de démocratisation et d'émergence d'une société civile (Somé 2001 ; Boillot 1990 ; Laurent 1984).

La diffusion du message catholique dans toutes les localités du pays est assurée, en plus des catéchistes, par des médias catholiques. Presque tous les diocèses ont créé une radio FM ; l'archidiocèse de Ouagadougou a également ouvert la chaîne TV Maria et une imprimerie (Kibora et Halpougdou 2017).

L'ENGAGEMENT SOCIAL DE L'ÉGLISE CATHOLIQUE

En 1921, soit deux ans après la création de la colonie de la Haute-Volta, le pape Pie XII crée le Vicariat apostolique de Ouagadougou qui, détaché de celui du Soudan, devient ainsi une juridiction directement rattachée au Vatican. On peut dire que c'est à partir de cette date que la fondation de l'Église catholique en Haute-Volta en général et à Ouagadougou en particulier, commence véritablement. Le principal maître d'œuvre est sans conteste Mgr Joanny Thévenoud. Arrivé au poste missionnaire de Ouagadougou (poste du Mossi) depuis 1903, il en est le responsable dès 1906. Sa longue présence continue à ce poste (18 ans) explique sa bonne expérience et sa grande connaissance du contexte. Elles lui permettent de s'imposer et de défier sans réelle difficulté aussi bien le pouvoir des chefs traditionnels que celui de l'administration coloniale. Cette connaissance parfaite du pays et surtout des cultures locales, ainsi que le prestige qu'il inspire ont fait de lui le plus certain des conseillers du premier gouverneur de la Haute-Volta. Pendant 43 ans (1906–1949), Mgr Joanny Thévenoud règne ainsi sur la mission catholique de Haute-Volta au point que certains administrateurs éprouvent une grande peur à l'idée d'y être affectés.

Cette assurance qui l'habite s'explique par la conscience qu'il a de l'importance de l'impact socio-économique et même politique des réalisations diverses qu'il a initiées, parfois avec l'appui de l'administration coloniale, depuis la fin de la Première Guerre mondiale. À la fois œuvres d'Église par leur caractère altruiste ou caritatif, elles sont aussi œuvres coloniales par l'intérêt politique qu'elles représentent pour l'administration.

En effet, à côté de la pastorale et des célébrations liturgiques, l'Église catholique missionnaire s'est impliquée dans des domaines tels que l'enseignement, la santé et le développement socio-économique. Cependant, après le concile Vatican II et l'encyclique *Populorum Progressio* (1967), à la suite de l'indépendance politique et de l'installation d'un clergé africain, l'école ou les actions sociales et sanitaires ne sont plus destinées uniquement au recrutement des nouveaux catéchumènes, mais elles s'ouvrent à tous, sans souci immédiat de conversion. L'ouverture de l'école est réalisée à partir de 1943, date à laquelle une convention entre l'administration coloniale et la mission catholique a été signée. Le mot « développement », et avec lui une nouvelle conception de l'engagement chrétien dans le domaine social et économique, apparaît dans le vocabulaire de l'Église burkinabè au moment de l'indépendance (Audouin 1982 : 217 et 480).

Les centres de soins ou la pastorale de la santé

Dans les premières orientations formulées par le cardinal Lavigerie pour guider l'action de la Société des Missionnaires d'Afrique, les soins des malades figurent en bonne place. L'importance du soin, au moment où les disettes et les diverses épidémies s'abattaient sur le pays entre 1904 et 1935, avait rapidement fait du dispensaire le principal moyen de conversion. Dès lors, les créations des postes de mission sont accompagnées par l'ouverture de dispensaires.

L'organisation du dispensaire de la mission de Ouagadougou a commencé en 1912 à la faveur de l'arrivée des Sœurs Blanches. L'envoi d'un père diplômé en médecine tropicale en 1931, Jean-Louis Goarnisson, et la réforme de la politique sanitaire coloniale à partir de 1935, ont été les facteurs déterminants de la dynamisation du dispensaire. Les subventions, du gouvernement de la colonie de Haute Volta et du gouvernement de l'AOF, la collaboration de médecins coloniaux (Eugène Jamot et Gaston Muraz), les initiatives du père docteur, la détermination des Sœurs infirmières, ont fait du dispensaire de Ouagadougou l'un des premiers centres de soins spécialisés de l'AOF dans les domaines de l'ophtalmologie et de la trypanosomiase humaine.

À partir des années 1930, les postes de santé catholiques ont été progressivement intégrés à l'Assistance médicale indigène (AMI) de l'administration coloniale. En 1960, la mission catholique ne gérait plus que six centre sanitaires à Tounouma, Dano, Koupéla, Nouna, Toma et Ouagadougou. Mais même après l'indépendance, l'Église catholique a joué un rôle important dans les prestations de soins afin de suppléer les insuffisances des structures publiques de santé. Certains centres catholiques de santé ont été maintenant restructurés et dotés d'équipements performants à l'exemple du CMA Paul VI, du Centre hospitalier Saint-Camille et du CMA de Nanoro. En 1966, à la demande du cardinal Paul Zoungrana, les religieux de l'Ordre de Saint-Camille de Lellis s'installent à Ouagadougou. Spécialisé dans le domaine de la santé ils ont ouvert un dispensaire aujourd'hui élevé à la catégorie des hôpitaux. Selon les statistiques de 2008, il existe 30 établissements privés de soins catholiques ; parmi lesquels des grandes institutions hospitalières (Ministère de la santé 2008 : 13)[15].

Outre les centres de soins classiques, on compte une diversité de structures spécifiques de santé et d'accompagnement social, tels que les orphelinats, les centres de rééducation pour handicapés, les centres pour mères et enfants, les centres de rééducation nutritionnelle. Au cours de la décennie suivante, l'Église catholique elle-même a peu investi dans des projets de santé, mais elle a mobilisé des sommes importantes pour les différents projets et la formation de personnels spécialisés grâce à ses nombreuses subventions obtenues à l'étranger. De nos jours, les diocèses et les instituts religieux sont soutenus dans le domaine sanitaire par de grandes ONG telles que Misereor, Caritas, Missio, le Secours catholique ainsi que les Conférences épiscopales de divers pays européens et des donateurs privés ou des parrainages entre paroisses. L'Église catholique était jusqu'aux années 1980 le plus important acteur confessionnel au sein du système sanitaire burkinabè.

En ce qui concerne la collaboration avec l'État dans ce domaine, elle était réalisée essentiellement sur la base des conventions avec le ministère de la Santé officialisées durant les années 1990 (Monné 1999). Par exemple, deux hôpitaux catholiques, le Centre médical Paul VI à Ouagadougou et l'hôpital de Nanoro dans la région de Koudougou, sont devenus des hôpitaux de district. Mais le processus de contractualisation n'a commencé systématiquement qu'en 2000. Dans le cadre du Plan national de développement de la santé 2001–2010, le ministère de la Santé s'est engagé à améliorer la coopération avec le secteur privé, dont les institutions confessionnelles. Le premier pas dans cette direction a été le recensement de tous les établissements de santé privés au niveau national, publié en 2008. Depuis, toutes les institutions confessionnelles – catholiques, protestantes et musulmanes – sont liées par des contrats avec le ministère de la Santé ou sont en voie de l'être.

Le développement socio-économique ou « la pastorale du développement humain intégral »

Les recommandations du cardinal Lavigerie ont suggéré aux missionnaires de créer leurs propres ressources dans les postes de mission. Mais à partir de 1914 dans le Vicariat apostolique du Soudan, les contraintes de la Grande Guerre ont davantage motivé la création des entreprises à caractère économique. Au lendemain de la guerre, les initiatives de développement des missionnaires se sont orientées vers l'exploitation intensive d'unités de production agricoles et surtout manufacturières.

En témoigne le développement constant de la fabrique des tapis et de l'usine de filature et de tissage du coton entre 1927 et 1950.

Des conjonctures économiques et politiques particulières ont galvanisé cette évolution. L'administration coloniale, qui espérait tirer profit des initiatives des missionnaires, a soutenu ces investissements par de larges subventions. Certains industriels des textiles du Nord de la France (Lille, Roubaix, Tourcoing), soucieux de résoudre les problèmes d'approvisionnement en laine, ont encouragé financièrement les missionnaires à faire des régions de la boucle du Niger une grande zone d'élevage lainier.

Beaucoup plus œuvres coloniales qu'œuvres d'Église, ces entreprises n'ont pas survécu à l'indépendance de la Haute-Volta. En 1956 déjà, les interventions caritatives du Secours catholique français ont opté pour l'assistance des personnes en situation d'indigence et pour la satisfaction des besoins de base des communautés humaines. Les moyens matériels et financiers sont mobilisés en Europe et redistribués sur place.

La pastorale du développement, prônée à partir de 1973 par la Conférence épiscopale du Burkina-Niger, est une véritable révolution. Elle a été conçue à l'époque pour remplacer les interventions caritatives traditionnelles en vogue jusque-là. L'engagement est désormais pris de ne mettre en œuvre que les actions répondant aux besoins des populations. Alors, les évêques prononcèrent la création d'un Bureau d'étude et de liaison (BEL) pour élaborer et suivre la mise en œuvre des microprojets (formation, approvisionnement en eau potable et d'irrigation, activités génératrices de revenus [16]). À partir de ce moment et jusqu'en 1998, le Secours catholique (Caritas) et le BEL, à travers leurs coordinations diocésaines, ont été les principales structures d'animation de la pastorale sociale au sein de l'Église catholique du Burkina Faso et du Niger.

Constatant l'insuffisance de synergie entre ces deux structures, tant dans la mise en œuvre des actions qu'au niveau de leur fonctionnement, les évêques décident en 1996 de réorganiser la structuration des institutions chargées des actions sociales. Ainsi, en prononçant la fusion de la Caritas et du BEL, ils annoncèrent la création de l'Organisation catholique pour le développement et la solidarité (OCADES-Caritas Burkina) avec pour objectif de la responsabiliser dans le domaine des actions de développement, de la phase de conception à celle de l'évaluation. Le noyau de l'OCADES au niveau national se met en place en 1998. La mise en place au niveau diocésain intervient progressivement à partir de 1999. Avec l'installation de ce réseau sur l'étendue des 13 régions et des 15 diocèses du Burkina Faso, l'Église catholique cherche à inciter les populations à devenir les acteurs de leur propre développement. Quoiqu'il en soit, elle contribue à l'exécution de projets et programmes de développement grâce au partenariat financier de la

Fondation Jean-Paul II pour le Sahel, des paroisses et diocèses d'Europe pour la plupart, ainsi que des réseaux internationaux des congrégations et monastères qui sont installés au Burkina Faso.

Selon le nonce apostolique, l'Église catholique burkinabè, à travers ses multiples partenariats et investissements, aide les Burkinabè, toutes confessions confondues, avec un apport qui va de 16 milliards à 19 milliards de francs CFA par an [17]. Cet apport financier est investi dans les domaines de l'accès à l'éducation, du droit à l'eau potable, à l'hygiène et à l'assainissement et dans le domaine de la protection de l'environnement (Rapport de l'OCADES publié en 2016) [18]. Ces efforts constants lui ont valu d'être reconnu d'utilité publique par l'État en 2013.

LES FEMMES AU SEIN DE L'ÉGLISE CATHOLIQUE BURKINABÈ

Les tentatives des premiers missionnaires d'évangéliser les femmes ont été mises en échec par les tenants de l'ordre traditionnel. Par la suite, les premiers missionnaires semblent accorder une place bien faible à l'évangélisation des femmes qui sont censées suivre la religion de leurs maris ou de leurs pères. Ils ne mentionnent que rarement les femmes en tant que groupe qui mériterait une stratégie d'évangélisation particulière, comme ils le font pour les chefs ou les jeunes. L'idéologie missionnaire et l'idéologie traditionnelle s'accordaient sur ce point, les femmes étant perçues uniquement comme les compagnes de leurs époux ou les filles de leurs pères. Par conséquent, elles ne reçoivent une instruction religieuse qu'à partir du moment où elles entrent en conflit avec leur famille ou leur mari. Les Sœurs Blanches devaient notamment travailler à contourner cette résistance et soutenir les Pères dans l'évangélisation des femmes au nom de la mise en œuvre de la stratégie des ménages chrétiens. La mission soutient les femmes dans leur refus du mariage par donation ainsi que dans la revendication d'un mariage monogame. Ces actions ont été désignées par les missionnaires sous le terme « émancipation féminine », comprise à la fois comme liberté de décision et comme épanouissement de la femme au sein du ménage chrétien. La « libération de la jeune fille » est une entreprise qui commence timidement dès 1919, pour être au cœur des revendications à partir des années 1930. À partir de ces années, « la libération » des femmes devient une stratégie importante de la christianisation afin d'émonder les institutions matrimoniales coutumières qui font tort à l'agenda catholique. La polygamie est notamment considérée par les missionnaires comme l'expression de la domination masculine et d'un manque de moralité (Bouron 2013, vol II, chap. 9 ; Langewiesche 2003, chap. 3).

L'évangélisation commence en Haute-Volta comme une entreprise sous domination masculine destinée en premier lieu aux hommes. Bien que les femmes missionnaires soient rapidement appelées pour seconder leurs homologues masculins, les prises de décisions se font par les Pères Blancs, qui donnent les directives aux Sœurs Blanches jusqu'aux années 1960. Les tâches des Sœurs Missionnaires d'Afrique étaient axées prioritairement sur l'évangélisation des femmes et des enfants par le biais des orphelinats, écoles, ouvroirs, centres de soins et sur la formation des religieuses africaines. Cette dernière occupait de nombreuses Sœurs Blanches et constituait une des caractéristiques de leur institut religieux. En fonction de la conception de la femme qui prévalait en Europe, les femmes missionnaires et les sœurs autochtones se trouvaient affectées à des champs d'actions le plus souvent éloignés des questions politiques et économiques (Langewiesche 2013). De leur arrivée en Haute-Volta en 1912 jusqu'en 1960, le statut des Sœurs évolue en passant de celui d'« auxiliaires de la mission » à celui de « collaboratrices ». Les Pères géraient les affaires des Sœurs, telles que leurs finances, les œuvres, et leurs déplacements personnels. Ils avaient également une influence sur la vie spirituelle des sœurs, en tant qu'aumôniers et directeurs spirituels. L'affranchissement de cette dépendance fut une étape importante dans l'histoire de la congrégation et illustre le cumul d'une sujétion économique et d'une domination liée au statut de la femme au sein de l'Église catholique (Bouron 2014). À la suite de cette lutte, les Sœurs Missionnaires de Notre-Dame d'Afrique disposaient d'une structure institutionnelle puissante qui procure des espaces d'autonomie à des femmes catholiques à l'intérieur d'une Église qui n'a guère changé son fonctionnement patriarcal. Ce processus lent et parfois houleux, qui s'étire sur une vingtaine d'années, confirme l'hypothèse que les congrégations ont sans doute joué un rôle important pour prendre en compte le besoin d'émancipation des femmes et le maintenir à l'intérieur de l'institution catholique (Langewiesche 2014).

Les questions relatives au genre et à la place des femmes missionnaires dans l'évangélisation offrent un accès privilégié aux contradictions et aux paradoxes de l'introduction du christianisme, bien qu'elles ne soient pas les seules à le faire (Hugon 1997 ; Clancy-Smith/Gouda 1998). À cet égard, la prise de position résolue en faveur des Africaines ne doit pas faire oublier que les Sœurs restent conventionnelles dans leur engagement. L'exemple le plus connu en Haute-Volta est celui de Sœur Marie-André du Sacré-Cœur qui a contribué à la décision du décret Mandel, stipulant le libre consentement entre les époux. À un moment où les femmes n'avaient pas encore le droit de vote en France, Sœur Marie-André du Sacré-Cœur défendait la cause des femmes dans les colonies françaises. Elle voit comme seul salut pour les femmes africaines une éducation chrétienne et catholique. Cependant, cet idéal lui fait passer sous silence les abus des missionnaires et des sœurs qui ont eu recours, comme les autres entreprises européennes, à la main-d'œuvre forcée. Les jeunes filles qui travaillaient, dès l'ouverture en 1917, à l'ouvroir de Ouagadougou ne furent pas toutes volontaires (Langewiesche 2012 ; Halpougdou 1998 ; Fourchard 1997).

Comme dans beaucoup d'autres pays, la majorité des fidèles catholiques au Burkina Faso est aujourd'hui composée de femmes (RGHP 2006, thème 2 : 93). Laïques et consacrées participent à la pastorale et s'engagent dans le domaine des soins, le développement et l'enseignement au sein des structures catholiques. Chaque diocèse possède des associations de femmes catholiques qui participent à « la vie de l'Église-Famille de Dieu au Burkina/Niger » [19]. De nombreuses femmes catholiques s'engagent également dans la société civile. Il est intéressant de noter que la première association féminine nationale, *l'Amitié africaine*, est née en 1958 à Ouagadougou sous l'impulsion des Sœurs Blanches. Les Sœurs Missionnaires de Notre-Dame d'Afrique sont un excellent exemple pour souligner le rôle important que les religieuses catholiques jouent dans la revitalisation des sociétés civiles locales et dans l'émergence d'une société civile globale (Langewiesche 2014). En juin 2007, la commission « Justice et paix » de la Conférence épiscopale, sous la présidence de Mgr Thomas Kaboré, soutient le Mouvement des femmes en noir dans leur lutte pour la justice dans l'affaire Norbert Zongo. Ce fait atteste que des institutions catholiques ont certainement apporté leur appui aux femmes burkinabè afin qu'elles puissent se regrouper pour faire entendre leurs préoccupations. Il n'en reste pas moins que l'Église locale, à l'image de l'Église globale, continue à être dominée par les hommes qui occupent les instances de décision.

RADICALISMES CATHOLIQUES

La vie consacrée des religieuses et religieux catholiques fait partie des formes les plus radicales qui existent. Elle exige une rupture avec la famille en ce qui concerne les contemplatives [20] et un éloignement important pour les sœurs actives. Ce choix de vie implique le refus de la maternité en ce qui concerne les religieuses et une vie chaste sans descendance pour les religieux. Le fossé entre la société environnante et ses normes, et celle des religieuses/religieux ne peut guère être plus profond. Cependant, l'exemple de la vie consacrée souligne le fait que la radicalisation au sens de rejet de la société contemporaine n'est pas nécessairement associée à la violence. Les religieuses et religieux catholiques mènent une vie radicale, sans concessions, dans un cadre démocratique en appliquant des principes pacifistes fondés sur les Évangiles et en s'engageant pour le dialogue avec les autres religions.

Il n'existe pas au Burkina Faso de mouvance catholique traditionnaliste avec des exigences religieuses qui vont à l'encontre du concile Vatican II, par exemple au niveau de la liturgie et du statut du clergé. En revanche, certaines revendications sociales qui accompagnent en Europe différents mouvements catholiques intégristes, comme le refus de l'avortement, du mariage pour tous ou la stigmatisation de l'homosexualité, sont répandues parmi une large majorité de chrétiens burkinabè comme parmi l'ensemble de la population, indifféremment, que les personnes se déclarent musulmanes, chrétiennes, coutumières ou incroyantes.

CONCLUSION

En comparaison avec d'autres pays d'Afrique de l'Ouest comme le Bénin, le Ghana ou le Togo, l'histoire du catholicisme au Burkina Faso se particularise par son homogénéité. Peu de congrégations catholiques différentes (et plus tard protestantes) se partagent l'évangélisation du territoire. Par rapport aux pays côtiers comme la Côte d'Ivoire, le Ghana, le Bénin ou le Liberia les missionnaires arrivent tardivement au Burkina Faso, au début du XXe siècle, et sont remplacés à partir des années 1970 par un clergé africain et des congrégations religieuses africaines. Cette configuration tient encore au fait qu'il n'y a pas eu d'émergence d'Églises africaines indépendantes (AIC) au Burkina Faso comme au Ghana, Nigeria, en Côte d'Ivoire ou au Bénin. La branche charismatique de l'Église catholique burkinabè attire beaucoup de fidèles qui se situent à l'intérieur de l'institution, et non pas en dissidence.

Certains historiens du catholicisme, notamment Jean-Marie Bouron, ont montré que les missionnaires ont été des acteurs politiques importants, malgré la faiblesse numérique des catholiques. Les analystes de la société contemporaine constatent de nouveau l'implication des évêques dans la politique, en particulier lors de la période précédant l'insurrection populaire de 2014 et pendant la transition qui a suivi en 2015 (Kolesnoré 2016 ; Kibora & Halpougdou 2017). Cependant l'Église catholique partage désormais sa visibilité sur la scène publique avec la communauté musulmane qui affiche sa présence dans les débats de société (Madore 2016 ; Vanvyve 2015).

La Conférence épiscopale et certaines congrégations et monastères sont pionniers dans le dialogue interreligieux avec les musulmans, les évangéliques et les coutumiers. L'Église burkinabè, comme l'Église catholique globale, est traversée par le paradoxe consistant à manifester un souci pour l'émancipation des femmes, tout en maintenant la suprématie des hommes au sein de leur hiérarchie.

Bibliographie

Audouin J., 1982, *Évangélisation du Mossi par les Pères Blancs, approche socio-historique*, Thèse de troisième cycle. Paris, EHESS.

Baux S., 2006, « L'Église catholique, l'État et le fait scolaire au Burkina Faso. Les processus de scolarisation des populations lobi », *Cahiers de la recherche sur l'éducation et les savoirs*, 5, p. 273–96.

Bazié A.Y., 1997, *Théologie africaine de la libération: pertinence et prospectives théologiques*, Rome, Domenici-Pécheux.

Belemgouabga M., 1999, Jésus Christ notre Espérance. Étude systématico-théologique de l'exhortation Apostolique Ecclesia in Africa, Rome.

de Benoist J.R., 1987, *Église et pouvoir colonial au Soudan français. Administrateurs et missionnaires dans la Boucle du Niger (1885–1945)*, Paris, Karthala.

Boillot F., 1990, « Les communautés chrétiennes de base au Burkina Faso », *Politique africaine*, 39, p. 176–82.

Bouron J.-M., 2010, « La Mission catholique et la reconstitution de la Haute-Volta. Intérêts, rôle, conséquences », *in* M.W. Bantenga, P.C. Hien, Compaoré M. & M. Gomgnimbou (dir.), *La reconstitution de la Haute-Volta*, Ouagadougou, L'Harmattan, p. 63–90.

Bouron J.-M., 2010, « Indépendance des élites voltaïques, indépendance du pays : la mission catholique entre deux feux (1950–1960) », *in* C. Sappia & O. Servais (dir.), *Mission et engagement politique après 1945. Afrique, Amérique latine, Europe*, Paris, Karthala, p. 153–68.

Bouron J.-M., 2010, « Les Pères Blancs, acteurs du jeu colonial. Mission catholique et enjeux politiques en Haute-Volta au lendemain de la seconde guerre mondiale », *Histoire et missions chrétiennes*, 14, p. 59–81.

Bouron J.-M. 2011, « Amitiés, inimitiés. Les rapports incertains de l'Église catholique avec la Première République voltaïque (1960–1966) », *Civilisations*, 60, 1, p. 123–41.

Bouron J.-M., 2013, Christianisation parallèle et configurations croisées. Histoire comparée de l'évangélisation du Centre-Volta et du Nord Ghana (1945–1960), Thèse d'Histoire contemporaine, Universités de Nantes et de Ouagadougou.

Bouron J.-M., 2014, « Dominées ou dominantes ? Les Sœurs Blanches dans l'ambivalence des logiques d'autorité (Haute-Volta et Gold Coast, 1912–1960) », *Histoire, mondes et cultures religieuses*, 30, p. 51–73.

Clancy-Smith J., Gouda F. (dir.), 1998, *Domesticating the Empire. Race, Gender and Family Life in French and Dutch Colonialism*, Charlottesville-London, University Press of Virginia.

Cooper B., 2006, *Evangelical Christians in the Muslim Sahel*, Bloomington, Indiana University Press.

Csordas T.J., 2009, « Global Religion and the Reenchantement of the World: The Case of Catholic Charismatic Renewal », *in* T.J. Csordas (dir.), *Transnational, Transcendence. Essays on Religion and Globalization*, University of California Press, p. 73–96.

Dabiré J.-M., 1993, « Chronologie de l'évangélisation du Burkina », *in* J. Ilboudo (dir.), *Burkina ... 2000. Une Église en marche vers son centenaire*, Ouagadougou, Presses Africaines, p. 273–89.

Eyezo'o S., Zorn J.-F. (dir.), 2011, *Concurrences en mission. Propagandes, conflits, coexistences (XVIe–XXIe siècles)*, Paris, Karthala.

Fourchard L., 1997, « Documents : Sœur Marie-André du Sacré-Cœur. Les conditions du travail de la femme dans les pays de colonisation, 1935 », *Clio*, 6, p. 195–200.

Gifford P., 2016, *Christianity, Devlopment and Modernity in Africa*, New York, Oxford University Press.

Halpougdou M., 1998, L'enjeu de l'humanitaire missionnaire dans le Vicariat apostolique de Ouagadougou, Université Paris 7, Thèse de doctorat unique.

Halpougdou M., 2005, « L'Église catholique face au défi du développement en Haute-Volta : l'alternative et l'illusion de l'autopromotion (1973–1983) », *Cahiers du CERLESHS*, 22, p. 17–44.

Hugon A., 1997, « La contradiction missionnaire. Discours et pratique des missionnaires méthodistes à l'égard des femmes africaines de Côte de l'Or (1835–1874) », *Clio. Histoire, Femmes et Sociétés*, 6, p. 1–13.

Kaboré K., 2016, Les relations interreligieuses institutionnalisées au Burkina Faso : le cas de l'Union Fraternelle des Croyants dans le Sahel, 1960–2006, Thèse d'Histoire, Université de Ouagadougou.

Kibora L., Halpougdou M., 2017, « L'Église catholique face aux crises sociopolitiques au Burkina Faso », *Revue ASA*, février 2017, p. 1–9.

Kolesnore P., 2016, *De la démocrature à la démocratie au Burkina. Rôle de l'Église et défis*, L'Harmattan, Paris.

Langewiesche K., 2003, *Mobilité religieuse. Changements religieux au Burkina Faso*, Münster, LIT-Verlag.

Langewiesche K., 2008, « Entre choix et obligation: La gestion du corps des religieuses. Etudes de cas au Burkina Faso », *Journal des Anthropologues*, *112–113*, p. 111–34.

Langewiesche K., 2012, « Émancipation et obéissance: Religieuses catholiques au Burkina Faso durant un siècle », *Autrepart*, 61, p. 117–36.

Langewiesche K., 2013, « Actrices du quotidien. Congrégations féminines en Haute Volta lors de l'indépendance », in Goerg O., J.-L. Martineau & D. Nativel (dir.), *Les Indépendances en Afrique. L'événements et mémoires 1957/1960–2010*, Rennes, Presses universitaires de Rennes, p. 117–33.

Langewiesche K. (dir.), 2014, *Missionnaires et religieuses dans un monde globalisé. Les Sœurs de Notre-Dame d'Afrique (19e au 21e s.)*, numéro spécial de *Histoire, Mondes & Cultures religieuse*, 30, p. 9–32.

Langewiesche K., 2015, « Transnational Monasteries. The Economic Performance of Cloistered Women », *Social Compass*, 62, 2, p. 132–46.

Laurent O., 1984, « Les communautés de base en Afrique. Points de repère pour une évaluation sociologique », *Spiritus*, 25, 95, p. 115–28.

Lorin M. Sœur, 2000, Après l'histoire des origines de la congrégation 1910–1974, polycopie.

Madore F., 2016, *La construction d'une sphère publique musulmane en Afrique de l'Ouest*, Québec/Paris, Presses de l'Université Laval/Hermann.

Ministère de la Santé, 2008, Analyse des résultats du recensement des établissements privés de soins.

Monné R., 1999, « Secteurs sanitaires confessionnel et public. Quelle articulation? », in R. Otayek (dir.), *Dieu dans la cité*, Bordeaux, CEAN, p. 57–89.

Sanon A.T., 1972, *Tierce Église ma mère ou la conversion d'une communauté païenne au Christ*, Paris, Beauchesne.

Sanon A.T., 1980, « Les croyances rituelles traditionnelles, projet et contenu », *Savanes, Forêts*, 2, p. 87–95

Sanon A.T., 1983, « Religion et spiritualité africaine. La quête spirituelle de l'humanité africaine », *Cahiers des religions africaines, 17*, 33–4, p. 37–54

Sanon A.T., 1991, « Jesus, Master of Initiation », *in* Robert J. Schreiter (ed.), *Faces of Jesus in Africa*, New York, Orbis Books, p. 85–102

Sanon A.T., Luneau R., 1982, *Enraciner l'Évangile. Initiations africaines et pédagogie de la foi*, Paris, Le Cerf.

Somé M., 2001, « Christian Base Communities in Burkina Faso : Between Church and Politics », *Journal of Religion in Africa, 31*, 3, p. 275–304.

Somé M., 2004, *La christianisation de l'Ouest Volta. Action missionnaire et réactions africaines, 1927–1960*, Paris, L'Harmattan,

Somé M., 2005, « Christianisme, colonialisme et nationalisme culturel en Afrique noire à l'heure de la décolonisation, 1945–1960 », *Cahiers du CERLESHS, 22*, juin, p. 237–72.

Somé M., 2015, « La christianisation de la Haute Volta de 1900 à 1960 », *in* H. Diallo & M.W. Bantenga (dir.) *Le Burkina Faso. Passé et présent*, Ouagadougou, PUO, p. 273–307

Sondo Sr. R.-M., 1998, *Au service de Dieu et des hommes en Haute-Volta (Burkina Faso)*, Ouagadougou, SOGIF.

Tchonang G., 2010, « Brève histoire de la théologie africaine », *Revue des sciences religieuses, 84*, 2, p. 175–90.

Vanvyve A., 2015, « L'islam burkinabé sous la IVe République », *Cahiers d'études africaines, 219*, 2015/3, p. 489–508.

Yanogo B.-D., 2018, *L'Église, Famille de Dieu au Burkina Faso. Contribution théologique et perspectives pastorales*, Ouagadougou, L'Harmattan-Burkina Faso.

Notes

1. Les Rédemptoristes, hommes et femmes, appartiennent à la Congrégation internationale du Très Saint Rédempteur (CSSR), représentée dans 45 pays et dirigée par un Conseil général à Rome.
2. Les dénominations protestantes se sont également partagé l'espace géographique (voir Degorce dans ce volume).
3. Il est fait cardinal par Paul VI en 1965.
4. En 1930, sept filles mossi prennent le voile et deviennent les premières sœurs autochtones de la nouvelle Congrégation des Sœurs de l'Immaculée Conception (SIC).
5. Bouron reprend le terme de « minorité dominante » qu'utilise Georges Balandier pour décrire la société coloniale, afin de qualifier la communauté catholique à la veille de l'indépendance. Voir Georges Balandier, « La situation coloniale : approche théorique », *Cahiers internationaux de sociologie, 11*, 1951 : 44–79.
6. L'Église catholique postcoloniale et ses prises de positions face aux différents gouvernements passent par des phases de désapprobation, silence, dénonciation et accompagnement (à la gouvernance), notamment lors du gouvernement de la transition de novembre 2014 à novembre 2015 qui sont présentées plus en détail au cours du chapitre de Beucher, Kibora et Kolesnoré dans ce volume.
7. Voir en bibliographie les principales publications de Anselme Titianma Sanon.

8. 35 000 personnes ont participé, dans la nuit du samedi 30 avril au 1er mai 2016, au stade du 4 Août, à Ougadougou à la nuit des prières organisée par le Buisson Ardent (*La Croix Africa*, https://africa.la-croix.com/35-000-personnes-a-ougadougou-rassemblement-buisson-ardent/ consulté le 1/7/2018).
9. L'évêque de Metz a interdit à l'abbé Bicaba d'exercer son ministère particulier dans son diocèse : https://www.republicain-lorrain.fr/edition-de-forbach/2016/03/23/les-prieres-de-guerison-de-l-abbe-bicaba-sur-la-sellette, consulté le 26/8/2018.
10. L'abbé Bicaba a inspiré l'ouverture du Centre spirituel Notre-Dame des Pauvres (CSNDP) de la paroisse de Guiloungou. Ce centre est financé par l'Église catholique du Burkina avec les dons des fidèles du Burkina Faso, des États-Unis, du Canada et d'Europe qui font partie du vaste réseau de l'abbé Bicaba.
11. L'archevêque de Ouagadougou a pris un décret en octobre 2018 interdisant sur son territoire diocésain les activités de quatre groupes ou associations spirituels : l'Association des apôtres de l'Agneau, la Communauté catholique Étoile brillante du matin, la Fraternité missionnaire Saint-Jean-Paul II, le Groupe de Fidèle Tougouma.
12. http://rccuo.com/, site web du « Buisson Ardent » avec des articles du journal *Le Flambeau*. Consulté en août 2018.
13. Sur le réveil charismatique de l'Église catholique, lire Csordas 2009 ; Gifford 2016, chap. 7.
14. Le général Gilbert Diendiéré, auteur du putsch avorté de septembre 2015, s'y est réfugié avant d'être remis à la justice burkinabè par le nonce.
15. À titre comparatif, le recensement de 2008 indique huit établissements musulmans et 14 centres protestants. Au Burkina Faso, le secteur confessionnel représente presque 30 % de l'offre privée de santé, selon l'évaluation du ministère de la Santé publique en 2008.
16. Dans les communes rurales de Koubri et de Saaba, le monastère des Bénédictins de Koubri a réalisé un réseau de barrages pour soutenir les activités maraîchères. Les moniales de Koubri ont construit une des plus grandes yaourteries du pays (Langewiesche 2015).
17. http://lefaso.net/spip.php?article42761, consulté le 26/8/2018.
18. Accessible sur http://ocadesburkina.org/wp-content/uploads/RAC–2015-Version-final-du-08112016.pdf.
19. L'Association des femmes catholiques nationale (AFC) a été créée en 1985.
20. Les contemplatives sont des femmes qui mènent généralement une vie cloîtrée, vouées essentiellement à la recherche de Dieu. Cela veut dire qu'elles n'ont normalement pas d'apostolat extérieur, comme les sœurs apostoliques ou actives qui travaillent dans les paroisses, les écoles ou les centres de santé, mais elles se consacrent à la prière et à la méditation.

7.

HISTOIRE ET CONTEMPORANÉITÉ DES PREMIÈRES ÉGLISES PENTECÔTISTES ET ÉVANGÉLIQUES AU BURKINA FASO

Alice Degorce

Ce chapitre revient sur l'arrivée des premières Églises évangéliques au Burkina Faso, qui correspond plus globalement à une vague d'implantation des pentecôtismes dits « historiques » dans le monde entier. Le pentecôtisme est un courant religieux né aux États-Unis au début du XXe siècle. Les anthropologues André Corten et André Mary, dans un ouvrage sur le pentecôtisme et le politique en Afrique et en Amérique du Sud, discutent les propositions des sociologues des religions David Martin et Paul Freston concernant la généalogie de ce courant religieux. Selon David Martin, les trois vagues protestantes qui succèdent au luthérianisme et au calvinisme, sont les vagues puritaine, méthodiste et pentecôtiste (cité par Corten & Mary 1999 : 11). Paul Freston distingue quant à lui trois étapes dans l'histoire du pentecôtisme, à partir de ses enquêtes au Brésil : la première (1910–1950) correspond à l'implantation en milieu rural d'Églises du type de celle des Assemblées de Dieu ; la deuxième voit le pentecôtisme se modifier parallèlement à l'urbanisation et à l'émergence de la société de masse ; et la troisième, enfin, à partir des années 1970, est celle du néopentecôtisme ou des Églises charismatiques (*ibid.*). Ce dernier courant utilise les nouveaux médias et revendique souvent une théologie de la prospérité [1].

Si la distinction entre les appellations pentecôtisme et néo-pentecôtisme fait débat (Plaideau 2014 : 169 ; Willaime 1999), elle n'en demeure pas moins utile pour nous donner des repères quant à l'histoire et aux évolutions du pentecôtisme et des Églises évangéliques. Selon Sébastien Fath et Cédric Mayrargue :

> « L'évangélisme, ou "protestantisme évangélique", se caractérise en principe par quatre éléments distinctifs, spécifiés pour la première fois par l'historien britannique David Bebbington : né en terreau chrétien protestant,

il conjugue dynamique militante (activisme prosélyte), conversion (on ne naît pas chrétien, on le devient), rapport direct et normatif à la Bible (biblicisme) et conception exclusiviste du salut qui ressasse le récit de Jésus-Christ crucifié et ressuscité (crucicentrisme). […] [Il] se subdivise en deux tendances : une mouvance plutôt "piétiste/orthodoxe", qui insiste sur la vie pieuse et la fidélité doctrinale ; et une orientation "charismatique/ pentecôtiste", centrée sur l'efficacité de l'agir divin au travers des guérisons et manifestations miraculeuses du Saint-Esprit » (Fath & Mayrargue 2014 : 15).

Si le pentecôtisme relève de cette deuxième tendance, on peut néanmoins considérer qu'actuellement le terme « évangélique » est de plus en plus utilisé pour : « souligner la centralité de la Bible, la justification par la foi et la nécessité de la conversion personnelle » (García-Ruiz & Michel 2012 : 34). Le pentecôtisme quant à lui « tire son origine de l'épisode de la Pentecôte rapporté dans les Actes des Apôtres (chapitre 2, versets 1 à 4). Il éclôt aux États-Unis à la charnière des XIXe et XXe siècles. » (Dejean 2008).

Au Burkina Faso, plusieurs missions s'installent entre 1919 et 1950, toutes venues d'Amérique du Nord, à l'exception de l'une d'entre-elle, en provenance du Royaume-Uni [2]. Ces missions protestantes évangéliques revendiquent une filiation avec le mouvement du Réveil (Fancello 2006 : 89). Ce chapitre va ainsi porter sur ces courants protestants évangéliques et pentecôtistes dits « historiques », ceux de la première vague de Freston. Parmi eux, les Églises des Assemblées de Dieu sont celles qui comptent le plus de fidèles au Burkina Faso, mais aussi celles qui sont les mieux documentées par la recherche, notamment grâce aux travaux de Pierre-Joseph Laurent (2003). L'Église de l'Alliance chrétienne, l'Église évangélique SIM et la WEC International se sont implantées à la même époque que les Assemblées de Dieu au Burkina Faso, à partir des années 1920.

L'implantation de ces Églises dans l'actuel espace burkinabè correspond en effet à la période coloniale. Les autorités furent tout d'abord opposées à ces mouvements nord-américains, puis autorisèrent peu à peu leur installation, tout en cherchant à les contrôler. Selon l'historien Magloire Somé : « l'entreprise coloniale en Afrique était perçue comme une œuvre nationale d'exploitation économique et de domination politique et culturelle qui devait être tenue en dehors des influences des cultures étrangères ou idéologiques concurrentielles » (Somé 2015 : 285–6). Cependant, avec le traité de Saint-Germain-en-Laye de 1919, selon lequel « les puissances signataires s'engagent à protéger et favoriser sans distinction de nationalité ni de culte les missions religieuses » (article 11, cité par Bouron 2011 : 220), l'arrivée de nouvelles missions est rendue possible (Somé 2015 : 286). En accord avec les autorités coloniales, les missions protestantes s'installent alors dans différentes parties du territoire de la Haute-Volta coloniale, selon un découpage bien précis (*cf.* carte 5). Comme le souligne Sandra Fancello : « Cette répartition résulte d'une stratégie de régionalisation des Missions et Églises évangéliques imposée par l'administration coloniale française » (Fancello 2006 : 89). Ce chapitre porte donc sur ces premières missions « protestantes [3] », et notamment les Assemblées de Dieu, qui ont largement configuré le visage actuel du christianisme au Burkina Faso.

HISTOIRE DES PREMIÈRES MISSIONS ET ÉGLISES PROTESTANTES AU BURKINA FASO

Les Assemblées de Dieu

Les Assemblées de Dieu constituent la première Église protestante évangélique implantée au Burkina Faso. Leur naissance est située en janvier 1901 dans le Kansas, alors qu'une étudiante du Collège biblique de Bethel fondé par Charles F. Parham, une fois baptisée de l'Esprit, se met à « parler en langues » [4]. Cet événement est à la base de la fondation et du développement de la doctrine des Assemblées de Dieu.

Une seconde étape, de 1901 à 1914, est marquée par le foisonnement des groupes de Pentecôte et de nombreuses adhésions de la part de Noirs américains. Alors que le nouveau courant pentecôtiste était exclusivement blanc et s'était constitué sur fonds de tensions raciales (Plaideau 2014 : 170), il intègre désormais des leaders religieux noirs.

En avril 1914 a lieu la troisième étape significative de la création des Assemblées de Dieu, avec leur fondation officielle lors d'une rencontre à Hot Springs dans l'Arkansas. Au cours de cette rencontre, 300 délégués religieux sont présents, le pluriel de la dénomination « Assemblées de Dieu » traduisant ainsi les origines multiples du mouvement.

En 1988, l'Association mondiale des Assemblées de Dieu, dont le siège se trouve à Springfield aux États-Unis, est créée.

Histoire au Burkina Faso

Au début du XXe siècle, les Assemblées de Dieu des États-Unis d'Amérique installent une mission en Sierra Leone, à partir de laquelle trois missionnaires explorent la Haute-Volta en 1920 (FEME, sd : 19), soit peu de temps après la rencontre fondatrice d'Hot Springs. En 1921, six missionnaires américains sont envoyés à Ouagadougou (FEME, *ibid.*). Sur instruction du Moogo Naaba Koom, ils sont accueillis dans le quartier Gounghin, sous la protection du *Gounghin naaba* (un ministre du Moogo Naaba) et un terrain leur est donné (FEME, *ibid.*).

En décembre 1947, un autre pasteur, pour sa part français, s'installe à Koudougou, après des séjours en Guinée Conakry et en Côte d'Ivoire. En février 1948, il vient à Ouagadougou, et est accueilli dans un premier temps par la mission américaine des Assemblées de Dieu à Gounghin, avant de s'établir à Tanghin. En 1956, la mission française des Assemblées de Dieu est créée après l'arrivée de nouveaux missionnaires.

Dans les années 1950, les deux missions des Assemblées de Dieu, américaine et française, décident de s'unir. Une première convention est adoptée en 1951 et, en 1955, un bureau est élu avec pour président le pasteur Philippe Ouédraogo, premier leader religieux autochtone des Assemblées de Dieu.

Les sociétés missionnaires évangéliques s'entendant donc pour évangéliser le pays par zones géographiques, les Assemblées de Dieu, premières arrivées au Burkina Faso et installées à Ouagadougou, s'occupent des régions équivalant aux royaumes mossi de Ouagadougou, Tenkodogo et du Yatenga (FEME, sd : 26) [5].

Les Assemblées de Dieu du Burkina Faso ont joué un rôle important dans l'expansion du pentecôtisme en Afrique. Comme le souligne Pierre-Joseph Laurent : « Considéré comme le noyau dur, le siège de Ouagadougou sert de point de départ aux missions d'évangélisation en Afrique de l'Ouest et centrale (Ghana, Togo, Bénin, Côte d'Ivoire,

11. Église centrale des Assemblées de Dieu de Koudougou. Photo par Alice Degorce, novembre 2018.

Carte 5. Répartition géographique des Églises et missions évangéliques en 1960

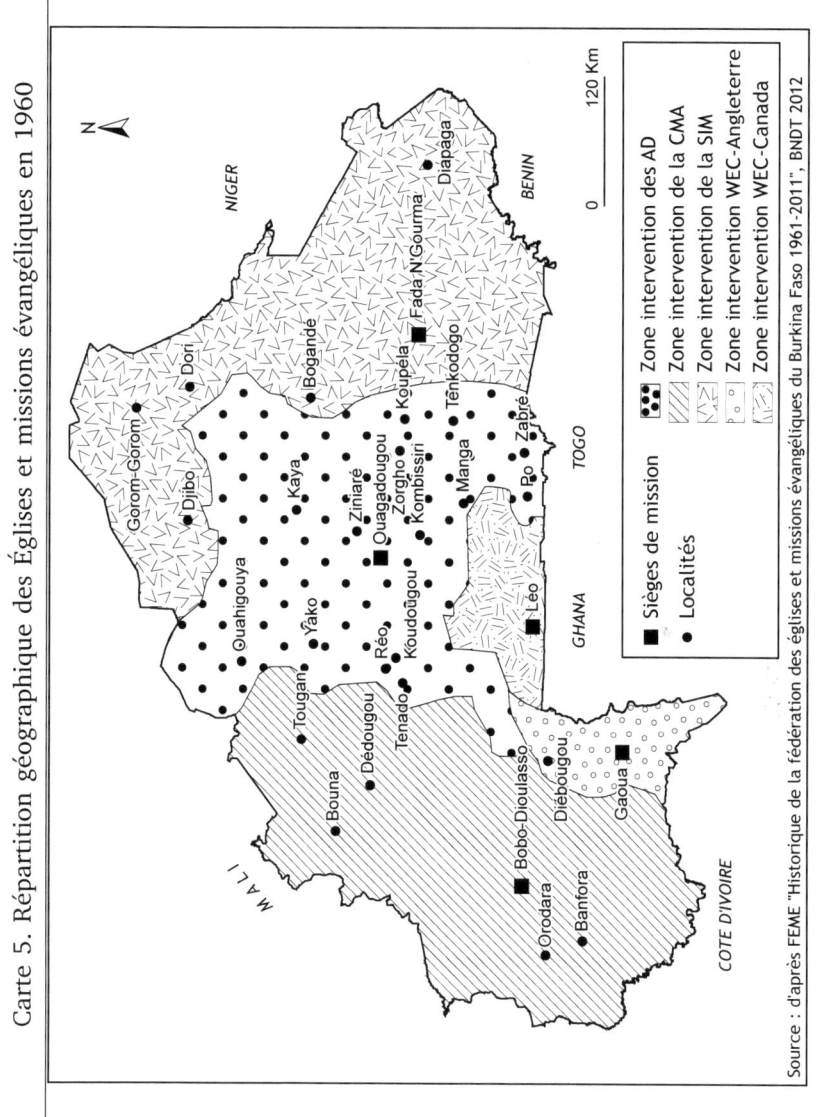

Sénégal, Niger, Mali, Congo) » (Laurent 1999 : 144). Selon lui en effet, la chefferie mossi, sa hiérachisation et ce qu'il nomme « l'intériorisation d'une allégeance à une classe nobiliaire »,[6] couplées à la tradition migratoire vers la Côte d'Ivoire, ont poussé les missions étrangères à associer les pasteurs mossi à leur projet d'évangélisation du continent (Laurent 2003 : 55).

Les Assemblées de Dieu du Burkina Faso ont connu des scissions dans les années 1950–1960. En 1959, un pasteur en désaccord avec sa hiérarchie, fonda la Mission apostolique. Celle-ci, inspirée de la Ghana Apostolic Church, se divise encore dans les années qui suivent pour donner naissance en 1962 à la Mission apostolique, à l'Église apostolique et à l'Église de Pentecôte, notamment étudiée par Sandra Fancello, et toutes trois issues de l'Église ghanéenne devenue en 1962 Church of Pentecost (Laurent 1999 : 145 ; Fancello 2006 : 92–4).

L'Église de l'Alliance chrétienne

L'Église de l'Alliance chrétienne est issue de la Christian and Missionary Alliance, ou Alliance chrétienne et missionnaire (CMA). L'Alliance chrétienne et missionnaire est le fruit d'un regroupement entre deux organisations : The Christian Alliance et The Evangelical Missionary Alliance, qui ont fusionné à la fin du XIXe siècle pour fonder l'Alliance chrétienne et missionnaire. La fondation est ainsi généralement considérée comme ayant été actée en 1887 par Albert Benjamin Simpson, pasteur originaire du Canada et alors installé à New York. A.B. Simpson mettait l'accent sur l'évangélisation et les activités missionnaires. Dès 1884, il avait ainsi envoyé des missionnaires au Congo. Au début du XXe siècle, il forme dans son institut (Missionary Training Institute) de nombreux missionnaires et pasteurs pentecôtistes nord-américains. Avec la CMA, il est proche des Assemblées de Dieu et de l'International Church of the Foursquare Gospel.

La CMA et ces mouvements pentecôtistes connaissent toutefois des divergences doctrinales, notamment à propos de la glossolalie (cf. ci-après), et en 1912, la CMA s'autonomise un peu plus. Simpson meurt en 1919, et la CMA continue à prendre ses distances par rapport au pentecôtisme. De 1919 à 1946, jusqu'à la fin de la Seconde Guerre mondiale, elle continue à s'étendre à plusieurs villes des États-Unis, ainsi qu'au Canada, tout en poursuivant ses activités missionnaires de par le monde. Dans les années 1960, la CMA s'affirme en tant que société missionnaire destinée à répandre le christianisme évangélique dans le monde. Elle devient officiellement une dénomination en 1974.

Histoire au Burkina Faso

En 1923,[7] trois missionnaires de la Christian and Missionary Alliance (CMA) arrivent au Burkina Faso. En accord avec les autorités coloniales, et du fait de l'installation antérieure des Assemblées de Dieu dans la région centrale de Ouagadougou, ils s'installent dans le Sud-Ouest du pays. La CMA s'installe donc à Bobo-Dioulasso, ainsi que dans le village de Santidougou (FEME, sd : 37). En 1927, de nouveaux missionnaires arrivent, de nouvelles Églises sont implantées dans plusieurs villes de l'Ouest au cours des deux décennies qui suivront, notamment à Dédougou (1927), Nouna (1930), Banfora (1937) et Tougan (1946). En 1964, les pasteurs autochtones prennent la direction des Églises de la CMA.

L'Église évangélique - Sudan Interior Mission SIM

La Sudan Interior Mission (SIM), désormais intégrée à l'organisation « Serving In Mission » pour les anglophones et « Société internationale missionnaire » pour les francophones, est une organisation missionnaire protestante évangélique, internationale et inter-dénominationnelle, dont est issue l'Église évangélique SIM. Elle rassemble en effet plusieurs entreprises missionnaires, qui se sont développées en Afrique, en Asie ou en Amérique du Sud, dans un même but d'évangélisation. Il existe donc plusieurs branches de la SIM : nous nous intéresserons ici à celle qui émane de la Sudan Interior Mission.

La Sudan Interior Mission a été fondée en 1893 par des missionnaires issus de dénominations différentes : deux canadiens, dont un proche de la Salvation Army [8], et un américain congrégationaliste, qui avait pour objectif d'évangéliser l'Afrique, et plus précisément les « régions non encore atteintes de l'Afrique intérieure soudanaise » [9] (Cooper 2006). Deux d'entre-eux moururent du paludisme en 1894, et le troisième, revenu pour un nouveau séjour, fut contraint de rentrer au Canada suite à un accès palustre également. De nouveaux missionnaires réussirent à s'installer quelques années plus tard en 1902 à Patigi (actuel Nigeria) et à y implanter une mission. En 1930, la SIM établit deux agences missionnaires, l'une consacrée à l'ouest du Soudan (Nigeria et Afrique occidentale française) et l'autre à l'est du Soudan (Soudan anglo-égyptien) (Cooper 2006).

Histoire au Burkina Faso

La SIM ouvre sa première mission au Burkina Faso en 1930 dans la ville de Fada N'Gourma, après l'arrivée d'une mission exploratoire en 1929. La mission couvre alors la région de Fada N'Gourma, mais également une partie du nord du pays. Selon la FEME, Rowland Bingham, l'un des fondateurs canadiens ayant participé à la toute première mission de la SIM, aurait néanmoins eu comme objectif premier l'évangélisation des populations mossi lorsqu'il organise sa première expédition au Soudan français (FEME, sd : 42). Les premiers baptêmes d'eau (par immersion) sont organisés en 1933. Des missions sont ouvertes dans l'est : Diapaga (1945), Pièla (1947), Mahadaga (1953). Les missionnaires administrent la SIM jusqu'en 1960. En 1962, la création de « l'Association des Églises évangéliques en Haute-Volta » consacre la création de la branche locale de la SIM.

L'Église protestante évangélique et l'Assemblée évangélique de Pentecôte

L'Église protestante évangélique et l'Assemblée évangélique de Pentecôte émanent toutes deux de la Worldwide Evangelization Crusade, fondée en 1913 par Charles Studd, un joueur de cricket anglais devenu missionnaire, qui avait auparavant séjourné en Inde et en Chine. De retour de ces missions, il part en 1910 en Afrique centrale et fonde « The Heart for Africa », qui deviendra la Worldwide Evangelization Crusade en 1919. Plus tard, l'organisation prendra le nom de Worldwide Evangelisation for Christ (WEC International). Après une première mission au Congo en 1913, WEC s'installe en Amérique du Sud, en Amazonie, à partir de 1922. WEC International est une agence missionnaire interdénominationnelle.

Histoire au Burkina Faso

En janvier 1931, un missionnaire nord-irlandais de la Qua Iboe Mission au Nigeria, Charles Benington, vient prospecter en Haute-Volta pour l'ouverture d'une mission. Son choix se porte sur le pays lobi, où il s'installe en juillet 1931. Après des tensions concernant son installation près de la frontière entre les autorités coloniales françaises et britanniques, il reçut finalement l'autorisation de s'installer à Bouroum-Bouroum avec la recommandation de prêcher à domicile, étant donné les réticences locales à l'arrivée du christianisme. En 1936, un autre missionnaire de la Worldwide Evangelization Crusade (WEC), installé à Vavoua en Côte d'Ivoire, vient l'assister. En 1937, Charles Benington est rappelé au Nigeria, et la mission devient celle de la WEC. En 1939, un poste est ouvert à Diébougou, puis d'autres à Gaoua en 1956 et à Malba en 1960. La mission est dirigée par un pasteur autochtone à partir de 1978. Elle prend alors le nom d'Église protestante évangélique.

En 1945, un couple d'évangélistes canadiens de la WEC déjà en activité dans la région de Gaoua, s'installe près de Léo. Un autre couple s'y établit avec eux sous la bannière de l'Évangelistic Tabernacle de Vancouver. En 1972, l'Église prend le nom de « Église évangélique de Pentecôte » et est dirigée par des pasteurs autochtones. En 1973, elle est reconnue par l'État en tant que « Association des Églises évangéliques de Pentecôte ». Elle devient en 2001 « Assemblée évangélique de Pentecôte ».

Aperçu de la situation actuelle de ces Églises

Ces Églises sont regroupées au sein de la Fédération des Églises et missions évangéliques (FEME), fondée en 1961, qui constitue l'association faîtière des mouvements protestants évangéliques au Burkina Faso. La FEME s'inscrit dans la continuité de la Fédération des Églises et Missions protestantes de l'AOF dissoute à la suite des Indépendances. Après leur arrivée au Burkina Faso, d'autres dénominations s'inscrivant dans ces mouvances ont en effet continué à s'implanter à un rythme qui est allé en s'accélérant à partir des années 1980 (Fancello 2006 : 90). Selon une étude cartographique (*Church Mapping*) menée par l'ONG chrétienne Compassion International, le Burkina Faso compte actuellement 6 094 lieux de cultes évangéliques. Les ouvertures d'églises se seraient considérablement accélérées au cours des trois dernières décennies. Ainsi, dans les années 1970 (1971–1980), on dénombrait 409 ouvertures, puis 985 dans les années 1980, 1 457 dans les années 1990 et enfin, 2 246 lieux de cultes supplémentaires auraient ouvert dans la première décennie du XXIe siècle (2001–2010). Le pic de création de lieux de cultes protestants des années 2001–2010 serait notamment dû au dynamisme des Assemblées de Dieu, avec 1 197 ouvertures durant cette période. Vient ensuite la Sudan Interior Mission (SIM) avec 417 nouvelles églises de 2001 à 2010 (Compassion International 2013).[10]

Parmi les différentes Églises protestantes, les Assemblées de Dieu restent ainsi les plus représentées sur le territoire burkinabè. Pierre-Joseph Laurent souligne dans ses travaux leur implantation avant tout rurale, au moment de ses enquêtes à la fin des années 1990 : « Le succès des protestants à la capitale est un phénomène récent, de nature différente, voire opposée à la dynamique des Églises rurales » (Laurent 1999 : 145).

Le nombre de lieux de cultes en milieu rural relevé en 2013 par Compassion International témoigne de l'importance de cette implantation. Les Assemblées de Dieu, comptant 79,9 % de leurs temples en milieu rural, se révèlent par la même occasion être l'une des dénominations qui compte tout de même le plus de lieux de culte en milieu urbain, l'Église de l'Alliance chrétienne comptant 87,6 % de ses lieux de culte en milieu rural, l'Assemblée évangélique de Pentecôte 85,2 %, l'Église évangélique SIM 93,6 % et l'Église protestante évangélique 92,9 %. La répartition géographique des principales Églises a par ailleurs évolué. Les Assemblées de Dieu sont désormais majoritaires dans dix régions administratives sur 13 au Burkina Faso. Dans l'est cependant, l'Église évangélique SIM reste historiquement majoritaire, tout comme l'Église de l'Alliance chrétienne dans la boucle du Mouhoun et l'Église protestante évangélique dans le sud-ouest (Compassion International 2013 : 3, 7).

VISION DU MONDE, DOCTRINE

La doctrine des mouvements pentecôtistes « historiques » et évangéliques repose sur des éléments communs. Parmi ceux-ci, l'expérience d'une relation individualisée avec Dieu par l'intermédiaire de l'Esprit Saint est un élément central :

> « les "croyants" [...] ou les "convertis" [...], quels qu'ils soient (laïcs comme pasteurs), témoignent de l'expérience personnelle d'une force surnaturelle : la force de l'Esprit Saint. Cette force qui est censée avoir changé leur vie se manifeste par des dons surnaturels et s'extériorise par des pratiques cultuelles d'une ferveur très expressive et corporelle » (Corten & Mary 2000 : 15).

L'expérience personnalisée du divin se retrouve dans les récits de conversion, et fait de ceux-ci un élément central dans la diffusion de la doctrine de ces Églises : « Dans ces récits, les fidèles donnent à voir les modalités de la relation qui les lient à l'entité divine et insistent sur leur propre capacité d'action au fondement de cette conversion » (Maskens 2014 : 343). L'idée d'une nouvelle force d'agir et de renaissance associée à ces conversions, fait en effet, dans ces récits, office de témoignage de la force de l'Esprit Saint (Corten & Mary 2000 : 15).

Pour les fidèles, cette renaissance s'accompagne de manifestations comme le parler en langues (ou glossolalie), qui constitue une expression jugée surnaturelle du divin : « Elle consiste à s'exprimer à voix haute, dans un langage inintelligible. Ce faisant, le fidèle prétend agir sous l'inspiration de l'Esprit-Saint, en exerçant un des charismes dont parle l'apôtre Paul dans son épître aux Corinthiens » (Aubourg 2014 : 246). Toutes les Églises évangéliques ne suivent cependant pas les mêmes préceptes, et la glossolalie, le « parler en langues » n'est pas reconnu par toutes : rappelons qu'à ses débuts en Amérique du Nord, l'Alliance chrétienne et missionnaire (actuelle Église de l'Alliance chrétienne) s'est distinguée à ce sujet du pentecôtisme et des Assemblées de Dieu, auxquelles elle était pourtant étroitement liée. Dans les Assemblées de Dieu cependant, la glossolalie est importante au point de pouvoir bouleverser les hiérarchies en place, dans la mesure où il est considéré que n'importe qui peut être investi de l'Esprit Saint par son intermédiaire et s'adresser à la communauté des croyants (Laurent 2000, 2003). Ainsi : « [l'] expérimentation des "dons de l'Esprit" suppose une libération de l'expérience personnelle et peut contribuer *in fine* à une redistribution des positions d'autorité » (Fer & Malogne-Fer 2015 : 7).

La vision du monde des fidèles des Assemblées de Dieu, et plus globalement des Églises évangéliques, est avant tout fondée sur une lecture rigoureuse de la Bible et sur le prosélytisme, qui vise, à travers le devoir d'évangélisation dont ils se sentent investis et les campagnes d'évangélisation régulièrement organisées, à convertir le plus grand nombre d'adeptes. Plusieurs préceptes guident cette vision. Dans cette perspective d'évangélisation, les protestants se considèrent comme : « des "soldats de Dieu" et leur mission consiste à rassembler le maximum de convertis en vue d'être sauvés et de constituer le royaume de Dieu sur terre. Le prosélytisme est donc partie intégrante de la mission pentecôtiste » (Fancello 2006 : 133). Il ressort de ce point de vue un discours considérant certaines pratiques comme « diaboliques », telles que celles qui sont liées aux religions locales par exemple.

De façon globale et de ce point de vue, la politique est représentée comme une souillure, renvoyant à « la violence, la corruption, le favoritisme et la gestion patrimoniale des biens publics » (Laurent 2003 : 189). Cependant, certains protestants s'engagent individuellement en politique, sans qu'il existe une institutionnalisation de cet engagement ou une structure politique relevant d'une Église en particulier. Par ailleurs, ces Églises évangéliques et pentecôtistes historiques n'adhèrent pas à la « théologie de la prospérité », qui relève plutôt des nouvelles Églises évangéliques ou néo-pentecôtistes.

Les travaux de Pierre-Joseph Laurent sur les Assemblées de Dieu au Burkina Faso (2003) ont par ailleurs permis de mettre en évidence des logiques sociales sous-jacentes à la conversion aux Assemblées de Dieu, et notamment la manière dont se convertir permet de faire écho à de nouvelles logiques d'émancipation, en particulier en milieu rural où la conversion au pentecôtisme peut aussi être perçue comme une manière de sortir de la communauté villageoise [11]. En ville également, les Assemblées de Dieu offrent une communauté « refuge » à leurs adeptes, en réponse à l'effritement des liens sociaux en milieu urbain (Laurent 1999, 2003). Cette vision du monde offre de nouvelles formes d'actions possibles : « Le chrétien protestant devient ainsi un être moderne, qui se prend en charge, qui devient sujet de sa vie, et même s'il subit les misères de la vie urbaine, il doit rester fort et croire en son salut » (Samson 2008 : 241).

ORGANISATION, PRATIQUE(S), ACTIVITÉS

À chaque Église correspondent une hiérarchie et une organisation très structurées, avec d'un côté un clergé organisé autour des pasteurs et de leurs adjoints, et de l'autre des comités qui gèrent les structures des différentes Églises. Chacune compte aussi généralement des associations, notamment de femmes et de jeunes. La plupart des Églises évangéliques et pentecôtistes, quelle que soit leur dénomination, ont une organisation interne reposant sur un comité local (trois Églises sur quatre), tandis que seulement 11 % ont un collège de pasteurs qui participent de cette organisation. La gestion financière est par ailleurs généralement assurée par les diacres (55,2 %), et sinon, elle l'est par les comités. Les pasteurs sont cependant la plupart du temps chargés de l'ordonnancement des dépenses (68,4 %) (Compassion International 2013 : 61–3).

Chacune des Églises comprend des organes de direction et de gestion qui se déclinent du niveau national au niveau local, en passant par les régions. Plusieurs comités et conseils *ad hoc* existent donc, auxquels s'ajoutent également des commissions ou conseils pour traiter spécifiquement de certains sujets (par exemple : discipline, stratégie, ...). Étant donné le statut associatif des Églises et courants religieux au Burkina Faso, toutes ont une Assemblée générale.

Au sein de ces structures émergent parfois des figures, telles que les prophètes et prophétesses, qui peuvent notamment diriger les prières des camps de guérison. L'anthropologue André Soubeiga notait le développement important dans les années 1990 des prières de guérison, apparues au début des années 1980 dans les groupes charismatiques de l'Église catholique et dans les Églises évangéliques (Soubeiga 1999) [12]. Dans une Église comme celle des Assemblées de Dieu, les rituels de guérison occupent une place déterminante, répondant à une interprétation pragmatique et populaire de la maladie (Laurent 2003 : 307). Souvent appelés « prophètes », les guérisseurs se définissent « comme [des] fidèle[s] ayant reçu de l'Esprit Saint le don de guérison, auquel s'ajoutent fréquemment, selon les cas, le don de discernement et celui de parler en langues (la glossolalie), les dons de puissance, d'interprétation et de prophétie » (*ibid.* : 312).

D'un point de vue plus institutionnalisé, les différents courants évangéliques et pentecôtistes interviennent dans les services sociaux de base, notamment dans la santé et l'éducation, à travers des écoles ou des centres de soins construits et gérés par des représentants des différentes obédiences. Les Assemblées de Dieu ont construit la première école primaire protestante à Ouagadougou en 1948 (école Sambin Protestant). En 2011, les protestants géraient 204 écoles primaires au Burkina Faso (sur un total de 2 279 écoles primaires privées) et 71 établissements secondaires sur un total de 683 relevant du secteur privé (FEME, sd : 198–9). Les Églises investissent aussi dans des centres d'alphabétisation, des centres sociaux ou encore des écoles pour sourds-muets (deux dans le cas des Assemblées de Dieu). Des dispensaires, centres de soins

(CSPS) ou centres chirurgicaux (CMA), des pharmarcies sont également gérés par les religieux. À Ouagadougou, le centre Schiphra, fondé par la mission française des Assemblées de Dieu, occupe une place importante dans l'offre de soins de la capitale, grâce à ses équipements notamment. En milieu rural et à un niveau local, chaque Église met en œuvre des activités de développement, par exemple orientées vers le maraîchage, le microcrédit, la construction de petits barrages.

Enfin, l'ODE, l'Office de développement des Églises évangéliques, est une structure au statut d'ONG émanant de la FEME. Suite à l'obtention de plusieurs financements pour des constructions d'école dans les années 1950-1960 et avec la création de la FEME en 1961, un Bureau des projets pour le développement a été créé en 1972, qui deviendra en 1984 l'ODE (FEME, sd : 218). L'ODE intervient dans différents secteurs du développement, notamment l'agriculture et la sécurité alimentaire, la santé et la lutte contre le VIH, le renforcement de la gouvernance, les secours d'urgence, l'accès à l'eau potable, tout en développant un important réseau de partenaires nationaux et internationaux [13].

PLACE DES FEMMES

Les pentecôtismes tels que celui des Assemblées de Dieu attirent de façon privilégiée les jeunes et les femmes. L'émancipation des femmes a de façon générale été l'un des « principaux arguments de légitimation de la mission chrétienne » (Fer & Malogne-Fer 2015 : 16). Au Burkina Faso, tout comme les catholiques (Bouron 2014 ; Langewiesche 2008, 2012), des Églises comme celle des Assemblées de Dieu ont aussi su attirer les jeunes et les femmes en privilégiant le mariage par consentement mutuel comme forme d'union matrimoniale, au détriment des mariages forcés. Ce type de mariage qui, comme le rappelle cependant Sandra Fancello (2005), n'est pas nécessairement une union par libre choix [14], fait aussi référence à une conception relativement idéalisée de la famille :

> « L'idéal familial que défend le pentecôtisme suppose en effet une vie conjugale "en règle", un couple marié fondé sur des rapports sexués de complémentarité. Le mariage – faire un "beau mariage", être heureux en couple et avoir des enfants – constitue un des piliers du modèle de la "famille chrétienne", hétérosexuelle et féconde, promue par les Églises pentecôtistes quelque soit le milieu social et économique » (Malogne-Fer & Fer 2015 : 18).

Cette image relativement normée est courante dans les religions : « Les enseignements religieux traditionnels placent les définitions du féminin et du masculin au cœur des conceptions normatives des relations humaines et des comportements sexuels à prescrire, attentifs à réguler le pur et l'impur » (Rochefort & Sanna 2013 : 15).

À l'image d'autres religions comme le catholicisme, les femmes sont souvent numériquement plus nombreuses que les hommes dans les pentecôtismes en présence au Burkina Faso. Dans son recensement de 2012, Compassion International compte ainsi 57,6 % de femmes pour 42,4 % d'hommes parmi les fidèles protestants. Cependant, elles occupent rarement des postes de fonction : 39 femmes pasteures ont été recensées pour un total de 6470 pasteurs dans le pays, toutes dénominations confondues. Sur ces 39 femmes, 7 sont pasteures principales de leurs Églises (2012 : 21–2).

Dans ses travaux sur l'Église de Pentecôte en Afrique de l'Ouest et dans la diaspora africaine en Europe, Sandra Fancello souligne le statut ambivalent des femmes dans l'Église qui, bien qu'elles n'aient pas souvent de hautes fonctions à proprement parler, n'en sont pas moins respectées. Elle prend pour exemple les femmes de pasteurs, souvent appelées « Maman Pasteur » : « L'ambiguïté de ce statut, par lequel elles sont aussi reconnues et respectées que le pasteur lui-même, sans que leur soit reconnu la même autorité, permet néanmoins aux dirigeants de l'Église d'affirmer que les femmes sont pasteur » (Fancello 2005 : 87). L'anthropologue Benetta Jules-Rosette, citée par Sandra Fancello, parle ainsi de « privilèges sans le pouvoir » (Jules-Rosette 1996). Certaines femmes peuvent néanmoins asseoir leur autorité de façon relativement indépendante au travers du statut de « prophétesses », en dirigeant des camps de guérison.

DES PRATIQUES JUGÉES RIGORISTES

Les fondements du pentecôtisme reposent sur un retour à une lecture littérale de la Bible. Cette lecture, et le refus de certaines pratiques qui en découle (comme boire de l'alcool, participer à certains rituels comme les secondes funérailles par exemple) font que ces choix de vie peuvent être interprétés comme des pratiques rigoristes. [15] Les discours qualifiant par ailleurs les fidèles de « soldats de Dieu », l'attitude prosélyte qui accompagne les objectifs d'évangélisation, et une lecture du monde les opposant à Satan font que les pratiques pentecôtistes ont été difficilement acceptées et sont souvent perçues comme perturbatrices des rapports sociaux déjà établis, voire les mettant en danger. Comme le soulignent André Corten et André Mary : « Les pentecôtistes opposent la puissance de l'Esprit Saint au monde des Esprits "diaboliques" des croyances africaines, afro-américaines ou amérindiennes » (Corten & Mary 2000 : 15). De ce fait ces courants religieux proposent une redéfinition souvent vécue comme brutale des rapports sociaux et des hiérarchies. Plusieurs travaux ont également montré les ruptures familiales ou les rejets parfois violents qui peuvent être occasionnés par les conversions au protestantisme évangélique. Souvent, elles sont en effet perçues comme menaçantes pour l'équilibre familial et relationnel, en raison des interdits suivis, des préférences matrimoniales remises en question ou encore du prosélytisme des convertis (Fancello 2007 ; Laurent 2003 ; Langewiesche 2003).

Dans ses travaux sur les Assemblées de Dieu, Pierre-Joseph Laurent (2003) donne en retour une analyse intéressante de la voie qu'offre le pentecôtisme d'un point de vue émique. Selon lui, les protestants cherchent avant tout des réponses ou des solutions non seulement face à une « insécurité modernisée » ou à un changement social rapide, au sein duquel se développe un individualisme parfois excluant, mais aussi face à des sociétés rurales très hiérarchisées, dans lesquelles les « cadets sociaux » (jeunes, femmes, etc.) cherchent à se créer une marge de manœuvre.

CONCLUSION

Les Église pentecôtistes et évangéliques « historiques » se sont pour la plupart implantées à partir des années 1920 au Burkina Faso, alors que les autorités coloniales françaises s'ouvraient aux influences religieuses étrangères. Pour ces Églises issues du protestantisme évangélique nord-américain, cette époque coïncidait elle-même avec une phase d'expansion plus globale. Tout d'abord timide, leur influence s'est considérablement accrue dans les années 1980, à une époque où, bien qu'initialement rurales, elles s'implantent de plus en plus en milieu urbain, notamment à Ouagadougou. Leur répartition géographique initiée selon un partage territorial pendant la colonisation s'est désormais étendue selon les aires d'influences et le nombre de fidèles de chacune. Les Assemblées de Dieu, qui restent les plus importantes au Burkina Faso, comptent ainsi le plus grand nombre de fidèles et se retrouvent un peu partout dans le pays.

Ces différents mouvements partagent une organisation, des valeurs et des principes proches, malgré parfois quelques divergences doctrinales (par exemple autour de la glossolalie). Elles se sont ainsi regroupées dès le début des années 1960 dans la Fédération des Églises et missions évangéliques (FEME), et ont fondé dans les décennies qui suivirent l'Office de développement des Églises évangéliques (ODE), acteur de premier plan parmi les ONG confessionnelles burkinabè.

Ces Églises se différencient notamment des Églises évangéliques d'implantation plus récentes de par leur non-adhésion à la théologie de la prospérité, très inspirée des pratiques sud-américaines ou des pays côtiers (Côte d'Ivoire, Ghana, Nigéria) [16]. Malgré le développement rapide et récent de ces Églises, les pentecôtismes « historiques », et notamment les Assemblées de Dieu, restent les plus implantés dans les différentes couches sociales et sur l'étendue du territoire du Burkina Faso.

Bibliographie

Attanasi K., Yong A., 2012, *Pentecostalism and Prosperity. The Socio-Economics of the Global Charismatic Movement*, New York, Palgrave Macmillan.

Aubourg V., 2014, « Chant céleste : La glossolalie en milieu pentecôtiste charismatique à l'Île de la Réunion », *Anthropologie et sociétés*, 38, 1, p. 245–64.

Bouron J.-M., 2011, « Discours concurrentiels, stratégies spatiales et regards consensuels dans un territoire multiconfessionel : le cas de la Haute-Volta coloniale (XVIème–XIXème siècles) », in S. Eyezo'o & J.-F. Zorn (dir.), *Concurrences en mission. Propagandes, conflits, coexistence*, Paris, Karthala, p. 215–30.

Bouron J.-M., 2014, « Dominées ou dominantes ? Les Sœurs Blanches dans l'ambivalence des logiques d'autorité (Haute-Volta et Gold Coast, 1912–1960) », *Histoire, monde et cultures religieuses*, 30, p. 51–73.

Compassion International Burkina Faso, 2013, Étude sur la cartographie des Églises et mission évangéliques du Burkina Faso, rapport, Ouagadougou, 79 p.

Cooper B.M., 2006, *Evangelical Christians in the Muslim Sahel*, Bloomington and Indianapolis, Indiana University Press.

Corten A., Mary A. (dir.), 2000, *Imaginaires politiques et pencôtismes. Afrique / Amérique latine*, Paris, Karthala.

Dejean F., 2008, « L'évangélisme et le Pentecôtisme », *Géographie et cultures*, 68, en ligne : http://journals.openedition.org/ gc/832, consulté le 8 novembre 2018.

Fancello S., 2005, « Pouvoirs et protection des femmes dans les Églises pentecôtistes africaines », *Revista de Estudos da Religião*, 3, numéro spécial : *Gender and Religion*, p. 78–98.

Fancello S., 2006, *Les aventuriers du pentecôtisme ghanéen. Nation, conversion et délivrance en Afrique de l'Ouest*, Paris, IRD et Karthala.

Fancello S., 2007,« Les défis du pentecôtisme en pays musulman (Burkina Faso, Mali) », *Journal des Africanistes*, n° 77 (1), pp. 29–53.

Fath S., Mayrargue C., 2014, « Les nouveaux christianismes en Afrique. Introduction thématique », *Afrique contemporaine*, 252, p. 13–26.

Fédération des Églises et Missions Évangéliques du Burkina Faso (FEME), s.d., *Historique de la Fédération des Églises et Missions Évangéliques du Burkina Faso 1961–2011*, Ouagadougou, FEME.

García-Ruiz J., Michel P., 2012, *Et Dieu sous-traita le Salut au marché : De l'action politique des mouvements évangéliques en Amérique latine*, Paris, Armand Colin.

Hermesse J., Plaideau C., Servais O. (dir.), 2014, *Dynamiques contemporaines des pentecôtismes*, Louvain-la-Neuve et Paris, Academia et L'Harmattan.

Jules-Rosette B., 1996, « Privilege Without Power: Women in African Cults and Churches », in R. Terborg-Penn & A. Benton Rushing (ed.), *Women in Africa and the African Diaspora*, Washington, Howard University Press, p. 101–19.

Langewiesche K., 2003, *Mobilités religieuses, Changements religieux au Burkina Faso*, Münster, Lit Verlag.

Langewiesche K., 2008, « Entre choix et obligation », *Journal des anthropologues, 112–113*, p. 111-34.

Langewiesche K., 2012, « Émancipation et obéissance : religieuses catholiques au Burkina Faso durant un siècle », *Autrepart, 61*, p. 117-36.

Laurent P.-J., 1999, « Du rural à l'urbain. L'Église des Assemblées de Dieu au Burkina Faso », *in* R. Otayek (dir.), *Dieu dans la cité. Dynamiques religieuses en milieu urbain ouagalais*, Talence, Centre d'étude d'Afrique noire, p. 143-57.

Laurent P.-J., 2000, « Diabolisation de l'autre et ruse de l'Esprit : les Assemblées de Dieu du Burkina Faso », *in* A. Corten & A. Mary (dir.), *Imaginaires politiques et pentecôtismes. Afrique/Amérique latine*, Paris, Karthala, p. 61-79.

Laurent P.-J., 2003, *Les pentecôtistes du Burkina Faso. Mariage, pouvoir et guérison*, Paris, Karthala/IRD.

Malogne-Fer G., Fer Y. (dir.), 2015, *Femmes et pentecôtismes. Enjeux d'autorité et rapports de genre*, Genève, Éditions Labor et Fides.

Martin B., 2003, « The Pentecostal Gender Paradox: A Cautionary Tale for the Sociology of Religion », *in* Richard Fenn (dir.), *The Blackwell Companion to Sociology of Religion*, Oxford, Blackwell, p. 52-66.

Maskens M., 2014, « "C'est Dieu qui nous a voulu ici..." Récit de migration et engagement religieux des pasteurs et fidèles pentecôtistes euro-africains à Bruxelles », *Cahiers d'études africaines, 213-214*, p. 341-62.

Otayek R., Diallo D., 1998, « Dynamiques protestant, développement participatif et démocratie locale : le cas de l'Office de développement des Églises évangéliques (Burkina Faso) », *Afrique contemporaine*, n° 185, p. 19-34.

Plaideau C., 2014, « Pentecôtistes et néopentecôtistes : évolutions et perspectives », *in* J. Hermesse, C. Plaideau & O. Servais (dir.), *Dynamiques contemporaines des pentecôtismes*, Louvain-la-Neuve, Éditions Academia-L'Harmattan, p. 167-87.

Rochefort F., Sanna M. E. (dir.), 2013, *Normes religieuses et genre. Mutations, résistances et reconfiguration. XIXe–XXIe siècle*, Paris, Armand Colin.

Samson F., 2008, « Entre repli communautaire et fait missionnaire. Deux mouvements religieux (chrétien et musulman) ouest-africains en perspective comparative », *Social Sciences and Missions*, 21, p. 228-52.

Somé M., 2015, « La christianisation de la Haute-Volta de 1900 à 1960 », *in* H. Diallo et M.W. Bantenga (dir.), *Le Burkina Faso passé et présent*, Ouagadougou, PUO, p. 273-307.

Soubeiga A., 1999, « Quête de guérison, conversion, évangélisation. Groupes charismatiques et Églises pentecôtistes face au Mal », *in* R. Otayek (dir.), *Dieu dans la cité. Dynamiques religieuses en milieu urbain ouagalais*, Talence, Centre d'étude d'Afrique noire, p. 111-128.

Willaime J.-P., 1999, « Le Pentecôtisme : contours et paradoxes d'un protestantisme émotionnel », *Archives des sciences sociales des religions, 105*, p. 5-28.

Notes

1. Voir notamment Attanasi & Yong (2012), ainsi que le chapitre de Louis Audet Gosselin dans ce volume.
2. Il s'agit de la Worldwide Evangelization Crusade (WEC International).
3. Les courants pentecôtistes et évangéliques sont généralement appelés localement « protestants » au Burkina Faso et dans les pays voisins.

4. Également appelé « glossolalie » : « Dérivée des mots *glôssa* et *lalein*, signifiant en grec courant « langue » et « parler », la glossolalie est désignée dans la Bible par les termes de « chant inspiré par l'Esprit » ou de « langue céleste » (Aubourg 2014 : 246).
5. En 1923 avait est créé le poste de Kaya, en 1929 celui de Yako, en 1930 Tenkodogo, en 1934 Ouahigouya, en 1935 Koudougou et Zabré, en 1936 Ténado et Boromo, et en 1960 Boulsa.
6. Katrin Langewiesche souligne cependant que l'argument de la structuration des chefferies mossi comme propice à l'installation des Assemblées de Dieu est également repris à propos du catholicisme et de l'islam (2003 : 212–13).
7. L'histoire de ce mouvement au Burkina Faso et des suivants a essentiellement été retracée à partir de l'*Historique des Églises et missions évangéliques du Burkina Faso 1961–2011* (FEME, s.d.).
8. Armée du salut.
9. Traduction de l'auteure.
10. Ces chiffres mériteraient d'être comparés à ceux des autres religions afin d'y situer la place des ouvertures de lieux de culte protestants.
11. Ainsi, « Les Assemblées de Dieu soutiennent des fidèles tentés par une distanciation par rapport au holisme du village, tout en proposant, par ailleurs, de nouveaux espaces de socialité et d'efficacité pour les laissés-pour-compte de la modernité » (Laurent 2000 : 61).
12. Sandra Fancello note également que « Le phénomène global de la délivrance est au cœur de l'explosion du pentecôtisme en Afrique depuis le début des années 1990 » (Fancello 2006 : 147).
13. Sur l'ODE, voir aussi Otayek & Diallo (1998).
14. « Si au terme, il y a bien "consentement mutuel", il ne faut pas pour autant se précipiter à y voir l'expression d'un "libre choix" des conjoints, surtout pour la jeune femme, ce qui contrasterait alors très fortement avec le mariage coutumier. L'apparente modernité du mariage pentecôtiste trouve ses limites dans le compromis avec une perception de l'individu (et de la femme) largement héritée de la société traditionnelle. La conception d'une "liberté" individuelle est rendue pensable par les prêches qui prônent la désobéissance vis-à-vis des traditions, mais ne se traduit pas nécessairement par une liberté d'action des individus » (Fancello 2005 : 82).
15. Fabienne Samson relativise cependant ce suivi des pratiques, qui peut être adapté par certains fidèles et selon les situations (Samson 2008 : 242).
16. Une autre association faîtière, la CEMMEB (Conseil des Églises, Missions et Ministères évangéliques du Burkina), regroupe ces Églises.

8.

LES ÉGLISES ÉVANGÉLIQUES LOCALES ET LES MOUVEMENTS PROTESTANTS INTERDÉNOMINATIONNELS

Louis Audet Gosselin [1]

Au Burkina Faso, le christianisme évangélique est surtout incarné par l'Église des Assemblées de Dieu, qui regroupe la majorité des fidèles « protestants [2] » burkinabè (Degorce, ce volume ; Laurent 2009). À côté de cette Église, d'autres dénominations évangéliques sont établies depuis l'époque coloniale, telle la Christian & Missionary Alliance à l'ouest du pays et la Sudan Interior Mission dans la région de Fada N'Gourma. Cependant, depuis quelques décennies, on constate la popularité grandissante de mouvements évangéliques indépendants, souvent initiés par des pasteurs burkinabè qui fondent de nouvelles dénominations ou établissent des centres ou Églises dits « non-dénominationnels ». Ces nouvelles organisations se rattachent à la mouvance dite « charismatique » du christianisme évangélique, qui a émergé dans la seconde moitié du XXe siècle autour d'une volonté de réactiver les principes fondateurs du pentecôtisme tout en les adaptant à une réalité changeante (nouveaux médias, méga-églises, volonté d'influence politique) et en les détachant des institutions d'origine telles que l'Église des Assemblées de Dieu. La tendance charismatique a eu une influence considérable sur le christianisme évangélique burkinabè depuis les années 1980. Parallèlement à ces développements, des institutions ont été mises sur pied à partir des années 1970 afin de réunir les différentes dénominations de la mouvance évangélique au-delà des Églises historiques, créant des cadres nationaux où se retrouvent Églises pentecôtistes d'origine missionnaire et Églises charismatiques.

Ce chapitre vise donc à présenter les Églises évangéliques de type charismatique d'origine burkinabè ainsi que les principales organisations interdénominationnelles du pays. Dans un premier temps, nous ferons l'histoire de ces Églises et organisations. Dans un second temps, nous présenterons un sommaire des doctrines qui y sont mises en avant. Troisièmement, nous brosserons un panorama des principales organisations liées à la mouvance évangélique d'origine nationale ainsi que des activités qu'elles mènent. Dans une quatrième section, nous évoquerons plus particulièrement le rôle, central, des jeunes et des femmes dans les institutions charismatiques et interdénominationnelles. Enfin, nous évoquerons la question de la radicalisation au sein des églises évangéliques locales et des groupes interdénominationnels. Les données utilisées pour ce chapitre incluent les travaux des chercheurs sur la mouvance au Burkina Faso ainsi que des éléments tirés de nos propres recherches depuis plusieurs années (entretiens, observations, archives de médias évangéliques).

HISTOIRE

Au cours des années 1950 et 1960, l'Église des Assemblées de Dieu a fait face à des scissions qui ont donné naissance à trois dénominations concurrentes se réclamant d'une adhésion à l'héritage du pasteur écossais James Mckeown au Ghana : l'Église apostolique, l'Église de la Mission apostolique et l'Église de Pentecôte (Fancello 2006 : 91-7). Cependant, c'est surtout à partir des années 1980 que des pasteurs burkinabè ont commencé à se détacher des Églises historiques pour fonder leurs propres dénominations, basées localement et centrées autour de leur prédication. Cette tendance s'inscrit dans une évolution globale du monde évangélique avec la montée des pasteurs dits « charismatiques ». Cette évolution a débuté aux États-Unis dans la foulée du *Healing Revival* des années 1940-1950. Mené par des personnalités issues du milieu pentecôtiste comme Oral Roberts, William Branham et Gordon Lindsay, ce mouvement a vu la multiplication de rassemblements destinés à la guérison et la délivrance regroupant des milliers de fidèles à travers le pays. D'abord supporté par les Églises pentecôtistes, le mouvement s'est par la suite autonomisé avec le retrait des Églises (Harrell 1978).

Le mouvement charismatique s'est institutionnalisé dans les années 1960 avec la création de centres et d'universités associés aux principaux leaders du mouvement. La plupart de ces derniers insistaient sur le caractère interdénominationnel de leur action. Il ne s'agissait donc pas à proprement parler de nouvelles Églises, mais plutôt de « centres » ouverts à tous les chrétiens évangéliques et formés autour de services spécialisés : prière, guérison, délivrance, enseignement. Les institutions fondées par ces pionniers, comme l'Université Oral Roberts en Oklahoma ou le Christ for the Nations Institute au Texas, sont devenues des pôles de renforcement de la mouvance charismatique à travers le monde.

Sur le continent africain, le mouvement charismatique a débuté principalement au Nigeria, autour du pasteur Benson Idahosa. Ce dernier, formé aux États-Unis dans les réseaux charismatiques, a fondé la première méga-église africaine, la Church of God Mission International, à Benin City en 1970, initiative qui a fait des émules partout sur le continent. Au Burkina Faso, c'est dans les années 1980 que la mouvance charismatique a pris racine, principalement autour de la personnalité de Mamadou Karambiri. Musulman converti en 1973 aux Assemblées de Dieu lors d'un séjour en France, Karambiri a travaillé dans la fonction publique burkinabè avant de s'établir comme pasteur à plein temps à la fin des années 1980. Il s'est rapidement détaché des Assemblées de Dieu pour fonder son propre centre du nom de Centre international d'évangélisation/Mission intérieure africaine (CIE/MIA). En phase avec les évolutions américaines du mouvement charismatique, il a voulu créer non pas une église distincte, mais un centre d'évangélisation ouvert à tous et spécialisé dans l'enseignement. Le CIE est toutefois enregistré comme Église et membre à part entière de la Fédération des Églises et missions évangéliques du Burkina aux côtés des Assemblées de Dieu et autres Églises d'origine missionnaire.

Karambiri a par la suite été suivi par plusieurs autres figures, certaines ayant d'abord évolué dans le giron des Assemblées de Dieu, comme Emmanuel Sawadogo, spécialisé dans les guérisons et l'intercession. Autodidacte qui a grandi en Côte d'Ivoire, ce dernier ne possède pas de formation de pasteur et a longtemps opéré comme guérisseur sous l'autorité du pasteur des Assemblées de Dieu de Tanghin, à Ouagadougou (Laurent 2009). Il a fondé sa propre organisation en 2007, le Centre international de mission de délivrance et d'intercession (CIMIDI), s'émancipant des Assemblées de Dieu [3]. Depuis le début du XXIe siècle, un grand nombre de dénominations de plus petite taille ont été créées par des entrepreneurs charismatiques. C'est le cas par exemple de la Grace Academy Christian Center, centre « non-dénominationnel », fondé en 2004 par le pasteur Emmanuel Kiemtoré à Ouagadougou [4] ; l'Union internationale des chrétiens fondée en 2001 par le pasteur Pascal Israël Paré [5], décédé en 2015 ; le Centre international de délivrance et d'évangélisation du pasteur Charles Yabré à Ouahigouya [6] ; ou encore la Mission biblique internationale d'intercession et d'évangélisation du pasteur Patrice Tiendrebeogo [7]. De plus, des sections burkinabè d'Églises charismatiques ouest-africaines ont été établies, comme les Églises nigérianes de la Vie profonde du pasteur William F. Kumuyi, ou la Winner's Chapel du pasteur David Oyedepo (Fancello 2006 : 90). Enfin, il existe des réseaux inter-dénominationnels qui font le pont entre les différentes Églises, qu'elles soient pentecôtistes « historiques » ou charismatiques. On note par exemple le mouvement des Navigateurs, qui possède une clinique de soins à Ouagadougou et rassemble des Églises de ressortissants anglophones ; la SIM (aujourd'hui Serving in Mission) qui rassemble des missionnaires évangéliques pour l'évangélisation, en particulier du continent africain ; la Full Gospel Business Men, qui possède des sections au Burkina Faso depuis les années 1990 et regroupe des hommes d'affaires évangéliques dans un réseau international ; Campus for Christ, qui dispose d'un siège près de l'Université de Ouagadougou et œuvre à l'évangélisation en milieu universitaire ; ainsi que le Strategic Christian Services, réseau inter-dénominationnel qui fait la promotion du « leadership » chrétien (Langewiesche 2015).

Ainsi, l'apparition d'Églises charismatiques burkinabè est venue passablement bouleverser et raviver le paysage évangélique autrefois dominé par les Églises d'origine missionnaire comme les Assemblées de Dieu. Ces Églises prônent des doctrines qui diffèrent en partie de celles des Églises plus anciennes, tout en se réclamant de la même appartenance évangélique.

VISION DU MONDE ET DOCTRINE

Les chrétiens charismatiques adhèrent à la plupart des dogmes chers au pentecôtisme historique : baptême par l'Esprit, guérisons miraculeuses, nécessité de rejoindre le plus de gens par une évangélisation active et déterminée. Toutefois, la guérison et la délivrance y sont mises de l'avant plus volontiers et certains éléments novateurs ont progressivement été ajoutés au corpus théologique pentecôtiste par les pionniers du mouvement charismatique. L'élément sans doute le plus controversé de ce courant est l'évangile de la prospérité, qui postule que la conversion sincère est récompensée par des bienfaits en termes de richesse, de succès personnel et professionnel et de santé (Comaroff & Comaroff 1999 ; Coleman 2000 ; Haynes 2012 ; Heuser 2015 ; Attanasi et al. 2012). Popularisé par les figures historiques de la mouvance charismatique comme Kenneth Haggins ou Oral Roberts, l'évangile de la prospérité soutient que les récompenses matérielles sont des signes de bénédiction divine (Gifford 2004 ; Ukah 2005). Inversement, une incapacité à trouver le succès est souvent interprétée comme le signe d'une possession par « l'esprit de pauvreté » qui nécessite une solution d'abord spirituelle (Maxwell 1998). Cette orientation théologique est accompagnée d'injonction à l'initiative économique afin de provoquer les bienfaits divins. Son influence s'est accrue depuis sa création, avec notamment l'émergence d'une nouvelle génération de pasteurs très médiatisés comme Joel Osteen, qui ont propulsé la théologie de la prospérité dans la culture populaire aux États-Unis et ailleurs, au point d'être accusés d'avoir contribué à la crise financière de 2007–2008 en favorisant les dépenses ostentatoires symboles de réussite (Coleman 2017). De plus, l'évangile de la prospérité est étroitement lié à la popularité des systèmes de vente pyramidale et de « marketing de réseau » dans les pays du Sud, au sein desquels des personnes modestes peuvent se projeter comme « entrepreneurs », bien que ce soit dans le cadre de modèles d'investissements controversés (Cahn 2011).

Cet évangile de la prospérité est rejeté par les Assemblées de Dieu. Toutefois, sa popularité dans un contexte de grande pauvreté et de défaillance des autres modèles de protection (État, solidarité traditionnelle) entraîne une influence grandissante à travers le champ religieux et certains pasteurs locaux des Assemblées de Dieu empruntent à cette tendance (Laurent 2009 ; Audet Gosselin 2014 ; Langewiesche 2015). Dans les Églises charismatiques burkinabè, l'évangile de la prospérité est ouvertement mis en avant. C'est principalement le cas au CIE, où le pasteur Karambiri en martèle les principes dans ses prêches. Sa conférence sur « l'esprit de leadership », où il vante les mérites de la persévérance et de la réussite des « leaders », est fréquemment partagée sur les plateformes évangéliques francophones à travers le monde. Il a par ailleurs publié un livre intitulé *La direction divine et les lois spirituelles du succès* [8], dans lequel il présente le succès individuel comme l'accomplissement du plan de Dieu pour chacun. Ces thèmes sont fréquemment mis en avant dans ses prédications hebdomadaires.

Les Églises charismatiques recourent également abondamment aux « dons » particuliers de certains fidèles, notamment les prophéties et les dons de guérison. Ces dons sont supposés venir de l'Esprit Saint et sont fréquemment révélés aux élus par des songes ou des révélations lors de prières et de méditations sur les Écritures. Ces éléments sont certes présents dans le corpus du pentecôtisme historique, mais les Assemblées de Dieu y font appel avec parcimonie et canalisent le recrutement des responsables à travers leurs institutions, en particulier les écoles bibliques. À l'inverse, n'importe qui peut, moyennant la démonstration d'une capacité particulière à guérir les malades et possédés ou encore à prédire l'avenir, être proclamé pasteur, guérisseur ou prophète dans les Églises charismatiques. C'est de cette façon que se sont imposées la plupart des figures de la mouvance charismatique, le prophète Emmanuel Sawadogo constituant un cas emblématique d'émergence d'un *self-made-man* charismatique.

Ce dernier s'illustre par une autre caractéristique étroitement associée avec les Églises charismatiques, soit l'insistance sur les prières de délivrance. Certes, cette dimension est présente dans l'ensemble des Églises évangéliques, mais les dénominations pentecôtistes historiques les encadrent plus étroitement. À l'inverse, plusieurs figures charismatiques en font la base de leur mission, comme dans le cas de Sawadogo qui n'a pas suivi de formation biblique et a construit sa renommée sur ses talents présumés de guérisseur (Fancello 2006 ; Laurent 2009).

Les Églises charismatiques ont donc développé des doctrines et croyances centrées sur les dons de l'Esprit, la guérison, la délivrance et la recherche du succès dans le monde. Ces doctrines sont à la base des activités qu'elles organisent.

ORGANISATIONS, PRATIQUES ET ACTIVITÉS

La plupart des organisations charismatiques hésitent à se présenter comme de nouvelles dénominations, même si elles en arrivent généralement à développer des organisations formelles modelées sur celles des Églises et à rechercher la reconnaissance officielle de l'État en tant que dénomination religieuse. De plus, elles sont généralement mieux connues aux yeux des fidèles d'après le nom de leur pasteur principal, apôtre, prophète ou autre que par leur nom officiel. Cette particularité tranche notamment avec les Assemblées de Dieu où, malgré la présence de plusieurs figures dominantes, l'identité de l'Église demeure primordiale.

Plusieurs leaders charismatiques, comme Emmanuel Sawadogo, ont débuté au sein des Assemblées de Dieu pour progressivement s'en émanciper. La même dynamique semble s'opérer au sein même des Églises charismatiques, comme en témoigne le parcours de l'Apôtre Gilbert Kaboré. Collaborateur du pasteur Karambiri depuis les années 1980, il est devenu pasteur d'une église locale du CIE en 1991. Cette église, nommée Bethel Shean Shan / Académie du Saint-Esprit, située dans le quartier de Tampouy à Ouagadougou, comporte aujourd'hui elle-même des annexes. L'Apôtre Gilbert Kaboré oriente également sa communication autour de sa personne et met globalement son affiliation au CIE au second plan. Il possède son propre site web (apotregilbertministry.org) et sa propre page Facebook sur lesquels la mention du CIE apparaît très sporadiquement. Cette dynamique de personnalisation des organisations est évidente autour de Mamadou Karambiri et de sa femme Hortense, dont les personnalités sont mises en avant dans la communication de l'Église, mettant les structures de cette dernière à l'arrière-plan.

Cependant, ces structures existent bel et bien et sont gérées avec un degré de professionnalisme croissant à mesure que l'Église s'accroît. De loin, la plus grande Église charismatique burkinabè est le Centre international d'évangélisation du pasteur Mamadou Karambiri et ses structures le reflètent. Elle est administrée par un groupe restreint d'anciens, au centre duquel se trouve le pasteur Karambiri. Le CIE compte également des divisions spécialisées : une section jeunesse, une organisation des femmes nommée « Femmes de destinée » présidée par Hortense Karambiri, un service de prière situé dans la Tour de prières du « Mont

Carmel » et une branche médiatique très développée. De plus, les fidèles sont étroitement encadrés par une équipe de diacres et de diaconesses qui assurent l'ordre et la vie interne de l'Église. Au Tabernacle Bethel Israël, église centrale du CIE où prêche Karambiri, les fidèles sont divisés en cellules dont les membres sont encouragés à socialiser au-delà des cultes (Samson 2008).

Outre les cultes dominicaux, les Églises charismatiques organisent un grand nombre d'activités hebdomadaires qui attirent une large proportion de leurs fidèles. Les séances hebdomadaires consacrées aux délivrances et guérisons, comme celles organisées par Emmanuel Sawadogo, sont particulièrement populaires et attirent des personnes malades, à la recherche de solutions ou tout simplement curieuses de toutes les confessions. Par ailleurs, ces Églises organisent des événements spéciaux qui cadrent avec les dons revendiqués par les leaders. Par exemple, Emmanuel Sawadogo a lancé la pratique annuelle du Jeûne d'Esther. Cet événement, s'inspirant du jeûne recommandé dans le livre d'Esther, a été initié suite à une intervention du Saint Esprit auprès de Sawadogo. Il a débuté cette pratique d'un jeûne collectif de trois jours et trois nuits avec quelques fidèles de l'église des Assemblées de Dieu de Tanghin Rails où il évoluait dans les années 1990, avant de déplacer l'événement vers des lieux publics de Ouagadougou à mesure que l'événement attirait plus de gens et que le prophète s'émancipait des Assemblées de Dieu (Fancello 2006). Au CIE, c'est le Séminaire de Pentecôte qui constitue l'événement annuel phare, où l'Esprit Saint est réputé se manifester plus volontiers. Ce Séminaire de plusieurs jours en mai voit le pasteur Karambiri et d'autres figures charismatiques du CIE ou invités de l'étranger prêcher durant des heures les matins et soirs, attirant des foules considérables (Samson 2008).

En droite ligne avec les fondateurs de la mouvance charismatique qui ont abondamment utilisé les médias, notamment dans une prédication télévisée qui a révolutionné l'image du christianisme évangélique à partir des années 1950–1960, les Églises charismatiques burkinabè ont fortement investi les médias. Cette implication se traduit par l'utilisation active des médias numériques et des réseaux sociaux, surtout dans le cas du pasteur Mamadou Karambiri qui atteint par ce biais une audience à l'échelle de la francophonie (Madore et Audet Gosselin, ce volume).

Les Églises charismatiques sont enfin impliquées dans le domaine social et dans le développement. Bien qu'elles n'aient pas d'écoles formelles, de cliniques ou d'ONG de développement, elles interviennent directement dans le domaine social par plusieurs voies. Membre de la Fédération des Églises et missions évangéliques du Burkina (FEME), le CIE contribue à financer l'Office de développement des Églises évangéliques (ODE). Par ailleurs, le CIE dispose de deux départements impliqués dans l'aide aux personnes vulnérables : Hôpital et maternité et Prisons. Les deux départements ont pour objectif d'évangéliser les malades et les prisonniers, mais également d'apporter des dons en argent ou en nourriture, de payer des frais médicaux, d'aider à la réinsertion des détenus et de dépister et prévenir les ITS et le VIH [9]. Le CIMIDI a également parmi ses objectifs celui de « soutenir le développement socio-économique et culturel du Burkina Faso [10] » Ce dernier objectif est toutefois commun à la plupart des associations burkinabè reconnues, quelle que soit leur nature. Finalement, les organisations charismatiques tiennent un discours récurrent sur le développement économique qui met l'accent sur le leadership, en droite ligne de l'Évangile de la prospérité. Ce discours est particulièrement orienté vers les jeunes, comme dans le cas du département Élèves et étudiants du CIE, qui organise des sessions de formation en entrepreneuriat et encourage les jeunes membres de l'Église à se lancer en affaire et les fidèles à soutenir ces entreprises (Audet-Gosselin 2014).

Les activités des Églises charismatiques burkinabè attirent des foules considérables, que ce soit en personne ou à travers les médias numériques. Une large part de cette audience est composée de femmes et de jeunes, qui semblent attirés par certains aspects de la vie sociale et de la théologie charismatique.

PLACE DES FEMMES ET DES JEUNES

Les femmes et les jeunes constituent des publics privilégiés pour les Églises charismatiques. Les chercheurs ont souligné, au Burkina Faso comme ailleurs, que ces Églises attirent presque systématiquement une majorité de femmes (Fancello 2006). Cette situation a soulevé des débats dans la recherche, pour savoir si ces Églises étaient des espaces d'émancipation pour les femmes ou si au contraire elles participaient d'une affirmation religieuse des rôles de genre traditionnels (Malogne-Fer & Fer 2015 ; Soothill 2010). La situation burkinabè laisse voir une réalité ambivalente. Alors que les Églises pentecôtistes historiques pratiquent souvent la ségrégation des hommes et des femmes dans les assemblées, ce n'est pas le cas dans la plupart des Églises charismatiques. Par ailleurs, ces dernièrs sont les seules à accepter les femmes comme pasteurs, alors que la plupart des dénominations, dont les Assemblées de Dieu, interdisent aux femmes d'accéder à ce titre. Selon un décompte effectué par l'ONG Compassion pour la FEME en 2013, il y aurait 39 femmes pasteures au Burkina Faso contre 6 127 hommes [11].

Par exemple, Hortense Karambiri, femme de Mamadou Karambiri, bénéficie du titre de pasteur depuis 2010. Elle a par ailleurs publié des ouvrages édités par le Rhema Media Center, en particulier une série de courts livres sur la vie familiale [12]. Elle préside l'organisation "Femmes de destinées" et prêche régulièrement à l'église principale du CIE. Ses prédications sont relayées sur les diverses plateformes médiatiques de l'Église. C'est également le cas d'Émilie Sawadogo, épouse d'Emmanuel Sawadogo, qui a été élevée au titre de pasteure en 2011 [13].

Malgré cette présence de femmes comme pasteures, il convient de noter que les rôles des femmes et des hommes sont peu remis en question au sein des Églises charismatiques burkinabè. En effet, leurs prédications sont exclusivement destinées aux femmes, de même que leurs publications, qui traitent de sujets familiaux traditionnellement associés à la sphère féminine. Par contraste, les points centraux de la doctrine du CIE sont développées dans les prêches et les écrits de Mamadou Karambiri. L'accession de Mme Karambiri et de Mme Sawadogo au titre de pasteures a également été conditionné par leurs maris, qui ont eu une vision pour elles et les ont unilatéralement proclamé pasteures sans qu'elles aient suivi de formation. Hortense Karambiri se considère d'ailleurs comme subordonnée à la vision de son mari au sein de l'Église [14]. Ces nominations ont été fortement contestées dans les milieux évangéliques au Burkina Faso, d'une part à cause de l'arbitraire de celle-ci et d'autre part à cause de son caractère contraire à la lecture de la place de la femme dans la doctrine pentecôtiste historique incarnée par les Assemblées de Dieu. Les commentaires d'internautes sous les articles de presse cités plus haut témoignent de ces critiques.

Il est indéniable que les Églises charismatiques rassemblent une population féminine importante (Samson 2008 ; Fancello 2006), ce qui ne signifie pas pour autant que ces institutions sont une source d'émancipation. Il semble en effet que les femmes y trouvent un soutien particulier face aux problèmes qu'elles vivent dans une société qui demeure patriarcale. Plusieurs jeunes femmes adhèrent à ces Églises et participent à leurs activités dans l'espoir de trouver un mari pieux et respectueux. Le principe du mariage par consentement mutuel observé dans l'ensemble des dénominations évangéliques, comme chez les catholiques, attire particulièrement les jeunes femmes promises en mariage selon les règles coutumières (Laurent 2009 ; Mazzocchetti 2009). En outre, elles y recherchent des protections face aux attaques de sorcellerie présumées de membres de leur entourage. Nos recherches dans les milieux musulmans ont montré que l'exode de jeunes femmes vers les Églises évangéliques est une préoccupation majeure pour les militants des organisations islamiques (Audet Gosselin 2016), témoignant d'un pouvoir d'attraction non négligeable de ces Églises sur la population féminine. La part d'autonomie dont disposent ces femmes face aux autorités masculines demeure matière à débat, comme les exemples cités l'ont montré.

Par ailleurs, les Églises charismatiques burkinabè visent spécifiquement les jeunes urbains et les étudiants, qui comptent pour une large proportion des fidèles (Samson 2008). Elles développent des sections "jeunesse" bien organisées, ce qui est compréhensible dans la mesure où l'encadrement de la jeunesse assure l'avenir de leur dénomination. Cet accent mis sur les jeunes n'est d'ailleurs pas propre aux Églises charismatiques, toutes les confessions tentant d'attirer les jeunes dans un pays où ils sont très nombreux. La forte présence des Églises charismatiques sur les réseaux sociaux contribue toutefois à rejoindre plus efficacement les jeunes, qui sont plus impliqués que leurs aînés sur ces réseaux [15]. Les sections "jeunesse" servent également de lieux de rencontre pour la formation de couples issus des Églises.

L'organisation de la jeunesse est surtout visible au CIE, dont les structures sont les plus élaborées. Les jeunes ont leur propre programme d'activités avec des prédications menées par ses responsables, des activités sportives ou culturelles, des sorties d'évangélisation dans les quartiers et des séminaires pour l'apprentissage de la Bible. La section "jeunesse" est également en charge de diverses activités de l'église (stationnement, service d'ordre, nettoyage). L'activité principale est l'Université des jeunes du CIE, qui mobilise les jeunes de l'Église durant quelques jours au mois d'août autour d'enseignements spécifiquement destinés aux élèves et étudiants qui marient formation biblique et conseils pour réussir dans divers aspects de leur vie (études, travail, mariage) [16].

L'évangile de la prospérité est au centre des activités pour les jeunes dans les Églises charismatiques. Les prédicateurs et encadreurs charismatiques affirment en effet cultiver le développement de « l'esprit de leadership » auprès des jeunes afin de rompre avec les pratiques corrompues associées au modèle de développement collectif adopté depuis l'indépendance et aux mentalités traditionnelles qui découragent, selon eux, l'initiative individuelle (Audet Gosselin 2014). Par exemple, les activités de la section jeunesse du CIE exigent que chaque jeune membre contribue, peu importe son revenu, afin de susciter une culture de « responsabilité » [17].

Les femmes et les jeunes constituent donc des populations cibles pour les Églises charismatiques. Ces dernières font appel à des doctrines qui passent dans bien des cas pour radicales dans le champ religieux burkinabè.

TENDANCES RADICALES

D'emblée, il est délicat de tenter de déterminer si le mouvement charismatique, comme l'ensemble de la mouvance évangélique, est radical ou non. En effet, si la présence de ces Églises depuis de nombreuses années en a fait une partie intégrante et respectée du champ religieux national et si l'idéologie qu'elles affichent se veut strictement non violente, il ne reste que la doctrine portée par cette mouvance ouvre peu d'espace à la modération et à l'ouverture. En effet, les Églises évangéliques postulent une coupure nette entre leurs fidèles, seuls élus selon leur doctrine, et le reste de la société. Cette attitude, qui chez certains fidèles va jusqu'à considérer les croyants d'autres religions comme possédés par le diable, pousse à limiter les contacts au maximum avec les autres croyants et à développer des institutions et des cercles de socialisation exclusifs (Samson 2008). Par exemple, lors de nos recherches de doctorat en 2010 auprès des associations religieuses de jeunes à Ouagadougou, l'initiative d'une association musulmane de quartier d'organiser des campagnes conjointes avec les Églises chrétiennes locales avait été accueillie très froidement par les jeunes de l'église évangélique voisine. De plus, nous avons assisté en 2014 à une séance de formation sur le missionnariat en milieu musulman organisée par l'Union des groupes bibliques du Burkina où un missionnaire de l'Église britannique Elim diffusait des informations alarmistes au sujet de l'islam devant un public de jeunes qui ne cachait pas son hostilité envers cette religion.

Les Églises charismatiques locales intègrent de plus des éléments de théologie controversés qui renforcent leur image radicale. L'adoption de la théologie de la prospérité en effet conduit certains fidèles à adopter des comportements irréalistes en croyant obtenir les faveurs divines (Haynes 2012). De plus, les séances de guérison très intenses telles que pratiquées par le pasteur Emmanuel Sawadogo, impliquant vomissements et expulsions douloureuses de démons présumés, sont également contestées au sein de la mouvance évangélique comme à l'extérieur (Fancello 2006) et rappellent le souvenir de cas d'abus fréquemment associés à ces pratiques à travers le monde. La pratique du Jeûne d'Esther est également controversée dans la mesure où certains fidèles sont amenés à se priver de nourriture et d'eau durant trois jours consécutifs, ce qui est au-delà des capacités physiques de plusieurs.

La mouvance néo-pentecôtiste peut également conduire certains individus à une implication politique fondée sur des principes religieux rigides. C'est ce qui s'est produit notamment en Côte d'Ivoire, où le pasteur conseiller de Laurent Gbagbo a contribué à maintenir ce dernier dans une politique jusqu'au-boutiste destructrice pour son pays (N'Guessan 2015). Au Burkina Faso, la courte période de transition politique entre la chute du président Blaise Compaoré en octobre 2014 et les élections de novembre–décembre 2015 représente un moment où les Églises charismatiques ont obtenu une influence sans précédent dans la sphère politique. En effet, le lieutenant-colonel Isaac Zida, qui s'est imposé comme Premier ministre et homme fort du gouvernement de transition, était membre de la Mission biblique internationale d'intercession et d'évangélisation. Cette Église indépendante, fondée par le pasteur Patrice Tiendrebeogo, a alors joué un rôle central dans la vie politique du pays. Le pasteur Tiendrebeogo a été promu comme conseiller du Premier ministre et plusieurs membres de l'Église ainsi que d'autres chrétiens évangéliques ont été nommés à des postes d'influence dans le gouvernement ou dans les organismes parapublics [18]. Cette attitude a entraîné un braquage des autres confessions qui y ont vu une tentative de prise de contrôle de l'appareil d'État par la minorité protestante [19].

CONCLUSION

En définitive, on constate une certaine différence entre les Églises pentecôtistes historiques d'origine missionnaire et les Églises charismatiques d'origine burkinabè. Ces dernières sont en effet plus centrées sur la personnalité de leur fondateur et plus ancrées autour de dons et révélations particulières que ces derniers clament avoir reçu de Dieu ou de l'Esprit Saint. Elles se veulent souvent interdénominationnelles, c'est-à-dire qu'elles ambitionnent d'attirer des fidèles de diverses Églises constituées autour des dons particuliers de leurs leaders. Cependant, plusieurs en viennent à se constituer comme des Églises à part entière. Au plan doctrinal, les Églises charismatiques tendent à recourir plus fréquemment aux dons de guérison et de délivrance, en se revendiqueant aussi plus explicitement de l'évangile de la prospérité, bien que ces éléments soient perceptibles à divers degrés dans les Églises d'origine missionnaire. Les femmes et les jeunes constituent des populations privilégiées de leur action. Enfin, les Églises charismatiques, bien qu'elles prônent la non-violence, sont fréquemment cataloguées comme « radicales », du fait de leur attitude fermée face aux autres confessions, de leur promotion d'éléments doctrinaux controversés et de l'affirmation, par certains pasteurs, d'une volonté d'influencer le politique.

Bibliographie

Attanasi K., Yong A., 2012, *Pentecostalism and Prosperity*, New York, Palgrave Macmillan.

Audet Gosselin L., 2014, *Fresh Contact* dans la jeunesse religieuse autour du cinquantenaire de l'indépendance du Burkina Faso (2010), Thèse de doctorat en sociologie, Université du Québec à Montréal.

Audet Gosselin L., 2016, « Une nation pluraliste ? Les limites du dialogue interconfessionnel chez les jeunes militants religieux à Ouagadougou », *Revue canadienne des études africaines*, 50, 1, p. 105–26.

Audet Gosselin L., 2017, « Médias 2.0 et Églises chrétiennes au Burkina Faso : évangélisation numérique et contrôle du message », *Émulations*, 24, p. 71–85.

Cahn P. S., 2011, *Direct Sales and Direct Faith in Latin America*, New York, Palgrave Macmillan.
Coleman S., 2000, *The Globalisation of Charismatic Christianity: Spreading the Gospel of Prosperity*, Cambridge, Cambridge University Press.
Comaroff J., Comaroff J., 1999, « Occult Economies and the Violence of Abstraction: Notes from the South African Postcolony », *American Ethnologist*, 26, 2, p. 279–303.
Fancello S., 2006, *Les aventuriers du pentecôtisme ghanéen : nation, conversion et délivrance en Afrique de l'Ouest*, Paris, IRD & Karthala.
Gifford P., 2004, *Ghana's New Christianity*, Bloomington, Indiana Univ. Press.
Harrell D., 1978, *All Things Are Possible: The Healing and Charismatic Revivals in Modern America*, Bloomington, Indiana University Press.
Haynes N., 2012, « Pentecostalism and the Morality of Money: Prosperity, Inequality, and Religious Sociality on the Zambian Copperbelt », *Journal of the Royal Anthropological Institute*, 18, p. 123–39.
Heuser A. (dir.), 2015, *Pastures of Plenty: Tracing Religio-Scapes of Prosperity Gospel on Africa and Beyond*, Frankfurt, Peter Lang.
Keller F.G., 2002, « Un pionnier de l'unité des missions protestantes d'Afrique francophone, Jean Keller (1900–1993) », *Bulletin de la Société de l'histoire du protestantisme français*, 148, p. 529–66.
Langewiesche K., 2015, « The Ethics of Wealth and Religious Pluralism in Burkina Faso : How the Prosperity Gospel Is Influencing the Current Religious Field in Africa », *in* Andreas Heuser (dir.), *Pastures of Plenty: Tracing Religio-Scapes of Prosperity Gospel in Africa and Beyond*, Francfort, Peter Lang, p. 183–202.
Laurent P.-J., 2009, *Les Pentecôtistes du Burkina Faso: mariage, pouvoir et guérison*, Paris, Karthala.
Malogne-Fer G., Fer Y. (dir.), 2015, *Femmes et pentecôtismes. Enjeux d'autorité et rapports de genre*, Genève, Labor et Fides.
Maxwell D., 1998, « 'Delivered from the Spirit of Poverty?': Pentecostalism, Prosperity and Modernity in Zimbabwe », *Journal of Religion in Africa*, 28, 3, p. 350–73.
Mazzocchetti J., 2009, *Être étudiant à Ouagadougou : Imaginaire et précarité*, Paris, Karthala.
N'Guessan K., 2015, « Côte d'Ivoire: Pentecostalism, Politics and Performances of the Past », *Nova Religio*, 18, 3, p. 80–100.
Samson F., 2008, « Entre repli communautaire et fait missionnaire. Deux mouvements religieux (chrétien et musulman) ouest-africains en perspective comparative », *Social Science and Missions*, 21, 2, p. 228–52.
Soothill J., 2010, « The Problem with 'Women's Empowerment': Female Religiosity in Ghana's Charismatic Churches », *Studies in World Christianity*, 16, 1, p. 82–99.

Notes

1. Je tiens à remercier les directeurs de cet ouvrage pour leurs commentaires. Ce chapitre est en partie basé sur des recherches menées grâce au financement du Conseil de recherche en sciences humaines du Canada. Un grand merci à Aïssé-tou Sawadogo pour son aide dans la conduite des recherches.
2. Au Burkina Faso, le terme « protestant » est communément utilisé pour désigner les membres des différentes dénominations protestantes, sans

distinction de tendance. L'immense majorité de ces fidèles relèvent des dénominations évangéliques.

3. http://www.cimidi.org/
4. http://graceaction.org/#3-mot-du-directeur.
5. « Pasteur Israël Paré investi premier bishop du Burkina : après les épreuves, la gloire divine », *LeFaso.net*, 4 juin 2012.
6. https://www.facebook.com/cideministries/
7. « Pasteur Patrice Tiendrébéogo de la Mission biblique internationale d'intercession et d'évangélisation : "Nous prierons pour tous les besoins qu'un être humain peut avoir..." », *Sidwaya*, 25 février 2010.
8. Ouagadougou, Éditions Impact/CIE, 2010.
9. http://www.cie-mia.org/qui-sommes-nous/
10. http://cimidibf.org/index.php/ministere
11. « Église et missions évangéliques au Burkina : Compassion internationale fait l'autopsie », *Sidwaya*, 18 juillet 2013.
12. Hortense Karambiri, *Avant de dire Oui pour le mariage*, Ouagadougou, RMC, 2014 ; Hortense Karambiri, *L'harmonie familiale*, Ouagadougou, RMC, 2015 ; Hortense Karambiri, *Comment accompagner nos ados*, Ouagadougou, RMC, 2015.
13. « Religion : Une femme investie pasteure à Ouagadougou », *Le Pays*, 8 juin 2011.
14. « Pasteur Hortense Karambiri : Être pasteur au même titre que mon époux est une grâce », *LeFaso.net*, 18 mars 2013.
15. « Réseaux sociaux et développement : 1 000 000 d'utilisateurs actifs de Facebook au Burkina », *LeFaso.net*, 11 avril 2018.
16. Entretien avec Judes, responsable de la jeunesse du CIE, Ouagadougou, 3 juin 2010.
17. Observation d'une activité de la section jeunesse locale de l'église centrale du CIE, Ouagadougou, 6 juin 2010.
18. Benjamin Roger, « Burkina : Zida l'affranchi », *Jeune Afrique*, 2 juin 2015.
19. « Journée continue de travail : Le CERFI demande la prise en compte de la grande prière du vendredi », *LeFaso.net*, 9 septembre 2015.

12. La campagne du Temple évangelique Grace et Victoire, Ouagadougou 2019. Photo par Adjara Konkobo.

Deuxième partie

RELIGIONS ET DYNAMIQUES SOCIO-POLITIQUES

13. Le Cheikh Moaze et le Cardinal Philippe Ouédraogo à la présidence du Faso lors de la présentation des vœux au chef de l'État. Photo par Harouna Marané, 2018.

14. Prière de la Tabaski à la place de Nation, Ouagadougou, 2014. Photo par Harouna Marané.

9.

LES ENJEUX DES CHIFFRES : LA DÉMOGRAPHIE DES RELIGIONS AU BURKINA FASO

*Marc Pilon, Alice Degorce
& Katrin Langewiesche*

« L'intérêt de la question et la pérennité des religions devraient être suffisants pour attirer l'attention des statisticiens et les inviter à donner à la religion la place qu'elle mérite dans leurs travaux. En outre, les statistiques religieuses existent déjà et n'ont besoin que d'être améliorées. De nombreux pays les possèdent déjà, notamment l'Allemagne, l'Autriche, l'Italie et l'Inde anglaise. Il faut cependant faire comprendre aux pays dans lesquels ils n'existent pas, ou dans lesquels ils existent dans un état très imparfait, de la grande valeur des statistiques religieuses comparatives » (Fournier de Flaix & Jackson 1892 : 18, traduction des auteurs).

L'actualité de la question du poids démographique des religions n'a pas changé depuis la publication en 1892 de l'article de Fournier de Flaix et Jackson et s'avère encore actuellement très sensible. Les enjeux peuvent être tels que dans un pays comme le Liban, l'absence, depuis 1932, d'un recensement général de la population tient au refus, ou plutôt à la préférence des dirigeants de ne pas produire de statistiques relatives aux religions. Dans ce pays politiquement organisé sur une logique multiconfessionnelle, la connaissance statistique des différentes religions revêt une dimension politique très sensible : « La politique statistique explique pourquoi le Liban n'a pas organisé de recensement de la population depuis celui de 1932, qui a défini la domination numérique des chrétiens (et parmi eux les chrétiens maronites) sur les musulmans » (De Bel-Air 2017 : 2) [1].

Dans d'autres pays où les statistiques sur les religions existent, leur méthodologie est contestée par des groupes qui se sentent mal représentés et pas assez reconnus. Le dernier recensement en Éthiopie de 2007, pour ne citer qu'un exemple, a été contesté par de nombreux musulmans éthiopiens qui revendiquaient représenter 45 à 50 % de la population, tandis que le chiffre officiellement annoncé par le gouvernement était de 34 % de musulmans (Desplat & Ostebo 2013 : 5).

Au Burkina Faso, durant la période révolutionnaire 1983–1987, la collecte des informations auprès des populations sur leur appartenance ethnique et leurs pratiques religieuses avait été interdite afin de ne pas mettre en danger la cohésion nationale et de soutenir la construction de l'État-nation (Kibora, chapitre religions et politique dans ce volume). C'est en 1996, sous le régime qualifié de semi-autoritaire de Blaise Compaoré, qu'un recensement général de la population et de l'habitat prend en compte pour la première fois l'appartenance religieuse des enquêtés. Les premières élections démocratiques après la chute du président Compaoré ont connu des tentatives d'instrumentalisation de la religion de la part de certains leaders de partis politiques [2] dans le but de s'attirer des électeurs (Hagberg *et al.* 2017 : 50). Cette attitude a été fortement réprimandée par l'opinion publique et ouvertement critiquée par d'autres responsables politiques [3], ce qui prouve à la fois la sensibilité du sujet et la prudence ou l'autocontrôle – autant de la part de la plupart des acteurs étatiques que de la société civile – pour ne pas succomber à l'ambiance globale d'opposition binaire et dangereuse entre musulmans et chrétiens [4].

La question de la représentativité se posait – et se pose toujours – de manière cruciale dans la mesure où l'enjeu en est le rapport au pouvoir et le contrôle des ressources que chaque tendance religieuse est à même de mobiliser pour influencer des décisions politiques. La représentativité des différentes religions devient par exemple un enjeu public à chaque fois que l'État fait appel aux responsables religieux pour se réunir au sein d'une institution. Il en était ainsi lors de la constitution du Collège des sages en 1999 sous la présidence de Blaise Compaoré, puis de la création de l'ONAFAR (l'Observatoire national des faits religieux) sous le gouvernement de la transition en 2015, où s'est posée à chaque fois la question de la répartition des sièges au sein de l'institution : les chrétiens occupaient plus de places que les responsables de la communauté musulmane et les autorités coutumières, car ils avaient des représentants catholiques et protestants, tandis que la communauté musulmane et les coutumiers étaient représentés comme des blocs homogènes.

De nombreux recensements généraux de la population et certaines enquêtes démographiques menées à l'échelle nationale constituent les principales sources de données quantitatives relatives aux religions [5]. Selon les principes et recommandations des Nations Unies concernant les recensements généraux de la population et de l'habitat, adoptés en 2009 :

« La décision de recueillir et de diffuser des informations sur la religion au cours d'un recensement national dépend d'un certain nombre de considérations et de situations nationales ; entre autres, le pays doit considérer s'il a besoin de ces données, s'il convient d'inclure une question concernant la religion dans le questionnaire et comment on doit le faire. [...] Le degré de détail de l'étude dépendra lui aussi des intérêts de chaque pays. Il peut suffire, par exemple, de se renseigner sur la religion de chaque personne, mais on peut aussi demander aux recensés de préciser, s'il y a lieu, l'obédience à laquelle ils appartiennent dans la religion considérée » (Nations Unies 2009 : 148–9).

Dans les questionnaires permettant de recueillir les caractéristiques individuelles des membres d'un ménage et des personnes directement enquêtées, est ainsi souvent prévue une question relative à la religion. Mais force est de constater que cette variable fait très rarement l'objet d'analyses spécifiques, au-delà de la production (du reste pas systématique) de tableaux donnant la répartition de la population selon la religion (généralement selon le sexe, parfois selon les régions). Dans les enquêtes démographiques, la religion est avant tout appréhendée comme variable explicative potentielle, parmi d'autres, des comportements démographiques (Dasré & Hertrich 2017).

Depuis 1982, la *World Christian Database* [6], basée aux États-Unis, publie des statistiques sur les religions (Hsu *et al.* 2008). Créé en 2004, le *Pew Research Center* [7], centre de recherche américain, fournit également des statistiques sur les religions à travers le monde, se fondant sur les recensements et enquêtes existantes, allant même jusqu'à proposer des projections, globales et par pays, pour 2020, 2030 et 2050.

Par-delà les dimensions politiques du poids démographique des religions et de leur répartition spatiale au sein d'un même pays, une autre raison pouvant contribuer au peu d'intérêt scientifique, notamment de la part des démographes, pour une analyse plus approfondie en termes de démographie des religions, tient probablement aux interrogations suscitées par le recueil de cette information, sur sa pertinence. La question le plus souvent posée est fort simple, se limitant à demander : « quelle est votre religion ? » dans le cas des questionnaires individuels ou « quelle est la religion de X ? » dans celui des questionnaires collectifs, pour lesquels c'est le « chef de ménage » qui répond pour tous les membres de son ménage. Les modalités retenues varient selon les pays, les périodes et les approches, comme l'ont observé Aurélien Dasré et Véronique Hertrich :

> « Au Mali, la religion est enregistrée pour la première fois en 2009, en distinguant cinq groupes : musulmans, chrétiens, animistes, sans religion, autres. Certains pays africains comptent jusqu'à huit ou neuf catégories, mais avec des distinctions très variables. Ainsi les religions chrétiennes sont classées en cinq catégories au Rwanda (2002) ; au Sénégal (2002) ce sont les musulmans qui sont distingués en cinq groupes, tandis qu'aucune

distinction n'est prévue pour la religion traditionnelle ni pour les "sans religion". La religion "hindoue" est recensée en Kenya depuis 2009, et le bouddhisme l'est également en Zambie (2010) » (Dasré & Hertrich 2017 : 15–16).

L'absence d'instructions plus précises données aux agents recenseurs et enquêteurs/trices semble traduire la conviction que la religion peut s'enregistrer comme une variable d'état qui ne change pas au cours de la vie d'une personne et peut être relevée une fois pour toute. Dans le cadre d'une recherche portant sur les mobilités religieuses au Burkina Faso, Katrin Langewiesche met en avant « les nombreuses variations dans les pratiques et les valeurs qui se cachent derrière l'affirmation que 85 % de la population du Yatenga est musulmane » (Langewiesche 2003 : 33). Nolte *et al.* (2016) analysent les variations des relations entre chrétiens et musulmans au sud-ouest du Nigeria. Ils soulignent que l'hypothèse selon laquelle la présence numérique égale des deux religions a contribué aux relations pacifiques entre musulmans et chrétiens a étayé en grande partie la réflexion sur les relations entre musulmans et chrétiens en pays yoruba sans pouvoir se fonder pour autant sur des données démographiques fiables.

Quel crédit faut-il alors accorder aux déclarations faites à l'occasion des recensements et enquêtes démographiques en matière de religions en Afrique ? Les résultats obtenus sont-ils en outre comparables selon les sources de données ? Avec toute la prudence requise, qui plus est dans un contexte international contemporain marqué par des tensions interreligieuses, il s'avère opportun de discuter les statistiques relatives aux religions, issues de ces sources de données, hors de toute considération politique, religieuse, voire idéologique. C'est cet exercice que propose le présent texte, pour le cas du Burkina Faso.

Ce chapitre a une double visée. D'un côté, il synthétise les données quantitatives existantes sur les religions au Burkina Faso pour les rendre facilement accessibles et utilisables comme point de départ pour des recherches ultérieures. D'autre part, il a l'ambition de livrer une discussion critique sur la production des données démographiques relatives à la religion au Burkina Faso. Partant d'un inventaire des sources de données disponibles, il propose en premier lieu une analyse critique des métadonnées relatives à la religion, à travers les questions posées et les modalités de réponses prévues. En second lieu, il entend exposer et discuter les données disponibles quant à l'évolution démographique des religions et à leur répartition spatiale.

LES SOURCES DE DONNÉES DISPONIBLES

Les sources de données quantitatives recueillant des informations sur la religion sont les recensements généraux de la population (RGPH) et certaines des enquêtes démographiques et socio-économiques : les enquêtes démographiques (ED) de 1960–61 et de 1991 ; les enquêtes démographiques et de santé (EDS) ; l'enquête 123 de l'Union économique et monétaire ouest-africaine (UEMOA), sur l'emploi et le secteur informel à Ouagadougou ; l'enquête intégrale sur les conditions de vie des ménages (EICVM), l'enquête multisectorielle continue (EMC) [8].

En ce qui concerne les quatre recensements généraux de la population et de l'habitat, de 1975, 1985, 1996 et 2006, l'information sur la religion n'a été recueillie que lors des deux derniers. Si le Burkina Faso a réalisé de nombreuses enquêtes sur les conditions de vie des ménages, toutes n'ont pas recueilli non plus l'information relative à la religion. Les enquêtes dites « prioritaires » de 1994 et 1998 l'ont recueillie, mais uniquement pour les chefs de ménage.

Dans les recensements et enquêtes démographiques qui comportent une question relative à la religion, celle-ci est généralement exprimée des deux manières suivantes, et sans être accompagnée d'instructions précises aux agents recenseurs et enquêteurs :

- « Quelle est la religion de [NOM] ? », dans le cas le plus fréquent, des recensements et de la plupart des enquêtes démographiques, où la question est adressée au chef de ménage qui répond pour l'ensemble des membres de son ménage.

- « Quelle est votre religion ? » dans le cas des questionnaires individuels soumis séparément aux hommes et aux femmes lors des enquêtes démographiques et de santé.

Pour la majorité des opérations de collecte, les modalités de réponse retenues sont : animiste, musulmane, catholique, protestante, autre religion, sans religion (tableau 9.1). Cette catégorisation nous interroge à plusieurs niveaux et appelle les observations suivantes :

- La modalité « animiste » renvoie aux religions dites « traditionnelles », considérées ainsi comme un tout homogène. Tandis que le terme « animiste » a engendré des controverses hardies en anthropologie et reste associé à des théories évolutionnistes, il est en usage dans le langage courant au Burkina Faso et, surtout, dans les documents administratifs et statistiques [9]. Nous avons gardé le terme « animiste » dans ce chapitre lorsque nous parlons de la modalité de réponse du recensement en question.

Tableau 9.1. Modalités de réponses sur la religion prévues lors des différentes opérations de collecte au Burkina Faso

Religion	ED 1960–61	Recensement Ouagadougou 1961–62	ED 1991	Enquête 123 UEMOA 2008	EDS 1993	EDS 1998–99 2003, 2010	EICVM 2009–10 EMC 2014	RGPH 1996 2006
Animiste	X	X	X	X	X	X	X	X
Musulmane	X	X	X	X	X	X	X	X
Chrétienne		X	X		X			
Catholique	X			X		X	X	X
Protestante	X					X	X	X
Évangélique				X				
Autres chrétiens				X				
Autre religion	X		X	X	X	X	X	X
Sans religion	X		X	X		X	X	X

ED : Enquête démographique ; EDS : Enquête démographique et de santé ; 123 UEMOA : Union économique et monétaire ouest-africaine ; EICVM : Enquête intégrale sur les conditions de vie des ménages ; EMC : Enquête multisectorielle continue ; RGPH : Recensement général de la population et de l'habitat.

- La modalité « musulmane » ne fait également l'objet d'aucune distinction. Seule l'enquête démographique de 1960–61 [10] a recueilli l'appartenance à différentes « voies » ou « confréries » ou « sectes », pour reprendre les termes de l'époque, dont les trois principales retenues sont la « *qadria* » (Qâdiriyya), le « *tidjanisme* orthodoxe » (Tijâniyya) et le *hamallisme* (Haute Volta, nd : 112). La Qâdiriyya et la Tijâniyya sont en effet deux des principales confréries présentes au Burkina Faso, et le hamallisme (*hamawiyya*) est considéré comme une branche née d'une scission de la confrérie *tijane* [11].

- En ce qui concerne les religions chrétiennes, la distinction se limite généralement à celle entre catholiques et protestants ; seules les enquêtes menées en 2008 au niveau des capitales des pays de l'UEMOA prévoient en outre les modalités « évangéliques » et « autres chrétiens ».

- Le statut « sans religion » n'a pas été prévu lors du recensement de Ouagadougou de 1961–62 et de l'enquête démographique et de santé de 1993, laquelle ne faisait pas non plus la distinction entre catholiques et protestants.

- Il est par ailleurs intéressant d'observer que la possibilité de « non-réponse » n'est jamais prévue, ni la possibilité d'indiquer plus d'une religion à la fois. Pourtant, de nombreuses études qualitatives ont montré que la déclaration d'adhérer aux religions universalistes ne signifie pas pour autant un abandon des pratiques traditionnelles (Bouron 2012 ; Bieri & Froidevaux 2010 ; Degorce 2011 ; Langewiesche 2011 ; Reikat 2003 ; Somé 2004).

QUELLES ÉVOLUTIONS DU POIDS DÉMOGRAPHIQUE DES RELIGIONS ?

Les diverses opérations de collecte n'ont pas toute une représentativité à l'échelle nationale et, dans le cas des enquêtes démographiques et de santé, les résultats ne concernent que les hommes et femmes de certains groupes d'âges. Il n'est donc pas possible de comparer le poids démographique des religions entre toutes ces sources de données. En outre, la simple répartition de la population selon la religion (et éventuellement selon le sexe) ne figure pas toujours dans les publications des résultats ; tel est le cas de l'enquête démographique et de santé de 1993. Des exploitations statistiques spécifiques des recensements généraux de la population de 1996 et 2006 ont pu être effectuées à partir des échantillons accessibles sur la base IPUMS International [12], ainsi qu'à partir des données des enquêtes démographiques et de santé de 1993, 1998–99 et 2010 [13].

L'enquête démographique par sondage de Haute-Volta réalisée de septembre 1960 à avril 1961 (sauf pour Ouagadougou et Bobo-Dioulasso), suivie du (premier) recensement de Ouagadougou réalisé de mai 1961 à janvier 1962 apportent les premiers chiffres sur la répartition de la population selon la religion (tableau 9.2).

Tableau 9.2. Répartition (%) de la population selon la religion en Haute Volta en 1960–61, d'après l'enquête démographique de 1960–61 et le recensement de Ouagadougou de 1961–62

Religion	1960–61 National*	1960–61 Centres secondaires**	1961–62 Ouagadougou
Animiste	68,7	29,2	11
Musulmane	27,5	57,4	53,5
Catholique	3,7	12,9	33,5
Protestante	0,1	0,5	1,2
Autre et sans religion	-	-	0,8
Total	100		100

* : sauf Ouagadougou et Bobo-Dioulasso.
** : sauf Bobo-Dioulasso

Selon le rapport d'analyse issu de l'enquête de 1960–61 :

« La Haute Volta se distingue de ses voisins situés à la même latitude (Niger et Mali) par l'existence d'un ancien et puissant État "animiste", l'empire Mossi, qui a arrêté l'islamisation jusqu'à une date assez récente. L'islam a pénétré dans le nord du pays avec les Peul et s'infiltra également dans l'ouest sous l'influence des Dioula commerçants. L'occupation française eut une double influence :

- l'arrivée de missions catholiques (et plus tard de missions protestantes) ;
- une progression importante de l'islam due à l'ouverture sur le monde extérieur peu favorable à l'animisme, religion très traditionnaliste, et grâce à l'affectation dans le pays de fonctionnaires appartenant à cette religion ».

(Service de la statistique et de la mécanographie, nd : 104) [14]

Les auteurs du rapport ont interprété les chiffres en fonction du contexte politique du début de la décolonisation. On reconnaît dans cet extrait du rapport de 1960/61 les clichés de l'époque sur la montée de l'islam, le nombre de conversions s'étant accru durant la colonisation (Langewiesche 2003 : 139 ; Cissé 2015 : 421). Ce mouvement de conversions a en effet été considéré comme une forme de résistance à la colonisation, mais est aussi lié à d'autres facteurs : notamment collaboration avec certaines branches de l'islam, amélioration des voies de communication, remise en cause des hiérarchies locales (Cissé 2015 : 421 ; Kouanda 1995). Soutenu, puis craint par les colonisateurs français, il est alors censé être endigué par l'empire mossi dépeint comme un bastion animiste, rempart contre l'islam.

La religion traditionnelle est pour sa part considérée comme fermée sur elle-même et à l'écart des réseaux globaux ou panafricains de l'islam. Dans le milieu des colonisateurs français, deux attitudes à l'égard de l'islam se sont opposées : pour les uns la religion musulmane est un vecteur civilisateur qui vaut mieux que le « fétichisme » des autochtones ; pour les autres, l'islam est un facteur de subversion (Skinner 1962 : 663 ; Amselle 1990 : 181). Ces deux attitudes correspondent à des périodes historiques qui varient selon les différentes zones de l'Afrique occidentale française. La branche hamalliste des « Onze grains » de la Tijâniyya a par exemple été perçue comme une forme d'opposition aux colons et ses leaders ont été emprisonnés dans les années 1920 (Dassetto, Laurent & Ouédraogo 2013 : 20–23 ; Traoré 2005 : 420). La peur de l'islam renaît dans l'administration française à partir des années cinquante et ne disparaît guère jusqu'à la décolonisation (Cissé 1996 ; Kouanda 1988 ; Diallo 1985). La théorie de « l'islam noir », c'est-à-dire un islam qui serait coupé de ses sources arabes, ne suffit plus pour rassurer le gouvernement colonial (Triaud 1997 : 495 ; Harrison 1988 : 91–136).

À notre connaissance, l'enquête de 1960–61 est la seule source de données qui ait recueilli des informations relatives aux différentes obédiences / confréries au sein de l'islam, et publié des résultats s'y référant, de surcroît croisés avec l'appartenance ethnique et la région (*cf.* encadré 1). Il n'est pas sans intérêt de se demander pourquoi ces détails ont été recensés à cette période de l'histoire, au lendemain des Indépendances (1960). Tout comme les données qualitatives, les enquêtes statistiques sont façonnées par le contexte de leur production et ne fournissent pas des résultats incontestables. Les modalités que l'enquête de 1960/61 prévoit pour répondre à la question « Quelle est votre religion ? » traduisent l'inquiétude héritée de l'administration coloniale vis-à-vis de l'islam et de l'augmentation des musulmans. Pour pouvoir gérer les citoyens musulmans, le jeune État doit connaître les différents courants de l'islam qui ont différemment collaboré avec le colonisateur, les localiser et savoir estimer leur ampleur.

L'enquête démographique de 1991 et les recensements de la population de 1996 et 2006 sont les seules sources de données à l'échelle nationale pour lesquelles on dispose de résultats relatifs à la répartition de la population selon la religion (tableau 9.3). Ils mettent en lumière les évolutions principales suivantes, à l'instar de ce qui se passe dans de nombreux pays (Dasré & Hertrich 2017) :

– un fort recul des religions traditionnelles au bénéfice des religions musulmanes et chrétiennes ;
– une légère progression des « autres religions » ;
– une baisse de la proportion des personnes se déclarant « sans religion ».

Ce dernier point pose question, là où l'on pourrait peut-être s'attendre à une stagnation du nombre de « sans religion », notamment à propos du contexte social, historique, et de celui de l'enquête : peut-on en effet se déclarer « sans religion » de la même manière en 1991, 1996 ou 2006 ? La formulation de la question et le statut des enquêtés/enquêteurs dans l'interaction langagière de l'entretien influent-ils sur la réponse ?

Tableau 9.3. Répartition (%) de la population selon la religion au Burkina Faso, d'après l'enquête démographique de 1991 et les recensements de la population de 1996 et 2006

Religion	ED 1991	RGPH 1996	RGPH 2006
Animiste	25,9	23,7	15,3
Musulmane	52,4	55,8	60,5
Chrétienne	20,6	19,7	23,2
Catholique		*(16,6)*	*(19,0)*
Protestante		*(3,1)*	*(4,2)*
Autre religion	0,2	0,2	0,6
Sans religion	0,9	0,6	0,4
Total	100	100	100

La prise en compte du sexe conduit à des résultats très similaires entre hommes et femmes, que ce soit à partir des recensements généraux de la population (figure 9.1) ou des enquêtes démographiques et de santé [15] (figure 9.2).

Une comparaison de la répartition de la population selon la religion au Burkina Faso entre d'un côté les recensements de la population de

> **Encadré 1. Les "confréries" musulmanes de Haute Volta**
>
> II.6.5.2. Les "sectes" musulmanes
>
> La plupart des Musulmans de Haute Volta ont déclaré appartenir à une "voie" déterminée, appelée quelquefois "confrérie" ou improprement "secte".
> Les trois principales sont :
> – la qadria ;
> – le tidjanisme orthodoxe (chapelet à 12 grains) ;
> – le hamalisme (chapelet à 11 grains) schisme du précédent.
>
> Dans les strates à faible population musulmane et où les enquêteurs n'appartenaient pas à cette religion, il est possible qu'il y ait eu des confusions dans la répartition des recensés entre ces catégories.
> Les autres "sectes" ne comptent que très peu d'adhérents, un cinquième des Musulmans n'appartiennent à aucun groupe.
> Les Musulmans de Haute Volta (en dehors des villes de Ouagadougou et Bobo-Dioulasso) se répartissent comme suit (remarquons que le principal centre hamaliste est Bobo-Dioulasso).
>
> Tableau n° 75 : Répartition des Musulmans de Haute Volta, d'après la "secte"
>
> | Secte | Nombre absolue | % du total | % de ceux qui appartiennent à l'une des 3 sectes principales |
> |---|---|---|---|
> | Qadristes | 262 387 | 22,1 | 27,8 |
> | Tidjanistes | 535 360 | 45,2 | 56,8 |
> | Hamalistes | 145 358 | 12,3 | 15,4 |
> | Autres | 241 681 | 20,4 | - |
> | Total | 1 184 786 | 100,0 | 100,0 |
>
> Les Tidjanistes constituent la très grande majorité des Musulmans appartenant à la plupart des ethnies mandingues (Dioula, Bambara, Marka et relativement Samo). Ils sont majoritaires chez les Peul.
> Le Hamalisme est nettement majoritaire chez les Silmi-Mossi et les Foulcé ; population établie dans le nord-ouest du pays. En fait son implantation, comme celle de la Qadria semble surtout liée aux conditions géographiques comme le montre le tableau suivant.
> Le hamalisme est essentiellement concentré dans le Yatenga (70 % des hamalistes recensés se trouvent dans cette strate). On remarquera également la proportion élevée observée dans le pays Gourounsi, mais elle est à vrai dire peu significative, car la proportion de Musulmans y est faible.
> On observe une proportion étonnement élevée de Qadristes dans la strate Peul. Elle est encore plus grande dans la strate Bissa, sans qu'il soit possible d'en tirer des conséquences en raison de l'effectif réduit des Musulmans de cette région. Un tiers des Musulmans du Mossi appartient également à cette secte. Presque partout les Tidjanistes représentent le groupe le plus nombreux.

Figure 9.1. Répartition (%) de la population selon la religion au Burkina Faso, pour chaque sexe, d'après les recensements de la population de 1996 et 2006

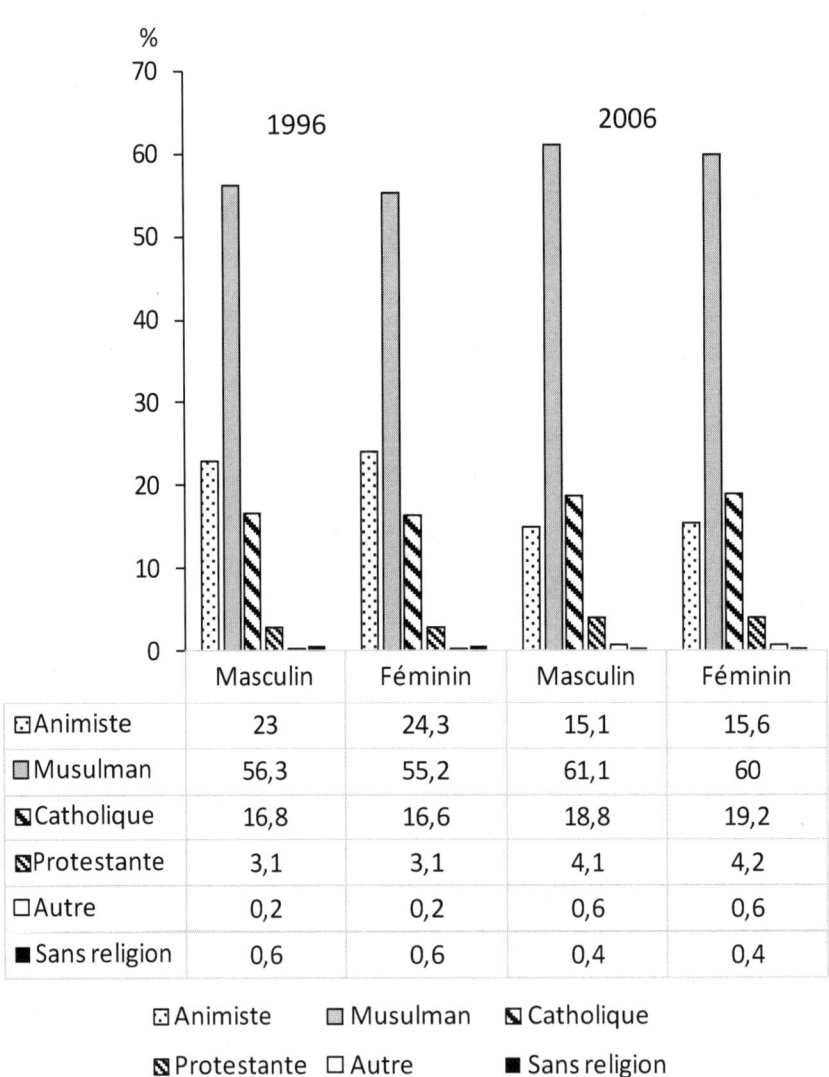

	Masculin 1996	Féminin 1996	Masculin 2006	Féminin 2006
Animiste	23	24,3	15,1	15,6
Musulman	56,3	55,2	61,1	60
Catholique	16,8	16,6	18,8	19,2
Protestante	3,1	3,1	4,1	4,2
Autre	0,2	0,2	0,6	0,6
Sans religion	0,6	0,6	0,4	0,4

1996 et 2006 et de l'autre les enquêtes démographiques et de santé de 1998–99 et 2010 peut être faite pour les hommes de 15–49 ans et les femmes de 15–49 ans (figure 9.3). L'exercice est intéressant à un double titre : d'une part, comme les deux comparaisons concernent chaque fois

Figure 9.2. Répartition (%) de la population des 15–49 ans selon la religion au Burkina Faso, pour chaque sexe, d'après les enquêtes démographiques et de santé de 1993, 1998–99 et 2010

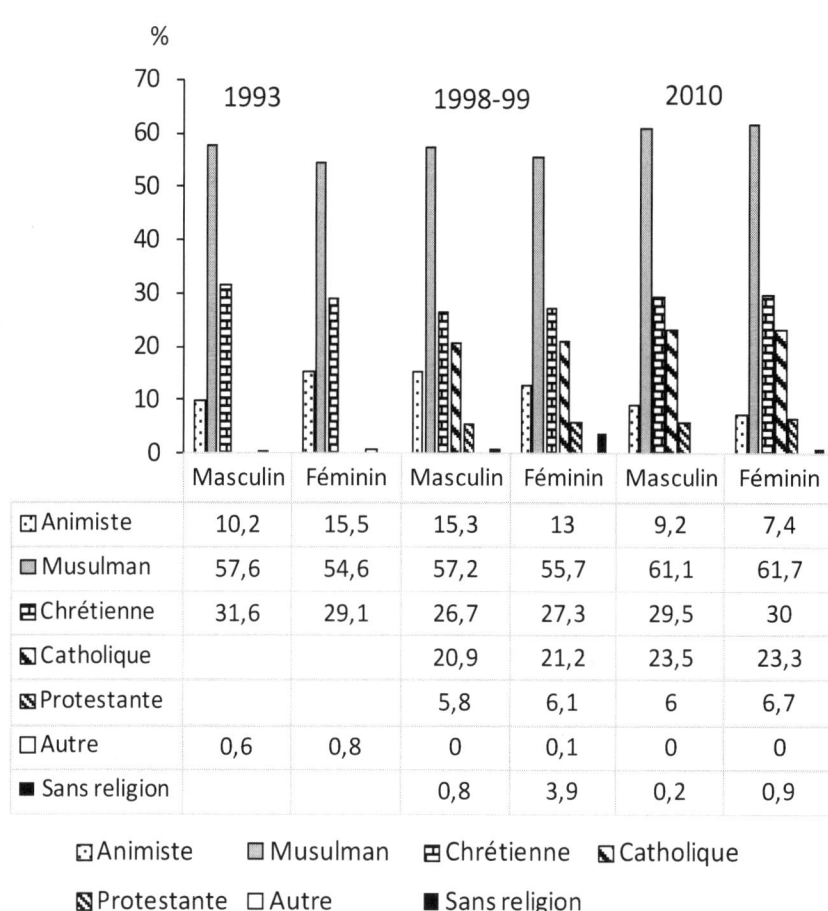

des opérations de collecte réalisées à peu de temps d'intervalle (2 ans et 4 ans), on devrait avoir des résultats assez proches ; d'autre part, cela permet de confronter plus finement deux modes différents de déclaration de la religion, par le chef de ménage pour tous les membres de son ménage, lors des recensements de la population, et par la personne elle-même, lors des enquêtes démographiques et de santé.

Si globalement on retrouve les tendances évoquées précédemment, en dépit des différences de dates, on peut relever des écarts entre les deux sources de données selon la religion et le sexe. C'est pour les personnes déclarées animistes que les écarts sont les plus marqués, particulièrement chez les femmes, avec des pourcentages quasiment inférieurs de moitié à partir des enquêtes démographiques et de santé comparés aux recensements de la population : 13,4 % pour l'enquête démographique et de santé de 1998-99 contre 23,2 % pour le recensement de la population de 1996 ; 7,4 % pour l'enquête démographique et de santé de 2010 contre 14,2 % pour le recensement de la population de 2006. Tandis que la part de la population musulmane a cru au fil du temps, les pourcentages issus des enquêtes démographiques et de santé donnent des valeurs inférieures à celles issues des recensements de la population, sauf pour les femmes de 15–49 ans. Certes, les écarts sont faibles, mais inattendus.

Dans ce contexte, nous pouvons interpréter l'attrait légèrement accru des femmes pour le christianisme comme un reflet à la fois de la reconnaissance plus explicite de la religiosité féminine et de son institutionnalisation de la participation religieuse féminine. L'appartenance religieuse est susceptible de refléter à la fois les différentes possibilités d'action et la subjectivité religieuse encouragées par ces religions.

La même observation peut être faite, mais avec des écarts inversés entre les deux types de sources de données pour les catholiques et les

Figure 9.3a. Répartition (%) de la population selon la religion au Burkina Faso, pour les hommes de 15–49 ans, d'après les recensements de la population de 1996 et 2006 [16] et les enquêtes démographiques et de santé de 1998–99 et 2010

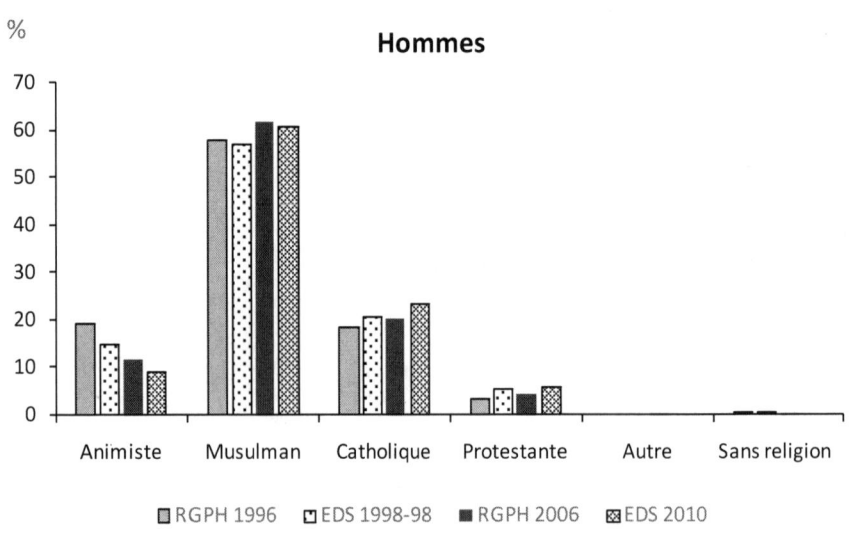

protestants : lors des enquêtes démographiques et de santé, les hommes et les femmes interrogées semblent se déclarer plus souvent catholiques et protestants.

Comment expliquer ces quelques écarts ? Est-ce en raison du mode différent de collecte de l'information : déclaration du chef de ménage pour tous les membres de son ménage lors des recensements de la population, mais déclaration par la personne enquêtée elle-même, homme ou femme, lors des enquêtes démographiques et de santé ? Mais alors, en raison de quelle logique ? Il n'est néanmoins guère possible d'apporter des réponses satisfaisantes à ces questions.

Cependant, le fait d'avoir des résultats différents selon que l'on interroge les chefs de ménage ou toutes les personnes vivant dans le foyer permet d'envisager l'hypothèse que, dans le contexte de pluralité et de cohabitation religieuse burkinabè, les déclarations de tous les membres du foyer mettraient mieux en avant les processus de conversions individuelles. Les anthropologues ont relevé différents exemples de personnes converties à une religion de façon individuelle, c'est-à-dire sans forcément suivre celle du chef de ménage ou du reste de la famille, notamment dans le cas des religions catholiques et protestantes. Pierre-Joseph Laurent décrit ainsi les « processus d'individuation » qui accompagnent

Figure 9.3b. Répartition (%) de la population selon la religion au Burkina Faso, pour les femmes de 15–49 ans, d'après les recensements de la population de 1996 et 2006 [17] et les enquêtes démographiques et de santé de 1998–99 et 2010

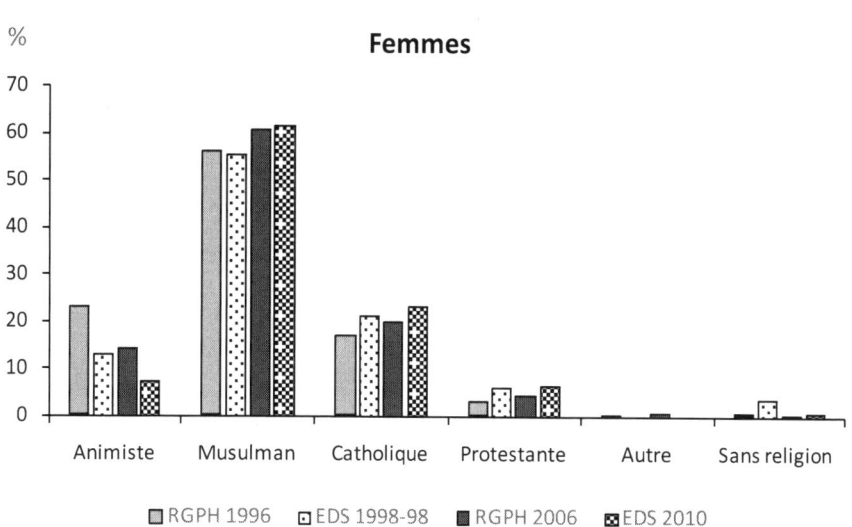

les conversions aux Assemblées de Dieu et qui s'accompagnent d'une recherche d'une forme de modernité (Laurent 2003 ; Fancello 2007). Pour les jeunes femmes notamment, ou de façon plus générale pour les « cadets sociaux », les conversions peuvent être une façon d'échapper à un mariage forcé, les Assemblées de Dieu s'étant très tôt positionnées en faveur du mariage par consentement mutuel (Laurent 2003 : 110). De même, l'Église catholique s'est rapidement engagée dans la formation des femmes et dans la lutte contre les mariages forcés, suscitant des conversions féminines (Bouron 2013a ; Langewiesche 2003). Dès lors, on peut imaginer que ce type de conversion, qui remet en cause les schémas traditionnels de l'alliance matrimoniale, des rapports d'autorité, et qui ont parfois pu être isolés ou minoritaires au sein d'une famille, voire susciter des situations de rupture, n'a pas nécessairement été signalé aux enquêteurs par les chefs de famille.

Par-delà l'effritement observé des pratiques traditionnelles au profit des religions musulmane et chrétienne, et dans une faible mesure des « autres religions » – phénomène largement répandu à travers le monde (Dasré & Hertrich 2017) –, comment donc expliquer les évolutions respectives des autres religions, voire de la catégorie des « sans religion » (laquelle demeure néanmoins très marginale) ? Si l'évolution d'ensemble constatée résulte assurément d'un phénomène de conversion au profit des religions du Livre, les données quantitatives permettant de le documenter sont quasi inexistantes. Dans le cadre de sa recherche sur les mobilités religieuses dans la province du Yatenga, Katrin Langewiesche met en lumière le fait que :

> « Les itinéraires religieux des personnes rencontrées montrent clairement que les individus ont le plus souvent un parcours religieux composé d'expériences multiples. Un tiers des interlocuteurs passe fréquemment d'une religion universaliste à l'autre ou revient, temporairement ou définitivement, à la religion traditionnelle. Cette mobilité religieuse au cours de la vie de nombreux individus montre que les frontières entre les religions sont davantage mises en avant dans les discours, collectifs ou individuels, que dans les pratiques sociales. Les conversions fréquentes et réversibles indiquent une certaine indifférence vis-à-vis de l'appartenance religieuse qui n'est pas une valeur en soi, mais qui doit être adaptée aux exigences de la vie de chacun » (Langewiesche 2003 : 391).

Cependant, l'évolution démographique des religions n'est pas seulement le résultat des conversions, mais aussi des migrations qui prennent de plus en plus d'ampleur dans le cadre de la globalisation (Bava et Capone 2010 ; Fancello 2006). Ainsi, les Burkinabè de retour de migration peuvent importer de nouvelles formes religieuses, par exemple le bouddhisme Soka Gakkaï, dont les pionniers ont fait l'expérience en Côte d'Ivoire, ou encore des formes de néo-pentecôtisme (Degorce 2017). Les migrants s'installant au Burkina Faso concourent également à renforcer ou à diversifier certains courants, comme les Yoruba qui fondèrent la première église baptiste de Ouagadougou en 1939 (Rouamba 1999), ou encore les Hausa musulmans installés dans le quartier Zangouettin de la capitale (Kouanda 1995 : 236). Faute de données quantitatives très précises sur ces questions, il nous semble toutefois que les migrations, plus qu'elles ne modifient le poids démographique des différents courants religieux, participent à les diversifier.

L'évolution démographique des religions est également liée à une tendance à la transnationalisation du religieux avec l'influence croissante des mouvements religieux qui traversent les frontières nationales (Fourchard *et al.* 2005). Des courants comme le wahhabisme, l'Ahmadiyya ou la Tijâniyya en islam, ou encore le (néo-)pentecôtisme du côté des chrétiens relèvent de ces dynamiques transnationales, avec des implantations plus ou moins anciennes au Burkina Faso.

Enfin, deux autres facteurs, d'ordre démographique, pouvant se combiner aux pratiques de conversion, des migrations et de la transnationalisation, peuvent également contribuer à une évolution différentielle de l'importance démographique des différentes religions : la pratique de la polygamie et les comportements de fécondité et de santé [18].

Par-delà l'évolution globale des différentes religions, se pose la question de leur implantation géographique, de l'évolution de leur répartition spatiale.

LA DIMENSION SPATIALE DES RELIGIONS AU BURKINA FASO

La prise en compte du milieu de résidence, urbain ou rural, permet les observations suivantes (figure 9.4) :

- la religion animiste, en recul, quel que soit le milieu de résidence, reste encore implantée en milieu rural ;
- la progression de l'islam se fait essentiellement en milieu rural, restant plutôt stable dans les villes, avec en 2006, des niveaux quasi-équivalents (62,3 % en milieu urbain et 60,1 % en milieu rural) ;
- si la religion catholique est surtout implantée en milieu urbain, elle y connaît un léger recul, alors qu'elle progresse légèrement en milieu rural ;
- la religion protestante, à l'origine d'implantation plutôt rurale, progresse quant à elle dans les deux milieux, avec en 2006 un pourcentage plus élevé en milieu urbain (5,2 %) qu'en milieu rural (3,9 %) ;
- enfin, le pourcentage des personnes relevant d'une autre religion ou sans religion aucune demeure à des niveaux très faibles, en dessous de 1 %.

Figure 9.4. Répartition (%) de la population selon la religion au Burkina Faso et le milieu de résidence, d'après l'enquête démographique (ED) de 1991 et les recensements de la population de 1996 et 2006

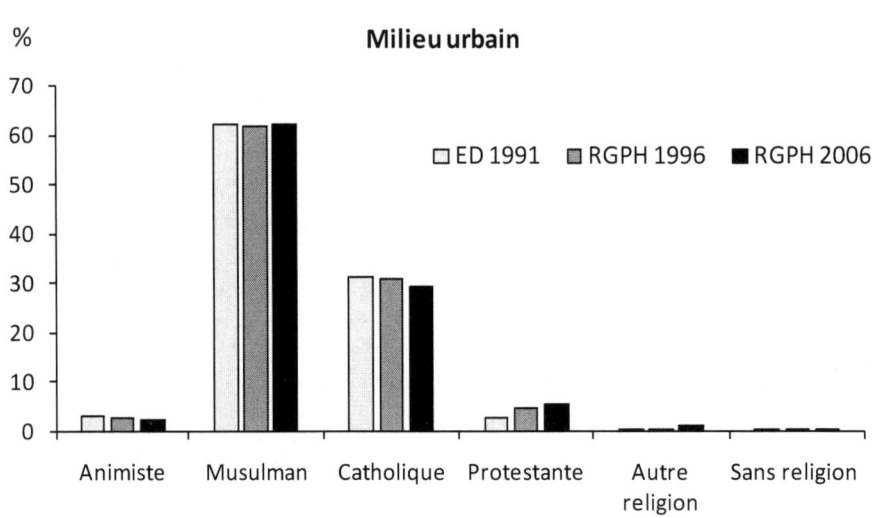

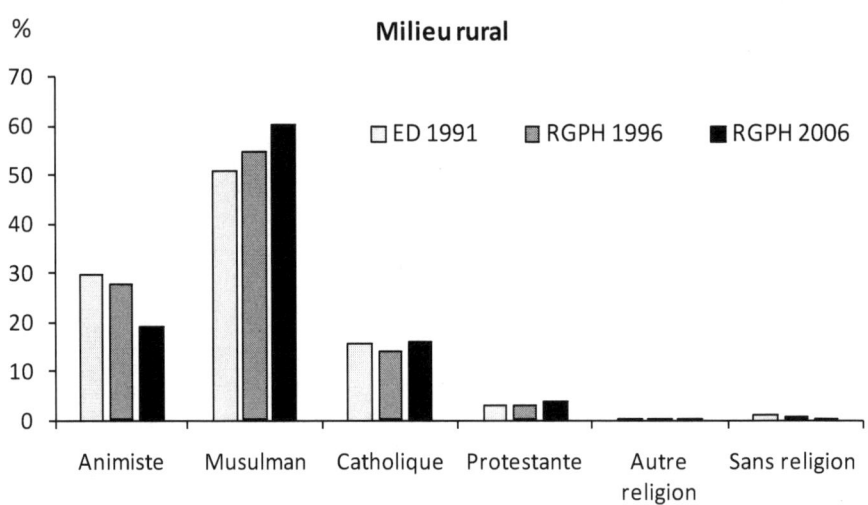

L'enquête de 1991 est la source de données à partir de laquelle des résultats sur la répartition de la population selon la religion ont été produits au niveau géographique (découpage administratif) le plus fin, à savoir les provinces (INSD, 1994 : 213–4). De leur analyse détaillée effectuée par Jean-Claude Barbier (1999), on peut retenir les enseignements suivants :

- l'islam s'avère le plus largement majoritaire (à plus de 60 %) dans toute les provinces frontalières du Mali, de l'ouest au nord, les pourcentages les plus élevés concernant les provinces les plus au nord, en rapport avec le peuplement peul et touareg ;
- la religion catholique se révèle la plus implantée (à plus de 20 %) dans les provinces autour d'un axe Fada-Ngourma – Ouagadougou – Réo, avec deux autres provinces, de la Kossi et de la Bougouriba ;
- globalement très minoritaire (3,1 %), « le protestantisme dépasse le catholicisme dans plusieurs provinces très rurales du pays gourmantché », à l'est du pays, avec un record dans la province de la Gnagna (20,7 %), mais « il n'y a pas un pôle protestant qui serait distinct des régions catholiques » (Barbier 1999 : 164) ;
- l'implantation des « religions coutumières » se montre en creux du « croissant de l'islam de Banfora à Dori », de même que du centre du pays mossi fortement pénétré par le catholicisme (notamment dans les provinces du Kadiogo et de l'Oubritenga).

L'analyse de J.-C. Barbier complète et éclaire la perspective historique sur l'installation des différentes religions sur le territoire burkinabè. L'inscription spatiale de l'islam qui ressort de ces descriptions correspond à la présence de foyers islamiques connus au nord et à l'ouest du Burkina Faso. La région de Bobo-Dioulasso est en effet réputée pour être un carrefour commercial important, où l'islam était présent dès le XVIe siècle avec les commerçants dioula (Cissé 2015 : 418 ; Traoré 2005 : 417). L'expansion de l'islam dans cette région a ensuite été pérennisée par l'installation de lettrés musulmans (Cissé 2015 : 418 ; Kouanda 1995 : 235). L'ouest du pays est également influencé par la présence des royaumes islamisés du Macina et des Dioula de Kong (Diallo 1990 : 37). En remontant vers le nord, le long de la frontière malienne, les contacts avec les Peuls islamisés et des populations venues du Mali ont également contribué à l'expansion de l'islam auprès des Bwa, des San (Samo), et des autres peuples présents dans cette région. Au XIXe siècle, les djihad de Mamadou Karantao et Al Kari de Bossé ont contribué à l'expansion de l'islam vers Boromo et dans la boucle du Mouhoun (Cissé 2015 : 418–9 ; Kouanda 1995). Dans les régions du Nord et du Nord-Est du Burkina Faso, notamment dans les royaumes peuls du Jelgooji et du Liptaako, l'islam connaît une dynamique à partir du XVIIIe siècle sous l'influence des empires soudanais (*ibid.*).

Du côté des catholiques, la première mission fut fondée en 1901 à Koupèla, sur l'axe Ouagadougou-Fada N'Gourma, les relations des colons avec le Moogo Naaba Sigri à Ouagadougou n'étant alors pas favorables à l'installation d'une mission dans la capitale (Somé 2015 : 277). Depuis Koupéla, les Pères Blancs poursuivent leur expansion vers Fada N'Gourma, puis Kouandé au Nord de l'actuel Bénin. En 1901 toutefois, le Saint-Siège réorganise ses circonscriptions ecclésiastiques, pour les faire correspondre aux limites des colonies : Fada et Kouandé sont rattachées au Nord-Dahomey et confiées aux Missions africaines de Lyon (Somé 2015 : 276). Les Pères Blancs de la Société des missionnaires d'Afrique, qui avaient fondé ces deux missions, en créent alors une nouvelle à Ouagadougou en 1901. Poursuivant leur progression vers l'Ouest, la mission de Réo fut fondée en 1913 (*ibid.*). En dehors de l'axe Koupéla-Ouagadougou-Réo, certaines ont localement réussi, comme dans le Sud-Ouest en pays dagara (province de la Bougouriba), où la mission de Jirèba, partie de Navrongo (nord-ouest de la Gold Coast) enregistra des mouvements de conversions massifs suite au succès de la prière d'intercession du père Rémy McCoy pour demander la pluie pendant la sécheresse de 1932 (Somé 2015 : 284).

À partir de 1919 et de la signature du traité de Saint-Germain en Laye, les autorités coloniales permettent l'implantation de missions étrangères. Les Églises protestantes nord-américaines s'implantent dans les décennies qui suivent sur le territoire de l'actuel Burkina Faso selon un partage territorial conçu en accord avec les autorités coloniales. La Sudan Interior Mission, devenue Serving In Mission SIM-International, s'implante depuis le Nigeria en 1930 à Fada n'Gourma, puis dans plusieurs localités de l'Est : Diapaga, Pièla, Mahadaga, cette dernière localité restant un bastion du protestantisme.

Concernant les religions coutumières, si elles demeurent plus présentes en milieu rural, certaines régions sont davantage marquées par leur pratique, comme en pays lobi (région de Gaoua, dans le Poni) où les anciens avaient par exemple passé un pacte de refus du catholicisme et de l'école coloniale, afin notamment de préserver leurs traditions (Baux 2006 : 275).

Si l'évangélisation chrétienne fut relativement lente dans certaines régions, la coexistence des religions coutumières avec l'islam était généralement pacifique et peu empreinte de prosélytisme. Ainsi, comme le note Assimi Kouanda à propos de l'islam dans la période coloniale : « Malgré la progression de l'islamisation, on ne saurait soutenir l'hypothèse d'un véritable ébranlement des structures anciennes. À côté de ces centres musulmans, les adeptes de la religion traditionnelle avaient leur place » (Kouanda 1995 : 236). Si les différentes religions du Livre ont continué leur expansion dans la période postcoloniale, avec une diversification des courants impliquant plus ou moins de prosélytisme et des conflits de façon ponctuelle, on peut néanmoins postuler une certaine suite de cette tolérance mutuelle dans l'ensemble. Par ailleurs, et concernant les chiffres des religions coutumières, se posent ici les questions de la double appartenance religieuse et des choix opérés par les interlocuteurs dans leurs réponses qui rendent difficiles la localisation de leur implantation.

Si l'exploitation des données censitaires de 1996 et 2006 ne permet pas une analyse de la répartition spatiale des religions au niveau des provinces comme pour 1991, la prise en compte du niveau régional confirme dans l'ensemble les mêmes constats (figures 9.5). En termes d'évolution, les religions musulmane, catholique et protestante progressent dans toutes les régions du Burkina Faso : pour l'islam, la progression apparaît plus marquée dans les régions des Cascades, du Centre-Est et Centre-Nord ; la religion catholique augmente plus nettement dans les régions du Centre-Ouest et Centre-Sud, mais régresse légèrement dans le Centre (qui abrite la capitale) ; la progression de la religion protestante concerne plus particulièrement la région de l'Est (avec un quasi doublement, de 5,9 % à 11,2 %), mais aussi dans les régions du Centre et du Centre-Ouest. Quant à l'animisme, son recul est généralisé.

Figure 9.5a. Pourcentage (%) de la population selon la religion (animiste) au Burkina Faso et le milieu de résidence, d'après les recensements de la population de 1996 et 2006

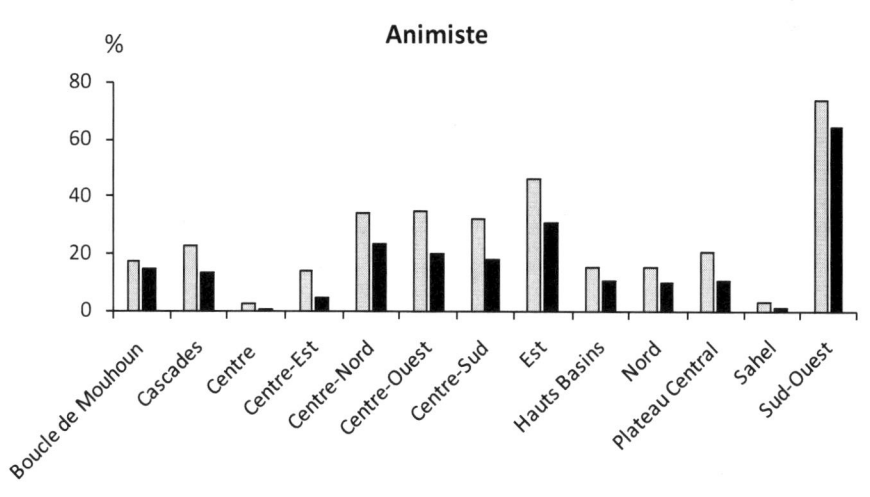

Figure 9.5b. Pourcentage (%) de la population selon la religion (musulmane) au Burkina Faso et le milieu de résidence, d'après les recensements de la population de 1996 et 2006

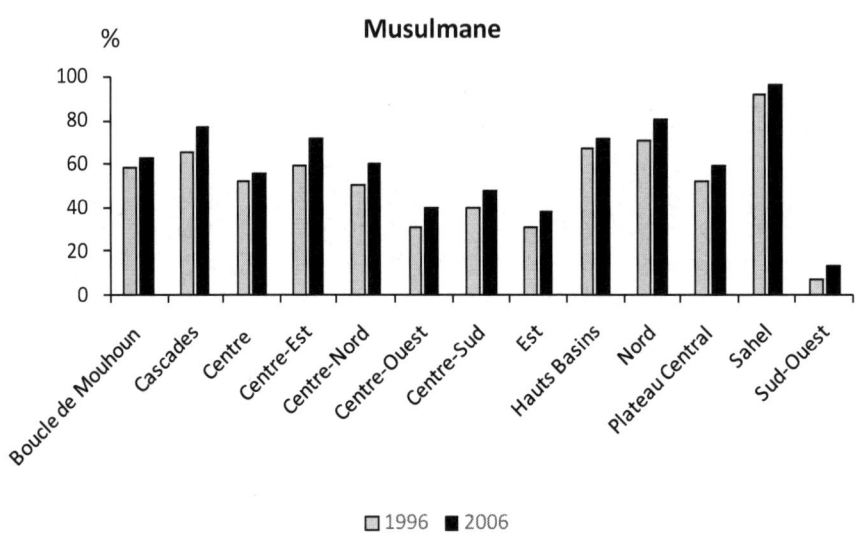

Figure 9.5c. Pourcentage (%) de la population selon la religion (catholique) au Burkina Faso et le milieu de résidence, d'après les recensements de la population de 1996 et 2006

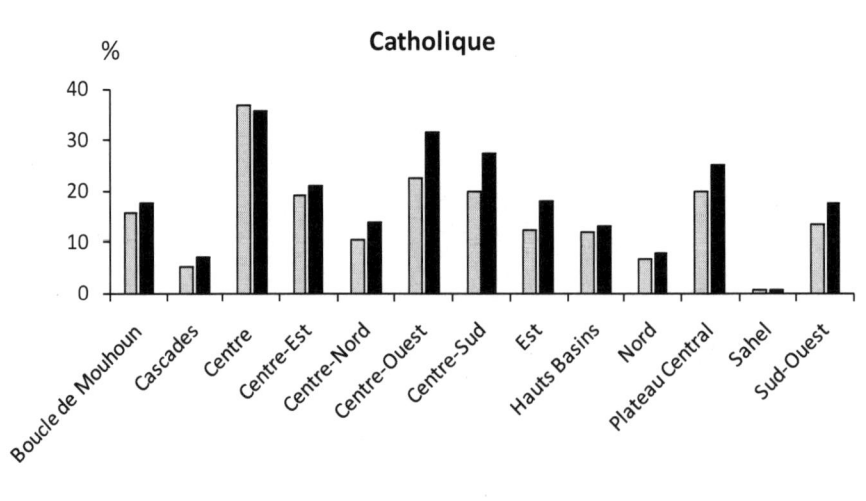

Figure 9.5d. Pourcentage (%) de la population selon la religion (protestante) au Burkina Faso et le milieu de résidence, d'après les recensements de la population de 1996 et 2006

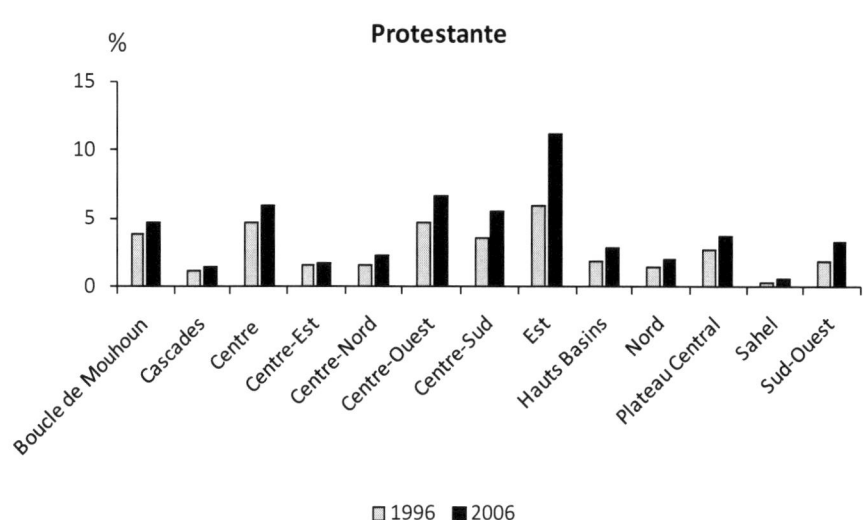

Conformément à ce qui a été observé pour la région Centre, la capitale, Ouagadougou, se caractérise par une forte proportion de catholiques, qui aurait augmenté entre 1961 et 1991, passant de 33,5 % à 39,2 %, pour ensuite diminuer, atteignant 34,6 % en 2006 (figure 9.6).

Peut-être, la diminution de la présence de catholiques dans la capitale et la présence relativement plus forte des musulmans indiquent que la relation entre l'urbanité et l'appartenance religieuse est plus complexe ou qu'elle est en train de changer. Habituellement les études mettent en avant les liens historiques entre scolarité et catholicisme, comme le fait le rapport du recensement de Ouagadougou de 1961-62 mentionné plus haut (Service de la statistique et de la mécanographie, nd : 105). Toutefois, le manque d'études sur les liens entre urbanisme et implantation du religieux dans le contexte burkinabè, du type de celles qui ont par exemple été menées au Cameroun par Maud Lasseur (2008), empêche d'avancer plus loin dans ces hypothèses.

En revanche, la religion protestante, bien que demeurant très minoritaire (en-deçà des 10 %), révèle une progression régulière au fil du temps. Oscillant autour de 55 % la part des musulmans paraît avoir augmenté de 1996 à 2006. L'« animisme » déclaré est devenu très vite marginal en contexte urbain, rejoignant les catégories des autres religions ou sans religion.

Figure 9.6. Répartition (%) de la population selon la religion à Ouagadougou, d'après le recensement de 1961–62, l'enquête démographique (ED) de 1991 et les recensements de la population de 1996 et 2006.

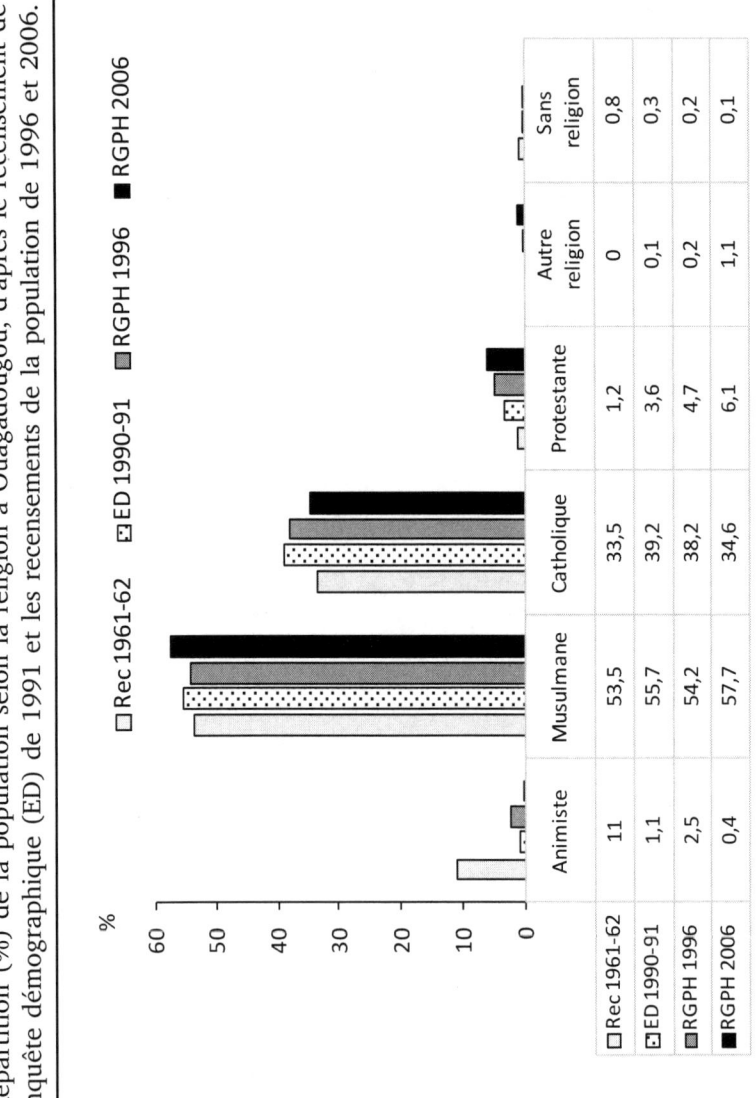

CONCLUSION

Alors que la plupart des acteurs, notamment religieux ou politiques, ignorent comment est collectée l'information sur la religion, il est du rôle du chercheur de livrer une discussion critique sur la production des données relatives à la religion à partir des sources de données que sont les enquêtes démographiques et les recensements généraux de la population, sur les failles, les biais et les limites qui en résultent, mais aussi sur les potentialités d'analyses qu'elles offrent. Les nombres ont la capacité d'abstraire les complexités de la vie en unités gérables et communicables – et cette clarté les rend si appropriés pour prendre des décisions et gouverner. Par conséquent, les cartes et les statistiques sont des techniques clés qui aident à créer des « champs d'intelligibilité » et à développer des politiques. Dans le cas des statistiques et de la cartographie des religions, ces connaissances facilitent, par exemple, l'élaboration de politiques publiques visant à lutter contre la discrimination religieuse ou l'adaptation de services publics tels que les hôpitaux, les cantines scolaires ou les cimetières à une population religieusement diverse. Il est donc essentiel de connaître avec précision la composition religieuse de la population pour favoriser des politiques inclusives à l'égard de toutes les tendances religieuses (Johansen & Spielhaus 2012 : 83).

Nous attirons l'attention sur le fait qu'un débat ouvert sur les modes de collecte semble indispensable afin que la qualité des données nouvellement produites puisse être évaluée avec précision. La part des différentes religions et leur représentativité dans l'espace public au Burkina Faso fait régulièrement irruption dans le débat public. L'un des exemples les plus représentatifs concerne les débats entourant la laïcité et les revendications musulmanes autour d'une plus grande équité, aux vues du poids démographique de l'islam au Burkina Faso (Ouédraogo, à paraître) dans un contexte où l'élite catholique a longtemps été considérée comme une « minorité dominante » (Bouron 2013b ; voir aussi Otayek 1987). Un questionnement concernant la méthodologie peut ainsi fournir des bases pour une discussion transparente concernant le poids démographique (et son évolution) des religions existant au Burkina Faso. Il est important de se rappeler dans ce contexte qu'il n'existe pas de chiffre objectif. L'interprétation de certains chiffres et l'importance que l'opinion publique leur accorde par rapport à d'autres est souvent l'expression du pouvoir et de la crédibilité de l'institution qui fournit les données.

L'analyse des métadonnées a révélé le caractère simpliste des questions généralement posées : « Quelle est la religion de [Nom] ? », question posée aux chefs de ménages recensés ou enquêtés et à laquelle ils répondent pour tous les membres de leurs ménages ; ou « Quelle est votre religion ? », question posée aux femmes et hommes via des questionnaires individuels. Faute d'instructions précises, il est impossible de savoir ce que recouvrent réellement ces deux questions, en termes de croyance et de pratique. Dans ces conditions, quel crédit, quelle validité accorder aux résultats sur la répartition de la population selon la religion ? Il faut assurément faire preuve de beaucoup de prudence dans leur interprétation. Cela étant, la mise en regard avec les recherches historiques, sociologiques et anthropologiques menées jusqu'alors au Burkina Faso montre que, dans leur ensemble, les données quantitatives issues des diverses sources de données démographiques (recensements et enquêtes) s'avèrent plutôt cohérentes, plausibles, que ce soit en termes d'évolution générale ou de répartition spatiale. Alors qu'elle demeure largement sous-exploitée, cette première analyse d'une démographie des religions au Burkina Faso apporte des éclairages inédits, illustrant tout l'intérêt de ces sources de données, en dépit de leurs limites.

Posant assurément plus de questions qu'elle n'apporte de réponses, cette analyse ouvre ainsi des perspectives en termes de recherche, dans le cadre d'approches interdisciplinaires. Entre autres thématiques à approfondir, afin notamment de mieux expliquer les évolutions démographiques différentielles des religions, figurent la transmission religieuse intergénérationnelle (parents-enfants, et en fonction du sexe), les mariages entre conjoints appartenant à différentes religions (exogamie religieuse), la pratique de la polygamie, ainsi que les comportements de fécondité, de santé et migratoires, selon la religion. L'exploration de ces diverses dimensions nécessite des analyses statistiques plus poussées et des recherches plus approfondies, notamment sur le rôle de la différence religieuse dans les relations entre les sexes et les générations. Lorsque l'appartenance religieuse est associée à des identités sexuées et générationnelles, elle met en lumière que la frontière entre l'islam, les christianismes et la religion traditionnelle est perméable et nécessite des études historiques et anthropologiques approfondies. Dans ce sens, se pose aussi la problématique des appartenances religieuses plurielles et des parcours religieux, qui nécessiterait des enquêtes spécifiques, articulant approches quantitative et qualitative.

Une autre piste pour contribuer à enrichir les analyses sur la religion à partir des recensements et enquêtes consisterait à revoir les modalités prises en compte. Alors que l'offre religieuse se diversifie de plus en plus, il conviendrait d'en tenir davantage compte. Si de manière systématique, et depuis longtemps, catholiques et protestants sont distingués (parmi les chrétiens), pourquoi n'en est-il pas de même pour l'islam, en distinguant les diverses obédiences musulmanes, à l'image de ce qui avait été fait lors de l'enquête de 1960–61, et en prévoyant le cas de musulmans se revendiquant plutôt d'un islam « générique, pas nécessairement rattaché à un courant particulier » (Saint-Lary 2012). Le scepticisme (ou la prudence) à l'égard de l'enregistrement des musulmans dans les sous-catégories pourrait peut-être découler de l'accent particulier mis sur l'unité de la communauté islamique (*umma*). Mais chez les chrétiens aussi, de nouvelles distinctions pourraient être faites, à l'image par exemple du questionnaire du recensement général de la population du Togo de 2010 qui a remplacé la modalité « protestante » par celles-ci : presbytérien, méthodiste, assemblée de Dieu, baptiste, pentecôtiste, témoins de Jéhovah, autre chrétien ; à voir alors ce qu'il serait pertinent de retenir dans le contexte du Burkina Faso.

Dans la tradition des opérations de collecte démographique, le recueil de la religion n'a pas pour objectif premier de « compter », au sens de mesurer le poids (démographique) respectif des diverses religions. Cette dimension, revêtant des enjeux politico-religieux aussi sensibles que complexes, ne doit cependant pas être ignorée. Les débats ayant cours au Burkina Faso l'illustrent, notamment ceux qui concernent les critères de représentation des religions au sein d'événements tel que le Forum national sur la laïcité de 2012 ou d'instances comme, par exemple, le Conseil consultatif sur les réformes politiques (CCRP), créé en 2011 à la suite de la crise que traversait le pays après la mort du collégien Justin Zongo, ou encore l'Observatoire national des faits religieux (ONAFAR), créé en 2015 comme un organe consultatif et de veille (Ouédraogo, à paraître). De ce point de vue, les modalités retenues, à savoir les différentes religions ou mouvances, ne sont pas neutres, sans conséquences. C'est là une question d'ordre éminemment politique, qui dépasse le seul registre « technique » des opérations de collecte ; mais une question qui se doit d'être posée et abordée de manière la plus distanciée possible.

La religion, comme « l'ethnie » dont on connaît toutes les limites comme variable d'identification et avec toutes les précautions entourant ce terme (Amselle, 1990), est avant tout collectée comme caractéristique individuelle au titre de variable potentiellement explicative de comportements démographiques. Les études sur la construction de l'ethnicité ont montré qu'une identité se forme toujours par rapport aux autres (Lentz 1998 ; Peel 2000). Cela s'applique également aux identités religieuses : elles se forment et changent en conjonction ou en opposition avec d'autres traditions religieuses ou confessionnelles. Par-delà leur dimension proprement spirituelle, les religions sont porteuses de valeurs, plus ou moins communes, de règles, de normes, pouvant se traduire parfois par des prises de positions publiques, sur des sujets tels que la sexualité, la contraception, l'avortement, le mariage, le développement, le travail social et l'assistance aux plus démunis. Parmi elles et en articulation avec d'autres variables, d'autres facteurs, l'appartenance religieuse constitue assurément une sorte de « marqueur » socioculturel, dont l'effet n'est évidemment pas mécanique, mais qu'il serait dommage de ne pas prendre en compte.

D'un point de vue proprement sociologique, pouvoir analyser et décrypter les dynamiques religieuses (y compris dans leur dimension quantitative) et leurs implications, au Burkina Faso comme partout ailleurs, s'avère assurément important pour une meilleure compréhension des évolutions sociétales en cours et à venir.

Bibliographie

Amselle J.-L., 1990, *Logiques métisses. Anthropologie de l'identité en Afrique et ailleurs,* Paris, Payot.

Avong H.N., 2001, « Religion and Fertility among the Atyap in Nigeria », *Journal of Biosocial Science 33*, 1, p. 1–12.

Barbier J.-C., 1999, « Citadins et religions au Burkina Faso », *in* R. Otayeck (éd.), *Dieu dans la cité : dynamiques religieuses en milieu urbain ouagalais,* Bordeaux, CEAN, p. 159–72.

Baux S., 2006, « L'Église catholique, l'État et le fait scolaire au Burkina Faso », *Cahiers de la recherche sur l'éducation et les savoirs,* 5, p. 273–96.

Bava S., Capone S., 2010 « Religions transnationales et migrations : regards croisés sur un champ en mouvement », *Autrepart,* 56, p. 3–16.

Bieri A., Froidevaux S., 2010, « Dieu, le président et le wak. À propos de certains phénomènes magico-religieux au Burkina Faso », *in* M. Hilgers & J. Mazzocchetti (dir.), *Révoltes et oppositions dans un régime semi-autoritaire. Le cas du Burkina Faso,* Paris, Karthala, p. 67–85.

Bouron J.-M., 2012, « Le paradigme médical en milieu catholique. Offre sanitaire missionnaire et demande de santé en Haute-Volta (actuel Burkina Faso) », *Histoire et missions chrétiennes, 21,* p. 103–36.

Bouron J.-M., 2013a, Évangélisation parallèle et configurations croisées. Histoire comparative de la christianisation du Centre-Volta et du Nord-Ghana (1945–1960), thèse de doctorat en histoire contemporaine, Université de Nantes, Université de Ouagadougou, 2 volumes.

Bouron J.-M., 2013 b, « Le catholicisme en Afrique de l'Ouest en 1960 : une (petite) 'minorité dominante' », *Histoire, monde et cultures religieuses, 25,* p. 47–50.

Cissé I., 2015, « L'islam au Burkina Faso de 1960 à nos jours », *in* H. Diallo & M.W. Bantenga, *Le Burkina Faso passé et présent,* Ouagadougou, Presses Universitaires de Ouagadougou, p. 417–38.

Compassion International Burkina Faso, 2013, Étude sur la cartographie des Églises et mission évangéliques du Burkina Faso. Rapport, Ouagadougou, 79 p.

Dasre A., Hertrich V., 2017, *Comment aborder les pratiques religieuses en Afrique subsaharienne ? Les enseignements d'une enquête longitudinale en milieu rural malien,* Paris, INED, Documents de travail n° 232.

Dassetto F., Laurent P.-J., Ouédraogo T., 2013, *Un islam confrérique au Burkina Faso. Actualité et mémoire d'une branche de la Tijâniyya,* Paris, Karthala.

De Bel-Air F., 2017, *Liban Migration Profile,* European University Institute-Robert Schuman Centre for Advanced Studies, *Policy Brief,* 2017–12, 21 p.

Degorce A., 2011, « Un islam africain minoritaire. Funérailles et situation religieuse plurielle au Burkina Faso », in K. Fall & M.N. Dimé (dir.), *La mort musulmane en contexte d'immigration et d'islam minoritaire. Enjeux culturels, identitaires et espaces de négociations*, Québec, Presses de l'Université Laval, p. 207-24.

Degorce A., 2017, « Du rap à l'évangélisation. Parcours de vie d'un bishop de Ouagadougou », *Volume ! La revue des musiques populaires*, 14, 1, p. 23-36.

Desplat P., Ostebo T. (dir.), 2013, *Muslim Ethiopia. The Christian Legacy, Identity Politics and Islamic Reformism*, New York, Palgrave Macmillan.

Diallo H., 1990, « Introduction à l'histoire de l'islam dans l'Ouest du Burkina Faso », *Islam et sociétés au Sud du Sahara*, 4, p. 33-45.

Dorier-Apprill E., 2008, « Le pluralisme chrétien en Afrique subsaharienne », *Le christianisme dans le monde. Questions internationales*, Paris, La Documentation française, n° 29, janvier-février 2008.

Fancello S., 2006, *Les aventuriers du pentecôtisme ghanéen. Nation, conversion et délivrance en Afrique de l'Ouest*, Paris, Karthala.

Fancello S., 2007, « Les défis du pentecôtisme en pays musulman (Burkina Faso, Mali) », *Journal des Africanistes*, 77, 1, p. 29-53.

Fourchard L., Mary A., Otayek R. (dir.), 2005, *Entreprises religieuses transnationales en Afrique de l'Ouest*, Paris, Karthala.

Hagberg S., Kibora L., Barry S., Gnessi S., Konkobo A., 2017, *Transformations sociopolitiques burkinabé de 2014 à 2016*, Uppsala, Uppsala Universitet, Uppsala Papers in Africa Studies.

Haute-Volta. Service de la Statistique et de la Mécanographie ; France. Secrétariat d'État aux Affaires Étrangères ; Institut National de la Statistique et des Études Économique (France), nd, Enquête démographique par sondage en République de Haute Volta de 1960-61, Tome 1.

Hsu B., Reynolds A., Hackett C., Gibbon J., 2008, « Estimating the Religious Composition of All Nations: An Empirical Assessment of the World Christian Database », *Journal for the Scientific Study of Religion*, 47, 4, p. 678-93.

Institut National de la Statistique et de la Démographie (INSD), 1994, *Analyse des résultats de l'enquête démographique 1991. Première partie : État de la population, habitat et ménage*, Ouagadougou, INSD.

Jerven M., 2016, « Research Note – Africa by Numbers: Reviewing the Database Approach to Studying African Economies », *African Affairs*, 115, 459, p. 342-58.

Johansen B., Spielhaus R., 2012, « Counting Deviance: Revisiting a Decade's Production of Surveys among Muslims in Western Europe », *Journal of Muslims in Europe*, 1, 1, p. 81-112.

Kouanda A., 1995, « La progression de l'islam au Burkina pendant la période coloniale », in G. Massa & G.Y. Madiega, *La Haute-Volta coloniale : témoignages, recherches, regards*, Paris, Karthala, p. 233-48.

Langewiesche K., 2003, *Mobilité religieuse. Changements religieux au Burkina Faso*, Münster, Lit Verlag.

Langewiesche K., 2011, « Funerals and Religious Pluralism in Burkina Faso », in M. Jindra & J. Noret (dir.), *Funerals in Africa. Explorations of a Social Phenomenon*, New York, Berghan Books, p. 130-53.

Lasseur M., 2008, Religions et territoires au Cameroun : les dimensions spatiales du pluralisme confessionnel, Thèse de doctorat en géographie, Université Paris 1.

Laurent P.-J., 2003, *Les pentecôtistes du Burkina Faso. Mariage, pouvoir et guérison*, Paris, Karthala/IRD éditions.

de Luze B., 1991, « La situation actuelle des différentes Églises », *Afrique contemporaine*, 159, p. 20–32.

Maktabi R., 1999, « The Lebanese Census of 1932 Revisited. Who Are the Lebanese? », *British Journal of Middle Eastern Studies*, 26, 2, p. 219–41.

Nations Unies, 2009, *Principes et recommandations concernant les recensements de la population et des logements. Deuxième révision*. Département des affaires économiques et sociales. Études statistiques, Série M n° 67, Rev. 2, New York, 473 p.

Nolte I., Jones R., Taiyari K., Occhiali G., 2016, « Exploring Survey Data for Historical and Anthropological Research: Muslim–Christian Relations in South-West Nigeria », *African Affairs*, 115, 460, p. 541–61.

Nordås R., 2014, « Religious Demography and Conflict: Lessons from Côte d'Ivoire and Ghana », *International Area Studies Review*, 17, 2, p. 146–66.

Noret J., 2004, « Les assemblées de Dieu du Burkina Faso en contexte », *Civilisations. Revue internationale d'anthropologie et de sciences humaines*, 51, 1-2, p. 171–81.

Otayek R., 1997, « L'Église catholique au Burkina Faso. Un pouvoir à contretemps de l'histoire ? », *in* F. Constantin & C. Coulon (dir.), *Religion et transition démocratique en Afrique*, Paris, Karthala, p. 221–58.

Ouédraogo Y., à paraître, « Revendications musulmanes sur la gouvernance de la laïcité au Burkina Faso », *Anthropologie & développement*, 48–49.

Reikat A., 2003, « Das Kreuz über dem Ahnengrab. Die Entwicklung einer multireligiösen Gesellschaft im Raum Tenkodogo (Burkina Faso, West Africa) », *in* D. Kramer, M. Münzel, E. Raabe, A. Sibeth & M. Suhrbier (eds), *Missio, Message, Museum. Festschrift für Joseph Franz Thiel zum 70. Geburtstag*, Frankfurt-am-Main, Otto Lembeck Verlag.

Rouamba P., 1999, « Religion et identité ethnique. La "première église baptiste yoruba" de Ouagadougou », *in* R. Otayek (dir.), *Dieu dans la cité : dynamiques religieuses en milieu urbain ouagalais*, Talence, CEAN, p. 129–41.

Saint-Lary M., 2012, « Du wahhabisme aux réformismes génériques. Renouveau islamique et brouillage des identités musulmanes à Ouagadougou », *Cahiers d'études africaines*, 206–207, 2, p. 449–70.

Skinner E. P., 1962, « The Diffusion of Islam in an African society », *Annals of the New York Academy of Sciences*, 96, 2, p. 659–69.

Somé M., 2015, « La christianisation de la Haute-Volta de 1900 à 1960 », *in* H. Diallo & M.W. Batenga, *Le Burkina Faso passé et présent*, Ouagadougou, Presses Universitaires de Ouagadougou, p. 273–307.

Somé M., 2004, *La christianisation de l'Ouest Volta : Action missionnaire et réactions africaines, 1927–1960*, Paris, L'Harmattan.

Traoré B., 2005, « Islam et politique à Bobo de 1940 à 2002 », *in* M. Gomez-Perez (dir.), *L'islam politique au Sud du Sahara. Identités, discours et enjeux*, Paris, Karthala, p. 417–47.

Notes

1. « The politics of number explain why Lebanon has not organised any population census since the one conducted in 1932, which defined the numerical domination of Christians (and among them the Christian Maronites) over Muslims » et « Political representation and power was to be distributed

according to the proportional size of each confessional sect as rendered in the census. The census therefore provided the demographic as well as the political cement that molded and legitimized the principle of power sharing under Christian dominance » (Maktabi 1999 : 220, note 11, cité par De Bel-Air 2017 : 15).
2. Notamment Ablassé Ouédraogo du *Faso Autrement*, Djibril Bassolé.
3. Faso.net, 9 juin 2015.
4. Le code électoral du Burkina Faso interdit la création de partis politiques créés sur la base de l'appartenance ethnique ou religieuse de ses membres.
5. Certaines confessions recensent aussi leurs fidèles ou mènent parfois des enquêtes quantitatives, comme par exemple les protestants au Burkina Faso avec le *Church Mapping* de l'ONG Compassion International (2013). Voir aussi Laurent (2003 : 29), qui cite dans son étude des données quantitatives fournies par les Assemblées de Dieu au Burkina Faso.
6. http://www.worldchristiandatabase.org/wcd/about/more.asp
7. http://www.pewforum.org/
8. Les recensements généraux de la population (RGPH) se caractérisent par leur exhaustivité en prenant en compte l'ensemble des ménages du pays, tandis que les différentes enquêtes (ED, EDS, UMEAO, EICVM, EMC) sont fondées sur un échantillonnage défini de la population.
9. Pour une discussion des notions d'animisme, de religions traditionnelles et coutumières, voir le chapitre de Kibora & Langewiesche, et celui de Beucher, Kibora & Kolesnoré, dans ce volume.
10. Enquête qui n'a concerné ni Ouagadougou, ni Bobo-Dioulasso.
11. Le hamallisme est une branche de la *tijaniyya* née au début du XXe siècle autour du Cheikh Hamahoullah à Nioro, notamment caractérisée par le fait de réciter la « perle de la perfection » onze fois au lieu de douze, d'où son surnom des « Onze grains » (Dassetto, Laurent & Ouédraogo 2013; chapitre de Mara Vitale).
12. Minnesota Population Center. *Integrated Public Use Microdata Series, International: Version 6.5* [dataset]. Minneapolis, MN: University of Minnesota, 2017. Ce site abrite des échantillons représentatifs de recensements de la population de nombreux pays du monde, et offre la possibilité de réaliser des analyses statistiques.
13. Données obtenues via le site https://www.dhsprogram.com/data/available-datasets.cfm
14. L'orthographe retenue, notamment celle des noms, est celle du document original.
15. À des fins de comparaison entre les deux sexes, les calculs ont été refaits pour les hommes, en considérant uniquement les 15–49 ans.
16. Résultats issus d'une analyse effectuée à partir des échantillons de la base IPUMS.
17. Résultats issus d'une analyse effectuée à partir des échantillons de la base IPUMS.
18. Faute d'analyses spécifiques menées jusqu'alors à partir des différentes sources de données existantes, il n'est guère possible pour l'instant de discuter de l'impact de ces facteurs sur l'évolution démographique des différentes religions.

Rencontres religieuses et dynamiques sociales au Burkina Faso

15. Groupe scolaire source de l'avenir, à Ouahigouya. Photo par Katrin Langewiesche.

16. Collège de la Salle, à Ouagadougou. Photo par Harouna Marané.

10.

L'ÉDUCATION PRIVÉE CONFESSIONNELLE AU BURKINA FASO

Issa Cissé, Maxime Compaoré & Marc Pilon

C'est une évidence, toute religion contient une dimension éducative. Mais, contrairement aux religions dites traditionnelles, au Burkina Faso comme dans la plupart des autres pays africains, les religions venues d'ailleurs, que sont l'islam, le catholicisme et le protestantisme, ont été parties prenantes du développement d'une offre scolaire héritée des pays occidentaux et mise en place via la colonisation. Elles vont ainsi constituer ce que l'on dénomme le secteur privé confessionnel.

L'évolution de la contribution de ces religions au développement de l'éducation et de la formation (au sens scolaire), les raisons pour lesquelles elles investissent ce champ, la manière dont elles le font, et les conséquences de cette implication sont autant de questions importantes que la recherche en sciences sociales se doit d'aborder. C'est ce à quoi invitent les deux parties de ce chapitre, en s'inscrivant dans une perspective historique portant respectivement sur les enseignements catholique et musulman au Burkina Faso.

Cette introduction se propose, à partir des travaux existants et des données statistiques disponibles, de fournir quelques données de cadrage sur l'évolution globale du secteur privé confessionnel, et en le resituant dans l'ensemble du secteur éducatif privé.

De manière globale, sur un plan chronologique, les écoles catholiques furent les premières à faire leur apparition, à la faveur de la colonisation. Elles furent créées par les Pères Blancs dès 1900, dans une double attente de formation et d'évangélisation : former d'une part des futurs chefs et des agents pour l'administration coloniale, et d'autre part des catéchistes. Les premières écoles protestantes, quant à elles, ne vont voir le jour qu'en 1948 avec le pasteur Pierre Dupret, missionnaire français et fondateur de la mission française des Assemblées de Dieu au Burkina Faso.

Du point de vue de l'histoire des religions, l'islam est implanté au Burkina Faso bien avant le christianisme, se diffusant notamment via les écoles coraniques, qui ont offert dès leurs débuts un cadre privilégié d'initiation et de formation, mais à vocation uniquement religieuse via l'apprentissage du Coran. L'avènement de la colonisation et des religions chrétiennes, qui se traduit par le développement progressif d'écoles primaires publiques, catholiques et protestantes pousse les responsables religieux musulmans à s'adapter à ce nouveau contexte, avec la création d'écoles appelées *medersas* (la première fut selon certaines sources créée en 1955-56 à Bobo-Dioulasso [1]) offrant, outre l'apprentissage du Coran, l'enseignement de matières scolaires « officielles » (histoire, géographie, sciences naturelles, calcul), mais en langue arabe ; leur développement va vraiment s'enclencher à la fin des années 1950. À partir des années 1980, une partie de ces *medersas* va évoluer vers une nouvelle formule, les écoles franco-arabes, qui incluent l'enseignement du français. De son côté :

> « Le secteur privé laïc ne va faire son apparition que dans les années 1970, suite à la nationalisation des écoles [primaires] catholiques en 1969 et à une pression sociale grandissante, avec un décret promulgué en 1974 qui autorise les personnes physiques et morales à ouvrir des établissements privés (Sanou 1987 ; Pilon 2004) » (Compaoré & Pilon 2017 : 279).

Ce très bref historique de l'offre scolaire confessionnelle au Burkina Faso se réfère uniquement à l'enseignement primaire. En ce qui concerne l'enseignement secondaire, la création des premiers établissements catholiques remonte à 1925 avec le Petit séminaire de Pabré, à 1948 avec la création du collège protestant à Tanghin pour les protestants et à 1966 pour le privé musulman, avec le groupe scolaire franco-arabe Salam à Bobo-Dioulasso [2]. L'offre privée confessionnelle de niveau supérieur n'a quant à elle fait son apparition que très récemment : l'Université catholique Saint Thomas d'Aquin a ouvert ses portes en 2004 à Saaba (Ouagadougou), de même que le Centre universitaire polyvalent du Burkina à Ouagadougou, créé par le Cheikh Doukouré et proposant une filière en études islamiques [3].

En regard de ce panorama d'ensemble, qu'en est-il réellement de l'importance respective de ces offres scolaires catholique, protestante et musulmane et de leur fréquentation, sur la base des statistiques scolaires disponibles ?

Si la collecte des informations auprès des écoles primaires et établissements secondaires et supérieurs s'est assurément améliorée au fil des années, des interrogations demeurent quant au degré de complétude et de fiabilité des données scolaires, et particulièrement en ce qui concerne le secteur privé. Outre les questions du renvoi et du remplissage des questionnaires par les établissements les ayant reçus, se pose le problème des écoles dites « non reconnues » : il s'agit des écoles privées, accueillant des enfants, mais qui, pour des raisons diverses, ne sont pas officiellement reconnues par le ministère ; une situation qui semble surtout concerner le privé musulman (*op cit* : 280). On peut ainsi raisonnablement penser que la part du secteur privé s'avère sous-estimée par les statistiques scolaires officielles, mais dans une proportion difficile à quantifier.

Sur la base de ces données, selon un travail récent sur l'évolution du secteur privé de l'enseignement primaire, au cours des années 2000 et 2010 :

> « L'évolution de l'offre scolaire privée depuis 2000 révèle une modification sensible de ses composantes, avec une réelle montée en puissance du privé musulman (lequel souffre en outre le plus du problème de reconnaissance), qui fait désormais « jeu égal » avec le privé laïc (en pourcentage du nombre de classes comme du nombre d'élèves), tandis que les privés catholique et protestant oscillent l'un et l'autre autour de 10 %. Si dans tous les cas, on observe une expansion de l'offre scolaire privée se faisant en faveur du milieu rural, c'est surtout le fait du privé musulman, qui couvre en 2013-14 la plupart (70 %) des 351 départements du pays, avec au moins une école » (*op cit* : 300).

Par ailleurs, selon ces mêmes données, il apparaît que les écoles musulmanes demeurent très majoritairement implantées en milieu rural (77 % en 2013/14), tandis que les écoles catholiques et protestantes sont avant tout situées en milieu urbain (respectivement 59 % et 63 % en 2013/14).

D'après les données de 2016–2017, une école primaire sur quatre relève du secteur privé et une sur six (17 %) du privé confessionnel (13 % du total des salles de classes). En termes d'effectifs d'élèves, le secteur privé accueille 20 % des élèves dont la majorité (60 %) fréquente des écoles confessionnelles et pour les deux-tiers (65 %) des écoles musulmanes.

Un travail similaire n'a pas été réalisé pour les autres niveaux d'enseignement. Mais, selon le dernier annuaire de 2016–2017, relatif à l'enseignement postprimaire et secondaire, en ce qui concerne l'enseignement général, l'ensemble du secteur privé comptabilise 42 % du total des 3 164 établissements recensés ; un secteur privé largement dominé, à 81 %, par le privé laïc, le reste se partageant entre 9 % pour les établissements catholiques, 8 % pour les protestants et seulement 2 % de musulmans. Pour l'enseignement technique et professionnel, sur seulement 157 établissements à l'échelle nationale, 82 % relèvent également du secteur privé, dont à peine 16 % pour les catholiques et protestants (à part égale), et aucun de type musulman.

Enfin, en ce qui concerne l'enseignement supérieur, historiquement dominé par le secteur public, à travers l'ex-Université de Ouagadougou [4], on assiste depuis les années 2000 à une forte croissance de l'offre privée : en nombre d'établissements : sa part est ainsi passée de 58 % en 2005/2006 à 72 % en 2015/2016 ; au niveau des effectifs d'étudiants, le pourcentage des inscrits dans le privé est passé de 15 % à 25 % [5].

De ces quelques données statistiques, il ressort que le privé confessionnel demeure essentiellement investi au niveau de l'enseignement primaire, largement dominé par le privé musulman. Les deux parties qui suivent permettent de comprendre comment ont évolué les enseignements catholique et musulman depuis leur apparition, notamment leurs rapports à l'État, dans un champ éducatif en forte expansion et devenu de plus en plus concurrentiel [6].

L'ENSEIGNEMENT CONFESSIONNEL MUSULMAN AU BURKINA FASO [7]

L'école coranique et la *medersa* constituent les deux pôles de l'enseignement musulman au Burkina Faso. La première, essentiellement dédiée à l'enseignement religieux, longtemps demeurée le principal cadre d'initiation et de diffusion de l'islam, a connu un rayonnement pendant la période précoloniale. La seconde, sorte d'adaptation à la « modernité » imposée par la colonisation, s'est développée dans les années 1950 au Burkina Faso. Elle devait relever le défi de la concurrence de l'école occidentale et ouvrir l'enseignement aux curricula de l'éducation nationale. Nous proposons de dessiner dans cette partie les contours de cet enseignement confessionnel musulman au Burkina Faso de la période de l'indépendance jusqu'à aujourd'hui, en présentant tout d'abord ses développements. Ensuite, nous analyserons le processus d'implication de l'État burkinabè dans la gestion de l'enseignement.

De l'école coranique à la medersa

L'enseignement confessionnel islamique au début de l'indépendance

L'école coranique a été un important cadre de formation en islam depuis le début du processus d'islamisation de l'Afrique subsaharienne. Comme son nom l'indique, le Coran est au cœur des préoccupations pédagogiques [8]. Cet apprentissage du Coran, associé à celui des préceptes de l'islam en général, comporte deux grandes phases. Une première consiste à mémoriser les sourates sans connaître leur signification et la seconde est réservée à l'exégèse du Coran. Au cours de cette phase d'approfondissement, l'élève est en mesure de comprendre ce qu'il avait déjà mémorisé.

Le Burkina Faso à l'instar de bien d'autres pays de l'Afrique occidentale, a connu le développement de ces écoles coraniques dans ses régions islamisées [9]. Ainsi, des régions comme celle de Bobo-Dioulasso, à l'islamisation très ancienne, ont très tôt connu leurs premières écoles coraniques, tenues par des marabouts réputés. D'importants centres d'éducation islamique étaient également situés en pays marka, à Lanfiéra et à Safané, dès la période précoloniale. Dans les régions septentrionales plus proches du Mali, les écoles coraniques se développent également parmi les populations peuls et mossi. Pendant la colonisation, le nombre d'élèves s'est multiplié, passant à Ouahigouya de 30 élèves en 1910 à 1 500 en 1954, et dans le cercle de Ouagadougou de 258 élèves en 1924 à 1 323 en 1941 (Cissé 1989).

Avec le choc colonial, les écoles coraniques se sont cependant retrouvées dans une situation de concurrence avec l'école occidentale française. L'école coranique, il faut le souligner, avait des moyens didactiques et pédagogiques rudimentaires, comme le signifie Bintou Sanankoua dans le cas particulier du Mali :

> « il y a une ardoise (il s'agit de l'école coranique) appelée Walan que les élèves doivent posséder. Ensuite on a un encrier fait à l'aide d'une petite calebasse de la grosseur d'un point (…). L'encre est obtenue par un mélange d'eau et du noir de fumée détaché des marmites ou du charbon. On y ajoute parfois de la gomme (…). La plume (Kalimu) est taillée en pointe dans le roseau ou dans une tige de mil » (Sanankoua 1985 : 362-363).

Compte tenu des conditions de ce type d'enseignement, centré uniquement sur le Coran, certains promoteurs de l'enseignement musulman ont préféré s'adapter au contexte colonial en innovant. Ce fut l'émergence des *medersas*. Dorénavant, l'accent est mis sur une intégration des matières « profanes », telles que l'histoire, la géographie, les sciences naturelles (aujourd'hui appelée sciences de la vie et de la terre), le calcul (mathématiques). La *medersa* devait ainsi permettre à l'enfant d'acquérir un enseignement proche de celui de l'école publique. L'Union culturelle musulmane (UCM), une structure ouest-africaine de regroupement des musulmans créée en 1953, a été un cadre important de promotion des *medersas*. Sa section burkinabè, à l'instar des autres pays membres, a développé ces établissements au Burkina Faso à la fin des années 1950. La communauté musulmane de Haute-Volta (CMHV) créée en 1962 a ensuite pris la relève de l'UCM concernant leur développement. Au début de l'indépendance, la vulgarisation des *medersas* au Burkina Faso était non seulement un moyen de moderniser l'enseignement islamique, mais aussi une action importante de lutte contre la mendicité. L'école coranique a été perçue, bien que cela ne soit pas tout à fait exact, comme un cadre presque exclusif de développement de ce phénomène. Les musulmans, souffrant de voir l'association entre mendicité et école coranique, se sont assignés le devoir d'apporter leur contribution à la lutte contre la mendicité. Signalons que dans cet élan du développement des *medersas* au Burkina, des initiatives individuelles de fondations d'écoles ont été également enregistrées en dehors du cadre de la communauté musulmane (Cissé 1989 : 26–8).

Les localités de Bobo-Dioulasso, Nouna, Tougan, Ouahigouya et Ouagadougou ont été des zones de promotions des *medersas* au début de l'indépendance. Elles correspondent aux anciennes sections de l'UCM ou à des localités qui connaissent la présence d'éléments réformistes musulmans actifs au sein de la Communauté musulmane nouvellement créée. Tout comme les écoles coraniques, les premières *medersas* ont été ouvertes dans les régions proches du Mali actuel, suite à des initiatives individuelles. Leurs fondateurs avaient pour la plupart été formés au Mali par Saada Touré, fondateur de la *medersa* de Ségou en 1947, et ont été inspirés par l'influence réformiste de l'UCM. Après la création en 1955–1956 de la première *medersa* à Bobo-Dioulasso par Ibrahim Diénopo, une autre fut fondée en 1958 dans la même ville par Sanogo Mahamoud. En 1958, l'UCM a en elle-même ouvert une à Bobo-Dioulasso, puis à Tougan en 1959 et une autre à Nouna en 1961. Après sa création en 1962, la CMHV ouvre une *medersa* à Ouagadougou en 1962 et une autre à Ouahigouya en 1965.

Certains obstacles ont néanmoins marqué le développement des *medersas*. Le premier est l'omniprésence de l'Église catholique qui entendait influencer les affaires de l'État, comme en a témoigné la lettre pastorale des évêques en 1959 (Lettre pastorale des évêques de Haute-Volta, 1959). Ce contexte a, entre autres, incité Toumani Triandé, instituteur et ensuite élément réformiste dynamique de la Communauté musulmane à créer l'Association voltaïque des œuvres laïques. Le quotidien *L'Observateur,* faisant le portrait de Toumani Triandé, le cite : « j'ai créé la ligue voltaïque des œuvres laïques pour rétablir l'équité entre l'école publique et la confessionnelle catholique qui prenait des proportions énormes et injustes »[10]. Toumani Triandé évoque ici l'école publique pour attirer l'attention sur l'influence de l'Église catholique par rapport au problème de laïcité. Sa conviction religieuse islamique, manifestée par un rôle joué peu de temps après dans la mise en place de la Communauté musulmane dont il est devenu le secrétaire général, constitue une source de motivation importante pour cette initiative de mise sur pied de l'Association voltaïque des œuvres laïques.

L'insuffisance de ressources humaines qualifiées et le manque de moyens matériels (infrastructures, documentations) pour le développement des *medersas* au cours des années 1960 ont constitué le second obstacle [11]. L'état des infrastructures n'était pas à la hauteur des ambitions de la Communauté musulmane et de ses objectifs de vulgarisation des *medersas*. Il a fallu l'ouverture du Burkina Faso au monde arabo-islamique dans les années 1970 pour assister à une métamorphose significative de l'enseignement confessionnel musulman.

L'aide arabe et la mutation des *medersas*

Les années 1970 ont constitué un tournant important dans les relations arabo-africaines en général et avec le Burkina Faso en particulier (Samb 1983 ; Zarour 1989). Au Burkina Faso, les *medersas* ont bénéficié d'un appui significatif des pays arabo-islamiques [12] en forme de construction d'infrastructures scolaires, équipements et dotations en documents, prise en charge des salaires de certains enseignants nationaux, envoi de missionnaires enseignants expatriés dans les *medersas* burkinabè.

À la faveur de ces appuis, l'organisation des *medersas* s'est considérablement améliorée avec des infrastructures adéquates et une meilleure structuration des enseignements. En outre, une possibilité a été offerte aux élèves, grâce aux bourses extérieures, d'aller poursuivre leurs études dans les pays arabo-islamiques. Certains responsables d'écoles coraniques ont préféré transformer leurs établissements en *medersas*, malgré des insuffisances organisationnelles, dans l'intention de bénéficier de l'aide arabe. En outre, les élèves formés dans ces *medersas*, au Burkina Faso comme à l'étranger, ont été confrontés pour la plupart à un problème d'emploi [13]. La stratégie empruntée par ces diplômés arabophones, et ne maîtrisant généralement pas le français, a alors souvent consisté à se faire employer comme enseignants dans les *medersas* ou à créer leur propre établissement scolaire.

Les *medersas* burkinabè ont donc subi une mutation importante tant du point de vue qualitatif que quantitatif grâce à des interventions extérieures, après l'ouverture du pays au monde arabo-islamique. Au point qu'au cours des années 1980, l'augmentation du nombre de ces établissements a nécessité une approche particulière de l'État au niveau de ce type d'enseignement.

L'État et la gestion de l'enseignement confessionnel islamique

Deux grandes phases concernant les relations entre l'État burkinabè et l'enseignement confessionnel islamique se distinguent : l'une a cours au lendemain de l'indépendance du pays, en 1960, jusqu'à la fin des années 1980. La seconde débute avec les années 1990, qui voient de nouvelles réformes dans l'éducation et la création d'un service de suivi de l'enseignement arabe au sein du ministère de l'Éducation.

L'État et l'enseignement confessionnel islamique jusqu'à la fin des années 1980

Au début des années 1960, la préoccupation majeure de l'État burkinabè a été la réforme de son système éducatif et son adaptation aux réalités du pays. La réforme n'a pas expressément tenu compte de l'enseignement confessionnel islamique. L'école coranique était toujours régie par l'arrêté n° 2541/AP du 20 août 1945 du gouverneur général de l'Afrique occidentale française, maintenu comme condition d'ouverture, et elle relevait du ministère de l'Intérieur. La *medersa*, théoriquement, relevait du ministère de l'Éducation nationale, mais elle était logée à la même enseigne que l'école coranique dans l'esprit des autorités politiques. Aucun contrôle, aucune visite de classe par les encadreurs pédagogiques n'était orientée vers ces *medersas*. Elles n'avaient, dans l'entendement de ces dirigeants, qu'une seule finalité, la diffusion de l'islam. De ce fait, au nom du principe de laïcité, il n'était pas possible pour l'État de s'immiscer dans les affaires de cet enseignement confessionnel.

Signalons cependant que l'application de ce principe de laïcité n'a pas été tout à fait effective du côté des relations de l'État avec l'Église catholique. Nous avons déjà fait allusion à la protestation de l'instituteur Toumani Triandé. Ajoutons également que l'enseignement confessionnel catholique était subventionné par l'État au début de l'indépendance. En outre des propos de Maurice Yaméogo, premier président du pays, faisant de « la Haute-Volta la fille aînée de l'Église en Afrique » et s'étant lui-même proclamé « créature de l'Église » (Nicola 1998), donnaient une position prépondérante à l'Église catholique à l'époque au Burkina Faso. Mais il faut aussi reconnaître que, dans l'esprit de certains dirigeants de la Communauté musulmane, la *medersa*, tout comme l'école coranique, devait uniquement préparer l'enfant à être un bon musulman. Ce discours est plus ou moins ressorti dans le rapport du Deuxième Congrès de la communauté musulmane tenu en 1964 [14].

La grande liberté accordée à l'enseignement confessionnel musulman au nom du principe de laïcité qui s'apparentait à une indifférence, voire à une certaine sous-estimation de ce type d'enseignement, a favorisé le développement des *medersas*, en particulier après l'ouverture du Burkina Faso au monde arabo-islamique. Le manque de contrôle a permis aux détenteurs d'autorisations d'ouverture d'écoles coraniques de créer des *medersas*, avec des titulaires de certificats d'études primaires qui étaient employés comme enseignants, contrairement à la réglementation du ministère de l'Éducation nationale concernant l'enseignement du 1er degré. Des fondateurs de *medersas* ont pu forger leurs programmes d'enseignement à leur guise, organiser leurs examens, confectionner leurs diplômes et les attribuer comme ils le voulaient. La Communauté musulmane, unique structure associative en 1962, a quant à elle connu des scissions : en 1973, le Mouvement sunnite, un cadre de regroupement des wahhabiyya, a été créé, puis en 1979, les hamallistes ont à leur tour mis en place l'Association islamique des tidjanes du Burkina. Le contrôle de la gestion administrative et pédagogique a également échappé à ces associations musulmanes.

La dynamique du développement des *medersas* a ainsi fait émerger les problèmes suivants : la reconnaissance des *medersas* par l'État, la reconnaissance des diplômes des « arabisants », c'est-à-dire des élèves formés dans les *medersas* au pays ou à l'extérieur et, en conséquence, l'intégration sociale des « arabisants » et leur droit à l'emploi. Face à une telle dynamique, des débats se sont engagés parmi les musulmans, notamment lors des Congrès de 1977 et de 1982. L'État a été interpellé au Congrès en 1977 et de nouveau en 1982, pour une plus grande intégration de l'enseignement islamique dans l'éducation nationale [15].

La révolution sankariste, déclenchée en août 1983, a offert un nouveau cadre d'expression aux problèmes des *medersas*. Le régime révolutionnaire entendait opérer un grand bouleversement social et politique : par conséquent, il s'est montré attentif aux *medersas* qui prenaient progressivement l'allure d'un véritable problème de société, exprimé de plus en plus par une élite arabisante marginalisée dans un contexte francophone. Dans le but d'atténuer ce problème d'intégration sociale, cette situation a d'ailleurs obligé certains fondateurs à insérer l'enseignement du français dans leur *medersa* pour la nommer désormais « école franco-arabe ». Pour le pouvoir, résoudre le problème des *medersas* constituait alors une source éventuelle de légitimité. Ensuite, pour les besoins de la politique étrangère, l'intérêt pour les *medersas* a paru rentable et comme une opération de charme aux yeux du monde arabo-islamique. Le CNR, au regard de son orientation progressiste et anti-impérialiste, allait compromettre certaines sources d'aide publique au développement. Le renforcement des relations avec les pays arabo-islamiques constitue alors une stratégie de politique étrangère, un canal indiqué pour avoir une aide moins contraignante dans l'esprit des révolutionnaires, comparativement à celle de l'Occident.

Suite au rapport sur la situation des *medersas* de Mahamoud Tiemtoré, arabisant, directeur de la *medersa* centrale de Ouagadougou, une procédure a été établie permettant la reconnaissance des *medersas* jugées respectueuses des conditions exigées pour l'ouverture d'un établissement d'enseignement primaire [16]. En 1986, douze ont pu être reconnues [17] et les dossiers de vingt-huit autres étaient à l'étude [18].

Ces premiers pas de l'État, quoique non négligeables, sont demeurés timides jusqu'à la fin des années 1980. Mais la création en 1990 d'un service de suivi de l'enseignement arabe au ministère de l'Enseignement de base a donné une autre dimension à la prise en charge des *medersas* par l'État.

L'enseignement confessionnel islamique, un enjeu important dans le système éducatif à partir des années 1990

À sa création, le service de suivi de l'enseignement arabe a été confié à Ibrahim Diallo, lui-même arabisant. Dans les archives du ministère, on relève les orientations suivantes :

> « élaborer des statuts réglementant l'enseignement arabe, unifier les programmes d'enseignement, formuler des critères nationaux de sélection des maîtres, assurer l'encadrement et le suivi pédagogique de ces maîtres, uniformiser et officialiser les diplômes, renforcer le niveau de Français enseigné, élaborer une politique nationale cohérente pour la gestion des medersas » [19].

En juillet 1991, un arrêté conjoint du ministère de l'Enseignement de base et de l'alphabétisation (MEBA) et du ministère des Enseignements secondaire et supérieur et de la Recherche scientifique (MESSRS) a mis en place une « commission nationale des statuts et programmes de l'enseignement arabe » [20]. Elle est composée des personnels du MEBA et du MESSRS, des représentants d'Associations islamiques, ainsi que de *medersas* des deux grandes villes du pays, Ouagadougou et Bobo-Dioulasso. L'exigence d'un arrêté conjoint signifie que les *medersas* ne se limitaient plus au premier degré. Effectivement, au cours des années 1980, certaines avaient ouvert des classes du premier cycle de l'enseignement secondaire.

Le contenu de ce rapport [21] montre de façon évidente le renforcement progressif de l'implication de l'État dans la gestion des *medersas* [22]. Le souci de voir croître le taux de scolarisation est devenu une préoccupation importante de l'État burkinabè, surtout au cours des années 2000, quand il s'est vu classé avant-dernier par le PNUD, à cause de l'appréciation faite sur son indice de développement humain. Les *medersas* ont ainsi permis à l'État d'augmenter le taux de scolarisation afin d'améliorer l'indice de développement humain.

En 1991, on dénombrait 65 *medersas* reconnues sur 300, qui scolarisaient environ 25 000 élèves [23]. Le ministère de l'Enseignement de base, dans le but de favoriser davantage le processus d'intégration des *medersas* dans le système éducatif officiel, a organisé un atelier national en juin 1999 [24].

En 2002, un plan décennal de développement de l'éducation de base (PDDEB) a été lancé. Il prévoyait une subvention aux fondateurs de *medersas* et ouvrait les portes de l'École nationale des enseignants du primaire (ENEP) de Ouahigouya aux futurs maîtres des *medersas* pour leur formation. Pour sa part, l'École nationale supérieure de Koudougou (ENSK) devait aussi accueillir des arabisants destinés à encadrer les *medersas* pour une formation en inspectorat de l'enseignement du 1er degré. Ce dernier volet est une des recommandations de l'atelier de 1999. Parmi ces mesures du PDDEB en faveur de l'enseignement confessionnel islamique, seul le volet relatif à la formation des encadreurs pédagogiques a connu une application effective par le PDDEB, qui a dans l'ensemble connu des difficultés de gestion dans ses différents volets [25].

À la fin des années 1980, et surtout durant les années 1990, la distinction entre *medersa* et école franco-arabe s'est davantage précisée. Elle réside dans l'apprentissage du français, très peu enseigné à la *medersa* mais dans une proportion au contraire significative dans les écoles franco-arabes. Ces distinctions ressortent clairement dans les statistiques fournies par la direction de l'enseignement de base privé en 2004–2005 : les écoles franco-arabes étaient alors au nombre de 395, les *medersas* 199, soit 504 établissements confessionnels musulmans reconnus. En revanche, 329 écoles franco-arabes et 347 *medersas*, soit 676 établissements confessionnels islamiques, n'étaient pas reconnus [26]. Ces chiffres montrent cependant un progrès sensible comparativement aux statistiques de 1984 qui étaient de 12 *medersas* reconnues et 27 en attente d'une étude pour une éventuelle reconnaissance. Ces données statistiques de 2004–2005 indiquent une répartition de *medersas* et écoles franco-arabes dans toutes les régions du Burkina Faso, mais avec une concentration au centre à l'ouest et au nord. Selon la direction de l'enseignement de base privé, 5 % des élèves de l'enseignement du 1er degré sont scolarisés dans les *medersas* et écoles franco arabes en 2004–2005. Le cumul des *medersas* et écoles franco arabes reconnues et non reconnues en 2004–2005 était de 1 180 établissements confessionnels ; cinq ans plus tard notamment durant l'année scolaire 2009/2010, ce cumul était de 1 679 établissements sur l'ensemble des 13 régions du territoire national.

Ce développement remarquable de l'enseignement confessionnel musulman est une résultante du dynamisme de l'islam et de sa plus grande visibilité dans l'espace public ces dernières décennies au Burkina Faso en général. La vitalité de l'islam a aussi incité l'État à s'intéresser aux écoles coraniques dans le cadre des actions d'alphabétisation (Diallo 2006). Le recensement des écoles coraniques et leur amélioration permettent d'accroître les statistiques des populations alphabétisées, ce qui constitue une autre piste pour l'État burkinabè afin d'améliorer ses indicateurs qui doivent favoriser une bonne appréciation de son indice de développement humain auprès du PNUD et espérer un meilleur classement.

Retenons ici que l'engagement de l'État dans la gestion des *medersas* dénote la faiblesse organisationnelle des musulmans : ces derniers n'ont en effet pas su bien orienter l'enseignement confessionnel islamique, en particulier après l'ouverture du Burkina Faso au monde arabo-islamique. Malgré les efforts organisationnels de l'État, les *medersas* et écoles franco arabes montrent toujours des insuffisances :

- l'harmonisation des programmes d'enseignement et diplômes n'est pas effective ;

- l'adoption des programmes officiels dans les *medersas* rencontre des difficultés au regard du faible niveau de certains enseignants ;

- le personnel d'encadrement capable de bien suivre cet enseignement confessionnel islamique est en nombre très insuffisant ;

- certains fondateurs ne coopèrent pas franchement avec les structures de l'État ;

- l'objectif du bilinguisme (français-arabe) visé par l'État à travers la réorganisation des *medersas* n'est pas bien atteint, car le niveau d'enseignement du français est toujours faible dans bon nombre d'établissements ;

- l'établissement d'une équivalence de diplôme pour les arabisants qui ont fait des études supérieures à l'extérieur n'est pas une réalité.

Ce sont là des difficultés importantes, toujours rencontrées par l'enseignement confessionnel islamique, en l'occurrence les *medersas*. Pourtant, leur nombre ne cesse de croître et l'insertion sociale des élèves formés en leur sein demeure une préoccupation non résolue.

L'ÉGLISE CATHOLIQUE ET L'ENSEIGNEMENT PRIVÉ AU BURKINA FASO

Les débuts de l'enseignement catholique en Haute-Volta (actuel Burkina Faso) remontent aux premières heures de l'installation des missions des Pères Blancs [27], soit au début du XXe siècle. La première mission a été implantée le 22 janvier 1900 à Koupéla, localité située à 140 kilomètres à l'est de Ouagadougou. Dès leur installation, l'enseignement a figuré parmi leurs premières activités, car il était considéré comme un des moyens de contact les plus efficaces avec les populations locales.

De toute évidence, l'expansion du christianisme ne saurait être dissociée de la colonisation française en Haute-Volta. Dans ce territoire comme dans la plupart des colonies d'Afrique occidentale, les militaires ont précédé les missionnaires. Les premiers ont préparé le terrain pour les seconds, et il semblait normal que les uns et les autres unissent leurs efforts pour la mise en place des institutions coloniales. C'est dans cette logique qu'il faut inscrire le recours aux missionnaires arrivant à Ouagadougou en 1901, pour la formation des premiers auxiliaires de ce poste.

Pour traiter de l'œuvre éducative développée par les missionnaires en Haute-Volta dans cette partie, nous avons essentiellement utilisé des sources bibliographiques, des sources d'archives et orales réunies lors de nos travaux de recherche (Compaoré 1995, 2003). L'activité scolaire des missionnaires est abordée ici à travers quatre points essentiels : les premières initiatives orientées vers la formation d'un personnel missionnaire, l'ouverture vers les écoles de paroisse et les écoles primaires, l'élargissement de l'activité scolaire à l'enseignement secondaire, et enfin l'évolution de l'enseignement catholique après 1960.

Un enseignement privé à orientation cléricale

En AOF, la première organisation de l'enseignement de 1903 ne s'était intéressée qu'au secteur public. Pourtant, les initiatives privées, notamment celles des missionnaires, étaient déjà présentes dans plusieurs colonies et faisaient l'objet d'un contrôle de l'administration. Il faudra attendre le décret présidentiel du 14 février 1922 pour voir une réglementation de l'enseignement privé dans les Territoires d'Outre-Mer, précisant la nature et le fonctionnement des écoles, ainsi que les conditions pour leur ouverture.

À Koupéla, les Pères Blancs ont ouvert une école dès leur installation en 1900 (Harding 1971 : 114). Dans le poste missionnaire de Ouagadougou créé en 1901, les Pères Blancs ont été sollicités par l'administration pour prendre en main la petite école qui fonctionnait sous la direction des militaires. Les différents rapports sur l'activité des postes missionnaires sont unanimes à reconnaître que l'école de Ouagadougou a été la plus importante parmi celles ouvertes par les Pères Blancs au Soudan français au début du siècle (Harding, 1971 : 110). Ces premières écoles visaient des objectifs très diversifiés, allant de la formation des futurs chefs et des agents pour l'administration, à la formation de catéchistes pour assurer la diffusion du message chrétien. Selon les rapports annuels du Vicariat du Soudan français, l'école des Pères Blancs à Koupéla réunissait 40 élèves en 1902, 70 en 1903, 140 en 1904, 30 en 1906, et 25 en 1909 [28].

La collaboration entre l'administration et la mission catholique a été d'une courte durée, les grands débats menés en métropole autour de la laïcité aboutissant en 1904 à l'adoption, par la chambre des députés, de lois consacrant la séparation des pouvoirs de l'Église et de l'État [29]. Ces événements circonscrits à la métropole, ont alors commencé à se manifester dans certains territoires de l'AOF. C'est ainsi que l'administration coloniale a créé l'école régionale de Ouagadougou en 1904 avec les élèves auparavant confiés aux Pères Blancs. Ceux-ci ont continué à faire fonctionner l'école de la mission, malgré les difficultés rencontrées dans le recrutement et le fonctionnement (Harding 1971 : 110). L'école de la mission n'a cependant pas résisté à la concurrence de l'école publique et a fermé ses portes en 1906. De son côté, l'école de Koupéla a mis fin à ses activités en 1910, suite aux mêmes difficultés de fonctionnement.

Ainsi a pris fin la première expérience d'enseignement privé en Haute-Volta. La baisse de régime des écoles catholiques et la tension régnant entre l'administration et la mission avaient conduit le vicaire apostolique à inviter ses missionnaires à arrêter temporairement l'enseignement en français, cela pour éviter que la situation se dégrade davantage. En réalité, les missionnaires ont continué à entretenir des écoles dans lesquelles la principale langue d'enseignement était le *mooré* (langue nationale). Elles étaient appelées la plupart du temps « écoles de catéchistes ». C'est ainsi que dans la rubrique "écoles" des rapports annuels des postes de Ouagadougou et de Koupéla, on retrouve des effectifs scolaires entre 1910 et 1921. Ces écoles dites de catéchisme, que l'on rencontrait dans presque tous les postes missionnaires, avaient pour but premier de préparer des catéchumènes à recevoir le baptême, et de susciter parmi eux des vocations de catéchiste. Parmi les meilleurs éléments des écoles de catéchisme, certains ont plus tard été appelés à continuer leurs études dans les écoles cléricales officiellement reconnues en 1923. Avec les jeunes élèves des écoles cléricales, ils ont constitué les premières promotions admises au petit séminaire de Pabré, créé en 1925.

Dans les faits, la période de tension entre l'administration coloniale et les missions catholiques a duré jusqu'à la fin de la Première Guerre mondiale. Le rapprochement entre l'Église catholique et l'État a été favorisé par la guerre, permettant ainsi aux missionnaires de se repositionner dans le secteur de l'éducation. C'est ainsi que les écoles cléricales de Ouagadougou, de Koupéla et de Toma ont été officiellement reconnues en 1923. À partir de la réglementation de l'enseignement privé en 1922, l'activité scolaire s'est intensifiée dans les postes missionnaires catholiques. Les missionnaires vont intégrer l'école dans leurs activités pour répondre, entre autres, à un besoin pressant, celui de la formation d'un clergé local. L'accroissement du nombre des écoles privées a ainsi intensifié la collaboration entre les missions et l'administration coloniale sur la question scolaire.

À la suite des accords de Saint-Germain-en-Laye, conclus le 10 septembre 1919 [30], le décret de 1922 est venu réglementer l'enseignement privé en AOF. Sans distinction de nationalité, toutes les congrégations religieuses pouvaient désormais entreprendre des activités allant dans le sens de la recherche du bien-être des populations colonisées. Conformément aux clauses de ce protocole de Saint-Germain, les missionnaires ont alors recouvré le droit d'ouvrir des écoles. À partir de cette réglementation, l'enseignement privé catholique s'est organisé en Haute-Volta à travers un nombre très réduit d'écoles. Cette situation s'expliquait par le peu de moyens et d'enseignants qualifiés dont disposaient les missions. Les Pères Blancs et les Sœurs Blanches [31], à l'origine de l'évangélisation de la Haute-Volta, n'étaient pas des spécialistes de l'enseignement. Ils avaient donc intégré l'école dans leurs activités pour répondre, entre autres, à un besoin pressant, celui de la formation d'un clergé local.

En Haute-Volta, l'œuvre missionnaire a pris un essor considérable avec la création du vicariat apostolique de Ouagadougou le 2 juillet 1921 [32] Mgr Johanny Thévenoud [33], qui fut nommé nommé à sa tête était un homme d'action, profondément attaché au développement économique et social de la Haute-Volta. Sous son impulsion, les postes missionnaires se sont multipliés dans le vicariat, consacrant ainsi l'élargissement du champ d'intervention de la mission. Une autorisation d'ouverture est accordée le 26 septembre 1923 aux écoles cléricales de Koupéla et de Ouagadougou, à titre d'écoles primaires, grâce aux religieuses Sœurs Blanches, titulaires du brevet. Les écoles cléricales avaient pour objectif de former de futurs agents pastoraux [34]. Elles suivaient le cycle officiel du cours préparatoire au cours moyen et les programmes s'efforçaient de donner le contenu de l'enseignement primaire élémentaire. Du côté de Koupéla, l'école a réellement commencé à fonctionner en 1923.

Dans le développement de leurs activités, les Pères Blancs ont créé les petits séminaires de Pabré en 1925 et de Nasso en 1946 (vicariat apostolique de Bobo-Dioulasso) pour la formation du clergé autochtone en Haute-Volta. S'inspirant de l'organisation des petits séminaires métropolitains dont ils ont emprunté les programmes d'enseignement, ces établissements ont fonctionné comme de véritables collèges dans un contexte où l'administration coloniale se méfiait du développement qualitatif de l'enseignement.

Jusqu'en 1945, aucun diplôme ne sanctionnait les études faites dans les petits séminaires, ni à la fin de la classe de troisième, ni à l'issue de la rhétorique (classe de terminale). L'ouverture permettant aux petits séminaristes de préparer les examens scolaires officiels s'est progressivement faite. Il a fallu procéder à une relecture des programmes d'enseignement, des horaires et du parcours scolaire. Dans l'ensemble de l'œuvre éducative privée, l'application des programmes officiels requérait la présence d'un personnel qualifié dans les établissements d'enseignement.

Des écoles paroissiales aux écoles primaires

Après l'autorisation d'ouverture accordée à l'école élémentaire de Toma en 1923, c'est en 1939 que de nouvelles autorisations officielles sont ensuite accordées à des établissements privés catholiques [35]. En réalité, l'œuvre scolaire était bel et bien présente dans les différents postes missionnaires, mais ne remplissait pas les conditions exigées par la législation scolaire pour bénéficier d'une autorisation officielle. Les écoles annexées aux postes missionnaires, généralement appelées « écoles de la mission » ou « écoles paroissiales », véhiculaient un prosélytisme religieux et l'enseignement dispensé avait une orientation purement religieuse. De ce point de vue, il ne pouvait intéresser que des enfants de chrétiens ou ceux s'engageant à recevoir le baptême au cours de leur scolarité. Dans ces écoles, l'enseignement profane ne venait que pour consolider la formation religieuse et permettre aux jeunes chrétiens ainsi formés d'acquérir un minimum de connaissances relatives à la langue française. Pour attirer davantage les enfants à l'école, les missionnaires ont mis l'accent sur l'enseignement en français au détriment de celui en langues nationales. Ces écoles de paroisses se sont multipliées et ont représenté des lieux de rencontre très importants pour les enfants qui n'étaient pas reçus par les écoles officielles.

La stratégie des missionnaires a en effet consisté à créer des embryons d'écoles, à les faire grandir et, enfin, à formuler une demande d'autorisation d'ouverture pour officialiser leur existence. La régularisation de ces écoles de paroisse a tout d'abord passé par la présence d'un personnel qualifié et bien sûr par l'installation des élèves dans des infrastructures appropriées. Les écoles privées catholiques étaient loin de pouvoir répondre à ces exigences. Toutefois, la fidélité au régime de Vichy manifestée par les missionnaires français a eu pour conséquence la mise en place d'une politique plus favorable aux œuvres missionnaires. La tolérance vis-à-vis de cet enseignement non conventionnel s'est ainsi confirmée et les ouvertures d'écoles se sont faites de plus en plus nombreuses. Une nouvelle ère a alors débuté pour l'enseignement privé, appelé à jouer un rôle de plus en plus important dans la scolarisation des colonies françaises. Il fallait donner une nouvelle orientation à cet enseignement reconnu d'utilité publique.

Joseph-Roger de Benoist situe les débuts de changement d'attitude du colonisateur français avec l'arrivée au pouvoir du Front populaire en France (De Benoist 1988 : 81). En effet, dans la métropole, l'anticléricalisme a connu un recul à partir de 1940 avec l'avènement du régime de Vichy et la loi du 3 septembre 1940 abrogeant l'interdiction d'enseigner faite aux congrégations par les lois de 1901 et 1904 [36].

En janvier 1943, la rencontre des responsables des sociétés missionnaires catholiques présentes en AOF [37] avec le gouverneur général a marqué un tournant dans l'organisation de l'enseignement catholique. Les responsables des sociétés missionnaires catholiques de l'AOF ont décidé, pour donner suite à leur rencontre avec le gouverneur général, de nommer un directeur général pour l'enseignement privé catholique en AOF avec résidence à Dakar et de nommer un directeur de l'enseignement par territoire pour le contrôle des écoles catholiques. Dans la même lancée, la conférence de Brazzaville qui se tient en 1944 a affirmé la nécessité de collaborer avec les missions pour atteindre le développement de la scolarisation dans les territoires. Les transformations politiques dans l'Empire français après la Seconde Guerre mondiale n'ont pas remis en cause l'alliance scolaire établie par Vichy. À la faveur des bonnes dispositions manifestées par l'administration coloniale à l'endroit des missions chrétiennes, des subventions ont été accordées à l'enseignement privé de l'AOF [38], offrant à celui-ci une source supplémentaire de financement.

Toutes ces dispositions prises au niveau de l'AOF ont favorisé le développement de l'enseignement dans les différents territoires. Au niveau de la Haute-Volta, encore écartelée, on note la création des écoles primaires privées catholiques pour filles (1943) et pour garçons (1944) à Ouagadougou et à Koupéla (1944). Après s'être investies dans l'œuvre d'éducation dans les écoles cléricales, les religieuses Sœurs Blanches ont pris en main l'organisation de ces écoles primaires, répondant à l'esprit de la réglementation scolaire de 1945. Avec ces nouvelles créations, les écoles cléricales ont fermé progressivement leurs portes pour permettre aux écoles primaires d'accroître leurs capacités de recrutement [39].

L'installation des Frères des Écoles chrétiennes à Ouagadougou a été réalisée le 8 septembre 1952. Dès octobre 1952, ils ont ainsi pris la relève des Sœurs Blanches et ont assuré la gestion de l'école primaire de garçons de Ouagadougou. Les Sœurs Blanches, depuis 1921, dirigeaient en effet l'école cléricale qui est devenue « école de la mission » en 1943. Ce changement de main a été marqué par un changement de nom de l'école, qu'ils baptisèrent du nom de leur fondateur : « École de la Salle ».

La collaboration entre l'administration coloniale et l'Église catholique était beaucoup plus visible dans la promotion de l'enseignement primaire. Ce développement de l'enseignement primaire confessionnel a aussi ouvert des perspectives pour la naissance et le développement d'un enseignement postprimaire confessionnel en Haute-Volta.

Les débuts d'un enseignement post primaire

La question de l'enseignement catholique, dans le contexte colonial, n'a pas seulement été religieuse mais aussi politique, idéologique et financière. Comme la Seconde Guerre mondiale avait favorisé en AOF le rapprochement entre l'administration coloniale et les missions religieuses, celles-ci ont été mises à contribution pour le développement de la scolarisation dans les territoires de la fédération, grâce à des subsides accordés par l'administration. La direction générale de l'enseignement en AOF a exigé, dès 1947, la transformation des écoles de moniteurs en collèges secondaires qui devaient préparer les élèves au brevet et au baccalauréat [40]. Dans ces établissements, les programmes et l'horaire étaient conformes à ceux des collèges modernes d'enseignement court de la métropole.

Pour donner une suite à cette mesure, le gouverneur de la Haute-Volta a signé un arrêté le 16 février 1948, transformant l'école de moniteurs de Toussiana en collège moderne d'enseignement privé. Cet arrêté a consacré la naissance du premier collège moderne privé de la Haute-Volta. Il est bon de rappeler qu'à sa fondation en 1944, l'école des moniteurs avait une vocation interterritoriale. Elle accueillait en effet des élèves venant du Soudan, de la Guinée et de la Haute-Volta. Le collège de Toussiana a conservé, jusqu'à 1957, son statut d'établissement intervicarial. Pour résoudre la question du personnel pédagogique, les chefs de missions, Pères Blancs, ont fait appel aux Frères des Écoles chrétiennes.

À travers la création des établissements d'enseignement postprimaire et secondaire, les missionnaires voulaient asseoir la religion chrétienne sur des bases solides, tout en s'investissant davantage dans la formation des futurs cadres de l'administration en Haute-Volta. Les premières initiatives dans ce domaine ont été appelées « cours complémentaires » et étaient généralement annexées à des écoles primaires. Le cours complémentaire de Tounouma a commencé à fonctionner à Bobo-Dioulasso en 1949, mais il n'a obtenu sa reconnaissance officielle qu'en 1953. À ses débuts, le cours complémentaire de filles était dirigé par la communauté des Sœurs Blanches et installé alors dans des locaux d'emprunt, à l'école de garçons de Tounouma. Autorisé à ouvrir ses portes comme un cours normal, l'établissement fonctionnait plutôt comme un collège moderne. En effet, l'anglais y était enseigné et les élèves y préparaient le BEPC (et non le brevet élémentaire). La plupart des élèves étaient hébergés dans un foyer tenu parallèlement par les Sœurs Blanches. La création de cet établissement entrait dans le développement de l'enseignement féminin dans la zone de Bobo-Dioulasso. Afin de faciliter la formation d'enseignantes pour l'enseignement catholique, le cours complémentaire de Tounouma a été autorisé à fonctionner comme un cours normal de filles. Il est du même coup devenu le répondant du collège moderne de Toussiana qui formait les maîtres de l'enseignement privé catholique.

Le second cours complémentaire né de l'initiative des Sœurs Blanches a été implanté à Ouagadougou à partir d'octobre 1951. Il a été annexé à l'école primaire catholique des filles qui fonctionnait depuis 1943. Établi dans des locaux précaires, c'est finalement le 27 septembre 1952 que l'établissement a officiellement été reconnu et a alors pris le nom d' « école Sainte-Jeanne d'Arc ». Il comprenait le cycle normal des établissements, menant au BEPC avec, en plus, un enseignement ménager et familial. Avec l'ouverture du collège féminin privé en 1955 à Ouagadougou ses objectifs ont été revus pour ces établissements qui ont pris le nom d'« Institut Lavigerie » et se sont alors orientés vers l'enseignement technique.

Comme rappelé plus haut, dès leur installation à Ouagadougou en 1952, les Frères des Écoles chrétiennes ont pris en main l'école de garçons en lui donnant le nom de leur fondateur (École de la Salle). Une année après, ils ont récupéré dans une salle de classe les élèves qui n'avaient pas réussi à l'examen d'entrée en sixième pour renforcer leur niveau scolaire, et les rendre compétitifs dans leur recherche d'emploi. C'était en réalité le début du cours complémentaire de la Salle, qui, en 1955, totalisait un effectif de 70 élèves répartis en trois classes. Sous la conduite des Frères des Écoles chrétiennes, l'établissement a officiellement été reconnu dès 1952 et a été transformé en collège moderne en 1955.

Dans le paysage scolaire féminin voltaïque des années 1950, les missionnaires Sœurs Blanches ont occupé une place prépondérante en raison de leur présence dans les structures éducatives du territoire. À partir de 1952, la congrégation des Filles du Cœur de Marie arrive en Haute-Volta, suite à une demande de Mgr André Dupont. Elles se sont d'abord installées à Bobo-Dioulasso avant d'offrir leur service aux autres vicariats apostoliques. C'est ainsi que, suite à la demande de Mgr Émile Socquet [41], la congrégation a accepté de prendre en charge le cours complémentaire des jeunes filles à Ouagadougou en 1955. La reconnaissance officielle est intervenue au cours de la même année et le collège a ouvert officiellement ses portes en octobre 1955 avec 24 élèves inscrites. Dès son ouverture, l'établissement a changé de nom et a été baptisé « Institution Notre-Dame de Ouagadougou ». Tandis que le cours complémentaire de Ouagadougou s'était orienté vers l'enseignement ménager (Collège Lavigerie) et le cours complémentaire de Tounouma vers l'enseignement normal, la nouvelle institution faisait l'option de l'enseignement général pour les filles.

L'enseignement catholique depuis 1960

Avec l'indépendance du pays en 1960, la grande présence de l'Église catholique dans le domaine de l'enseignement s'est poursuivie, malgré les difficultés rencontrées. Sur le plan organisationnel, l'enseignement catholique a gardé sa structuration en directions diocésaines coordonnées par un secrétariat national. Dans ce dispositif, les évêques sont les propriétaires des locaux et les employeurs des enseignants du primaire. Dans le même temps, les enseignements postprimaire et secondaire restent essentiellement entre les mains des congrégations religieuses.

Depuis 1943, l'enseignement catholique, tout comme l'enseignement protestant, bénéficie des subventions du territoire, puis de l'État pour l'organisation des activités scolaires. Dès 1964, les difficultés financières amènent l'État voltaïque à réorganiser les textes accordant les subventions à l'enseignement privé. Le nouveau texte [42] insiste sur le fait que l'État accorde désormais les subventions en fonction de ses disponibilités financières [43]. Dans la pratique, le volume des subventions accordé à l'enseignement privé voltaïque a connu une réduction progressive, créant des difficultés de fonctionnement. Ainsi par exemple, le déficit enregistré par l'enseignement catholique a été de onze millions de francs CFA à la fin de l'année 1965. Entre 1964 et 1969, l'enseignement catholique a ainsi cumulé des dettes considérables dues à la diminution de la subvention et a éprouvé de sérieuses difficultés pour honorer les salaires de ses enseignants. Cette situation a également amené les enseignants à s'organiser pour exiger le paiement de leurs salaires. L'enseignement catholique est ainsi entré dans une période de crise qui a duré jusqu'en 1969.

Selon les statistiques de l'enseignement catholique, le secteur primaire scolarisait, en 1967, 29 635 élèves (11 585 filles et 18 050 garçons) dans 648 classes primaires regroupées dans 158 écoles. Pour la même année, l'enseignement primaire public comptait 65 332 enfants et l'enseignement primaire protestant 1 800. L'enseignement primaire catholique représentait donc presque un tiers des effectifs du primaire public.

Quant à l'enseignement secondaire catholique, il scolarisait en 1967, au premier cycle 1933 élèves (807 filles et 1 126 garçons) et 310 élèves (73 filles et 237 garçons) au second cycle. Pour la même année, l'enseignement secondaire public avait un effectif de 5 015 élèves contre 457 pour le secondaire protestant. À ce niveau encore, les effectifs de l'enseignement catholique représentaient un peu plus du tiers des effectifs de l'enseignement secondaire général national (Compaoré 1995 : 310).

La persistance de la situation de crise amène les évêques à renoncer à la gestion des écoles primaires à travers une lettre confidentielle adressée au président de la République, suivie d'une circulaire publique le

12 février 1969. En réponse à cette démarche, une ordonnance présidentielle du 19 septembre 1969 a officialisé la « nationalisation » de l'enseignement primaire catholique. L'enseignement secondaire, tenu par des congrégations religieuses, résistait à la crise et continuait à fonctionner malgré les difficultés financières. Pour faire face à ces difficultés, les chefs d'établissements secondaires catholiques créent l'Union nationale des établissements catholiques (UNEC) en 1969. Au nombre des acquis de cette structure, on peut citer la signature de la convention permettant à l'État d'affecter des élèves dans les établissements catholiques, moyennant le paiement des frais de scolarité. Ainsi, depuis septembre 1969, la hiérarchie catholique n'avait plus de contacts officiels avec l'État au sujet de l'enseignement. Les nouveaux rapports établis entre ce qui restait de l'enseignement catholique (UNEC) et l'État ont été aléatoires du fait de l'absence d'un véritable cadre juridique.

À partir de 1994, l'Église catholique a reconsidéré sa position vis-à-vis de l'éducation et s'est lancée dans un grand projet de développement de son système éducatif. La réflexion engagée à ce sujet aboutira à l'organisation des Assises nationales de l'enseignement catholique en décembre 1996 [44]. La nouvelle organisation issue des assises nationales s'appuie sur une grande responsabilisation des chrétiens dans l'esprit de l'Église-famille de Dieu. Désormais, la création et l'organisation des écoles incombent plus aux communautés chrétiennes qui bénéficient de l'appui de la hiérarchie (Zongo Nana 2001 ; Kaboré 2002). Les assises nationales ayant défini l'enseignement primaire comme la priorité de l'Église catholique, ses recommandations invitaient chaque diocèse à mettre l'accent sur la relance de l'enseignement primaire. Cette option impliquait un certain nombre de réalisations : mise en place des structures de gouvernance, organisation de plans de formation continue pour les enseignants, les chefs d'établissements et les gestionnaires.

La relance de l'enseignement primaire catholique devait, à court terme, passer par l'ouverture de nouvelles écoles et la récupération des anciens établissements cédés à l'État en 1969. Ainsi, on note l'ouverture de huit écoles nouvellement construites sur financement de la Conférence épiscopale italienne, dès la rentrée scolaire 1999–2000. Dans le même temps, les négociations avec le ministère de l'Enseignement de base et de l'Alphabétisation au sujet des écoles cédées à l'État en 1969 ont abouti à la signature, le 13 juin 2000, d'un protocole d'accord entre l'épiscopat et le gouvernement pour la rétrocession progressive de 59 ex-écoles catholiques [45].

De nos jours, l'enseignement catholique garde l'organisation préconisée par les Assises nationales de 1996. Un protocole d'accord régit les relations entre les ministères en charge de l'Éducation et l'Église catholique. Les enseignants catholiques sont formés au niveau du Centre de formation pédagogique et pastorale (CFPP) et bénéficient également de formations périodiques continues. En plus des établissements d'enseignement secondaire général et technique, l'Église catholique dispose d'établissements d'enseignement supérieur dans les principales villes du pays [46].

Malgré la diversification de l'enseignement catholique qui couvre tous les niveaux d'enseignement, les difficultés demeurent. Au nombre de celles-ci, on peut retenir l'insuffisance des ressources pour faire face aux salaires des enseignants, le non-respect des dispositions du protocole d'accord au sujet des subventions accordées par l'État et l'organisation d'un plan de carrière pour les enseignants. Dans l'enseignement primaire, la différence de salaire qui existe entre les enseignants du public et du privé catholique provoque des défections de ces derniers au profit du public. La relecture du protocole d'accord devrait permettre à l'Église catholique et à l'État burkinabè de réfléchir à nouveau sur leur partenariat pour mieux prendre en compte les nouveaux défis du secteur de l'éducation.

Pour conclure à propos de l'enseignement catholique, on peut retenir qu'en Afrique occidentale française (AOF), l'évolution de l'école privée catholique a connu trois grandes phases. Il y a eu d'abord le temps de l'hostilité à l'enseignement privé confessionnel, de 1904 à 1922, période dominée par le débat sur la laïcité. Vient ensuite le temps de la tolérance de cet enseignement, de 1922 à 1943, période influencée par les accords de Saint-Germain-en-Laye. Enfin, la période qui va de la fin de la Seconde Guerre mondiale à l'année 1960 marque le temps de la collaboration entre l'administration coloniale et l'Église au sujet de l'enseignement privé confessionnel.

Par la suite, l'Église catholique a développé des écoles de paroisse pour prendre en compte les enfants et les jeunes qui ne pouvaient pas accéder aux écoles cléricales et voulaient une éducation chrétienne. Avec le contexte des années 1940 favorable à la collaboration entre l'Église et le pouvoir colonial, l'activité missionnaire s'est diversifiée au niveau de l'éducation. C'est ainsi que naîtront les établissements d'enseignement postprimaires catholiques en Haute-Volta.

En s'appuyant sur les congrégations féminines, puis masculines, l'Église catholique a pu mettre en place des structures scolaires pour l'encadrement d'une élite pour la Haute-Volta. Avec toutes les créations d'écoles primaires et secondaires, l'enseignement privé catholique était fortement représenté dans le paysage scolaire voltaïque au moment de l'accession du pays à l'indépendance en 1960.

Depuis 1960, les différentes composantes de l'enseignement catholique traversent des crises essentiellement liées aux difficultés financières. Ainsi, la hiérarchie catholique finira par céder la gestion de ses écoles primaires à l'État en 1969. Par la suite, la nouvelle vision proposée par les Assises nationales de 1996 permettra à l'enseignement catholique de se repositionner sur l'enseignement primaire.

CONCLUSION

Cette brève histoire de l'enseignement privé confessionnel au Burkina Faso, plus précisément des enseignements musulman et catholique, révèle à la fois des similarités et des spécificités. Dans les deux cas, un enseignement à vocation religieuse – écoles coraniques d'un côté et école paroissiales de l'autre – avait préexisté à l'implantation de l'école « classique » par l'administration coloniale. Si les écoles paroissiales se sont progressivement transformées, pour intégrer le système scolaire officiel, colonial puis étatique après l'indépendance en 1960, une partie seulement des écoles coraniques ont évolué vers les *medersas* (puis les écoles franco-arabes). Les écoles coraniques, à vocation uniquement religieuse, perdurent aujourd'hui, mais selon une ampleur difficile à appréhender faute de statistiques fiables.

Si pour le privé musulman comme pour le privé catholique, leur rapport au pouvoir, colonial puis étatique, a été souvent source de tensions, voire de conflits (avec notamment la nationalisation des écoles primaires catholiques en 1969), il reste que l'enseignement catholique, réputé de qualité et dispensé en français – la langue officielle d'enseignement –, a historiquement joué un rôle central dans la formation des élites politiques ; en revanche, le privé musulman est demeuré longtemps marginalisé, suscitant une certaine méfiance. Contrairement à l'enseignement catholique, très structuré à l'image de l'Église catholique, l'enseignement musulman reste insuffisamment structuré.

Selon les statistiques scolaires officielles, depuis le début des années 2000, le privé musulman est la composante de l'ensemble du secteur privé d'enseignement qui connaît la forte croissance, accompagnée d'une expansion territoriale très nette ; il est à forte dominante rurale, tandis que l'enseignement catholique demeure surtout situé dans les villes. Cette croissance du privé musulman accentue l'interrogation déjà formulée antérieurement quant au devenir, en termes d'insertion professionnelle, des sortants des écoles musulmanes, diplômés ou non, et ne maîtrisant souvent pas le français.

Alors qu'au Burkina Faso le secteur privé est devenu un acteur incontournable du système éducatif, occupant une place croissante, il demeure insuffisamment documenté, notamment le privé confessionnel. Parmi les nombreux aspects à mieux documenter, figurent entre autres une meilleure connaissance du privé protestant et, de manière générale, la question de l'origine des financements, le coût de la scolarité, les raisons poussant des familles à opter pour tel ou tel type de privé confessionnel, le profil socio-économique et religieux (et son évolution) des familles scolarisant leurs enfants dans un établissement confessionnel (du primaire au supérieur), l'évolution de l'articulation entre les dimensions éducative et religieuse, leurs contributions respectives à la formation des élites et l'évolution de leurs rapports au pouvoir politique. Aux enjeux proprement éducatifs de l'évolution du secteur privé confessionnel, s'articulent des enjeux d'ordre sociétal et politique, qu'il conviendrait d'étudier davantage.

Bibliographie

Audouin Jean, 1975, L'évangélisation en Haute-Volta (aperçu socio-historique), Collection "Recherche pastorale", sl.

de Benoist J.R., 1982, *L'Afrique occidentale française de la Conférence de Brazzaville (1944) à l'indépendance (1960)*, Dakar, Nouvelles éditions africaines, 617 p.

de Benoist J.R., 1988, « Les écoles missionnaires au Soudan occidental de 1885 à 1945 », *Collection du CREDIC*, n°6 (Actes de la huitième session du CREDIC à Salamanque du 24 au 27 août 1987), Université Jean Moulin Lyon III, p.69–90.

Cissé I., 1989, Introduction à l'étude des medersas au Burkina Faso : des années 1960 à nos jours, mémoire de maîtrise, Université de Ouagadougou.

Cissé I., 1994, Islam et État au Burkina, de 1960 à 1990, thèse de doctorat nouveau régime, Paris VII.

Compaoré F., Pilon M., 2017, « L'évolution de l'offre privée dans l'enseignement primaire au Burkina Faso depuis 2000 », in M. Compaoré, J.-F. Kobiané & F. Compaoré (dir.), *Dynamiques éducatives au Burkina Faso : bilan et perspectives*, Ouagadougou, L'Harmattan Burkina, p. 273–305.

Compaoré M., 1988, L'islamisation au Burkina Faso de l'époque coloniale jusqu'à nos jours : l'exemple du pays Bisa, thèse de doctorat troisième cycle, Université de Dakar, Faculté des Lettres et Sciences humaines.

Compaoré M., 1995, L'école en Haute-Volta : une analyse de l'évolution de l'enseignement primaire de 1947 à 1970, thèse de doctorat, Paris, Université Paris VII, Tome I, 415p.

Compaoré M., 2003, « La refondation de l'enseignement catholique au Burkina Faso », *Cahiers d'études africaines*, 169–170, p. 87–98.

Conférence épiscopale Burkina-Niger, 1997, Projet éducatif national de l'enseignement catholique du Burkina Faso, Ouagadougou.

Coulon C., 1983, *Les musulmans et le pouvoir en Afrique noire*, Paris, Karthala.

Diallo B., 1989, L'islamisation du Jelgooji et la confrérie hamalliste de Hamdallahi (ou la vie et l'œuvre du cheikh Adoulaye Fodé Doukouré), mémoire de maîtrise, Université de Ouagadougou.

Diallo H. (dir.), 2006, Impact de l'Islam sur les politiques burkinabè en matière d'éducation, de santé et VIH/Sida et du genre, rapport de recherche, 54 p.

Diallo S., 1985, L'évolution de l'*islam à Bobo Dioulasso : des origines à la crise de la communauté musulmane de 1973,* Université de Ouagadougou.

Harding L., 1971, « Écoles des pères blancs au Soudan français », *Cahiers d'études africaines, 41,* p. 101–28.

Kaboré É., 2002, La spécificité de l'enseignement privé catholique au Burkina Faso : cas des écoles primaires de l'archidiocèse de Ouagadougou, mémoire de fin de formation des élèves inspecteurs de l'enseignement du premier degré, Ouagadougou, ENSK.

Ki-Zerbo J., 1990, *Éduquer ou périr. "On ne nait pas tout fait"*, Paris, UNICEF-UNESCO/L'Harmattan.

Larou B. E., 1985, Évolution de la société marka au contact de l'islam, des origines à 1815, le cas de Safané, mémoire de maîtrise, Université de Ouagadougou.

Lettre pastorale des évêques de Haute-Volta, 1959, *Le chrétien dans la cité*, imprimerie de la Savane.

Nicola G., 1981, *Dynamique de l'islam au sud du Sahara*, Publication orientaliste de France.

Otayek R., 1993, « L'affirmation élitaire des arabisants au Burkina Faso : enjeux et contradictions », *in* René Otayek (dir.), *Le radicalisme islamique au sud du Sahara. Dawa, arabisation et critique de l'Occident*, Paris, Karthala, p. 229–52.

Ouédraogo A., 1985, Le mouvement islamique dans l'État mossi du Yatenga au nord de l'actuel Burkina Faso : de 1896 à 1950, mémoire de maîtrise, Université de Dakar.

Paré I., 1990, Islamisation et colonisation dans le sud San de 1840 à 1961 : cas de la circonscription de Kougny, mémoire de maîtrise, Université de Ouagadougou.

Pilon M., 2004, « L'évolution du champ scolaire au Burkina Faso : entre diversification et privatisation », *Cahiers de la recherche sur l'éducation et les savoirs*, 3, p. 143–65.

Prost A., 1968, *Histoire de l'enseignement en France, 1800–1967*, Paris, Armand Colin.

Samb B., 1983, Les relations arabo-africaines de 1955 jusqu'aux années 1970, thèse de doctorat troisième cycle, Université Paris VIII.

Sanankoua B.D., 1985, « Les écoles coraniques au Mali – Problèmes actuels », *Revue canadienne d'études africaines*, 19, 2, p. 362–3.

Traoré B., 1985, Le processus d'islamisation de Bobo Dioulasso jusqu'à la fin du XIXème siècle : approche socio-historique, thèse de doctorat, Université de Ouagadougou.

Zarour C., 1989, *La coopération arabo-africaine, bilan d'une décennie, 1975–1985*, Paris, L'Harmattan.

Zongo Nana L., 2001, La contribution de l'Église catholique à la promotion de l'éducation de base au Burkina Faso: bilan et perspectives, mémoire de fin de cycle, Ouagadougou, section CASU, ENAM.

Sources d'archives

AEO, Dossier enseignement, chapitre 2

AEO, Dossier enseignement, chapitre 2, Arrêté général du 26 mars 1922.

AEO, Rapports annuels 1923–1924 et 1924–1925.

APB, Paris, Rapports annuels 1923–1924.

APB, Paris, Rapports annuels 1924–1925.

ANS, O79 (31). Rapport sur les missions religieuses étrangères en Afrique Occidentale Française.

Notes

1. Voir notamment Cissé (1989).
2. La datation de ce groupe scolaire musulman a été établie grâce aux enquêtes de terrain du programme « état des lieux des connaissances sur le religieux au Burkina Faso ». Certains établissements recensés dans le cadre de ce programme (6 sur 25 pour ce qui concerne les écoles primaires, secondaires et les complexes éducatifs musulmans de dix villes du pays) n'ont cependant pas pu être datés.
3. En 2006, un autre établissement supérieur musulman est créé à Ouagadougou, l'institut supérieur Al Houda (Ex-Faculté Alimam Ibn Baz pour l'éducation et la science). En 2007, l'Université catholique d'Afrique de l'Ouest (UCAO) s'implante à Bobo-Dioulasso, suivie en 2011 de l'Institut Al Fourquan pour l'éducation et les études islamiques dans la même ville. Les établissements supérieurs protestants se sont implantés un peu plus tardivement : l'Université chrétienne Logos de Ouagadougou et et l'Université évangélique du Kadiogo ouvrent ainsi en 2014.
4. Devenue en 2015 l'Université Ouaga 1 Professeur Joseph Ki-Zerbo.
5. Ces chiffres comprennent l'ensemble du secteur privé supérieur, y compris non confessionnel.
6. L'enseignement protestant n'est abordé ici, faute de recherche sur ce secteur éducatif.
7. Une version antérieure de cette partie a été publiée en 2012 dans le texte d'Issa Cissé, « Enseignement confessionnel musulman et laïcité au Burkina Faso », in Odile Goerg & Anna Pondopoulo (dir.), *Islam et sociétés en Afrique subsaharienne à l'épreuve de l'histoire. Un parcours en compagnie de Jean-Louis Triaud*, Paris, Karthala, p. 338–53.
8. En arabe, Coran signifie « la récitation ».
9. La situation des écoles coraniques la région de l'Ouest est traitée dans les travaux de Bakary Traoré et de Siaka Diallo pour Bobo Dioulasso (Traoré 1985, Diallo, 1985), de Larou Batoum Enestine pour Safané (1985), de Issouf Paré pour Kougny (1990). Au Nord, les travaux d'Ali Ouédraogo ont porté sur le Yatenga (1985), ceux de B. Diallo sur le Jelgooji (1989). À l'Est, la thèse de Mahamoud Compaoré évoque les écoles coraniques en pays Bisa (1988).
10. *L'Observateur* n° 2360 du 5 juin 1982, p.6.
11. L'assistance de ressortissants de pays voisins, tels que Baba Inoussa et Bamoin Tounkara, tous deux de nationalité malienne, premiers directeurs de la *medersa* de Ouagadougou, ou encore Diawar Ndiaye (sénégalais) et Hamed Tao (malien), respectivement directeurs des *medersas* de Bobo Dioulasso et de Ouahigouya, rend bien compte de ce manque de personnel qualifié burkinabè dans l'organisation de ces premières *medersas* au Burkina Faso (Cissé 1989 : 27).
12. L'Arabie Saoudite, la Libye, l'Égypte, le Koweït, la Syrie, l'Algérie, le Maroc ont apporté leur soutien aux *medersas* du Burkina Faso.
13. Sur la question de l'élite arabisante de façon générale, lire Otayek (1993).
14. Rapport du Congrès de la Communauté musulmane de 1964.
15. Voir l'intervention d'un ancien député, Modou Séré, lors du Congrès de la Communauté musulmane en 1977, ainsi que le Rapport de la commission d'enseignement au Congrès de la Communauté musulmane tenue en 1977 (documents aux archives de ladite communauté.

16. Données recueillies auprès de Mahamoud Tiemtoré en avril 1987 et recoupées avec les archives de la direction de l'enseignement du premier degré du ministère de l'Éducation nationale.
17. Les *medersas* reconnues se situaient dans les localités de Bobo Dioulasso, de Banfora, de Djibo, de Ouahigouya, de Yako, de Safané et de Tougan.
18. Archives de la direction de l'enseignement du premier degré du ministère de l'Éducation nationale.
19. Article destiné à la presse écrite pour une action de sensibilisation, Archives du ministère de l'Enseignement de base.
20. Arrêté interministériel n°91-112/MEBA/MESSRS du 16 juillet 1991, Archives du ministère de l'Enseignement de base.
21. Travaux de la commission nationale des statuts et programmes de l'enseignement arabe, Archives du ministère de l'Enseignement de base.
22. Cette forme d'implication révèle, à notre avis, le non-respect de la laïcité de l'État, car il est difficile de comprendre l'usage du capital d'autorité et la capacité organisationnelle de l'État en matière d'enseignement au service des *medersas*, dont le rôle majeur de promotion de l'islam est bien connu. La défaillance organisationnelle des associations islamiques et le contexte francophone constituent cependant des réalités pratiques, à mesure d'expliquer ce degré d'engagement de l'État aux côtés de l'enseignement confessionnel musulman. L'apparition de l'élite arabisante au début des années 1980 constitue également une autre réalité, au regard de sa contribution dans la pression exercée par les musulmans sur l'État. Soulignons que la vision de certains d'entre eux est que la laïcité est une notion occidentale qui contrarie l'islam.
23. Travaux de la commission nationale des statuts et programmes de l'enseignement arabe, Archives du ministère de l'Enseignement de base.
24. Rapport de synthèse de l'atelier sur l'encadrement des maîtres arabophones et les programmes d'enseignement en arabe. Archives du ministère de l'Enseignement de base.
25. Nous avons découvert les difficultés du PDDEB dans une étude commanditée par l'ambassade des Pays Bas au Burkina Faso. Lire H. Diallo (dir.), 2006.
26. Document de la direction de l'enseignement de base privé, Statistiques scolaires du privé 2004–2005, p.73–4.
27. L'appellation "Pères Blancs" désigne les membres de la Société des Missionnaires d'Afrique fondée en 1868 par le cardinal Lavigerie.
28. APB, Paris, Rapports annuels du vicariat du Soudan Français.
29. Il s'agit des lois du 7 juillet 1901 et du 7 juillet 1904, traitant des associations et de l'enseignement congréganiste.
30. ANS, O79 (31). Rapport sur les missions religieuses étrangères en Afrique Occidentale Française.
31. La congrégation des « Sœurs Blanches » ou plus exactement la congrégation des missionnaires de Notre Dame d'Afrique, a été créée par le cardinal Lavigerie, évêque d'Alger, en 1869, soit une année après la création de la Société des Pères blancs. Les huit premières religieuses Sœurs Blanches arrivent à Ouagadougou le 3 décembre 1912.
32. Avant cette date, les postes missionnaires créés en Haute-Volta dépendaient du vicariat apostolique du Sahara-Soudan.
33. Monseigneur Johanny Thévenoud est né le 14 mars 1878 à Serrières en Chautagne (France). Il fut ordonné prêtre le 28 juin 1903 et affecté

immédiatement au Soudan Français, où il sera à la tête de la mission de Ouagadougou de 1921 jusqu'à sa mort le 16 septembre 1949.
34. Les élèves issus de ces écoles devaient alimenter le petit séminaire que Mgr Thévenoud projetait de créer à Pabré. Du fait de la guerre, l'activité missionnaire avait été paralysée dans plusieurs postes et les besoins en personnel se faisaient de plus en plus ressentir. La création du séminaire devait permettre de trouver une solution à cette pénurie de personnel, dans un avenir même lointain. Les écoles cléricales représentaient donc des pépinières de recrutement pour ce séminaire.
35. Il s'agit des écoles élémentaires de garçons de Dissin et de Dano, autorisées à fonctionner par l'arrêté du 7 novembre 1939 (AEO, Dossier enseignement, chapitre 2).
36. La loi du 7 juillet 1904, interdit l'enseignement à toute congrégation et prévoyait un délai de dix ans pour fermer les dernières écoles. Antoine Prost, *Histoire de l'enseignement en France, 1800–1967*, Paris, Armand Colin, p. 208.
37. À cette conférence, Monseigneur Grimaud représentait les Pères spiritains, Monseigneur Thévenoud les Pères blancs, et le père Bertho les Missions africaines de Lyon.
38. Arrêté général n° 3568 FI/A du 7 octobre 1943 et arrêté n° 2586/AP.IP du 7 juin 1948.
39. L'école cléricale de Ouagadougou ferme ses portes en octobre 1946, avec le transfert de ses élèves à l'école de garçons de la paroisse cathédrale. Cette école prendra le nom d'École de la Salle à partir de 1952.
40. La réglementation de l'enseignement privé prévue dans le décret du 14 février 1922 et l'arrêté général du 26 mars 1922, complété par l'arrêté du 20 mai 1947.
41. En 1949, Mgr Émile Socquet succède à Mgr Johanny Thévenoud à la tête du vicariat apostolique de Ouagadougou.
42. Décret n° 057/ PRES/ EN, du 25 janvier 1964, règlementant l'attribution des subventions aux établissements de l'enseignement privé.
43. Article 2 du décret n° 057/ PRES/ EN, du 25 janvier 1964.
44. Les Assises nationales ont été organisées du 16 au 20 décembre 1996 à Ouagadougou. Elles ont donné lieu à l'élaboration d'un document de synthèse (Actes des Assises) adopté par la Conférence épiscopale des évêques du Burkina le 10 mars 1997.
45. Sur les 160 écoles cédées en 1969 à l'État, seules celles dont les locaux se trouvent sur le titre foncier des domaines paroissiaux ont été concernées par cette première rétrocession.
46. Il s'agit de l'université Saint-Thomas d'Aquin (USTA) à Ouagadougou, de l'université catholique de l'Afrique de l'Ouest (UCAO) à Bobo-Dioulasso et de l'Institut supérieur de technologie à Kaya.

11.

ONG CONFESSIONNELLES AU BURKINA FASO

Louis Audet Gosselin & Kathéry Couillard

Depuis son indépendance en 1960, le Burkina Faso demeure tributaire de l'aide extérieure pour assurer son équilibre budgétaire et financer ses services publics ainsi que ses projets de développement économique. Cette situation, commune à bien des États africains, mais accentuée par les crises agricoles et climatiques sahéliennes, a fait des acteurs globaux du développement (institutions de Bretton Woods, organismes de coopération des pays développés, ONG internationales et locales) des piliers de la vie économique et politique du Burkina Faso. Dans un premier temps, l'aide a surtout été mise en œuvre par les organismes français d'aide public au développement, en continuité avec les politiques établies à l'époque coloniale. Cependant, à partir des sécheresses du début des années 1970, d'autres acteurs ont fait irruption sur l'échiquier burkinabè, en particulier les ONG privées. Leur action n'a fait que s'accroître au fil des décennies, renforcée par les crises économiques récurrentes, l'augmentation du nombre et du rôle des ONG à travers le monde ainsi que les politiques adoptées dès le début des années 1990, qui ont conduit au retrait de l'État de nombreuses sphères de l'économie. La mise en place par le gouvernement burkinabè, à partir de 1991, de programmes d'ajustement structurel par lesquels le Fonds monétaire international fournissait des prêts au pays, en échange d'une réduction massive des dépenses de l'État, a ouvert la voie à une plus grande implication du secteur privé et des ONG dans les domaines économique et social (Enée 2010).

Cette conjoncture économique a coïncidé avec une présence accrue des organisations religieuses dans la sphère du développement (Duriez, Rousselet & Mabille 2007 ; Benthall & Bellion-Jourdan 2003). Bien que les ONG confessionnelles aient une longue histoire, particulièrement les ONG chrétiennes en Europe et en Amérique du Nord, actives dans le domaine de l'aide humanitaire dès le début du XXe siècle, leur engagement dans le développement augmente globalement à partir des années

1980. Les organisations catholiques ont relancé leur action de développement sous l'impulsion du pape Jean-Paul II, alors que les Églises évangéliques ont progressivement intégré l'aide au développement dans leur stratégie d'évangélisation, et que des ONG islamiques de développement étaient mises sur pied. Dans la conjoncture « néolibérale », où l'implication des acteurs non étatiques dans le domaine de la santé, de l'éducation et du développement économique était fortement encouragée, ces organisations ont trouvé un champ ouvert où elles ont pu étendre leur action. Depuis la fin des années 1990, les chercheurs et acteurs du monde du développement se sont intéressés à la contribution des ONG confessionnelles, arguant qu'elles seraient souvent plus en phase avec les valeurs des populations et plus à même de mobiliser des volontaires dans les communautés religieuses (Marshall & Van Saanen 2007 ; Clarke 2006).

L'objectif de ce chapitre est de faire un état des lieux de l'implication des ONG confessionnelles dans la sphère du développement au Burkina Faso. Nous faisons l'hypothèse que les initiatives locales ont été les principaux moteurs d'une redéfinition de cette implication. Celles-ci ont toutefois été mises en place en dialogue avec, d'une part, les tendances globales à la privatisation du développement et, d'autre part, avec les objectifs de l'État burkinabé. Par ailleurs, l'action des ONG confessionnelles soulève la question délicate du prosélytisme religieux. Nous arguons, à la suite d'une publication antérieure (LeBlanc, Audet Gosselin & Gomez-Perez 2013), que le prisme du prosélytisme est réducteur et que les utilisations du religieux sont très diversifiées. Dans l'ensemble, on peut constater une progressive « ONG-isation » des Églises et associations religieuses burkinabè (LeBlanc & Audet Gosselin 2016), à travers laquelle les attitudes religieuses varient grandement entre une mise de côté de la foi au profit d'une efficacité technique dans certains cas, alors que d'autres ONG revendiquent explicitement leur rôle prosélyte.

Ce chapitre se divise en trois parties qui suivent l'apparition chronologique des ONG confessionnelles au Burkina Faso. La première explore l'action pionnière de l'Église catholique en matière de développement. La seconde aborde les initiatives musulmanes, menées par des représentants de la communauté religieuse la plus importante du pays sur le plan numérique, mais qui a tardé à s'impliquer dans le domaine du développement. La troisième décrit les activités des Églises évangéliques, longtemps marginales, mais qui occupent désormais une place importante dans la sphère du développement. Si les ONG se regroupent généralement par confessions et s'insèrent dans une éthique religieuse spécifique, quelques initiatives interreligieuses se distinguent. C'est le cas notamment de l'Union fraternelle des croyants de Dori et de l'Union des religieux et coutumiers du Burkina contre le sida (URCB), créée en 2007 (Kaboré 2014, 2016 ; Langewiesche 2011). De plus, des courants marginaux investissent la sphère du développement avec succès, comme dans le cas de l'Ahmadiyya, dont le financement, dans le domaine de la santé notamment, apporte une visibilité importante à une tendance controversée de l'islam.

LES ONG CATHOLIQUES AU BURKINA FASO

L'Église catholique a été la première confession religieuse burkinabè à mettre sur pied des ONG de développement et son influence sur le milieu demeure majeure. Les ONG catholiques bénéficient notamment d'une relation privilégiée avec l'État et d'une réputation de professionnalisme. Par ailleurs, elles affichent en général peu d'objectifs prosélytes. Les ONG catholiques peuvent être divisées en quatre sous-groupes : l'OCADES, les congrégations catholiques, les ONG catholiques étrangères et les mouvements laïcs locaux.

L'OCADES

Les années 1950 et 1960 ont été marquées par l'arrivée ou la création de plusieurs organisations importantes pour l'action sociale catholique, qui ont professionnalisé l'engagement social et développementaliste de l'Église, auparavant associé à l'évangélisation par les Pères Blancs. Le Secours catholique français s'est installé dès 1956 en Haute-Volta. Il a changé de dénomination pour devenir Caritas voltaïque en 1961, se détachant de son affiliation française et s'arrimant au réseau Caritas internationalis, fondé en 1951 et chapeauté par le Saint-Siège, dont il est l'organe officiel de développement. Ces organisations se concentrent sur l'aide humanitaire, les migrants et le développement (alimentation et santé) [1].

Caritas voltaïque est connue aujourd'hui sous le nom d'OCADES Caritas Burkina [2]. L'organisation est le résultat de la fusion en 1998 de Caritas Burkina et du Bureau d'étude et de liaison (BEL), organisme relevant des diocèses, fondé en 1973 pour coordonner l'aide alimentaire offerte par l'Église (Brunel 1996). L'OCADES centralise donc l'essentiel de l'action catholique en faveur du développement, sous la direction de la Conférence épiscopale du Burkina Faso. Elle a obtenu dès sa création une reconnaissance officielle du gouvernement et a signé une convention d'établissement lui conférant le statut d'ONG. Elle est la branche burkinabè de la confédération Caritas Internationalis, présente dans la majorité des régions du Burkina Faso avec des secrétariats exécutifs. Les conseils diocésains et les évêques ont une forte influence sur l'organisation, car l'évêque d'un diocèse est en même temps, au niveau régional, le directeur de l'OCADES, dont les grandes orientations sont définies sous l'impulsion de la hiérarchie. Le secrétaire national de l'OCADES est en outre nommé par la Conférence épiscopale. Malgré ce leadership religieux, l'OCADES ne se veut pas prosélyte : plusieurs de ses employés ne sont pas catholiques et sont recrutés suivant des critères principalement techniques (Audet Gosselin & Koenig 2016). Selon la typologie développée par Clarke (2008), l'OCADES se situerait dans la catégorie de foi « active », c'est-à-dire que la foi joue un rôle important dans l'établissement des priorités de l'organisation, sans que cela influence directement le recrutement, le choix des bénéficiaires ou l'exécution technique des projets [3].

La hiérarchie centralisée de l'Église catholique impulse favorablement les relations avec le gouvernement. Le réseau international auquel l'OCADES est arrimé assure également un financement significatif et une professionnalisation des œuvres catholiques au Burkina Faso. Par ailleurs, son statut d'organe officiel du développement de l'Église fait de l'OCADES le coordonnateur de la plupart des organisations catholiques œuvrant dans le développement, notamment les congrégations.

Les congrégations catholiques

Bien que l'OCADES regroupe l'essentiel des efforts catholiques dans le domaine du développement, d'autres structures apportent également une contribution importante. Certaines communautés religieuses ont le statut d'ONG [4], alors que d'autres poursuivent des actions similaires sans avoir la dénomination officielle. Cette situation prolonge l'action historique des congrégations missionnaires, pour qui l'implication sociale et économique a toujours constitué un pan important de l'évangélisation. Plusieurs congrégations se sont ainsi distinguées dans les domaines de la santé et de l'éducation, comme, entre autres, les Camilliens, les Frères des Institutions chrétiennes [5], les Frères de la Sainte-Famille, les Sœurs Blanches, les Filles du Cœur de Marie, les Sœurs de l'Instruction chrétienne de Saint-Gildas des Bois et les Clercs de Saint-Viateur. Certaines de leurs infrastructures sont devenues des centres éducatifs et sanitaires incontournables pour la population locale, tels que le centre médical Saint-Camille ou le collège de la Salle, situés à Ouagadougou. Les congrégations religieuses entretiennent généralement des liens étroits avec les maisons mères européennes ou canadiennes, que ce soit dans le domaine financier ou pour l'affectation de personnel dans les écoles et les centres de santé.

De par leur réseau international, les communautés religieuses voient leurs actions respectées par l'État. La réputation des écoles et des structures sanitaires favorise les relations avec le gouvernement. Grâce à leur position, elles négocient différentes ententes, comme par exemple l'exemption de taxes de douane sur les médicaments ou des conventions dans le secteur éducatif. Il faut toutefois éviter de voir la relation entre les congrégations catholiques et l'État comme une ligne droite sans turbulences. Sous la présidence de Lamizana (1966–1980), par exemple, les écoles catholiques ont été nationalisées (Beucher, Kibora & Kolesnoré, ce volume) et sous le régime sankariste, il y eut des mésententes sur l'idéologie marxiste imposée dans les écoles et sur des engagements financiers ratés par le gouvernement : arriérés sur des subventions dues et sur la scolarité des élèves affectés par le gouvernement (Somé 2006). Cependant, de façon globale, les congrégations catholiques conservent une bonne réputation, autant auprès de l'État que du public burkinabè. De plus, bien que l'évangélisation demeure un objectif de la plupart des congrégations, leurs responsables affirment systématiquement, à l'image de l'OCADES, faire une distinction claire entre les activités religieuses et l'action de leurs organisations en santé, en éducation ou en matière de développement économique (LeBlanc, Audet Gosselin & Gomez-Perez 2013). C'est également le cas des ONG catholiques étrangères établies au Burkina Faso.

ONG catholiques étrangères

Les organisations Caritas européennes ont étendu leurs actions dans les pays du Sud dès 1955, et plusieurs sont toujours présentes au Burkina Faso aujourd'hui, en appui à l'OCADES : Caritas Espagne, Caritas Italiana, Fondation Ditumba (France) et Catholic Relief Services (CRS, États-Unis). Cette dernière est particulièrement active, s'étant implantée dès 1960, à la demande des évêques burkinabè. L'organisation a débuté son action avec des dons de médicaments et de nourriture, notamment en direction des élèves des écoles publiques qui ont longtemps bénéficié des cantines scolaires financées par CRS. Elle a par la suite développé son action en éducation et en santé, en plus de son implication dans maints secteurs aujourd'hui, dont l'agriculture et le microcrédit [6]. CRS est une organisation suffisamment autonome sur le plan financier pour avoir fait construire ses propres locaux à Ouagadougou, mais ses représentants affirment œuvrer en appui aux projets initiés par l'OCADES [7]. Les évêques allemands interviennent au Burkina Faso à travers l'ONG Misereor, fondée en 1962, qui constitue l'une des principales sources de financement de l'OCADES [8]. L'implantation du Relais, dans les années 1960, est un exemple de partenariat entre la France, avec la communauté Emmaüs Artois, et l'ex-Haute-Volta. Toujours actif aujourd'hui, le centre de tri de vêtements permet l'emploi de plusieurs centaines de personnes [9].

La visite du pape Jean-Paul II à Ouagadougou en 1980 a redonné une impulsion aux ONG catholiques et suscité la création de nouvelles structures destinées à contrer la désertification. Le pape a abordé sans détour les conséquences de la sécheresse et du réchauffement climatique lors de son discours à Ouagadougou :

> « C'est pourquoi, de ce lieu, je lance un appel solennel au monde entier. Je me fais d'ici la voix de ceux qui n'ont pas de voix, la voix des innocents, qui sont morts parce que l'eau et le pain leur manquaient ; la voix des pères et des mères qui ont vu leurs enfants mourir sans comprendre, ou qui verront toujours dans leurs enfants les séquelles de la faim qu'ils ont endurée ; la voix des générations à venir, qui ne doivent plus vivre avec cette menace terrible pesant sur leur vie. Je lance un appel à tous » [10].

Les principales structures fondées en 1984 sont la Fondation Jean-Paul II pour le Sahel et Chrétiens pour le Sahel (Luxembourg).

La dépendance des organisations catholiques burkinabè vis-à-vis de l'étranger est remise en question, en partie à cause de la diminution des revenus des structures internationales qui s'appuient sur des dons de fidèles occidentaux, dont le nombre et le poids financier diminuent. Ainsi, l'Église catholique a entamé depuis une dizaine d'années un programme d'autosuffisance financière, qui passe par la mobilisation des ressources économiques locales. Les fidèles sont donc encouragés à contribuer au financement de l'Église et de ses institutions. Cette orientation a été adoptée par l'OCADES également, mais il demeure difficile de mesurer son efficacité, dont on peut se douter qu'elle restera limitée, étant donné les faibles revenus de la majorité des fidèles burkinabè (Audet Gosselin & Koenig 2016).

Enfin, parallèlement aux organisations catholiques liées à Caritas ou à des congrégations, on retrouve un certain nombre d'ONG dont l'identité catholique n'est pas toujours affichée, mais qui s'inspirent en partie de la foi.

Les mouvements laïcs

Hormis les ONG directement gérées par l'Église catholique ou les communautés religieuses, plusieurs se définissent comme des organisations laïques d'inspiration catholique. Le Mouvement Shalom, fondé en Italie, en est un exemple. Impliqué dans plusieurs pays africains, il est présent au Burkina Faso depuis 1980, dans les secteurs de l'éducation, du développement (alimentaire, forage) et du micro-crédit. Fondée en 1978, L'Arche de Nongr-Masson, membre du réseau Arche internationale, accueille des personnes vivant avec un handicap mental. L'organisation soutient l'autonomisation des personnes handicapées par le biais de formations et d'activités diverses (ateliers d'éveil, travaux agricoles, artisanat). Emmaüs possède une section au Burkina Faso, qui comprend quatre associations. Celles-ci œuvrent en éducation, en agriculture en offrant notamment des formations et un accès au microcrédit. Ces trois organisations ne sont pas gérées par une structure de l'Église catholique, mais sont inspirées des grands principes d'entraide et de justice sociale de cette dernière. L'accent mis sur l'identité catholique est par ailleurs variable : elle est bien affichée par exemple au Mouvement Shalom, dont les responsables revendiquent explicitement leur appartenance au catholicisme et qui cherche en priorité des partenariats avec l'OCADES et dans les autres organisations catholiques, alors qu'elle est secondaire chez Emmaüs dont les membres ne sont pas tous catholiques.

Certaines organisations internationales qui financent les ONG catholiques burkinabè sont également des ONG laïques d'inspiration catholique. C'est le cas de la Fondation Raoul Follereau, basée en France, qui fournit un apport financier à certaines congrégations catholiques au Burkina Faso, notamment Don Orione et les Sœurs de l'Instruction chrétienne de Saint-Gildas-des-Bois. La Fondation Raoul Follereau finance par ailleurs des projets dans le secteur de la santé pour le compte l'État burkinabè (cliniques publiques, équipement médical).

En définitive, les organisations de développement catholiques bénéficient d'une longue expérience, qui remonte à l'action des missionnaires dès l'époque coloniale. Structurées en ONG professionnelles au tournant de l'indépendance du pays, elles sont supportées par un réseau d'organisations transnationales, liées au réseau Caritas ou pilotées par des laïcs d'inspiration catholique. En contraste, les initiatives venant de la communauté musulmane, sont venues plus tard et demeurent plus marginales, malgré une croissance constante du nombre d'organisations.

ONG ISLAMIQUES AU BURKINA FASO

On distingue trois catégories d'ONG dites islamiques au Burkina Faso : les ONG internationales venant de l'extérieur du pays, majoritairement des États arabes du Golfe et de l'Afrique du Nord, les ONG extérieures implantées et dirigées par des personnalités burkinabè et les ONG nationales. Il a fallu attendre le milieu des années 1980 pour que les premières de ces organisations développent des activités au Burkina Faso. La très grande majorité des ONG rejettent l'étiquette religieuse lorsqu'il est question de qualifier leurs actions sociales, préférant se définir comme « humanitaires », car ne refusant aucun demandeur de services selon sa confession, ou comme une organisation fondée sur la foi (« *Faith-based* »). Cela ne change toutefois pas la nature de leurs actions (Leblanc, Audet Gosselin & Gomez-Perez 2013). La pluralité religieuse présente au Burkina Faso a certainement influencé ce discours. D'autres organisations ont pu être soupçonnées de soutenir ou financer des groupes terroristes et ont voulu se distancer de l'étiquette confessionnelle (Pérouse de Montclos 2011). Il faut toutefois éviter les amalgames rapides et réducteurs des actions des ONG humanitaires islamiques. De plus, l'importance accordée au financement de structures à caractère religieux (mosquées, médersas, formation de prêcheurs), ainsi que l'importance de la religion au sein de leurs missions varient énormément d'une organisation à une autre.

Les ONG islamiques sont notamment impliquées dans le soutien aux orphelins, la construction d'écoles, de mosquées, dans la formation des enseignants, ainsi que dans la distribution de vivres pendant le Ramadan et la Tabaski. Certaines organisations disposant de plus de moyens investissent dans des projets d'irrigation, de soutien aux commerçants et dans des infrastructures sanitaires (dispensaires, centre médicaux). Comme le soulignent Leblanc, Audet Gosselin et Gomez-Perez (2013), la moralité religieuse a souvent un impact sur le choix des actions menées par ces organisations, « mais la conversion n'est pas notoirement recherchée ». On remarque d'importantes différences entre les organisations lorsqu'il est question de l'ampleur de leurs activités et de leur dynamisme sur le terrain. Leurs moyens financiers et leur capacité de gestion influencent directement les relations entretenues avec l'État et ses ministères.

ONG internationales des États arabes du Golfe, de la Libye et de la Turquie au Burkina Faso

Les États arabes du Golfe ont amorcé leurs premiers projets dès les années 1980 en Haute-Volta avec des organisations comme le Comité d'appel à l'islam (1982), Zakat House (1982) et l'Agence des musulmans d'Afrique (AMA). La première organisation est soutenue par le Qatar et le Koweït pour diriger différentes activités : construction de mosquées, octroi de bourse d'études, construction d'écoles, de dispensaires et de puits. Zakat House, financée également par le Koweït, soutient principalement l'éducation, la construction de mosquées et de centres de soin. Ces deux organisations semblent toutefois moins dynamiques aujourd'hui.

Par contre, l'AMA, fondée au Koweït dans les années 1970, a connu un important succès et demeure une organisation très présente sur le territoire burkinabè. Elle a tenu ses premières activités au Burkina Faso vers la fin des années 1980. L'ONG a officiellement changé de nom en 1999 pour devenir Direct-Aid, afin de se distancier de toute étiquette confessionnelle : « *In the course of thirty five years of continuous giving, the name of Direct Aid has been approved instead of Africa Muslims Committee on Monday 17/05/1999 because its works and the scope of its charity projects have been expanded* »[11]. Cette ONG investit dans des campagnes sanitaires (vaccination, circoncision), le forage de puits et la construction de mosquées. De plus, Direct-Aid développe des centres sociosanitaires d'envergure, regroupant école, collège, dispensaire, mosquée et parfois un orphelinat. Le centre socio-éducatif de Dassasgo à Ouagadougou et celui de Belleville à Bobo-Dioulasso en sont des exemples [12] (Couillard 2013). L'ONG a développé des relations cordiales avec l'État, comme c'est généralement le cas dans les pays où elle travaille. Souvent sollicitée dans le cadre de rencontres de concertations entre les secteurs public et privé, elle a également reçu de l'État la médaille de l'Ordre du mérite (Couillard 2013).

Al-Ighata al-Islamiya al'-alamiya (Organisation internationale de Secours islamique (OISI) a été fondée en Arabie saoudite en 1978. Elle agit sous la tutelle de la Ligue islamique mondiale, qui a pour mission de faire la promotion de l'islam et d'offrir un soutien aux musulmans dans différents secteurs comme l'éducation et la santé. Accrédité en Haute-Volta en 1981, l'ONG se concentre sur la construction de mosquées, la distribution alimentaire, l'éducation, ainsi que la santé. Elle maintenait des dispensaires et centres médicaux dans les années 1980 et 1990, mais a eu du mal à les financer et les conserver dans les années 2000. Le dispensaire de Ridwane à Ouagadougou, par exemple, a fermé en 2006, puis a rouvert grâce à la Fondation islamique internationale de charité (Couillard 2013). L'ONG conserve officieusement la direction d'autres centres médicaux, malgré le manque de financement et de soutien envers le personnel local. Ces problèmes s'expliquent en grande partie par les pressions américaines contre cette organisation, accusée de financer des groupuscules terroristes :

> « In the 1990s, it had more than 80 country offices all over the world – even in Latin America – and a budget close to 100 million USD. Since then, the budget has been halved, and several country offices and programmes have been closed. The main reason for this downfall is the persistent suspicions of links with Al Qaeda and other militant Islamist groups, leading to severe restrictions on the organization's activities (Juul Petersen 2012).

Fondée en 1972 à la suite du Premier congrès sur l'appel islamique à Tripoli, l'Association mondiale de l'appel islamique (AMAI) a fait son entrée au Burkina Faso en 1998 [13]. Cette ONG s'intéresse principalement à l'enseignement et à la formation des enseignants. Elle organise plusieurs formations et séminaires de perfectionnement avec des cheikhs locaux qui ont fondé des *mâdaris* ou des écoles franco-arabes [14]. Elle octroie des bourses, construit des écoles franco-arabes et recrute des enseignants pour ses écoles ou les autres écoles. L'organisation soutient également la construction de mosquées et de centres culturels ; elle fournit également du matériel scolaire au ministère de l'Éducation de base.

Qatar Charity s'implique au Burkina Faso depuis la fin des années 1990. Maître d'œuvre de nombreux projets sociaux, l'ONG se distingue par l'envergure des projets d'irrigation qu'elle met en place, le soutien important pour les orphelins et une attention soutenue apportée à l'éducation chez les jeunes filles (Couillard, Madore & Gomez-Perez 2016). On remarque que l'ONG met de l'avant l'*empowerment* des communautés et tisse des liens avec les communautés villageoises et les regroupements féminins dans le cadre de ses activités. Les actions de Qatar Charity se collent aux politiques et plans développés par le gouvernement burkinabè, facilitant ainsi leurs échanges. Lors de la Journée mondiale de l'orphelin en 2017, organisée par l'ONG, un des conseillers de la ministre de la Femme, de la Solidarité nationale et de la Famille a félicité Qatar Charity pour son action :

> « le gouvernement reçoit chaque année un certain nombre de réalisations de Qatar Charity dans les domaines de l'éducation, de la santé, des infrastructures, de l'hydraulique et de l'action sociale. Cela fait de cette ONG un acteur majeur de la mise en œuvre du Plan national de développement économique et social (PNDES) en son volet développement du capital humain, a-t-il conclu [15] ».

La Fondation de solidarité et d'aide au peuple africain (FOSAPA) est une ONG qui développe rapidement son champ d'activité depuis quelques années. Fondée par des capitaux turcs en 2008, l'ONG a fait de Ouagadougou son siège social pour l'Afrique de l'Ouest, démontrant ainsi l'importance accordée par la Turquie au Burkina Faso. Les diplomates turcs ne cachent pas l'intérêt grandissant de leur pays pour le marché burkinabè et le rôle de la FOSAPA pour rapprocher les deux pays : « À écouter l'ambassadeur de la seizième puissance mondiale, Aydin Sefa Akay, en plus du fait que ses compatriotes hommes d'affaires s'intéressent de plus en plus au marché burkinabè, la Turquie entend investir davantage à travers notamment la FOSAPA, dans l'industriel et l'éducation les années à venir au Burkina Faso » [16]. L'ONG agit présentement dans les domaines de l'éducation, de l'irrigation et distribue des vivres pendant le Ramadan et la Tabaski. Elle travaille seule ou en partenariat avec l'Agence turque pour le développement afin de mener à bien certains projets de plus grande envergure comme la réfection d'écoles.

Ces brefs portraits des ONG extérieures/transnationales suggèrent que plus les moyens de l'organisation sont conséquents, plus les relations avec l'État sont importantes. Les organisations ayant un personnel plus nombreux sont notamment appelées à siéger à différentes tables de concertations sectorielles privé/public. Les relations entre les ONG et le gouvernement sont généralement cordiales. Les responsables des

ONG ne vont pas remettre publiquement en question les orientations données par les différents ministères ou commenter dans l'espace public l'actualité politique. Les organisations vont davantage tenter de s'arrimer aux politiques et aux plans développés par les ministères. Certaines de ces ONG transnationales sont, dans les faits, inspirées par des chefs religieux burkinabè.

Implication des personnalités musulmanes burkinabè au sein des ONG extérieures

Le cheikh Aboubacar Doukouré est un chef religieux incontournable lorsqu'il est question d'action sociale au Burkina Faso et particulièrement à Ouagadougou. Détenteur d'un doctorat d'État en droit islamique de l'Université islamique de Médine, il devient, à son retour au Burkina Faso au début des années 1980, imam, puis cheikh de Hamdallaye, s'orientant vers un islam réformiste (Gomez-Perez & Madore 2013 ; Vitale 2012). Il est approché par la Fondation internationale islamique de charité en 1986 lors d'un voyage au Koweit pour implanter l'organisation au Burkina Faso (Madore 2012). L'ONG mène des actions en éducation et en santé, étant en mesure de construire et d'entretenir des écoles et des dispensaires. Conseiller ponctuel pour le ministère burkinabè des Relations extérieures, il siège également comme président du Conseil exécutif de l'Organisation islamique pour l'éducation, la culture, la science et la communication (ISESCO) (Gomez-Perez & Madore 2013). De par son autorité morale, ses actions sociales et ses relations avec les États du Golfe, le cheikk Doukouré est une référence pour plusieurs ONG extérieures comme l'AMA ou la FOSAPA :

> « Le cheikh Doukouré se pose donc en intermédiaire incontournable entre associations islamiques (de toutes tendances) et monde arabe, fort de son importance stratégique aux yeux des musulmans burkinabè, et des autorités (religieuses et politiques) arabes qui peuvent compter sur ses capacités communicatives pour interagir avec les fidèles » (Vitale 2012).

La Fondation Ben Massoud est une autre organisation fondée et financée par un État du Golfe, en l'occurrence l'Arabie saoudite mais portée et développée par des Burkinabè, notamment liés au Mouvement sunnite. La Fondation Ben Massoud a amorcé ses activités au Burkina Faso à la fin des années 1990 en se concentrant sur la distribution de vivres, le soutien aux orphelins, le forage, la construction de mosquées et d'écoles. En 2007 et 2008, l'organisation a complété la construction d'une immense mosquée située à Ouaga 2000 et de l'Université Al-Houda. À cela s'ajoute la mise sur pied du Centre médical Al-Houda, de plusieurs autres écoles et d'une radio. Des intellectuels et hauts cadres liés au Mouvement sunnite, comme le docteur Ahmad Sawadogo, jouent un rôle majeur au sein de l'ONG (Savadogo & Gomez-Perez 2011) [17].

Ainsi, plusieurs imams, prédicateurs et intellectuels ont des postes décisionnels au sein de structures de développement internationales. D'une part, cette façon de faire permet aux organisations des pays arabo-musulmans d'accroître leur légitimité en prenant un visage local. D'autre part, ce positionnement permet à ces leaders de renforcer leurs relations internationales, leurs contacts avec les bailleurs de fonds et leur prestige auprès des fidèles. Cette dernière dynamique pousse d'ailleurs de nombreux leaders religieux à transformer leurs activités pour y intégrer le développement.

ONG musulmanes nationales : des initiatives personnelles remarquées

Certains chefs religieux ont décidé de fonder leur propre ONG, plutôt que de s'associer à une ONG extérieure. Leur engagement vient de leur expérience personnelle et de leur motivation religieuse pour aider leur prochain [18]. Ils décident des orientations générales des actions à prendre au sein de leur organisation. (Leblanc, Audet Gosselin & Gomez-Perez 2013). La Fondation Cheikh Aorema en est un exemple. Fondé par le cheikh Adama Aorèma Ouédraogo en 1985, l'ONG s'implique en santé, en soutien aux orphelins, ainsi qu'en éducation. L'organisation a mis sur pied l'Institut scolaire Aorèma dans le quartier de Nonsin à Ouagadougou. On y retrouve également une infirmerie ouverte pour les étudiants et les habitants du quartier. L'organisation offre de la formation continue en informatique ou en cuisine, ce qui la distingue d'autres organisations similaires.

Les frères Abdoul Aziz Konfé et Souleymane Konfé sont d'autres chefs religieux très impliqués en éducation, via l'ONG Association Nouvelle Vision. Ils ont notamment ouvert des écoles franco-arabes dans le secteur de Bogodogo à Ouagadougou et en détiennent toujours la gestion. Abdoul Aziz Konfé siège comme président de la Fédération des associations des établissements franco-arabes (FAEFA) au Burkina Faso et Souleymane Konfé est impliqué au sein du Conseil supérieur des *mâdaris* (CSM) et est depuis peu le président de la Fédération des associations islamiques du Burkina Faso (FAIB). La FAEFA et la CSM sont des acteurs importants dans les discussions avec l'État au sujet des programmes et de la reconnaissance des diplômes obtenus dans les écoles franco-arabes et les *mâdaris*. Formée en 2008, la FAEFA a notamment travaillé avec le ministère de l'Éducation de base et de l'Alphabétisation pour l'instauration d'un certificat d'études primaires unique qui comprend, outre les matières classiques, la langue arabe et l'enseignement islamique.

En conclusion, les ONG islamiques ont d'abord émané des organisations issues des pays arabo-musulmans à partir des années 1980. Des personnalités religieuses burkinabè ont su s'imposer comme leaders au sein de certaines de ces organisations, avant de voir des initiatives locales émerger. La situation est en partie similaire chez les chrétiens évangéliques, où les ONG ont commencé à apparaître à la même période.

ONG PROTESTANTES AU BURKINA FASO

Les Églises évangéliques burkinabè ont, comme les organisations islamiques, pénétré tardivement la sphère du développement. Historiquement, les Églises et missions protestantes au Burkina Faso étaient peu impliquées dans le développement. Issues de la mouvance évangélique (Degorce & Audet Gosselin, dans ce volume), ces Églises et missions ont d'abord centré leur approche sur l'évangélisation par la diffusion de la parole biblique et la guérison miraculeuse des malades. Les premières générations de missionnaires évangéliques n'ont en effet mis sur pied que très peu d'œuvres éducatives, sanitaires ou de développement économique. Comme exception, on peut toutefois citer des dispensaires fondés par la Sudan Interior Mission dans l'est du pays (Cooper 2006) ainsi que les écoles et le centre médical Schiphra, mis sur pied dans les années 1940–50 par les missionnaires français des Assemblées de Dieu, à l'initiative du pasteur Pierre Dupret.

Cependant, à partir des années 1980 et 1990, de nombreuses ONG évangéliques se sont établies au Burkina Faso. Par la suite, les Églises locales ont progressivement intégré le développement dans leurs activités. Cette évolution vient d'une part de la réorientation des attitudes des Églises et mouvements évangéliques à cette époque vers une plus grande prise en compte des besoins matériels des populations cibles de l'évangélisation, en particulier les jeunes, les femmes et les populations vulnérables. Cependant, l'engagement évangélique dans le développement s'est construit sur les bases doctrinales propres au mouvement évangélique, qui valorisent les dons individuels.

ONG évangéliques transnationales et « ONG-isation » des Églises évangéliques burkinabè

L'orientation de la mouvance évangélique mondiale vers le développement s'est traduite par la création, à partir des années 1980 surtout, d'ONG de développement évangéliques transnationales, financées principalement par les Églises américaines, dont la plus connue est sans doute World Vision (Bornstein 2004). Au Burkina Faso, cette dynamique a rencontré des transformations internes du milieu évangélique, notamment l'émergence d'une élite intellectuelle francophone plus portée vers l'action sociale. Les premières initiatives sont en effet venues des diplômés du collège protestant ouvert par le pasteur Pierre Dupret à Ouagadougou dans les années 1950. L'un d'entre eux, le pasteur Samuel Yaméogo, a fondé la première ONG de développement évangélique en 1972, l'Office de développement des Églises évangéliques (ODE). Cette initiative, d'abord centrée sur un enjeu local et établie grâce aux contacts personnels du pasteur Yaméogo auprès de partenaires évangéliques allemands, a ensuite été adoptée par la Fédération des Églises et missions évangéliques du Burkina (FEME) comme organisation de développement officielle des Églises (LeBlanc, Audet Gosselin & Gomez-Perez 2013 : 241-2).

Les initiatives évangéliques locales se sont surtout développées à partir des années 1980 et 1990. Pierre-Joseph Laurent a documenté comment l'éthique de travail associée aux pentecôtistes a conduit certains d'entre eux à fonder des organisations de développement en milieu paysan, comme dans le cas de la Fédération Wend-Yam (volonté de Dieu) fondée dans la province de l'Oubritenga par un pasteur des Assemblées de Dieu en 1985 (Laurent 1994). Cet exemple a stimulé, depuis, de nombreux pasteurs burkinabè, qui ont intégré le vocabulaire et les activités du monde de l'aide au développement dans leur pratique quotidienne (Jones 2012 ; LeBlanc & Koenig 2014).

Ces initiatives connaissent des succès inégaux. Certains pasteurs francophones haut placés dans les hiérarchies des Églises ont pu mettre sur pied des structures solides, financées grâce à leurs contacts dans le milieu évangélique à travers le monde. C'est le cas de l'Association évangélique d'appui au développement (AEAD), créée en 1988 par le pasteur Philippe Ouédraogo, de la Christian Relief & Development Organisation (CREDO), fondée en 1993 par le pasteur Moïse Napon ou de la Fondation Parole d'espoir, créée en 2001 par l'actuel président des Assemblées de Dieu, le pasteur Michel Ouédraogo. En revanche, l'engouement pour les initiatives de développement a également poussé des pasteurs de moindre envergure à fonder des structures similaires, avec des résultats plus mitigés, étant donné leur manque de contacts en hauts lieux et de liens avec les organisations évangéliques internationales (Audet Gosselin 2016).

L'accès aux réseaux évangéliques nationaux et transnationaux est en effet crucial pour la réussite des projets de développement portés par les pasteurs et les ONG évangéliques burkinabè. La majeure partie du financement provient de l'étranger, soit de dons privés canalisés par les contacts personnels des pasteurs en Europe et en Amérique du Nord, soit par l'établissement de partenariats avec des ONG de développement évangéliques. Ces dernières incluent les organisations britanniques (Tearfund), néerlandaise (Woord en daad) et canadienne (Care Force).

Les ONG évangéliques burkinabè, en lien avec ces organisations internationales, se distinguent des autres confessions par un arrimage plus étroit des activités socio-économiques avec le prosélytisme.

Une aide en appui à l'évangélisation

Les secteurs d'activités des ONG évangéliques sont diversifiés : agriculture, santé, forages, éducation. On constate toutefois que l'intervention est étroitement liée au prosélytisme. En effet, plusieurs ONG évangéliques, comme Parole d'espoir et l'Association évangélique pour la promotion des sourds, possèdent un volet évangélisation, qui s'ajoute aux activités techniques. Pour les responsables, il ne semble pas y avoir de différence fondamentale entre le développement matériel et spirituel, les deux étant vus comme cruciaux. De plus, le développement est conçu, du point de vue évangélique, comme une tâche individuelle autant que collective, l'essentiel étant de réformer les mentalités et les attitudes susceptibles de garantir autant la prospérité sur terre que l'accès au paradis. Cette vision s'inspire de 3 Jean 1 : 2 : « Bien-aimé, je souhaite que tu prospères à tous égards et sois en bonne santé, comme prospère l'état de ton âme ». En application de cette interprétation, les militants des organisations évangéliques cherchent de plus en plus, en parallèle aux activités strictement religieuses, à favoriser les initiatives entrepreneuriales. Par ailleurs, les Églises évangéliques se sont faites pionnières des sessions de formation à l'entrepreneuriat des jeunes, qui se sont multipliées depuis une dizaine d'années (Audet Gosselin 2014).

Certes, l'ONG-isation du religieux n'est pas le propre des Églises évangéliques, les catholiques (Gifford 2015) et les musulmans (Becker 2015) étant également touchés par le phénomène. Cependant, certains principes doctrinaux circulant dans les milieux évangéliques semblent en faire un terreau propice à l'articulation entre foi et développement économique. En particulier, l'évangile de la prospérité, qui postule que la réussite matérielle est un signe de foi authentique, a conduit certaines Églises évangéliques à épouser un modèle de développement favorable aux initiatives privées (Freeman 2012 ; Haynes 2012 ; Coleman 2000).

L'arrimage des initiatives de développement évangéliques avec l'évangélisation porte naturellement certaines ONG évangéliques à privilégier les secteurs de l'éducation et des orphelins et enfants vulnérables. En effet, les initiatives en ce sens se multiplient, allant de la création d'écoles privées évangéliques à la prise en charge des orphelins et des enfants de familles à faible revenu par des structures religieuses. Dans ce dernier cas, l'ONG américaine Compassion International est très active, avec des programmes de parrainage d'enfants et d'activités d'éducation, d'aide et d'évangélisation pour les enfants démunis. Compassion s'appuie sur un réseau d'antennes locales opérées par les Églises et leur personnel. Une partie de ce dernier est rémunéré grâce à une subvention de l'ONG assurée par le parrainage d'enfants par des familles évangéliques principalement américaines, alors qu'une autre partie des activités est assurée par des membres bénévoles des Églises (Audet Gosselin 2016). Si la conversion des jeunes n'est pas ouvertement visée, à la différence d'autres organisations en Afrique de l'Ouest (LeBlanc & Koenig 2014), il reste que les activités que nous y avons observées incluent bel et bien des appels à se convertir [19], ce qui pousse certaines familles à retirer leurs enfants [20].

Certaines organisations, comme Parole d'espoir ou ACTS, ont opté pour une approche encore plus structurante, soit la fondation de villages entiers accueillant à temps plein des orphelins et enfants vulnérables. Ces derniers sont donc scolarisés de la maternelle au lycée, vivent en dortoir et sont étroitement encadrés par des jeunes moniteurs issus des Églises partenaires. La fréquentation quotidienne de l'église est obligatoire et le mode de vie est modelé sur une stricte application des principes évangéliques (non-mixité, respect des hiérarchies, valorisation des initiatives individuelles) (Audet Gosselin 2016).

Ainsi, l'action évangélique en matière de développement apparaît souvent comme un appui au prosélytisme, tout autant qu'une réponse à un impératif de charité chrétienne. Pour les responsables évangéliques, les salvations spirituelle et matérielle sont deux facettes de la même tâche qui incombe aux croyants. Pour reprendre la typologie de Clarke (2008), alors que la plupart des organisations catholiques et, de façon croissante, des ONG islamiques se caractérisent par une foi soit « passive » ou « active », les ONG évangéliques sont souvent dans la catégorie « persuasive », c'est-à-dire que les activités s'adressent à tous les bénéficiaires indépendamment de leur religion, mais dans une perspective de conversion. Cette vision conduit, pour plusieurs ONG évangéliques, à une action essentiellement structurée autour des réseaux évangéliques, sans contact soutenu avec les autres confessions ou les organisations laïques. Selon nos constats, peu de liens existent entre les ONG évangéliques burkinabè et les organisations non évangéliques. Les partenaires internationaux et nationaux semblent en effet être en grande majorité eux aussi évangéliques. Certaines exceptions existent toutefois, notamment à l'Association évangélique d'appui au développement, dont le directeur, le pasteur Philippe Ouédraogo, possède un doctorat en recherche sur le développement et affirme vouloir s'inspirer de l'Église catholique en mettant l'accent sur l'efficacité technique et en ne faisant pas de prosélytisme à travers les activités de l'ONG. Par ailleurs, les ONG évangéliques coopèrent avec l'État, dans la mesure où des conventions sont passées entre les centres de santé et les écoles évangéliques et les ministères de tutelle. Ces conventions assurent l'affectation de personnel payé par l'État dans les cliniques et écoles opérées par les ONG. Cependant, il existe une méfiance envers l'État dans les milieux évangéliques, qui y voient un milieu corrompu (Laurent 2009). De plus, certains responsables d'ONG évangéliques hésitent à collaborer avec l'État en raison de divergences sur le plan des valeurs, notamment en ce qui concerne la prévention des infections transmissibles sexuellement [21].

Ainsi, l'implication des Églises évangéliques dans le milieu du développement s'est rapidement développée depuis les années 1980. Cette présence accrue se fait dans un contexte de montée en popularité de la mouvance évangélique et les ONG jouent un rôle important dans le prosélytisme.

CONCLUSION

Les initiatives de développement de la part des organisations religieuses burkinabè sont anciennes, comme en témoignent l'implication catholique depuis l'époque coloniale. Cependant, c'est surtout depuis les années 1980 que l'ensemble des confessions sont actives dans les domaines du développement économique, de l'éducation, de la santé et de la lutte pour la préservation de l'environnement. Plus encore, la libéralisation de l'économie amorcée dans les années 1990 a ouvert la porte à l'implication des ONG religieuses dans le domaine social et économique.

La foi occupe une place très variable dans les activités de ces ONG. Bien qu'on constate dans les ONG catholiques une forte implication de la hiérarchie, elles se caractérisent par leur professionnalisme et la collaboration avec l'État pour atteindre les mêmes objectifs de développement. La dimension religieuse est donc peu visible dans les activités de ces ONG. Par contraste, les ONG islamiques internationales sont issues de structures explicitement prosélytes à l'origine et la promotion de l'islam (construction de mosquées, distribution de livres religieux, formation d'imams) demeure importante pour la majorité d'entre eux. Cependant, suite aux attentats du 11 septembre 2001 aux États-Unis, les ONG islamiques tendent à nuancer la place du religieux et à séparer les activités religieuses de celles liées au développement. Enfin, les ONG évangéliques s'insèrent dans les objectifs de développement de l'État burkinabè, mais sont, pour plusieurs d'entre elles, étroitement arrimées à une entreprise prosélyte.

Remerciements

Nous remercions les directeurs de l'ouvrage pour leurs précieux commentaires et suggestions. Ce chapitre se base sur des recherches menées grâce au financement du Conseil de recherches en sciences humaines du Canada. Nous remercions Aissé-tou Sawadogo, Marie-Nathalie LeBlanc et Muriel Gomez-Perez pour leur précieux soutien.

Bibliographie

Audet Gosselin L., 2014, *Fresh contact* dans la jeunesse religieuse autour du cinquantenaire de l'indépendance du Burkina Faso (2010), Thèse de doctorat, Université du Québec à Montréal.

Audet Gosselin L., 2016, « Private Evangelical Assistance to Orphans and Vulnerable Children in Burkina Faso: Religious Voluntarism and the Road to Success », *in* M.N. LeBlanc & L. Audet Gosselin (dir.), *Faith and Charity Religion and Humanitarian Assistance in West Africa*, London, Pluto Press, p. 124–43.

Audet Gosselin L., Koenig B., 2016, « Catholic NGOs in Côte d'Ivoire: A Case Apart? », *in* L. Audet Gosselin & M.N LeBlanc (dir.), *Faith and Charity, Religion and Humanitarian Assistance in West Africa*, London, Pluto Press, p. 63–84.

Becker F., 2015, « Obscuring and Revealing: Muslim Engagement with Volunteering and the Aid Sector in Tanzania », *African Studies Review*, 58, 2, p. 111–34.

Benthall J., Bellion-Jourdan J., 2003, *The Charitable Crescent: Politics of Aid in the Muslim World*, London, I.B. Tauris.

Bornstein E., 2004, *The Spirit of Development: Protestant NGOs, Morality, and Economics in Zimbabwe*, London, Routledge.

Brunel M., 1996, Les relations entre l'Église catholique burkinabè et le pouvoir de 1960 à 1995, Mémoire de DEA, CEAN.

Cissé I., 2010, « La Ahmadiyya au Burkina Faso », *Islam et sociétés au sud du Sahara*, 2, p. 95–116.

Clarke G., 2006, « Faith Matters: Faith-based Organisations, Civil Society and International Development », *Journal of International Development*, 18, 6, p. 835–48.

Clarke G., 2008, « Faith-based Organisations and International Development: An Overview », *in* G. Clarke & M. Jennings (dir.), *Development, Civil Society and Faith-based Organisations: Bridging the Sacred and the Secular*, Basingstoke, Palgrave Macmillan, p. 17–45.

Coleman S., 2000, *The Globalisation of Charismatic Christianity: Spreading the Gospel of Prosperity*, Cambridge, Cambridge University Press.

Couillard K., 2013, Action sociale et espace public. L'Église catholique et les associations musulmanes à Ouagadougou (Burkina Faso) (1983–2010), Mémoire de maîtrise, Université Laval.

Couillard K., Madore F., Gomez-Perez M., 2016, « Leaders of National and Transnational Muslim NGOs in Burkina Faso, Diverse Forms and Experiences of Islamic Civic Engagement », *in* L. Audet Gosselin & M.N. LeBlanc (dir.), *Faith and Charity, Religion and Humanitarian Assistance in West Africa*, London, Plutopress, p. 105–23.

Duriez B., Rousselet K., Mabille F. (dir.), 2007, *Les ONG confessionnelles. Religion et action internationale*, Paris, L'Harmattan.

Enée G., 2010, « Les ONG au Burkina Faso: Une référence dans le champ du développement africain ? », *Espaces et sociétés*, p. 43–54.

Freeman D., 2012, « The Pentecostal Ethic and the Spirit of Development », in D. Freeman (dir.), *Pentecostalism and Development: Churches, NGOs and Social Change in Africa*, London, Palgrave Macmillan, p. 1–38.

Gifford P., 2015, *Christianity, Development and Modernity in Africa*, London, Hurst.

Gomez-Perez M., Madore F, 2013, « Prêcheurs(ses) musulman(e)s et stratégies de communication au Burkina Faso depuis 1990 : des processus différentiés de conversion interne », *Théologiques*, 21, 2, p. 121–57.

Harsch E, 1998, « Burkina Faso in the Winds of Liberalisation », *Review of AfricanPolitical Economy*, 25, 78, p. 625–41.

Haynes N. 2012, « Pentecostalism and the Morality of Money: Prosperity, Inequality, and Religious Sociality on the Zambian Copperbelt », *Journal of the Royal Anthropological Institute*, 18, 1, p. 123–39.

Jones B., 2012, « Pentecostalism, Development NGOs and Meaning in Eastern Uganda », in D. Freeman (dir.), *Pentecostalism and Development: Churches, NGOs and Social Change in Africa*, London, Palgrave Macmillan, p. 181–202.

Juul Petersen M., 2012, « Islamizing Aid: Transnational Muslim NGOs After 9.11 », *Voluntas*, 23, p. 126–55.

Kaboré K., 2014, « Les missions chrétiennes au Sahel : une référence dans le domaine du développement », *SIFOE, Revue électronique d'histoire*, 1, p. 2–17.

Kaboré K., 2016, *Les relations interreligieuses institutionnalisées au Burkina Faso : le cas de l'Union Fraternelle des Croyants dans le Sahel, 1960–2006*, Thèse de doctorat, Université de Ouagadougou.

Laurent P.-J., 1994, « Prosélytisme religieux, intensification agricole et organisation paysanne. Le rôle des Assemblées de Dieu dans l'émergence de la Fédération Wend-Yam au Burkina Faso », in J.-P. Jacob & P. Lavigne Delville (dir.), *Les associations paysannes. Organisation et dynamiques*, Paris, APAD-IUED-Karthala, p. 155–79.

Laurent P.-J., 2009 [2003], *Les pentecôtistes du Burkina Faso. Mariage, pouvoir et guérison*, Paris, IRD et Karthala.

LeBlanc M.N., L. Audet Gosselin, M. Gomez-Perez, 2013, « Les ONG confessionnelles en Afrique de l'Ouest : un équilibre précaire entre prosélytisme et professionnalisme au Burkina Faso », *Canadian Journal of Developement Studies/Revue canadienne d'études du développement*, 34, 2, p. 236–56.

LeBlanc M.N., Koenig B., 2014, « L'évangélisation des enfants par les ONG confessionnelles en Côte d'Ivoire : entre aide humanitaire et développement moral », *Autrepart*, 72, 4, p. 219–36.

Madore F., 2013, *Islam, politique et sphère publique à Ouagadougou (Burkina Faso) : Différentes cohortes d'imams et de prêcheurs entre visibilité nouvelle et reconfiguration des rapports intergénérationnels (1960–2012)*, Mémoire de Maîtrise, Université Laval.

Marshall K., Van Saanen M., 2007, *Development and Faith. Where Mind, Heart and Soul Work Together*, Washington, World Bank.

Pérouse de Montclos M.-A., 2011, « Les ONG humanitaires islamiques en Afrique : une menace ou un bienfait ? », *Sécurité globale*, 16, 2, p. 7–28.

Savadogo M., Gomez-Perez M., 2011, « La médiatisation des prêches et ses enjeux. Regards croisés sur la situation à Abidjan et à Ouagadougou »,

Ethnographiques.org, 22, en ligne : http://www.ethnographiques.org/2011/Savadogo-Gomez-Perez

Somé M., 2006, « Pouvoir révolutionnaire et catholicisme au Burkina Faso de 1983 à 1987 », *Cahiers du CERLESHS, 25*, p. 177–208.

Vitale M., 2012, « Trajectoires d'évolution de l'islam au Burkina Faso », *Cahiers d'études africaines, 206–207*, 2, p. 367–87.

Notes

1. « Histoire », https://www.caritas.org/qui-sommes-nous/history/?lang=fr, page consultée le 20 mai 2018.
2. Le nom complet de l'organisation est Solidarité Caritas Organisation catholique pour le développement et la solidarité Caritas Burkina.
3. Clarke construit une échelle d'influence de la foi dans l'action des ONG confessionnelles allant de « passive » à « exclusive », en passant par « active » et « persuasive ». Selon nos constats, la plupart des ONG catholiques se placent dans les catégories passive et active, alors que les ONG islamiques et évangéliques se retrouvent dans l'ensemble du spectre.
4. Selon les dernières données que nous avons pu consulter auprès de l'ancienne Direction du suivi des ONG (*Répertoire 2008 des ONG*), les congrégations enregistrées comme ONG sont les Sœurs de l'Instruction chrétienne de Saint-Gildas-des-Bois, les Frères de la Sainte-Famille, les Clercs de Saint-Viateur et la maison Don Orione.
5. Ou Frères des Écoles chrétiennes.
6. Catholic Relief Service, https://www.crs.org/about, page consultée le 28 mars 2018.
7. Entretien avec une responsable de CRS, Ouagadougou, 13 janvier 2011.
8. Entretien avec un responsable de l'OCADES, Ouagadougou, 3 février 2011.
9. *Le Relais*, Burkina Faso, http://www.lerelais.bf/rubriques/qui-sommes-nous, page consultée le 20 mai 2018.
10. Fondation Jean-Paul II pour le Sahel, « Historique »,
11. https://www.fondationjp2sahel.org/jean-paul-ii-sahel/historique/, page consultée le 20 mai 2018.
12. « About us », Direct-Aid, https://direct-aid.org/cms/about-us/, page consultée le 15 mars 2018.
13. Ini Heredia Inès Hien, « Direct Aid agence musulmane d'Afrique » : un centre socio-éducatif pour l'arrondissement 7 de Bobo-Dioulasso, Agence d'information du Burkina, http://www.aib.bf/m-5443--direct-aid-agence-musulmane-d-afrique--un-centre-socio-educatif-pour-l-arrondissement-7-de-bobo-dioulasso.html page consultée le 15 mars 2018.
14. N. Mohamed, « World Islamic Call Society (WICS) », https://web.archive.org/web/20091027111403 et http://www.geocities.com/mnjilani/WICS22.htm, page consultée le 18 mars 2018.
15. Notamment Aziz et Souleymane Konfé dont il sera question plus loin.
16. Jean-Marie Toe, « Journée mondiale de l'orphelin 2017 : Qatar Charity appelle à plus de solidarité... », http://www.sidwaya.bf/m-16356-journee-mondiale-de-l-orphelin-2017-qatar-charity-appelle-a-plus-de-solidarite---.html, page consultée le 18 mars 2018.

17. Fulbert Paré, « Infrastructures d'enseignement au Burkina : La Turquie au rang des partenaires », *Lefaso.net*, 12 février 2013, http://lefaso.net/spip.php? article52735, page consultée le 20 mars 2018.
18. Le docteur Sawadogo par exemple est recteur de l'Université Al-Houda, imam de la Grande mosquée de Ouaga 2000, membre du comité des programmes de la radio Al-Houda et président de la commission de la *Dawa* et l'enseignement de l'association Abdoulah Ben Massoud.
19. Bien qu'il n'ait pas fondé à proprement parler, une ONG, l'homme d'affaires et ancien président de la CMBF, El Hadj Oumarou Kanazoé a été, pour plusieurs, un exemple d'engagement et un acteur de développement pour sa communauté.
20. Observations d'activités de Compassion, Ouagadougou, 15 janvier 2015.
21. Entretien avec un responsable de Compassion, Ouagadougou, 7 janvier 2011.
22. Entretien avec un responsable de l'ONG Vigilance, le 9 février 2011, Ouagadougou.

12.

L'ÉTAT ET LES RELIGIONS AU BURKINA FASO

Benoît Beucher, Ludovic O. Kibora
& Pascal Kolesnoré

Le Burkina Faso est, selon la constitution de la IVe République (élaborée en 1991 au sortir d'une longue période d'États d'exception), un État laïc. Cela est exprimé dans son article 31 : « Le Burkina Faso est un État démocratique, unitaire et laïc » [1]. L'article 7 de la même constitution protège la liberté de la pratique religieuse en ces termes :

> « La liberté de croyance, de non croyance, de conscience, d'opinion religieuse, philosophique, d'exercice de culte, la liberté de réunion, la pratique de la coutume ainsi que la liberté de cortège et de manifestation sont garanties par la présente Constitution, sous réserve du respect de la loi, de l'ordre public, des bonnes mœurs et de la personne humaine ».

Dans les faits, les rapports entre l'État et les différentes religions, caractérisés par des connivences et des désamours, s'observent à différents niveaux de la vie sociopolitique, selon les périodes et les confessions religieuses. La laïcité au Burkina Faso est plus axée sur le fait de laisser la liberté à chacun de pratiquer sa religion que sur la volonté de réglementer les attitudes et les pratiques religieuses. L'État encourage le dialogue interreligieux et compte sur l'autodiscipline interne des adeptes des confessions religieuses. Cette volonté de ne pas s'immiscer dans les affaires religieuses a son origine dans l'histoire du pays, qui montre que l'appareil d'État fut, pendant longtemps, dominé par des élites chrétiennes (Bouron 2013b). Ces élites au pouvoir ont évité de laisser apparaître un parti pris dans leurs attitudes envers les différentes religions. C'est pourquoi, même la création des associations religieuses s'effectue de la même manière que celle des partis politiques ou des associations de droit commun, auprès du ministre en charge de l'administration du territoire. Ainsi, depuis l'indépendance du pays, l'État burkinabè essaye de maintenir l'équilibre dans ses relations avec les différentes religions, bien que cet engagement soit plus facile à tenir en théorie qu'en pratique. Ainsi, ces dernières années on a constaté une très grande implication de la religion catholique dans l'avènement de la transition politique (Kolesnoré 2016), au point que le nom de l'archevêque de Bobo-Dioulasso a circulé comme président potentiel de la dite transition. Sous cette même transition politique, on a ressenti une forte implication des protestants avec comme figure de proue le premier ministre Yacouba Isaac Zida. Les premières élections démocratiques après le départ du président Compaoré du pouvoir, ont vu pour la première fois dans l'histoire du pays des tentatives d'instrumentalisation de la religion de la part de certains leaders de partis politiques dans le but de s'attirer les électeurs (Hagberg *et al.* 2017). De plus en plus, on constate des liens étroits entre le religieux et le politique et, par endroits, une radicalisation du discours religieux. C'est ce qui a amené le gouvernement de la transition à créer, en 2015, l'observatoire national des faits religieux (ONAFAR). Les relations entre l'État et le religieux ont une explication historique et sociologique que les auteurs de ce chapitre vont présenter. Dans la première partie, l'exemple de la chefferie mossi sera développé comme celui de liens entre politiques et religion traditionnelle. Ce choix ne vise bien sûr nullement à occulter l'importance des autres religions coutumières en présence au Burkina Faso. Mais il permet de revenir sur un exemple longuement discuté en sciences sociales, où religion coutumière et pouvoir politique se trouvent de surcroît situés dans un même espace géographique, la capitale Ouagadougou et le « plateau central ». Les liens entre islam et politique, puis entre christianisme et politique sont discutés dans les parties suivantes de ce texte.

LA RELIGION DU PRINCE DANS LE *MOOGO* : LA TRADITION RÉINVENTÉE

« Chef-Dieu » et pouvoir

Les Mossi (ou Moaaga au sg., Moose au pl.), plus de 7 millions d'âmes aujourd'hui, forment une société qui est par essence politique. Leur religion dite « traditionnelle » est intrinsèquement liée à un ordre politique soutenu par des monarchies et des chefferies dont l'ensemble forme le *Moogo* ou « monde » par opposition à *Weoogo* qui désigne la « brousse ». L'un, en dépit de son sens originellement proche de weoogo, renvoie à un espace civilisé, gouverné par des *naaba*, sur lequel se lit l'empreinte des activités humaines, l'autre à un espace abandonné aux animaux sauvages et barbares où l'on trouve des populations « étrangères ». L'ordre politique est donc source de fierté chez les Mossi du Plateau Central.

Précisément, cet ordre politique est l'émanation d'une religion à laquelle il est malaisé de donner un nom. Les rapports politiques et administratifs produits pendant presque toute la période coloniale (fin du XIXe siècle à 1960) font largement usage de la catégorie « fétichiste », voire « animiste », et nous rencontrons encore fréquemment les termes de religion « traditionnelle ». Les fonctionnaires coloniaux n'étaient pour autant pas sans avoir saisi la complexité des appartenances religieuses dans le *Moogo*. Ces précautions prises, nous souhaitons ici mettre en lumière le rapport étroit qui existe entre les anciennes religions et l'ordre politique dans le *Moogo* en gardant à l'esprit qu'une grande partie de la population du Burkina Faso les perpétue, et que les royautés ou chefferies continuent de jouer un rôle fondamental dans ce pays, à la fois sur le plan religieux, politique, économique et social (Beucher 2017).

La distinction entre *Moogo / Weeogo* ne rend pas compte à elle seule de la vision du monde des Mossi. Cette conception en quelque sorte horizontale se surajoute à une autre, verticale et religieuse. En effet, pour les Mossi, le monde et l'ordre qui le régit relèvent de deux figures divines. L'une a autorité sur tout ce qui a trait à la terre, au sol et au sous-sol (la forge, la tombe et donc les morts ; la terre et donc la vie). Les « maîtres de la terre » (*tengsoaba*) en sont les dépositaires. L'autre relève de tout ce qui se trouve au-dessus du sol, et, en particulier, des hommes vivants. La première est féminine, lunaire. Il s'agit de *Napoaka Tenga*. La seconde est masculine, solaire, à savoir *Naaba Wendé*. Chacune de ces deux figures divines porte un titre qui renvoie aux royautés et aux chefferies. Le préfixe « na » désigne le *naam* conçu comme le pouvoir de commander aux hommes tel qu'il est transmis par *Naaba Wendé* (Izard 2003 : 88). Dans le monde du pouvoir mossi, les hommes en position de commander portent le titre de *naaba*. *Naaba Wendé* peut donc être traduit par « Chef-Dieu ». C'est de lui que procède tout pouvoir politique, détenu à titre viager par des souverains qui ne sont en aucun cas divinisés. Les épouses des chefs sont quant à elles appelées *napaaga*. Le couple *Napaaga Tenga / Naaba Wendé* symbolise une complémentarité sans laquelle la bonne marche du monde ne serait plus assurée. Cette complémentarité renvoie à une vision idéalisée de la société mossi. Elle est une façon de donner corps à une « communauté imaginée » (Anderson 2002), bâtie sur une hypothétique alliance entre des autochtones, les *Ninisi*, détenteurs des forces tirées de la terre, et des conquérants venus de l'actuel Ghana, les *Nakomsé* ou Mossi, détenteurs du *naam*. La figure du *Naaba*, et notamment celle de rois (*dima*) à l'image du Moogo Naaba de Waogodgo [2], incarne l'alliance entre « gens de la terre » et « gens du pouvoir » (Izard 1985). Son autorité s'exerce sur ces deux segments de la population. Elle se voit doublement fondée, à la fois en vertu de la force (*panga*) conférée par les autorités religieuses autochtones, et du *naam* hérité en ligne directe ou collatérale.

Ce couplage de la force et de l'autorité de nature divine est sans cesse réactualisé lors des cérémonies religieuses. Celles-ci rythment la vie du *Moogo* et sont presque toutes liées à des degrés divers aux

17. Le voyage du Moogo Naaba Saaga II à Paris, 1953. Reproduction d'une photo d'archive dans B. Beucher, 2017, *Manger le pouvoir au Burkina Faso. La noblesse mossi à l'épreuve de l'Histoire,* Paris, Karthala.

cours royales. Sans les citer toutes, retenons la fête annuelle du *tensé* que les administrateurs coloniaux essayèrent d'abolir avec peine. Le Moogo Naaba de Waogodgo en fixe le début. Elle est une célébration rendue à la mère de Naaba wubri (1495 ?–1517?) [3], considéré comme l'ancêtre-fondateur du royaume. Appelée « *Naaba wubri ma kuuré* », il s'agit littéralement des funérailles de la mère du roi, également appelée *Pugtoeenga* (« Femme à barbe »). Cette fête religieuse contribue dans une large mesure à entretenir un sentiment d'appartenance commune chez les Mossi du Plateau. Des pratiques religieuses pratiquement communes à tous les Mossi contribuent aussi à leur donner une certaine homogénéité culturelle. Il s'agit, pour l'essentiel, d'un culte rendu aux ancêtres, qu'ils soient des fantômes errants (*kiima*) ou des esprits reposant sous terre (*tenkudenga*). Dans cette société agraire, le culte des ancêtres est souvent doublé d'une fête marquant la fin des récoltes. C'est le cas du *basga* qui est d'abord célébré dans les cours royales avant que les chefs subalternes n'accomplissent le leur partout ailleurs dans le *Moogo* (Skinner 1972 : 286).

L'apparition de nouvelles religions – l'islam et le christianisme en particulier – est loin d'avoir irrémédiablement affaibli l'ancrage populaire de ces traditions qui, à leur contact, ont cependant été partiellement réinventées (Degorce 2014).

Religions anciennes et islam au prisme du pouvoir

La progressive diffusion de l'islam dans le *Moogo* entre le XVIe et le XIXe siècle n'a pas fondamentalement remis en cause les rites et pratiques religieuses anciennes, pas plus que les fondements religieux du pouvoir royal. L'islam aurait été véhiculé par des groupes mobiles d'origine mandé et mossi, s'adonnant au commerce à longue distance, que l'on appelle les Yarsé (Audouin & Deniel 1978 : 16–7). Établis à Waogodgo à partir du XVIe siècle, les Yarsé ont donné des imams qui auraient contribué à la conversion de princes, à commencer par le Moogo Naaba Doulougou (1796–1825). Cet islam aristocratique se révèle d'une grande complexité. En effet, s'il est bien vain de juger de la sincérité de la foi musulmane des souverains, il est néanmoins certain qu'elle a connu un traitement très politique. Pour faire simple, disons que les Moogo Naaba se sont généralement fixés pour règle de s'en rapprocher pour mieux la tenir à distance, ou tout au moins contrôler sa progression, au point que la littérature coloniale a été prompte à présenter le *Moogo* « animiste » comme un exceptionnel rempart face à la diffusion de l'islam dans la région. Naaba Doulougou a ainsi créé une charge d'imam de Waogodgo, ce qui a permis dans une certaine mesure de faire passer ce qui relève de la sphère religieuse sous le contrôle étroit du pouvoir royal (Izard 1970 : 174). Certains *naaba* musulmans ont été plus dévôts que d'autres, au point, par exemple, que le Moogo Naaba Doulougou a tenté d'écarter l'un de ses fils de la succession pour s'être montré trop acquis à la religion musulmane (Izard 1970 : 269). Mais aucun souverain, à de très rares exceptions près, ne manque jamais de s'acquitter de ses obligations religieuses « traditionnelles ». À ce titre, le roi réaffirme son autorité sur toutes les composantes de la société mossi sans basculer sous le magistère moral et religieux des imams. De même que le *naaba* met en scène l'autorité qu'il exerce sur les gens du pouvoir et sur ceux de la terre, celui-ci ne manque pas de jouer sur différents registres religieux pour renforcer son autorité sur les musulmans, les pratiquants des religions anciennes, sans oublier ceux qui se rangent simultanément dans les deux catégories ! Cette relative souplesse se donnerait également à voir dans les éléments de syncrétisme religieux qui s'observent au sein des cours royales. Ainsi, le moment généralement choisi pour débuter la fête du *tensé* est-il fixé un vendredi (Dim Delobsom 1932 : 149), renvoyant ainsi vraisemblablement à la semaine musulmane de sept jours ainsi qu'au caractère saint de ce jour dans l'islam. Ce n'est peut-être pas davantage un hasard si la cérémonie hebdomadaire dite du « Faux départ », commémorant probablement le processus de centralisation du royaume de Waogodgo au XVIIIe siècle, et qui est toujours célébrée de nos jours à Ouagadougou, a lieu chaque vendredi matin. La religion ancienne des *naaba* et de leurs sujets n'est donc pas prise dans une histoire immobile. Leur(s) appartenance(s) religieuse(s) peu(ven)t également conduire à de nouvelles formes d'organisation. On note ainsi que les éléments d'origine mossi s'adonnant au commerce à longue distance, et ouvertement à l'islam, peuvent sortir de la communauté imaginée mossi et être rangés dans la catégorie des Yarsé auxquels ceux qui se considèrent comme d'authentiques Mossi attribuent des caractéristiques morales particulières : ruse, manque de politesse et de courtoisie, propension à trop parler, etc.

Enfin, ces éléments islamisés, non pas seulement yarsé, mais aussi peul, hausa et diula, sont intégrés de façon très sélective au cœur de l'appareil de pouvoir où ils forment des cercles de conseillers parfois très écoutés tandis que leur communauté d'origine constitue des sortes d'enclaves dans les zones de peuplement à dominante mossi. Ce sont précisément ces conseillers qui s'avèrent stratégiques lorsqu'il s'agit d'en apprendre plus sur les Européens.

Cour royale, mission catholique, administration coloniale : parcours d'accommodation

En 1901, les Pères Blancs, ou Missionnaires d'Afrique, s'installent à Ouagadougou. La conquête française du *Moogo* est à cette date très récente. C'est en effet en 1897 que la capitale du Moogo Naaba est définitivement tombée, et que le roi intronisé pour la circonstance, Naaba Sigri (1897–1905), a signé un traité de protectorat avec les lieutenants Voulet et Chanoine. Toute contestation ou résistance à la domination coloniale n'a pas encore cessé (Kambou-Ferrand 1993). En témoigne le grand soulèvement mossi de 1908. Dans un contexte marqué par une présence française fragile, les administrateurs coloniaux présents sur place ont pu se montrer assez pragmatiques dans leurs relations avec la mission. Pour autant, les parcours d'accommodation (Robinson 2004) entre l'administration et les Pères Blancs ont revêtu un caractère erratique, fortement marqué par la diversité des hommes et des caractères en présence (Baudu 1956 ; de Benoist 1987). Il en va de même pour les liens entretenus avec la noblesse mossi (Audouin 1982 ; Beucher 2011). Les Pères Blancs étaient en effet soumis à des contraintes assez proches de celles qui pesaient sur le gouvernement colonial. Certes, les objectifs étaient éloignés : l'évangélisation du *Moogo* pour les premiers, l'imposition d'une administration régulière pour le second. Mais la faiblesse de leurs effectifs dans une région densément peuplée est commune. Dans une certaine mesure, les missionnaires ont eu à penser de la même façon la place que devait occuper la noblesse mossi dans leurs rapports avec les populations locales. Du point de vue des fonctionnaires coloniaux, il s'agissait bien sûr d'opter soit pour un régime d'administration directe, soit indirecte. Dans la pratique, le pouvoir colonial s'appuya largement sur la noblesse mossi pour administrer le *Moogo*, et les Pères Blancs firent de même, du moins dans un premier temps, pour évangéliser la région (Bouron 2013 : 539–44). Cela s'explique en grande partie par l'image que renvoyaient les institutions politiques : celles d'un ordre solide, permettant d'encadrer efficacement des centaines de milliers de sujets jugés profondément obéissants.

Le père Joanny Thévenoud, établi à Ouagadougou presque sans interruption de 1903 à 1949, est l'une des principales figures de l'évangélisation dans le *Moogo*. Il est aussi un acteur-clé dans l'établissement de parcours d'accommodation, souvent empreints d'incompréhensions quant aux desseins de chacun, avec la noblesse mossi et les fonctionnaires coloniaux. Ces derniers respectaient sa fine connaissance des sociétés locales, et plus particulièrement de la cour royale de Ouagadougou au sein de laquelle il avait noué de bonnes relations avec le roi Koom II (1905–1942) et le Baloum Naaba Tanga (1910–1950), l'un des hauts dignitaires palatins. Ces deux *naaba* surent trouver en la personne de Thévenoud un conseiller très respecté dans un contexte d'entrée en modernité coloniale négociée (Beucher 2017 : 171–2).

Une fois de plus, la cour royale a traité l'émergence d'une nouvelle religion sous un angle très politique. Sa conduite à l'égard des progrès – relatifs – du christianisme, empreinte de prudence, ressemble à bien des égards à celle qui était la sienne lors de la diffusion de l'islam. D'autant plus que les Pères Blancs se montrent intransigeants lorsqu'il s'agit de lutter contre la polygamie, menaçant ainsi la pratique du don de femmes (*na-pugsyuuré*) qui conforte le capital politique et social des *naaba* en élargissant leur clientèle (Skinner 1958). Les grandes figures missionnaires n'ont pas pour autant été écartées par la noblesse mossi. Au contraire, la cour établit des liens personnels avec elle. Et lorsque le roi Naaba Saaga II est intronisé en 1942, c'est auprès de Mgr Thévenoud, devenu vicaire apostolique du Soudan, qu'il vient rendre l'une de ses premières visites de courtoisie. Le roi, que ce soit Koom II ou Saaga II (1942–1957), n'hésite pas davantage à se rendre à la messe ou à fournir de la main-d'œuvre pour édifier ou restaurer les édifices religieux. Pour autant, il ne se convertit pas, malgré les espoirs exprimés régulièrement par les Pères Blancs. Les membres de son appareil de gouvernement réagissent de façon fort différente vis-à-vis de ces tentatives de conversion. Le Baloum Naaba baptise ses fils dès l'entre-deux-guerres, comprenant dans le même temps tout l'intérêt que peut revêtir une éducation religieuse ainsi qu'un parcours de formation au sein de l'école confessionnelle dans un contexte où commence déjà à émerger une petite élite lettrée et roturière christianisée. Certains montrent moins d'enthousiasme, mais accomplissent cependant des gestes symboliques remarqués à l'image du *Gunga Naaba*, un autre dignitaire palatin, qui, en 1912, accepte de porter autour du cou une médaille religieuse. Enfin, quelques-uns sont baptisés sur leur lit de mort à l'image du roi du Yatenga en 1953 (Bouron 2013 : 542). Néanmoins, au cours de leur règne, tous maintiennent à des degrés divers leurs anciennes prérogatives religieuses sans lesquelles ils ne seraient pas des *Naaba*. Avant l'indépendance, acquise en 1960, la cour royale, à travers ses chefs supérieurs et subalternes, est ainsi insérée dans les principales communautés religieuses tandis que le roi occupe une sorte de position de surplomb moral que lui confère la coutume. Cela est toujours vrai aujourd'hui.

L'histoire du catholicisme au Burkina ne se réduit évidemment pas à celle des rapports entre les missionnaires et les *Naaba* (voir ci-après). Cependant, ils expliquent en partie pourquoi le catholicisme, bien que minoritaire, ait été la religion des élites politiques. En effet, des chefs se sont lancés en politique dès 1945, à commencer par le roi Saaga II (1942–1957). Celui-ci a été soutenu et conseillé par une élite lettrée le plus souvent proche de la mission. Une grande partie d'entre elle est issue du Petit Séminaire de Pabré.

On peut avancer que l'État contemporain en Haute-Volta / Burkina Faso s'est essentiellement construit, au moins jusqu'à la Révolution du capitaine Sankara (1983–1987), par le haut, avec la participation évidente de la cour royale de Ouagadougou (néanmoins combattue par le président Yaméogo), des autorités religieuses catholiques ainsi que des nouvelles élites notamment issues de l'école confessionnelle, puis de l'armée à partir de 1966. Sankara a tâché de placer la construction nationale sur une autre trajectoire historique en y associant étroitement des gens ordinaires, regroupés dans des Comités de défense de la révolution (CDR), sans considération pour leur origine sociale ou « ethnique » pas plus que pour leur confession. Son assassinat, le 15 octobre 1987, a été suivi d'une politique moins dogmatique qu'opportuniste. Conduite par Blaise Compaoré entre son élection à la présidence de la République en 1991 jusqu'à son éviction du pouvoir en 2014 sous le coup d'un soulèvement populaire, elle a consisté à s'appuyer de façon ouverte sur les « autorités religieuses et coutumières » qui ont dès lors trouvé une place de choix dans le protocole officiel et dans les médias pro-gouvernementaux. Ce rapprochement très médiatisé avec ces autorités – en rien homogènes – visait à légitimer le pouvoir de Compaoré en inscrivant son régime peu démocratique dans le temps long de l'histoire et en le parant des oripeaux d'une moralité censée être incarnée par les grandes figures religieuses et coutumières du pays.

Rien d'étonnant donc à ce que le président ait régulièrement fait appel aux principales autorités musulmanes, catholiques, protestantes et « coutumières » en situation de crise. Or, à partir de 2006, celles-ci ont été toujours plus nombreuses et dangereuses pour le pouvoir. Les personnalités religieuses et coutumières, à commencer par le Moogo Naaba de Ouagadougou, ont été invitées à endosser les habits d'« autorités morales » et de médiateurs. Sans parvenir à sauver le régime, leur action relativement concertée témoigne du caractère apaisé des relations entre les communautés religieuses et de la place prééminente des religions, y compris anciennes, dans le processus de formation et de construction au long cours de l'État, mais aussi de la communauté nationale.

Les « autorités coutumières » ont continué à participer à la vie politique du pays ces dernières décennies. Les membres du gouvernement n'hésitent pas à rendre visite aux « chefs traditionnels » pour demander leur bénédiction ainsi que leur accompagnement lors de la mise en œuvre de projets de développement ou encore l'organisation de manifestations d'envergure nationale. « Les autorités coutumières » ont su être des acteurs décisifs lors de crises sociopolitiques, à l'image de la tentative de coup d'État de septembre 2015 au cours de laquelle plusieurs négociations furent menées au palais du Moogo Naaba.

ISLAM ET ÉTAT

Les historiens, notamment Assimi Kouanda (1989), Hamidou Diallo (2005), Bakary Traoré (2005) ou Issa Cissé (1994), ont permis de mieux comprendre la pénétration, la diffusion et la progression de l'islam au Burkina Faso. Depuis la conversion du Moogo Naaba Dulugu, ses successeurs pratiquent un islam qui s'accommode bien avec les coutumes traditionnelles. Du reste, au début des années 1960, la tentative d'imposer cet imam, qui faisait serment d'allégeance et d'obéissance totale au roi, à la tête de la Communauté musulmane de Haute-Volta, a été dénoncée par les fidèles musulmans et le Moogo Naaba s'en était ravisé.

Durant la période précoloniale, l'islam était surtout implanté dans l'Ouest et le Nord du pays, mais n'était pas considéré comme prédominant. C'est au cours de la période coloniale que le nombre de conversions s'est accru et que l'islam a été dynamisé, grâce à plusieurs facteurs, que relève Issa Cissé : collaboration de l'administration coloniale avec certains mouvements comme la Tidjaniyya douze grains par exemple (au détriment de la Tijâniyya onze grains hammaliste), amélioration des voies de communication et de circulation, perturbations sociales liées aux mouvements de populations forcés sur des chantiers comme le chemin de fer (Cissé 2015 : 421).

La structuration de l'islam dans la période postcoloniale

Aux lendemains de l'indépendance du pays, face à des Églises chrétiennes très structurées, la Communauté musulmane de Haute-Volta (CMHV) est créée en 1962, dans le but de rassembler les différents mouvements islamiques en présence. Cette première structure représentative de l'islam au plan national faisait néanmoins suite à la création d'une section de l'Union culturelle musulmane (UCM) à dimension régionale dans les villes de Bobo-Dioulasso en 1958 et de Ouagadougou en 1960. La CMHV avait pour objectif de promouvoir « l'unité des musulmans et [représenter] l'ensemble des tendances islamiques » (Madore 2016 : 28). Elle se voulait par ailleurs apolitique (Cissé 2015 : 423).

Des tensions entre les wahhabites et les autres musulmans, qui allèrent jusqu'à donner lieu à des affrontements dans plusieurs villes, ont vu en 1973 la scission de la CMHV, et la création du Mouvement sunnite de Haute-Volta, association de la mouvance wahhabite, également apolitique. En 1979, les adeptes de la confrérie Tijâniyya créent également leur propre association, l'Association islamique de la Tidjaniyya de Haute-Volta (AITHV). Des associations francophones comme l'AEEMB (Association des élèves et étudiants musulmans au Burkina Faso) et le

CERFI (Cercle d'études, de recherches et de formation islamiques) sont créées en 1986 et 1989.

En 1966, l'accession au pouvoir du président Aboubacar Sangoulé Lamizana a été considérée comme une opportunité pour les musulmans. Diversifiant ses liens avec l'extérieur, notamment avec le monde arabo-musulman, sans que l'appartenance religieuse de Lamizana, qui était musulman, ne puisse être considérée comme ayant été plus influente dans cette ouverture que le contexte global du moment favorisait, cette ouverture a été profitable à l'élargissement du réseau de coopération des communautés musulmanes et a notamment permis des retombées pour améliorer sensiblement le réseau des infrastructures cultuelles et le système éducatif islamique (Cissé 2015 : 427).

Dans les années 1980 émerge une élite arabisante, avec notamment le retour des étudiants partis poursuivre leur cursus dans les pays arabes (Ouédraogo 2015). Leur nombre grandissant les voit également s'exprimer sur le politique, sans pour autant revendiquer clairement un islam politique : « Mais l'impact d'un tel discours pour l'éveil de l'islam et la prise en considération des musulmans par l'État est indéniable » (Cissé 2015 : 431). Une direction de l'enseignement de base privé est par exemple créée sous leur pression (*ibid.*).

Les années 1980 sont aussi celles de la Révolution démocratique et populaire menée par Thomas Sankara, sous laquelle le nombre d'associations islamiques s'est multiplié, passant de 3 à 12 (Cissé 1994, 2015). Durant la période révolutionnaire, le régime en place a en effet favorisé la naissance d'associations (Nouroul Islam, Ahmadiyya, AEEMB, CERFI par exemple). Selon certains auteurs, la multiplication des associations résulte aussi en partie de tensions internes à la communauté musulmane (CMHV), suite à des scandales de malversations (Madore 2015 : 166). Ces tensions, liées à première vue à des rivalités entre « traditionalistes » et « modernistes » ou réformistes, sont accentuées par les interventions du pouvoir en place, malgré les tentatives de conciliation de ce dernier (Madore 2015 : 76, 166). Par ailleurs, malgré une situation politique marquée par plusieurs coups d'État et par la Révolution sankariste, les associations musulmanes de cette époque, comme celles créées avant elles, demeurent apolitiques : « Les multiples coups d'État, qui ont jalonné les années 1980, ne se sont pas soldés en une quelconque ingérence ou prise de position des imams et des prêcheurs dans les affaires politiques » (Madore 2015 : 79).

Dans les années 1990, avec la création du CERFI et de l'AEEMB dans la décennie précédente, les musulmans francophones donnent une plus grande visibilité à l'islam dans l'espace public, notamment par l'organisation de conférences, colloques, projections, colonies de vacances ou ouvertures de lieux à vocation culturelle (par exemple des bibliothèques). Durant la même période, les arabisants, diplômés des instituts et universités du monde arabo-islamique occupent également une place de plus en plus marquée. On les retrouve notamment dans les structures associatives islamiques, mais aussi, travaillant comme enseignants dans les médersas, dans des institutions islamiques ou comme prêcheurs dans les mosquées (Cissé 2015 : 433 ; Ouédraogo 2015).

Des relations au politique fluctuantes

Finalement, l'État central, mais aussi les politiciens, ont toujours entretenu des relations opportunistes avec l'islam. Attitude due au grand nombre de pratiquants dans la population globale, mais surtout au fait que l'islam est aussi lié à des « pays arabes », donc synonyme de pétrodollars, dont tous les régimes ont besoin pour des actions de développement. Ainsi, le président Blaise Compaoré entretenait, de ce fait, de bonnes relations avec les pays arabes, notamment le Koweit. Le président Roch Marc Christian Kaboré, catholique pratiquant, a depuis son élection en novembre 2015, effectué deux séjours dans les pays du Golfe (Qatar et Arabie saoudite). Le défunt président Aboubacar Sangoulé Lamizana, musulman, a passé 14 années au pouvoir, sans avoir eu une attitude de faveur particulière vis-à-vis de l'islam, malgré les pressions discrètes de certains leaders musulmans [4]. Toutefois, cette période a été propice à des changements, avec une nouvelle considération portée à l'élite intellectuelle musulmane (Traoré 2005). Le faible nombre des cadres musulmans dans l'administration publique à des hauts niveaux de responsabilité n'a certainement pas permis de constater une certaine influence sur les politiques publiques.

Au cours de ces dernières années surtout, les jeunes musulmans ont de plus en plus été sensibles aux discours sur la faible représentativité des cadres musulmans dans l'administration publique et travaillent à inverser la tendance à partir des associations des élèves et étudiants musulmans et autres cercles de réflexion islamique, mais surtout de la Fédération des associations islamiques du Burkina (FAIB) qui travaille à cette dynamique. La question de la laïcité de l'État demeure l'un des points sur lesquels les associations musulmanes prennent régulièrement et fermement position, réclamant ainsi une place équitable dans l'espace public vis-à-vis des chrétiens. Les musulmans francophones sont particulièrement actifs dans cette revendication, qui a notamment conduit à la tenue du forum sur la laïcité en 2012 (Ouédraogo 2013).

Ces jeunes musulmans n'entendent plus adopter les attitudes de complaisance de leurs ainés vis-à-vis du pouvoir central, comme cela a été le cas par le passé. En effet, de grands opérateurs économiques, leaders de la communauté musulmane [5] sont bien connus comme ayant été des soutiens indéfectibles au régime Compaoré. Ce fut le cas du richissime

El Hadj Oumarou Kanazoé et bien d'autres leaders musulmans cités comme étant des conseillers de l'ombre de l'ex-président Compaoré [6]. En outre, la Fédération des associations islamiques du Burkina (FAIB) avait maladroitement soutenu en 2013 le projet de Sénat du président Compaoré. A contrario, de nombreux musulmans regroupés au sein de l'AEEMB et le CERFI s'y étaient farouchement opposés. Aussi, lors de son sermon pendant la prière de la Tabaski 2014, le grand imam de Ouagadougou Aboubacar Sana (Ly 2014) avait invité les autorités politiques à ne pas franchir « la ligne rouge ». Tout le monde avait compris que la mise en garde concernait la modification de l'article 37. Seul le chef de file de l'opposition avait répondu à son invitation à assister à la prière. Le pouvoir avait boudé, car aucun membre du gouvernement n'est venu officiellement, comme c'était souvent le cas lors des fêtes musulmanes.

Les communautés musulmanes ont toujours été confrontées à un jeu de tendance du fait de leur diversité. C'est ce qui pourrait expliquer, sans doute, la difficulté pour elle d'avoir une position unitaire, à même d'influer sur la gestion du pouvoir d'État. Certaines structures islamiques se sont illustrées par des querelles intestines qui ont souvent dégénéré sur la place publique (Cissé 2015), obligeant l'État à faire usage de l'intervention de la force publique [7]. Par exemple, la FAIB créée depuis 2005, n'a pu tenir son premier congrès ordinaire qu'en 2015. Par le passé, la désignation du président de la Communauté musulmane du Burkina Faso donnait lieu à de houleuses tractations. Par exemple, pendant la période révolutionnaire, le président Thomas Sankara avait exigé que les membres de cette association en conclave ne ressortent de la salle de réunion que s'ils parvenaient à mettre en place un bureau faisant l'unanimité. Ils ont dû travailler tard dans la nuit pour aboutir à un résultat consensuel. L'absence d'un clergé très hiérarchisé ne favorise pas la mise en œuvre d'une stratégie commune face aux décisions du pouvoir central.

L'IMPLICATION DE L'ÉGLISE CATHOLIQUE DANS LA VIE POLITIQUE BURKINABÈ

Les stratégies d'influence de l'Église catholique

Le catholicisme a, dès ses débuts, entrepris une campagne d'évangélisation intense grâce à la congrégation des Pères Blancs, avec à leur tête le cardinal Lavigerie (Somé 1998). Arrivée après l'islam, la religion catholique s'est très vite investie dans la formation d'une élite chrétienne grâce à l'école [8] et aux associations de jeunesse. C'est ainsi que l'école a contribué à la formation des premiers cadres de l'administration publique. C'est donc logiquement que les cadres catholiques ont, dès les premières activités politiques de la Haute-Volta, occupé les devants de la scène publique. Les écoles les plus efficaces en matière de formation scolaire, dans les grands centres urbains et même en milieu rural, sont, depuis longtemps, gérées par l'Église catholique. De nos jours encore, ces écoles, qui ont été reprises par l'État en 1969 et puis rétrocédées encore à l'Église en 2000, continuent d'être les plus performantes sur le plan de la qualité de l'offre éducative du primaire, secondaire et même supérieur. De nombreux cadres de l'administration publique et du landernau politique national sont issus de ces écoles : Daniel Ouézzin Coulibaly, Maurice Yaméogo, Joseph Ki-Zerbo, etc. Les premiers hommes d'État burkinabè ont fréquenté l'école catholique [9]. De nos jours encore, un nombre élevé de dirigeants politiques émanent des structures éducatives de l'Église catholique : collèges de la Salle, de Kologh-Naaba, Toussiana, Marie Reine de Tenkodogo ou Tounouma de Bobo-Dioulasso. Le président Roch Marc Christian Kaboré et son ex-premier ministre Paul Kaba Thiéba sont d'anciens élèves du collège catholique de la Salle. C'est pourquoi, bien que l'État soit laïc, l'appareil d'État a longtemps été considéré comme dominé par une élite catholique (Bouron 2013b ; Otayek 1997).

L'implication de l'Église catholique en politique s'est opérée à différents niveaux, celle-ci ayant développé de véritables stratégies d'influence. À ces fidèles, la hiérarchie catholique burkinabè enjoint fortement l'engagement dans le champ politique. Dès 1959, elle énonce clairement : « un chrétien qui ne se préoccuperait pas des problèmes politiques, économiques et sociaux de son pays, ne serait pas un véritable chrétien » [10]. Les fidèles chrétiens constituent ainsi en quelque sorte le bras séculier de la hiérarchie catholique, interdite d'engagement et d'activités politiques par le droit canon. Consciente de cela, l'Église voltaïque et burkinabè s'est donné les moyens d'une emprise indirecte sur la politique par la formation de l'élite nationale.

L'Église catholique s'exprime ainsi régulièrement sur la vie politique burkinabè, via des homélies à forte teneur politique, des interventions ou des communiqués de presse des évêques. Les messages épiscopaux épousent plusieurs formes : lettres pastorales, messages, appels, message pascal [11], messages de carême, communiqués de presse [12]. Au-delà de leur diversité, ils expriment le point de vue de l'épiscopat sur la marche de la nation et de ce fait sont bien circonstanciés. Les célébrations de l'indépendance du pays ont maintes fois offert l'occasion d'une prise de parole politique épiscopale [13].

Bien des messages sont des appels à la solidarité, au sursaut patriotique, à la réconciliation, à la dignité et à la responsabilité citoyenne [14], à la participation électorale ou à l'engagement politique. Dans certains messages, les évêques font preuve d'esprit critique n'hésitant pas à s'insurger contre la corruption [15], la pauvreté [16], les droits de l'homme et la vie humaine bafoués [17], l'impunité [18]. Dans leur message du 11 juin 1999 intitulée *Vérité et justice pour la paix*, ils sommaient presque le pouvoir de faire la vérité sur les crimes commis, dont celui du journaliste Norbert Zongo, d'assurer la justice comme condition de la paix. Par ailleurs, ils font le diagnostic d'une société démocratique malade, sujette à « des infections sociales » [19] comme « l'impunité, la corruption, qui engendrent des frustrations et aboutissent à des révoltes » [20].

D'autres sont des prises de position souvent franches de l'épiscopat dans les débats du moment : l'épiscopat burkinabè se prononce contre la révision de l'article 37 [21] et la mise en place du Sénat [22].

Des présences ecclésiales contrastées au cœur des enjeux nationaux

Les relations entre l'Église et l'État n'ont pas toujours évolué dans le sens du parfait amour. Ainsi, dès la première République, le premier président Maurice Yameogo a eu maille à partir avec l'Église catholique à cause de sa volonté de convoler en secondes noces, chose interdite pour le croyant catholique. Sous le régime du général Aboubacar Sangoulé Lamizana (1996–1980), l'opposition entre ce président musulman et l'Église catholique résultait du fait qu'il avait nationalisé les écoles privées catholiques et fait adhérer la Haute-Volta à l'Organisation de la Conférence Islamique (OCI) [23]. Cependant, dans la gestion quotidienne des affaires de l'État, le président Lamizana n'a pas été plus favorable à une religion qu'à une autre.

Les rapports entre l'Église catholique et l'État ont été aussi caractérisés par des immixtions politiques peu heureuses. Ce fut le cas du cardinal Paul Zoungrana, l'un des premiers prêtres burkinabè, premier archevêque de Ouagadougou et premier cardinal. À l'issue du coup d'État perpétré le 25 novembre 1980 par le Comité militaire de redressement pour le salut national (CMRPN) du colonel Saye Zerbo, il a salué le coup de force en le qualifiant « de délivrance divine ». Une sortie similaire est faite, plusieurs années plus tard, par Mgr Jean-Marie Utaani Compaoré, qui se demandait lors d'une interview, un an avant les élections présidentielles de 2010, qui d'autre que Blaise Compaoré pouvait diriger le Burkina Faso (Kolesnoré 2016) [24].

Durant la période révolutionnaire de 1983 à 1984, l'avènement au pouvoir du régime militaire de Thomas Sankara, fondé sur des idéologies de gauche, voire marxistes-léninistes, que sur la doctrine sociale de l'Église, marque un tournant décisif. L'Église catholique aura ainsi très peu de prise sur le régime révolutionnaire. Elle renoncera alors à son magistère moral habituel direct sur les dirigeants sans renoncer à sa fonction d'enseignement et de formation de l'élite aux valeurs chrétiennes [25].

Dans les interventions de l'Église dans la vie politique, on remarque la tendance plus marquée pour les prises de position individuelles à l'orée des indépendances. Jusqu'à l'avènement de la Révolution en 1983, ce type de prises de position primait sur les messages collectifs, tandis que depuis les années 1990, la prise de parole politique est beaucoup plus collective qu'individuelle. La première décennie (1959-1970) compte ainsi cinq interventions individuelles contre trois lettres pastorales collégiales. Dans ces interventions individuelles, une personnalité émerge et domine, le cardinal Paul Zoungrana, en sa qualité d'unique cardinal, d'archevêque et d'évêque métropolitain de Ouagadougou. Avec le temps, les interventions individuelles ont diminué peu à peu pour laisser la place à des prises de position collectives et collégiales. La dernière intervention personnelle, par un texte officiel et à teneur politique, date du 11 décembre 1980 [26].

Comme ailleurs en Afrique, les responsables ecclésiastiques ont quelquefois été sollicités pour assumer un rôle de médiation, juguler une crise, apaiser des tensions sociopolitiques. Ces multiples participations de l'Église ont connu des sorts très contrastés. L'abbé Séraphin François Rouamba a ainsi dirigé le Forum de réconciliation nationale de 1991

18. Crise politique au Burkina Faso en 2014 : le premier ministre de la transition Yacouba Isaac Zida et les autorités coutumières et religieuses chez le Moogo Naaba pour une sortie de crise. Photo par Harouna Marané.

qui a abouti à un échec, que René Otayek a qualifié d'humiliant pour l'Église [27]. L'assassinat du journaliste Norbert Zongo avait provoqué une grave et profonde crise sociopolitique, obligeant le pouvoir de Blaise Compaoré à créer le 1er juin 1999 [28] un collège des sages, dont la direction a été confiée à un évêque, Mgr Anselme T. Sanon. Au nom de la paix et du bien commun, l'épiscopat burkinabè a participé aux travaux de ce collège. Cet organe a eu l'intelligence de demander et d'obtenir quelques garanties ; de plus il était un organe consensuel qui a produit, de l'avis général, un travail de qualité.

En revanche, on a vu l'épiscopat engagé au plus haut sommet et sans garantie aucune, dans la Journée nationale du pardon (JNP) du 30 mars 2001, une démarche non consensuelle, boudée par une bonne partie de la société civile et de la classe politique. Dans la crise scolaire de 2011, consécutive à l'assassinat de l'élève Justin Zongo, le pouvoir a sollicité çà et là les médiations des autorités coutumières et religieuses pour calmer les jeunes qui défiaient son autorité en saccageant les commissariats de police. Parmi ces responsables religieux, on compte des curés et même quelques évêques.

Et en 2014, alors qu'une bonne partie de la classe politique refusait toute participation au Conseil consultatif sur les réformes politiques (CCRP), chargé de proposer des réformes politiques consensuelles, l'Église y a envoyé ses délégués sans consultations préalables. Pourtant, le CCRP ne faisait aucunement l'unanimité, divisait la classe politique et son but inavoué était de faire passer par voie consensuelle l'institution du Sénat et la révision de l'article 37 de la constitution. L'Église, en optant d'y participer, a donné l'impression d'être du côté du pouvoir, même si finalement sa présence a porté quelques fruits. Les délégués de l'Église catholique [29], fidèles aux orientations de l'épiscopat, ont exprimé clairement leur opposition à la révision de l'article 37 de la constitution. Et si l'Église avait maintenu cette position pour le Sénat, celui-ci n'aurait pas été compté au nombre des points consensuels à mettre en œuvre à l'issue du CCRP. Mais après qu'il ait manifesté sa position, l'épiscopat a demandé aux délégués catholiques d'adopter une posture plus conciliante, d'exprimer, au lieu de s'y opposer, quelques réserves sur l'opportunité du Sénat. Cela a entraîné de facto la procédure de mise en place du Sénat sur la base d'un prétendu consensus.

De façon générale, l'Église n'hésite pas à s'engager dans les structures nationales sur des questions politiques. Mgr Paul Ouédraogo, d'abord nommé évêque de Fada N'Gourma, puis archevêque de Bobo-Dioulasso, a participé à la commission constitutionnelle installée le 3 mai 1990, chargée de rédiger la nouvelle constitution de la IVe République. De même Maître Barthélemy Kéré a dirigé la Commission électorale nationale indépendante (CENI) au nom de l'Église catholique de 2011 à

2016, Mgr Paul Ouédraogo a dirigé la Commission de réconciliation nationale et des réformes (CRNR), créée le 23 janvier 2015, et bien d'autres ecclésiastiques ont ainsi joué des rôles publics.

En septembre 2015, Mgr Paul Ouédraogo a joué le rôle de médiateur, tout en étant opposé à la tentative de putsch orchestrée par le général Gilbert Diendéré et le Régiment de sécurité présidentiel (RSP). Il était, à l'époque, président de la Commission nationale de réconciliation mise en place par le gouvernement de la transition au Burkina Faso. Il justifiait ainsi sa prise de position politique :

> « Si le chrétien attend que le domaine politique soit assaini avant de s'y engager, sur qui compte-t-il pour cet assainissement ? Les chrétiens doivent s'engager en politique pour rendre service surtout aux plus démunis, aux plus vulnérables. Ceux qui en ont le charisme doivent donc descendre dans l'arène politique, mais toujours pour respecter ce qui est fondamental, la vérité, la justice, le pardon et surtout une gouvernance économique, sociale, politique, environnementale qui fait le développement intégral de nos peuples » [30].

Le nom de Mgr Paul Ouédraogo avait même été cité parmi les présidentiables, après la chute de Blaise Compaoré. Les postures de l'Église catholique en relation avec l'État central ont souvent été saluées par les populations, lorsqu'elles « disent la vérité ». Son influence est depuis un certain temps modérée, avec l'intervention progressive dans l'arène politique nationale de l'Église évangélique.

UNE INFLUENCE LIMITÉE DES ÉGLISES ÉVANGÉLIQUES

Les Églises et mouvements évangéliques au Burkina Faso, arrivés sur le tard, ont eu du mal à s'épanouir à cause de la forte présence de l'Église catholique (Enée 2007). Sans pour autant s'inscrire dans l'espace politique comme cela a par exemple pu être le cas au Bénin (Stransbjerg 2015) ou en Côte d'Ivoire (Marie Miran-Guyon 2015), ils sont parvenus dans la discrétion et à force de persévérance, de nos jours, à placer des élites dans les allées du pouvoir politique et militaire, au point de constituer une force d'influence importante au sommet de l'État. Pour la plupart des pentecôtistes et évangéliques présents au Burkina Faso, le monde politique est proscrit. Toutefois, certains s'engagent tout de même individuellement, « non pas par intérêt personnel, mais pour la gloire de Dieu ; s'engager physiquement et se salir dans la politique, pour contribuer à restaurer la bonne gestion du monde » (Laurent 2003 : 243). L'exemple le plus marquant de ces dernières années reste sans doute le cas du premier ministre de la transition (2014–2015),

Yacouba Isaac Zida, connu pour son appartenance à un mouvement évangélique [31]. Un pasteur connu comme Mamadou Karambiri, véritable personnage public, n'hésite par ailleurs pas à donner son opinion sur la vie politique burkinabè, comme en 2003, à propos d'une tentative de coup d'État contre le président Blaise Compaoré (Fancello 2006 : 216). Les Églises protestantes, comme on les appelle constamment, ont de tout temps eu des représentants dans les cadres de concertation politiques et autres instances de décision nationales dont la structuration tente de respecter l'équilibre religieux. C'est ainsi que la présidence tournante de la Commission électorale nationale indépendante (CENI) est revenue en 1998 au pasteur Samuel Yaméogo, actuel président de la Fédération des églises et missions évangéliques (FEME). Il a été par deux fois membre du conseil constitutionnel.

CONCLUSION

Le poids des intellectuels chrétiens (catholiques et protestants) demeure encore important dans l'arène politique. Cependant, une loi non écrite permet à l'État de tenir un équilibre religieux dans la nomination des responsables à certains postes importants au niveau des institutions de la République et/ou de l'administration publique. C'est au nom de cette alternance religieuse que la Commission nationale électorale indépendante a successivement eu comme président un protestant, un catholique et, maintenant, un musulman.

De tout temps, l'État au Burkina Faso a évité de propulser la question de la religion dans la sphère publique, dans le souci d'éviter toutes exacerbations des différences religieuses. Les tentatives de manipulation du fait religieux à des fins politiques sont publiquement condamnées par l'autorité publique et de nombreux citoyens toutes tendances confondues. L'État œuvre à ne pas frustrer les adeptes d'une religion quelconque. Mais des maladresses subsistent encore. Par exemple, l'organisation du pèlerinage musulman à la Mecque est fortement soutenue par l'État, qui ne s'implique pas dans les pèlerinages des autres confessions religieuses. Dans un jeu d'équilibrisme, l'État burkinabè essaye de préserver une certaine laïcité. Pour cela, elle soutient le dialogue permanent entre les différentes confessions religieuses en espérant que les organisations faîtières de celles-ci feront le reste pour la cohésion sociale. Comme l'écrivait Adam Igor dans le journal du jeudi : « Pour les Burkinabè, la vraie menace qui pèse sur le caractère laïc et unitaire de l'État tel que stipulé par l'article 31 de notre Constitution vient du comportement de nos hommes politiques » [32].

Bibliographie

Anderson B., 2002, *L'imaginaire national. Réflexions sur l'origine et l'essor du nationalisme*, Paris, La Découverte Poche (4e éd.).

Audouin J., 1982, L'évangélisation des Mossi par les Pères Blancs : approche sociohistorique, thèse de doctorat de 3ecycle, Paris, EHESS.

Audouin J., Deniel R., 1978, *L'islam en Haute Volta à l'époque coloniale*, Paris/Abidjan, L'Harmattan/INADES.

Balandier G., 1985, *Le détour. Pouvoir et modernité*, Paris, Fayard.

Baudu P., 1956, *Vieil Empire, jeune Église*, Paris, Édition de la Savane.

de Benoist J.-R., 1987, *Église et pouvoir colonial au Soudan Français. Administrateurs et missionnaires dans la Boucle du Niger (1885–1945)*, Paris, Karthala.

Beucher B., 2011, « Naaba Saaga II et Kougri, rois de Ouagadougou. Un père et son fils dans la tourmente coloniale puis postcoloniale (1942–1982) », *Outre-mers*, 98, 370–1, p. 99–109.

Beucher B., 2017, *Manger le pouvoir au Burkina Faso. La noblesse mossi à l'épreuve de l'histoire*, Paris, Karthala.

Bouron J.-M., 2013a, *Évangélisation parallèle et configurations croisées. Histoire comparative de la christianisation du Centre-Volta et du Nord-Ghana (1945–1960)*, thèse de doctorat en histoire, Université de Nantes/Université de Ouagadougou.

Bouron J.-M., 2013b, « Le catholicisme en Afrique de l'Ouest en 1960 : une (petite) "minorité dominante" », *Histoire, monde et cultures religieuses*, 25, 2013-1, p. 47–50.

Cissé I, 1994, Islam et État au Burkina Faso : de 1960 à 1990, Thèse de doctorat, Paris, Université de Paris VII – Denis Diderot.

Cissé I., 2015, « L'islam au Burkina Faso : de 1960 à nos jours », *in* Hamidou Diallo & Moussa Willy Bantenga (dir.), *Le Burkina Faso, passé et présent*, Ouagadougou, Presses Universitaires de Ouagadougou, p. 417–38.

Compaoré M., 2003, « Chronique de l'école au Burkina Faso », *in* Georges Madiéga & Ouamarou Nao (éd.), *Burkina Faso, cent ans d'histoire 1895–1995*, Paris-Ouagadougou, Karthala–Presses Universitaires de Ouagadougou.

Degorce A., 2014, *Chants funéraires des Mossi (Burkina Faso)*, Paris, Karthala, coll. « Classiques africains ».

Diallo H., 2005, « Le foyer de Wuro-Saba au Jelgooji (Burkina Faso) et la quête d'une suprématie islamique (1858–2000) », *in* M. Gomez-Perez (dir.), *L'islam politique au sud du Sahara : identités, discours et enjeux*, Paris, Karthala, p. 395–415.

Dim Delobsom A., 1932, *L'Empire du Mogho-Naba. Coutumes des Mossi de la Haute-Volta*, Paris, Domat-Montchrestien.

Enée G., 2007, La dynamique des ONG au Burkina Faso : une efficacité en question, Thèse de doctorat, Géographie, Université de Caen.

Fancello S., 2006, *Les aventuriers du pentecôtisme ghanéen. Nation, conversion et délivrance en Afrique de l'Ouest*, Paris, IRD et Karthala.

Hagberg S., 2002, « 'Enough is Enough' : The Anthropology of the Struggle against Impunity in Burkina Faso », *Journal of Modern African Studies*, 40, 2, p. 217–46.

Hagberg S., Kibora L., Barry S., Gnessi S., Konkobo A., 2017, *Transformations socio-politiques burkinabè de 2014 à 2016. Perspectives anthropologique des pratiques politiques et de la culture démocratique dans "un Burkina Faso nouveau"*, Uppsala Universitet.

Halpougdou M., 1998, Enjeu de l'humanitaire missionnaire dans le vicariat apostolique de Ouagadougou (Haute Volta 1901–1957), Thèse de doctorat unique, Université Paris 7.

Igor A., 2012, « Forum sur la laïcité: toujours des questions sans réponse », http://lefaso.net/spip.php?article50497, consulté le 16/05/18.

Ilboudo P., 1966, *Croyances et pratiques religieuses traditionnelles des Mossi*, Ouagadougou, CNRS/CVRS, 3, 108 p.

Institut national de la statistique et de la démographie (INSD), 2008, *Recensement général de la population et de l'habitat. Résultats définitifs*, Ouagadougou, INSD.

International Crisis Group, 2016, Burkina Faso : préserver l'équilibre religieux, rapport n° 240, septembre 2016, https://www.crisisgroup.org/fr/africa/west-africa/burkina-faso/burkina-faso-preserving-religious-balance, consulté le 17/05/18.

Izard M., 1970, *Introduction à l'histoire des royaumes mossi*. Tome 1, Paris/Ouagadougou, CNRS/CVRS, Recherches voltaïques, n° 12.

Izard M., 1985, *Gens de pouvoir, gens de la terre. Les institutions politiques de l'ancien royaume du Yatenga (Bassin de la Volta Blanche)*, Cambridge, Cambridge University Press / Paris, Éditions de la maison des sciences de l'homme.

Izard M., 2003, *Moogo. L'émergence d'un espace étatique ouest-africain au XVIe siècle*, Paris, Karthala.

Kambou-Ferrand J.-M., 1993, *Peuples voltaïques et conquête coloniale. 1885–1914, Burkina Faso*, Paris, ACCT/L'Harmattan.

Kibora L., 2013, « Professionnalisation de l'action politique à l'épreuve des cultures locales : le cas du Burkina Faso », *Nouvelles démocraties et socialisation politique. Étude comparée des cas du Bénin, du Burkina Faso et de Roumanie*, in D. Cossi-Sosa (éd.), Paris, L'Harmattan.

Kolesnoré P., 2016, *De la démocrature à la démocratie au Burkina. Rôle de l'Église et défis*, Paris, L'Harmattan, Coll. Église d'Afrique.

Kouanda A., 1989, « La religion musulmane : facteur d'intégration ou d'identification ethnique. Le cas des Yarse du Burkina Faso », in J.-P. Chrétien & G. Prunier (dir.), *Les ethnies ont une histoire*, Paris, Karthala.

Langewiesche K., 2003, *Mobilité religieuse. Changements religieux au Burkina Faso*, Münster, Lit Verlag.

Laurent P.-J., 2003, *Les pentecôtistes du Burkina Faso. Mariage, pouvoir et guérison*, Paris, Karthala / IRD.

Madore F., 2016, *La construction d'une sphère publique musulmane en Afrique de l'Ouest*, Québec, Presses de l'Université de Laval, Hermann.

Miran-Guyon M., 2015, *Guerres mystiques en Côte d'Ivoire. Religion, patriotisme, violence (2002–2013)*, Paris, Karthala.

Otayek R., 1997, « L'Église catholique au Burkina Faso. Un contre-pouvoir à contretemps de l'histoire », in F. Constantin & C. Coulon (eds.), *Religion et transition démocratique en Afrique*, Paris, Karthala, p. 221-58.

Otayek R. (dir.), 1999, *Dieu dans la cité. Dynamiques religieuses en milieu urbain ouagalais*, Talence, Centre d'études d'Afrique noire.

Ouédraogo Y., 2013, « Diversité religieuse et laïcité au Burkina Faso », *Cahiers du CERLESHS*, XXVIII, 45, p. 1–28.

Ouédraogo Y., 2015, Les arabisants au Burkina Faso : formation et intégration socio-professionnelle (1958–2012), Thèse de Doctorat en Histoire, Université de Ouagadougou.

Robinson D., 2004, *Sociétés musulmanes et pouvoir colonial français au Sénégal et en Mauritanie, 1880–1920. Parcours d'accommodation*, Paris, Karthala.

Skinner E.P., 1958, « Christianity and Islam among the Mossi », *American Anthropologist*, 60, 2, p. 1102–19.

Skinner E.P., 1972, *Les Mossi de la Haute-Volta*, Paris, Éd. Internationales.

Somé M., 1998, « La christianisation des Dagara du Burkina : flux et reflux des conversions (1932–1952) », *Revue française d'histoire d'outre-mer*, 85, 319, 2e trimestre, p. 33–57.

Strandsbjerg C., 2015, *Religion et transformations politiques au Bénin. Les spectres du pouvoir*, Paris, Karthala.

Traoré B., 2005, « Islam et politique à Bobo-Dioulasso de 1940 à 2002 », *in* M. Gomez-Perez (dir.), *L'islam politique au sud du Sahara : identités, discours et enjeux*, Paris, Karthala, p. 417–48.

Notes

1. Burkina Faso, Constitution du 2 juin 1991. Les différents amendements n'ont pas touché à cet article, toujours en vigueur.
2. Ouagadougou après déformation et francisation.
3. Ces dates placées entre parenthèses renvoient à l'exercice de la fonction des personnes citées.
4. Des responsables musulmans faisaient néanmoins partie des délégations l'accompagnant lors de ses visites officielles dans les pays arabo-musulmans.
5. Il a été élu président de la Communauté musulmane du Burkina à l'issue de son dixième congrès le 10 octobre 2004, jusqu'à sa mort en octobre 2011.
6. Abdoulaye Ly (2014), « François et Assimi veulent la tête de l'imam Sana », *Mutations*, 58 du 1er août 2014.
7. Depuis 1973 les adeptes du wahhabisme ont été au cœur de querelles violentes à Bobo Dioulasso comme à Ouagadougou. Cette opposition entre « rigoristes » et « réformistes » a entraîné jusque dans les années 2000 la naissance de nouvelles associations musulmanes.
8. La première école primaire, crée en 1901 par l'administration coloniale, sera cédée à la gestion de l'Église catholique, qui elle-même ouvrira le premier établissement secondaire à Pabré en banlieue ouagalaise en 1925.
9. Maurice Yameogo a fréquenté le séminaire de Pabré.
10. Évêques de Haute-Volta, *Lettre pastorale : Le chrétien dans la cité. Problèmes politiques. Problèmes économiques. Problèmes sociaux*, 1959, n° 2.
11. Des exemples de messages pascaux : *Message pascal 1983 : Paix et réconciliation dans le Christ rédempteur*.
12. Des exemples de communiqués : *Communiqué des Évêques sur la situation nationale*, 15 novembre 1999 ; *Communiqué de la Conférence épiscopale des Évêques du Burkina*, 15 juillet 2013.
13. Il en est également ainsi du cinquantenaire de l'indépendance du Burkina en 2010, de même que des crises de l'éducation, des élections successives, des évènements nationaux d'envergure comme les famines, des inondations de septembre 2009, de la Journée Nationale du Pardon.
14. Cardinal Paul Zoungrana, *Appel à tous les fils et filles du Burkina Faso. Soyons des citoyens dignes et responsables*, 15 décembre 1991.

15. *Lettre pastorale des Évêques du Burkina, Combattre et vaincre la corruption*, 12 juin 2009.
16. *Message des Évêques du Burkina Faso, la pauvreté et la faim ne sont pas une fatalité*, 6 juin 2008.
17. Homélie de son Éminence le Cardinal Paul Zoungrana : *Préserver les vies humaines*, 25 mai 1980.
18. *Vérité et Justice pour la paix*, 11 juin 1999.
19. Évêques du Burkina Faso, *Lettre pastorale*, 15 juillet 2013, n° 15.
20. *Ibid.*, n° 7.
21. *Message des Évêques du Burkina Faso, À l'écoute de Dieu et du monde*, 20 février 2010.
22. *Lettre pastorale des Évêques aux fils et filles de l'Église-Famille de Dieu qui est au Burkina Faso et aux hommes de bonne volonté*, 15 juillet 2013.
23. Newton Ahmed Barry, 2004, « L'Église catholique dans l'évolution du Burkina », *in* http://lefaso.net/spip.php?article3002 consulté le 16/05/18. Mgr Constantin Guirma sur cette question interpelle clairement le pouvoir de Sangoulé Lamizana : « Un État Laïque selon les termes de sa constitution qu'il faut respecter scrupuleusement, ne doit être inscrit, encore moins inféodé ou intégré à aucune ligue d'États confessionnels » (Mgr Constantin Guirma, homélie du 25 novembre 1979, *Fête du Christ-Roi in Conférence des Évêques du Burkina, Écoute ô mon peuple II, Message des Évêques du Burkina Faso 1966–2015*, Ouagadougou, Presses Africaines, 2017, p. 213).
24. Il prendra clairement fait et cause pour le Président Blaise Compaoré en soutenant dans une interview au journal *Sidwaya* le 27 mai 2004 : « Je suis à 110 % pour l'alternance, mais qui, en dehors de Blaise Compaoré, peut gouverner ce pays ? ».
25. C'est la mission actuelle assignée par Le Service pastoral pour la formation et l'accompagnement des responsables (SEPAFAR).
26. Elle est de Mgr Zéphirin Toé et s'intitule « *Les chrétiens responsables du bien commun* ».
27. « C'est une ultime humiliation pour l'Église qui y voyait une sorte de confession collective, prélude au pardon réciproque des péchés » (Otayek 1997 : 251).
28. Créé par le décret n° 99–158/PRES, le collège des sages a déposé son rapport le 2 août 1999.
29. Les délégués de l'Église catholique au CCRP étaient : Ignace Sandwidi, Mme Zongo / Bogoré Rosine, Marc Somda.
30. Abbé Joseph Kinda, 25/09/2015, Chronique d'un putsch qui a fait grandir l'unité nationale, avec Mgr Paul Ouédraogo, *in* lefaso.net/spip.php?article67075 consulté le 15/05/2018.
31. Benjamin Roger, 2015, « Burkina : Zida l'affranchi », *Jeune Afrique*, en ligne : https://www.jeuneafrique.com/233386/politique/burkina-zida-l-affranchi/
32. Adam Igor (2012), « Forum sur la laïcité : toujours des questions sans réponse », in *Journal du jeudi* http://lefaso.net/spip.php?article50497, consulté le 16/05/18.

13.

LE RELIGIEUX SUR INTERNET ET DANS LES NTIC AU BURKINA FASO

Frédérick Madore & Louis Audet Gosselin [1]

À l'instar d'autres pays d'Afrique, la libéralisation politique et sociale entreprise au début des années 1990 au Burkina Faso a accru les possibilités d'expression dans la sphère publique. À la suite du discours de La Baule du 20 juin 1990 [2], le régime du président Blaise Compaoré a entrepris de réintroduire le multipartisme grâce à la présentation, le 2 juin 1991, de la constitution de la IVe République, qui a été approuvée par référendum. Cette constitution garantissait notamment le droit de mettre sur pied des médias privés et le pluralisme politique comme stipulé dans le Titre 1, chapitre 1, article 8 : « Les libertés d'opinion, de presse et le droit à l'information sont garantis. Toute personne a le droit d'exprimer et de diffuser ses opinions dans le cadre des lois et règlements en vigueur ». Cette volonté s'est par la suite manifestée avec la création du Conseil supérieur de l'information (CSI) du Burkina Faso, décrétée le 1er août 1995. Le conseil se voulait une « institution nationale indépendante » de régulation de l'information et de la communication et il était « chargé de la promotion de la liberté de la presse à travers des pratiques professionnelles responsables ». Puis, à la suite d'une loi adoptée le 2 février 2005 assurant la constitutionnalisation de l'instance de régulation, le CSI est devenu le Conseil supérieur de la communication (CSC) [3]. La mise sur pied de cet organisme marquait donc un tournant dans l'histoire du pays, puisque les différents régimes depuis l'indépendance s'étaient réservé pratiquement le monopole audiovisuel et médiatique [4]. Dans ce contexte, des mouvements religieux de toutes les confessions ont saisi cette opportunité pour faire de la presse, de la radio, de la télévision et plus récemment d'internet un élément central de leur prosélytisme dans un paysage religieux pluriel et de plus en plus compétitif. En 2015, le Burkina

Faso ne comptait pas moins de 40 radios et 6 chaînes de télévision confessionnelles [5].

Ce chapitre aborde en parallèle l'utilisation des médias par les trois principales confessions religieuses du pays – catholique, protestante et musulmane [6]). Ce faisant, nous pourrons comparer les diverses stratégies et initiatives médiatiques mises en avant par ces groupes afin de souligner autant les similarités, les emprunts et les collaborations que les usages différenciés qu'ils en font. Nous comptons également mettre en perspective le récent engouement pour les médias numériques (sites web, réseaux sociaux, applications mobiles) avec les approches plus anciennes par le biais des médias « traditionnels » (presse écrite, radio, télévision).

Notre étude révèle d'abord que l'Église catholique a souvent joué un rôle pionnier en matière d'utilisation des médias, les Églises évangéliques et les associations musulmanes ne rattrapant leur retard que récemment. Nous remarquons aussi un chevauchement de l'utilisation des diverses formes médiatiques, les nouvelles technologies se superposant et prolongeant les contenus produits pour l'écrit ou la radio. Sur le plan social, nous constatons que les médias électroniques ont fourni un espace d'expression à des catégories marginalisées comme les femmes et surtout les jeunes, en grande partie grâce à l'investissement des médias par les associations religieuses estudiantines. Cependant, cette émancipation est limitée du fait que les productions numériques tendent, comme c'est le cas pour les médias confessionnels écrits, radiodiffusés et télévisés, à renforcer certaines figures religieuses déjà influentes dans l'espace public (prédicateurs, pasteurs charismatiques, hiérarchies des Églises et des associations). De plus, certaines catégories sociales sont presque complètement exclues de l'espace médiatique et les nouvelles technologies tendent à prolonger cette exclusion. C'est le cas des populations rurales, quasi absentes des médias à l'exception de certaines radios, ainsi que de tendances religieuses telles l'islam confrérique, qui rassemble une part importante de la population burkinabè, mais dont la présence médiatique est minimale. Inversement, on constate qu'à l'exception des organisations estudiantines, ce sont les tendances religieuses réformistes et charismatiques, comme l'islam salafiste, l'islam ahmadiyya, les Églises protestantes charismatiques et le renouveau charismatique catholique, qui sont les plus visibles dans les médias, en particulier numériques, dont ils utilisent plus efficacement les potentialités (interactivité, diffusion en direct d'événements, contenus produits par les membres, utilisation des applications mobiles).

Dans un premier temps, un bref portrait des médias confessionnels « traditionnels » sera présenté afin de comprendre l'implication générale des organisations religieuses dans l'univers médiatique burkinabè. La seconde partie traitera de l'usage récent, mais en forte croissance dans les dernières années, des médias confessionnels numériques, qui fera l'objet d'une étude plus approfondie.

LES MÉDIAS CONFESSIONNELS « ANCIENS » (PRESSE ÉCRITE, RADIOS, TÉLÉVISION)

Avant l'arrivée des médias numériques, les organisations religieuses des différentes confessions ont déployé des efforts considérables pour assurer leur présence sur les médias imprimés et audiovisuels. La presse écrite est la forme médiatique la plus ancienne au Burkina Faso et, en la matière, l'Église catholique fait office de pionnière. À l'inverse, la radio et la télévision, dont l'audience est nettement plus large que la presse écrite, se sont développées plus tard et au gré de l'évolution des règles de l'État. Avant les années 1990, la présence religieuse dans ces médias était en effet conditionnée à l'espace ouvert dans les médias étatiques. La libéralisation des médias après l'adoption de la constitution de 1991 a ouvert la voie pour la mise sur pied de radios et télévisions confessionnelles. Ces changements ont permis notamment à des jeunes et des femmes de se faire valoir, de rejoindre les populations rurales plus efficacement ainsi que de produire des contenus qui seront rapidement transférés vers les plateformes numériques en émergence.

La presse écrite

La presse écrite confessionnelle au Burkina Faso est très inégale en termes de représentativité, de professionnalisme et de durée de vie. L'Église catholique a joué un rôle central dans l'implantation de la presse écrite en Afrique de l'Ouest. Dès l'époque coloniale, les missionnaires des Pères Blancs présents en Haute-Volta ont fondé des journaux, tel que *Jeunesse d'Afrique* en 1948–1949, en plus de faire circuler le quotidien catholique *Afrique nouvelle* imprimé à Dakar dans les années 1950 (Bouron 2013, chapitre 9). Cette tradition s'est poursuivie après l'indépendance avec les publications associées à la Jeunesse étudiante catholique (JEC) (*Élan, Angelina*), le bulletin officiel *Fidélité et renouveau* ainsi que des publications autonomes et régionales comme *Alléluia Africain*, publié dans les décennies 1970 et 1980 par le diocèse de Bobo-Dioulasso mené par Mgr Anselme T. Sanon. L'intérêt de l'Église pour la presse écrite ne s'est pas démenti malgré l'arrivée des médias numériques, comme en témoigne la création par les Assomptionnistes d'un nouveau journal de l'archidiocèse de Ouagadougou, *Duc in Altum*, en 2016 [7]. Les catholiques ne sont toutefois plus seuls à posséder des journaux, les évangéliques et les musulmans ayant multiplié les initiatives depuis les années 1990.

Les Églises évangéliques s'investissent également dans la presse écrite depuis plusieurs décennies. Les missionnaires des Assemblées de Dieu (AD), la plus ancienne et importante dénomination de la mouvance évangélique, ont ouvert dès les années 1950 une imprimerie à Koudougou, qui sera transférée à Ouagadougou quelques années plus tard, où elle imprimait des Bibles, de la littérature religieuse, des documents internes de la mission et des périodiques comme *Les leçons du dimanche* (Laurent 2009 : 53). C'est toutefois avec le magazine trimestriel *Flamme*, publié à partir de 1994, que les AD ont bénéficié d'une présence médiatique imprimée permanente (Laurent 1999). En ce qui concerne les autres dénominations, leurs publications imprimées ont été plus sporadiques, se limitant à des publications ponctuelles à l'occasion d'événements spéciaux [8] ou encore à des feuillets périodiques à la durée de vie limitée [9]. Le Centre international d'évangélisation (CIE), Église charismatique très populaire menée par le pasteur Mamadou Karambiri (Samson 2008 ; Audet Gosselin, ce volume), a un temps fait paraître le magazine *Impact* avant de concentrer ses énergies sur les médias audiovisuels et numériques. Le CIE publie également de courts livres écrits par le pasteur Karambiri ou son épouse Hortense.

À l'inverse des chrétiens, le développement d'une presse islamique n'a jamais constitué une priorité pour les principaux responsables de la communauté musulmane et les grandes associations islamiques nationales. Ce sont plutôt des initiatives de (jeunes) « intellectuels musulmans [10] » gravitant autour de l'Association des élèves et étudiants musulmans du Burkina (AEEMB) [11] et du Cercle d'études, de recherches et de formation islamiques (CERFI) [12], qui ont conduit à la création des premiers journaux islamiques dans les années 1990. Si leur tirage resta somme toute modeste, l'indépendance de ces médias vis-à-vis des principales structures a fait en sorte que les jeunes qui les ont animés ont adopté une posture un peu plus critique vis-à-vis de la conduite des aînés à la tête de la communauté musulmane du pays. Le CERFI lança le bulletin trimestriel *Le Muezzin* dès 1992, mais ce fut toutefois la parution de *L'Appel*, publié entre novembre 1994 et 1999, qui avait des visées un peu plus larges que la simple publication interne. Ce « bimestriel islamique de formation et d'informations générales » fut créé et géré par des membres anciens et actifs de l'AEEMB et du CERFI, mais de façon autonome. Le directeur de publication du journal était étudiant en année de thèse de doctorat en linguistique. Après un an d'existence, le journal était tiré à 2 000 exemplaires et vendu dans près de 25 provinces du Burkina Faso, en plus d'une distribution en Côte d'Ivoire, au Mali, au Niger, au Bénin et au Togo [13]. Les prises de position du journal suscitèrent des tensions avec d'autres membres de la communauté musulmane, comme le souligna l'éditorial du premier numéro de la cinquième année [14].

Des difficultés d'ordre matériel, financier et humain firent cependant en sorte que *L'Appel* cessa ses publications en 1999. D'autres périodiques islamiques ont également vu le jour, mais la plupart ont connu un destin similaire : le bulletin *An-Nasr trimestriel* (1997) et l'hebdomadaire *An-Nasr Vendredi* (2004) par l'AEEMB; le bimestriel *Le CERFIste* (2006–2010) par le CERFI ; et les mensuels islamiques indépendants *Al Qibla* en 2007 et *La Preuve* (2007–2011). Lancé en septembre 2012, le mensuel *L'Autre Regard* [15] se voulait assez ambitieux et visait un public plus large que le milieu associatif. Les responsables du journal, des jeunes qui n'étaient appuyés par aucune association musulmane, avaient souhaité créer un média islamique qui couvrirait tant les informations cultuelles que l'actualité « sans parti pris », mais « sans être neutre [16] ». À l'instar du journal *L'Appel*, les jeunes de ce journal n'ont pas eu peur de critiquer le leadership de la Fédération des Associations islamiques du Burkina (FAIB) [17] dans leurs éditoriaux et articles [18]. De facture assez professionnelle, *L'Autre Regard* a cependant cessé de paraître en 2017.

En ce qui concerne la mouvance controversée de l'ahmadiyya, dont l'appartenance à l'islam est contestée de manière parfois virulente par la plupart des autres organisations islamiques du pays [19], la publication de journaux et d'autres parutions imprimées ont, depuis la fondation du mouvement, constitué une priorité. Au Burkina Faso, les responsables de ce courant ont commencé à diffuser *La Revue des religions* à partir de 2004. Il s'agit d'une version adaptée au contexte burkinabè de la parution française de la revue internationale *The Review of Religions* [20] – aussi disponible en urdu –, qui paraît presque sans interruption depuis 1902 et qui est également disponible en allemand (*Die Revue der Religionen*) depuis 2011. L'ahmadiyya est moins sujette aux difficultés économiques rencontrées par les autres courants musulmans grâce à son système de financement interne à la fois centralisé et transnational.

Ainsi, la presse écrite confessionnelle au Burkina Faso a d'abord été une initiative catholique avant d'être adoptée par les autres confessions au cours des années 1990–2000. Le prestige associé à la presse écrite conduit les organisations religieuses à tenter de maintenir une présence dans ce format malgré les difficultés économiques liées à la production imprimée et la montée de nouveaux médias. Cependant, dès que la possibilité s'est manifestée, les médias audiovisuels ont été investis par les organisations qui en avaient les moyens.

Les radios confessionnelles

Alors que la presse écrite reste peu diffusée et d'une influence limitée malgré une importante circulation des exemplaires et la pratique ancienne de la lecture publique des journaux pour les populations non alphabétisées (Balima & Frère 2003), le média populaire par excellence reste la radio. Elle est omniprésente au Burkina Faso et pénètre beaucoup plus les provinces et régions rurales (Capitant 2008). Les radios privées ont été autorisées officiellement en 1992, entraînant une explosion des nouvelles chaînes musicales, communautaires et enfin confessionnelles (Tudesq 2002 : 48).

Ce furent les Églises évangéliques et catholiques qui se montrèrent initialement les plus entreprenantes en créant de nombreuses radios confessionnelles dès le début des années 1990. Au Burkina Faso, la Radio Évangile et développement (RED) fut lancée le 2 juillet 1993, sous l'impulsion du pasteur Mamadou Karambiri et chapeautée par l'Association jeunesse pour Christ Burkina, organisation évangélique interdénominationnelle. En 1995, la Fédération des Églises et missions évangéliques (FEME) lança elle aussi sa radio, Radio Lumière Vie Développement, au sein de laquelle l'Église des Assemblées de Dieu occupe une place prépondérante (Laurent 1999). RED étend progressivement son réseau en ouvrant des stations régionales à travers le pays. Cette extension permet de rejoindre des populations rurales et des petites villes qui n'ont pas accès à la presse écrite, et ce, dans leur langue maternelle et par des programmes adaptés à leur réalité. Des Églises membres de la FEME ont par ailleurs lancé leurs propres radios. C'est le cas de l'Alliance chrétienne, dont la Radio Alliance chrétienne possède quelques fréquences dans l'ouest du pays, ainsi que de la Radio Évangile du sud-ouest, opérée par l'Église protestante évangélique, dénomination issue de la mission qui a évangélisé la région du Poni depuis l'époque coloniale. L'Église catholique a rapidement emboîté le pas des Églises évangéliques avec la création de Radio Maria par le cardinal Paul Zoungrana en 1995. Cette initiative a posé le premier jalon d'un maillage de l'ensemble du territoire avec la création projetée de radios dans l'ensemble des diocèses du pays. L'Église revendique aujourd'hui 14 radios diocésaines à travers le pays, regroupées officiellement en association en 2004, réseau lancé publiquement en février 2018 [21].

Du côté des radios islamiques, il a fallu attendre le début du XXIe siècle pour voir leur apparition au Burkina Faso. C'est l'ahmadiyya qui a été à l'origine de la première radio islamique, la Radio islamique ahmadiyya. Inaugurée à Bobo-Dioulasso en 2002, cette initiative visait à mener une « offensive radiophonique » pour répondre aux attaques menées contre le mouvement (Samson 2011). La première radio islamique de Ouagadougou, radio Al Houda, a seulement été lancée en décembre 2004 grâce au financement de la fondation islamique Abdallah Ben Massoud [22]. Le fondateur de cette ONG confessionnelle burkinabè est El Hadj Issouf Kanazoé, un riche commerçant burkinabè, très proche du Mouvement sunnite [23]. Le comité de mise en place de la radio Al Houda avait utilisé l'argument selon lequel les musulmans n'avaient encore aucune radio à Ouagadougou à l'inverse des chrétiens et des pentecôtistes pour acquérir un droit d'émettre (Savadogo & Gomez-Perez 2011). La radio Al Houda a été suivie d'une deuxième dans la capitale, Ridwane, en mars 2010, sous l'initiative de cheikh Aboubacar Doukouré par le biais de Fondation islamique internationale de charité (FIIC). Ouagadougou compte depuis plusieurs années une troisième radio, IQRA, gérée par Amadé Ouédraogo, surnommé Karsemba [24], populaire maître coranique de la Ligue burkinabè pour la lecture et la mémorisation du Saint Coran (Libulmesco) [25]. La Communauté musulmane du Burkina Faso (CMBF) [26] a obtenu l'attribution d'une fréquence en 2014 pour la radio Al Fadjr, qui était en phase de test au début de 2015 et sera la quatrième radio dans la capitale. Le CERFI, quant à lui, travaille actuellement à la rédaction des textes en vue d'une demande auprès du CSC pour obtenir une fréquence afin de lancer sa propre radio islamique à moyen ou long terme. Cette prolifération de chaînes de radios islamiques au Burkina Faso témoigne certes d'un dynamisme des musulmans, mais surtout d'une forte compétition entre les différentes tendances et associations musulmanes du pays (Savadogo & Gomez-Perez 2011 ; Samson 2011 ; Madore 2016a).

Même si les hommes exercent un monopole complet sur les postes de direction dans les différentes radios islamiques de Ouagadougou, les chaînes Al Houda et Ridwane ont tout de même permis à un petit nombre de prêcheuses arabisantes, qui ont suivi une formation religieuse universitaire, d'être médiatisées. Ainsi, depuis 2013, Aya Ouédraogo, une prêcheuse du mouvement sunnite, anime une émission interactive diffusée en direct à la radio Ridwane visant spécifiquement un public féminin, qui est passablement populaire [27]. Bien que ce genre d'initiatives montre que des animatrices commencent à jouir d'une plus grande liberté d'expression et d'une confiance accrue de la part des responsables masculins, cela ne constitue toutefois pas la norme. D'autres prêcheuses sans affiliation ou près du mouvement sunnite ou d'*Ittihad Islami* [28] animent des émissions, mais elles sont diffusées de manière irrégulière en plus d'être marquées par un important roulement de personnel. De plus, à la radio Al Houda, plusieurs femmes doivent faire face à une certaine méfiance des responsables masculins, qui considèrent que leurs connaissances religieuses nécessitent un encadrement afin de vérifier de près le contenu religieux avant la diffusion (Gomez-Perez 2016, 2018). Les radios chrétiennes donnent également une place importante aux voix féminines, avec plusieurs émissions dédiées au public féminin autant sur Radio Évangile et développement que sur Radio Ave Maria. Par ailleurs, l'ONG d'inspiration catholique Emmaüs chapeaute un projet de radio communautaire destiné à l'émancipation des femmes [29].

En plus des radios confessionnelles, les organisations religieuses peuvent intervenir sur certaines radios régionales ou communautaires. Les radios privées de Ouagadougou ont sporadiquement accueilli des émissions religieuses. Par ailleurs, l'Union fraternelle des croyants de Dori (UFC), ONG interreligieuse fondée en 1969 sous l'impulsion d'un missionnaire catholique, anime une émission sur une radio de Dori où elle fait la promotion du dialogue interreligieux (Kaboré 2016, 2017 ; Audet Gosselin & Couillard, dans ce volume). À l'inverse, Ibrahim Malam Dicko, fondateur du groupe djihadiste *Ansaroul Islam*, qui est aujourd'hui décédé, a un temps prêché sur les radios de Djibo *La Voix du Soum* et La radio *Lutte contre la désertification*, attirant l'attention des autorités par son radicalisme (International Crisis Group 2017). Cet exemple montre que les prédications religieuses à la radio peuvent attiser les tensions, ce qui est également fréquent autour de la station Al Houda de Ouagadougou, qui a été auditionnée à plusieurs reprises par le CSC, pour des propos jugés dangereux pour la concorde religieuse, suite à des plaintes pour dénigrement du christianisme [30] et de l'Ahmadiyya [31]. Ces exemples montrent également l'ampleur du contrôle étatique sur la radio, qui s'applique aussi à la télévision, mais plus difficilement aux médias numériques. À cet égard, l'État burkinabè a lancé l'Observatoire national des faits religieux (ONAFAR) en janvier 2015 qui, aux côtés du CSC, a pour objectif de surveiller les contenus médiatiques à caractère religieux et de prévenir les discours qui pourraient remettre en cause la tolérance et le dialogue interreligieux. L'ONAFAR est notamment composé de membres issus de la FAIB, de la FEME et de la Conférence épiscopale du Burkina, ainsi que du CSC.

Alors que la radio constitue un outil clé pour rejoindre de larges pans de la population, l'utilisation de la télévision se révèle plus compliquée, étant donné les coûts associés pour mettre sur pied une station, pour un auditoire plus limité. Cependant, plusieurs organisations religieuses se sont lancées dans la télédiffusion dans la foulée de la création de radios. Par ailleurs, le recours à la télévision s'est prolongé sur le web, qui constitue une plateforme de diffusion de vidéos à meilleur marché.

Télévision

La télévision burkinabè a, jusqu'à la création des premières télévisions privées dans les années 1990, été monopolisée par l'État depuis la création de Volta-Vision en 1963. Ainsi, les organisations religieuses voulant intervenir à la télévision devaient passer par la Télévision nationale du Burkina (TNB), aujourd'hui Radiotélévision du Burkina (RTB). Les émissions religieuses sur les ondes ont vraisemblablement débuté dans les années 1970, les Assemblées de Dieu y étant présentes dès 1974 (Laurent 1999). Lors de la décennie suivante, une émission sur l'islam était animée par El Hadj Lancina Traoré, qui était la principale voix publique de l'islam francophone avant la création de l'AEEMB [32]. Dans les années 1990, la télévision publique a produit des émissions religieuses. Par exemple, en 1991, l'imam ivoirien Tidjane Ba avait animé l'émission spéciale Ramadan à la télévision nationale si bien qu'à partir de 1992, il fut sollicité pour présenter l'émission « Islam et société » sur cette même chaîne. Il se fit remplacer par la suite par l'imam Aboubacar Fofana, qui était parfois accompagné de l'imam Djiguiba Cissé et de Mohamed Lamine Kaba, tous de la Côte d'Ivoire. Des émissions similaires ont été mises sur pied par les Églises catholiques et des Assemblées de Dieu. La RTB a toutefois suspendu les programmes religieux vers 1998 [33]. Ce n'est qu'à l'automne 2010 qu'ils ont été rétablis sous le nom « Foi de croyant ». Les premières émissions ont été diffusées au début de l'année suivante, dans un format de 30 minutes chacune pour les confessions musulmane, catholique et protestante (Gomez-Perez & Madore 2013).

Depuis les années 1990, la libéralisation des médias a permis l'ouverture de télévisions privées, dont plusieurs étaient à vocation religieuse. En 2015, le CSC identifiait six télévisions confessionnelles : trois protestantes, une catholique et deux musulmanes. L'une des premières télévisions privées autorisées est d'ailleurs Canal Viim Koeega, émanation de la FEME. C'est beaucoup plus récemment que les autres télévisions ont pu être mises sur pied, avec la télévision catholique TV Maria en 2009 et les quatre autres chaînes autorisées en 2009 et lancées à divers moment depuis, selon les capacités des organisations. Par exemple, Impact TV, du CIE du pasteur Mamadou Karambiri, a commencé à émettre en 2010, alors de TV Al Houda, financée par la Fondation Abdallah Ben Massoud, a dû attendre 2012. Les autres chaînes sont El-Bethel TV, pendant télévisuel d'El Bethel FM, associée à la Mission biblique internationale d'intercession et d'évangélisation (MBIIE) du pasteur Patrice Tiendrebeogo (Audet Gosselin, ce volume), et Muslim Television Ahmadiyya.

Parmi les télévisions évangéliques, Impact TV s'est rapidement imposée comme une référence en termes de succès et d'influence. En effet, ses concurrentes demeurent relativement peu connues, alors qu'elle a rapidement attiré les spectateurs et, depuis son passage sur satellite en 2012 [34], les abonnés. Centrée autour du pasteur Karambiri et de ses prêches, elle profite de la popularité de ce dernier ainsi que de sa capacité d'attirer les personnalités charismatiques étrangères. Elle diffuse également des émissions d'intérêt général qui ne sont pas explicitement d'orientation religieuse, comme « À la découverte du monde associatif ».

À l'inverse, les responsables de la TV Al Houda font face à d'importantes difficultés financières, et rencontrent en plus des problèmes de ressources humaines. Cela limite grandement les projets de développement si bien que la chaîne n'offre pas une couverture nationale, se limitant à la capitale où elle émet [35].

La progression très rapide d'internet au Burkina Faso a amené les organisations religieuses à investir les médias en ligne. Cette nouvelle plateforme prolonge en grande partie les efforts consentis sur la presse écrite, la radio et la télévision en permettant une diffusion plus large et à moindre coût des contenus auparavant imprimés ou diffusés sur les ondes.

Les médias numériques

Le Burkina Faso est nettement en retard sur le reste du continent africain et du monde pour ce qui est du degré de pénétration et d'accessibilité d'internet, qui demeure l'un des plus faibles à l'échelle internationale. Ce retard s'amenuise cependant rapidement et l'utilisation d'internet progresse à un rythme accéléré. Selon le rapport *Digital in 2018* [36] publié par *We Are Social* et *Hootsuite*, sur une population de 19,47 millions d'habitants, le Burkina Faso comptait 3,7 millions d'internautes.

Tableau 13.1. Portrait général de l'utilisation des TIC au Burkina Faso en janvier 2018

	Utilisateurs d'internet	Utilisateurs d'internet à partir d'un téléphone mobile	Utilisateurs actifs des réseaux sociaux	Connexion cellulaire	Utilisateurs actifs des réseaux sociaux via un téléphone mobile
Nombre (en millions)	3,70	3,38	0,92	16,61	0,84
% de pénétration	19 %	17 %	5 %	85 %	4 %

Si ces chiffres demeurent modestes, deux millions de nouveaux utilisateurs d'internet (croissance de 72 %) et 190 000 nouveaux utilisateurs de réseaux sociaux (croissance de 33 %) se sont ajoutés entre janvier 2017 et janvier 2018, surtout en milieu urbain. 84 % du trafic internet du Burkina Faso provient de téléphones mobiles. Il y aurait également 920 000 utilisateurs actifs de Facebook par mois. À l'instar des autres pays de l'Afrique de l'Ouest, WhatsApp est l'application de messagerie mobile la plus utilisée au Burkina Faso. Selon un article de *Jeune Afrique*, lors de la chute de Blaise Compaoré en octobre 2014, de nombreuses conversations groupées circulaient entre les manifestants, qui tentaient d'éviter les contingents des policiers [37].

Cette importance croissante a conduit les organisations religieuses à investir les médias en ligne depuis le début du XXIe siècle, à un rythme cependant inégal. Dans un premier temps, la mise sur pied de sites internet a été privilégiée par les Églises et associations islamiques pour relayer leurs discours et mobiliser les fidèles connectés, au pays comme à l'étranger. Ces sites sont, dans un second temps, progressivement abandonnés ou intégrés à de nouvelles initiatives centrées sur les plateformes dites « 2.0 », notamment les réseaux sociaux, qui offrent des possibilités de diffusion plus décentralisée, plus immédiate et à moindre coût. Dans un cas comme dans l'autre cependant, on note des inégalités autant dans le contrôle des messages véhiculés que dans les possibilités offertes aux fidèles qui reçoivent les contenus, laissant croire que les promesses de l'ère numérique quant à une démocratisation de la production de contenus et une plus grande interactivité ne sont pas toujours remplies.

Les sites internet « classiques »

Deux Églises chrétiennes possèdent des sites web régulièrement entretenus et toujours actifs. Il s'agit d'une part de l'archidiocèse catholique de Ouagadougou [38], dont le site a changé de format à quelques reprises, mais qui demeure alimenté par le service de communications de l'Église. Le contenu du site est relativement étoffé en comparaison avec la plupart des sites religieux burkinabè. Il comprend les principales déclarations des évêques burkinabè et de l'archevêché, des informations sur le diocèse et les organismes qu'il chapeaute, les adresses et numéros de téléphones des prêtres de l'archidiocèse, des copies du bulletin de l'archevêché *Duc in Altum* (à ne pas confondre avec le journal assomptionniste du même nom), des prières quotidiennes et d'autres informations ponctuelles. Depuis quelques années, il offre également des liens vers les déclarations du pape François sur Twitter et un fil des publications Facebook de l'archidiocèse, montrant une progressive intégration des sites web dans une communication « 2.0 ».

D'autre part, le CIE du pasteur Mamadou Karambiri propose également un site web fonctionnel depuis plusieurs années [39]. Celui-ci s'appuie sur l'infrastructure médiatique du Rhema Media Center qui assure un certain professionnalisme. Les prêches du couple Karambiri et de pasteurs invités sont disponibles en vidéo sur le site ainsi qu'une sélection de musique chrétienne. Par ailleurs, l'Église publicise ses activités, les tournées internationales du pasteur Karambiri, ainsi que les services de l'Église sur son site. Comme pour l'Église catholique, les contenus des réseaux sociaux du CIE sont progressivement intégrés sur le site web.

À l'exception de ces Églises, la plupart des Églises chrétiennes burkinabè n'ont eu que des sites temporaires ou peu mis à jour. La plus grande Église évangélique du pays, les AD, a tardivement créé un site web national, qui n'est déjà plus en ligne. Quelques Églises locales des AD ont lancé des pages web sur des plateformes de blogues gratuites, mais la plupart sont aujourd'hui inactives. Par contre, les Églises et centres de tendance charismatique (voir Audet Gosselin, ce volume) semblent plus actifs sur le web que les Églises évangéliques d'origine missionnaire comme les AD. Le Centre international de mission de délivrance et d'intercession (CIMIDI) du « prophète » Emmanuel Sawadogo possède notamment son site web [40], qui contient des vidéos des prêches du « prophète », des informations sur le Centre et des textes de ses enseignements. Le site monrhema.com offre, quant à lui, des prédications de certaines figures charismatiques (Mamadou Karambiri, Emmanuel Sawadogo, Emmanuel Tiemtoré, de même qu'une présence de Michel Ouédraogo, président des AD). Chez les catholiques, la mouvance du renouveau charismatique, qui intègre des éléments empruntés aux prédicateurs évangéliques charismatiques (Csordas 1997), a aussi une présence web significative, avec le site de l'abbé Blaise Bicaba, principale figure de la mouvance au Burkina Faso, en ligne depuis 2017 [41]. Le Buisson Ardent, section universitaire du renouveau charismatique, possède quant à lui un site web depuis 2009 [42].

Ce dernier exemple illustre l'importance des organisations de jeunes dans l'implantation du religieux burkinabè sur le web, autant pour les chrétiens que pour les musulmans. Les organisations de jeunesse chrétiennes ont souvent voulu mettre sur pied leurs propres sites web, en plus d'être dans bien des cas à l'origine des initiatives des Églises locales et nationales du fait de leur meilleure connaissance des outils informatiques. Par exemple, l'Église de l'Alliance chrétienne a eu un site actif pour sa section de Ouagadougou vers 2010–2012, principalement alimentée par sa section jeunesse. Le site comportait entre autres un forum des jeunes, où les responsables de la section jeunesse soulevaient des points spécifiques de doctrine en lien avec le vécu des jeunes. Ces discussions prolongeaient dans bien des cas des thèmes mis en avant dans les activités hebdomadaires tenues à l'église de Ouagadougou [43]. Ce site a fait place à un site pour l'Église nationale, qui se trouve aujourd'hui infecté par un virus. La JEC a voulu quant à elle investir le web en 2010, son président affirmant qu'« Il n'était plus possible de rester longtemps

19. Capture d'écran https://www.rccuo.org/

20. Capture d'écran http://www.catholique.bf

sans ce moyen de communication pour notre mouvement. Un site, c'est un lieu ouvert où nous pourrons mieux faire connaître l'identité de notre mouvement et rentrer en dialogue avec d'autres personnes pour que le règne de Dieu arrive dans notre vie »[44]. Cet engagement a duré le temps d'un mandat de l'équipe nationale, le site n'étant plus mis à jour après 2011. Enfin, l'Union des groupes bibliques du Burkina (UGBB) a eu un site web en ligne [45] vers 2012-2013 et l'équipe nationale a eu comme mandat de le relancer au cours des années 2014-2015, sans succès [46].

Chez les musulmans, ce sont les jeunes de l'AEEMB, qui ont été les pionniers en lançant leur site web en janvier 2006 [47]. Selon son président de l'époque, « dans un monde de nouvelles technologies de la communication et de l'information, il est indispensable pour toute organisation sociale d'avoir un site afin de diffuser ses idéaux et d'exprimer sa compréhension [48] ». Ils ont été suivis par le CERFI en 2009 [49]. Pour le dirigeant de la structure de l'époque, il s'agit d'« un outil indispensable dans la diffusion du savoir et la promotion de l'islam tout en étant incontournable pour entrer de plain-pied dans la modernité [50] ». L'importance accordée par ces deux associations à leur site internet répondait tout à fait aux attentes d'une clientèle de jeunes étudiants et universitaires ou de musulmans de la classe moyenne et supérieure, plus à l'aise avec les nouvelles technologies. À l'inverse, des associations comme la CMBF et le Mouvement sunnite, qui mobilisent moins de « jeunes branchés », n'ont pas encore cru bon de développer plus largement ce média. Même si elles ont créé chacune leur site internet [51], elles n'ont pas véritablement pris le virage numérique : celui du Mouvement sunnite n'a pas été mis à jour depuis plus de deux ans, alors que celui de la CMBF est hors-ligne depuis 2013.

Ces cas illustrent bien les limites et les nombreuses difficultés auxquelles font face les sites internet islamiques du Burkina Faso. En effet, ils sont parfois hors-ligne au gré des départs et des mouvements de personnel, ou ne sont plus mis à jour pendant un certain temps. Le site du CERFI, par exemple, a eu trois adresses différentes [52] en raison des nombreuses relances, après des périodes d'inactivités. Celui de l'AEEMB était toutefois très actif en 2007 et 2012. Il possédait un forum où les membres et visiteurs pouvaient soulever une question, faire des commentaires ou partager des informations. Celui-ci a constitué l'un des rares espaces de débat. Par exemple, un ancien membre avait partagé le récit d'agressions sexuelles commises plusieurs années plus tôt par un encadreur de l'association, entraînant des réactions d'officiers de l'AEEMB qui oscillaient entre la compassion et les tentatives de dédouaner l'organisation [53]. De plus, l'association s'y voyait régulièrement critiquée par des musulmans adhérant aux thèses salafistes, qui reprochaient à l'AEEMB son laxisme et des pratiques qu'ils jugeaient anti-islamiques, comme la coutume de souligner la « Journée de la femme musulmane » le 8 mars ou de souhaiter la bonne année le 1er janvier, pratiques assimilées à la célébration de fêtes non islamiques par les salafistes [54]. Le site de l'AEEMB a toutefois connu un certain déclin à partir de 2013 et surtout de 2014, les communications de l'association migrant progressivement vers les réseaux sociaux. La question de la sous-utilisation d'internet et plus largement celle des médias par la FAIB avait été d'ailleurs été critiquée dans un éditorial paru en juillet 2015 dans le journal islamique *L'Autre Regard* [55].

La présence numérique de l'Ahmadiyya a, de son côté, été moins sujette à ces difficultés auxquelles font face les sites internet islamiques du Burkina Faso grâce à la dimension transnationale du mouvement, qui lui permet de bénéficier du soutien logistique et financier du siège international. Ainsi, outre le site web international Al Islam, chaque communauté nationale possède une présence en ligne, qui est cependant soumise au contrôle du bureau central [56]. À cela s'ajoutent de nombreux blogs personnels, qui diffusent les idées *ahmadies*. Cet investissement de l'espace web s'inscrit en application du slogan « djihad par la plume et non par l'épée », appelant à la non-violence et à une présence active sur tous les médias. Dans le cas du Burkina Faso toutefois, seule l'ONG ahmadiyya Humanity First possède un site internet [57], dont le contenu est désuet (Langewiesche à paraître).

Dans une grande mesure, ce ne sont pas des initiatives des associations islamiques officielles ou des imams et des prêcheurs eux-mêmes, mais plutôt des jeunes, qui n'ont pas nécessairement d'affiliation militante, qui ont développé des approches différentes pour mieux exploiter le web [58] (Madore 2016b). C'est notamment le cas d'Islam.bf [59], lancé en février 2012, qui a eu, à ce jour, près de deux millions de visites selon les statistiques affichées sur la page d'accueil. Ce site est l'œuvre d'un jeune informaticien de formation, qui n'est membre d'aucune association. Il avait constaté que la plupart des fonctionnaires musulmans n'arrivaient pas à assister aux prêches et aux sermons du vendredi dans les mosquées. Il souhaitait également que les étudiants burkinabè à l'étranger puissent écouter les prêcheurs burkinabè : « Le but c'est d'amener l'islam dans les bureaux et dans les téléphones [60] ». Partant de là, l'idée lui est venue de recueillir des prêches et des sermons pour les rendre disponibles sur internet afin de permettre à ces musulmans de les consulter, peu importe où ils se trouvent. Sur la page d'accueil, il est possible d'écouter les derniers sermons du vendredi prononcés dans plusieurs des principales mosquées de la capitale, ainsi que les prêches hebdomadaires de plusieurs figures populaires. Dans la section « Les prêches », les nombreux enregistrements sont classés par imams, prêcheurs ou thèmes et sont facilement téléchargeables. Le gestionnaire du site a même numérisé d'anciens sermons et prêches, qui étaient enregistrés sur cassettes audio. Des enregistrements d'émissions de la radio islamique Al Houda sont aussi disponibles. Le concepteur de ce site propose également une page web entièrement consacrée à 12 imams et prêcheurs, dont Ismaël Derra [61] et Mohammed Kindo [62]. Pour ces deux seuls individus, il est possible d'écouter plus d'une centaine d'enregistrements audio.

Le site *Le forum pour un islam décomplexé au Burkina Faso* ou Bissmillahi-bf [63] s'est montré particulièrement dynamique depuis son lancement en juillet 2013. Mohamadi Nana, jeune gérant d'une entreprise familiale d'alimentation de Ouagadougou, en est le promoteur. La nécessité d'user des nouvelles technologies de l'information et de la communication pour connecter les musulmans burkinabè l'a conduit à créer ce site avec d'autres jeunes collègues (un journaliste, un enseignant et un informaticien) :

> À l'origine, nous avions la ferme volonté de créer un cadre dynamique d'échanges autour de notre religion. Un cadre où les jeunes musulmans se sentiraient à leur aise pour discuter et consolider leur foi. Échangeant avec des frères musulmans, nous sommes parvenus à la conclusion que pour toucher un maximum de jeunes musulmans burkinabè, il est opportun de passer par internet, qui est un médium moderne, qui rapproche et rassemble un nombre important d'usagers du monde entier. Aujourd'hui, vous conviendrez avec moi qu'il est beaucoup plus aisé de porter un message à la jeunesse en passant par les réseaux sociaux qu'à travers un communiqué radiophonique. Nos réflexions ont abouti à l'idée de créer un site internet alternatif, avec des embranchements sur les réseaux sociaux dynamiques de l'heure [64].

Malgré la multiplication des sites web, ces derniers ont rapidement connu un certain déclin. Dans l'ensemble, il semble très difficile pour des organisations en grande partie bénévoles et dont les effectifs, en ce qui concerne les responsables, sont très changeants, d'entretenir en continu des sites web. Les organisations qui y parviennent, soit utilisent du personnel rémunéré, soit alimentent les sites par des membres qui envoient du contenu, soit s'appuient sur des contenus empruntés à l'étranger. Par ailleurs, les habitudes de consommation d'internet se sont transposées ces dernières années vers les réseaux sociaux et les applications mobiles, qui s'intègrent mieux à une utilisation d'internet se faisant de plus en plus sur les téléphones mobiles.

Les réseaux sociaux (Facebook et YouTube) et les applications mobiles (WhatsApp et Telegram)

L'apparition du web 2.0 dans les milieux religieux burkinabè tend à se substituer aux sites web. Plusieurs médias et organisations sont présents sur de multiples plateformes qui se renforcent l'une l'autre. Des sites web ont notamment été adaptés pour les téléphones mobiles. C'est le cas d'Islam.bf et de monrhema.com. Le site Islam.bf offre aussi des vidéos de sermons et prêches partagés sur YouTube [65] depuis juillet 2014 : la chaîne compte 3 200 abonnés et les 21 vidéos obtiennent souvent de

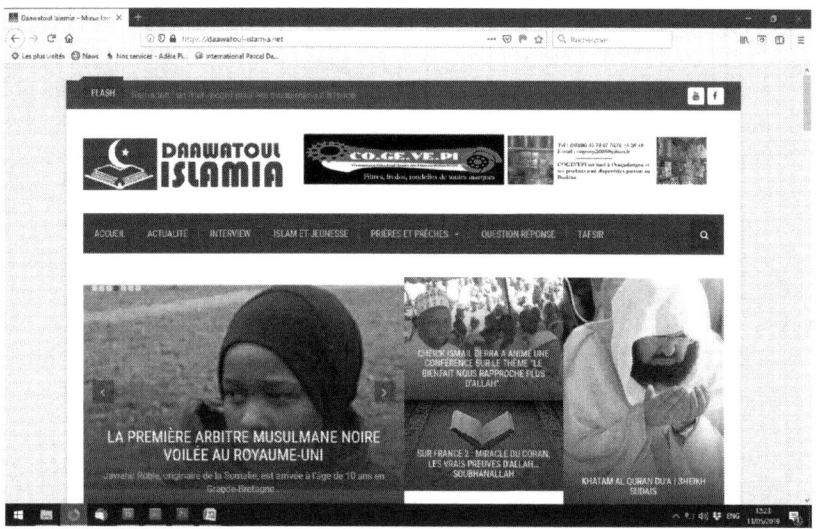

21. Capture d'écran https://daawatoul-islamia.net/

nombreuses vues, dont un qui en a obtenu plus de 177 000. Islam.bf a aussi une présence sur les réseaux sociaux avec sa page Facebook [66], créée en février 2012, qui a maintenant plus de 24 000 mentions « j'aime ». Les utilisateurs peuvent également télécharger une application Android pour smartphones. Bissmillahi-bf mise beaucoup plus sur la vidéo. Le site est sur Facebook [67] (43 000 « j'aime ») et YouTube [68] depuis octobre 2013. En mai 2019, leur chaîne comptait 4 192 abonnés, 100 vidéos en français et en mooré et plus de 788 000 vues. Le site web Daawatoul Islamia, qui « diffuse l'actualité et les informations sur la bonne pratique de l'Islam » [69], de facture très moderne et professionnelle, est très actif sur Facebook [70], qui compte plus de 652 000 mentions j'aime. Ce nombre est tout à fait remarquable et sans commune mesure avec les autres initiatives émanant de groupes religieux et même pour une page burkinabè. À titre d'exemple, le très populaire site d'actualité en ligne Burkina24 en compte un peu plus de 542 000. À noter que Daawatoul Islamia et Bissmillahi-bf ont de nombreux abonnés non burkinabè sur Facebook. Ils sont intégrés dans les réseaux sociaux à l'échelle du monde francophone, où circulent des recommandations religieuses et des publications génériques. Par exemple, le 8 mai 2018, la page Facebook publiait une photo de deux hommes avec une pile de Corans et la mention « Qu'Allah facilite lecteur coran aminé [sic] AIMEZ ET PARTAGEZ », qui recevait des centaines de réactions. En comparaison, les partages d'enregistrements audio des prédicateurs salafistes burkinabè les plus populaires reçoivent en général quelques dizaines de réactions. Ces plateformes sont donc parmi les rares exemples à avoir atteint une audience au-delà du Burkina Faso.

La migration du web vers les médias sociaux s'opère de façon accélérée dans la seconde moitié des années 2010. Dans un premier temps, des groupes Facebook ont été mis sur pied pour mettre en lien les militants d'organisations religieuses, surtout estudiantines. C'est le cas entre autres des sections nationales et locales de l'AEEMB, de la JEC et des groupes bibliques. Chez les fonctionnaires, le CERFI et le Service pastoral pour la formation et l'accompagnement des responsables (SEPAFAR) ont mis sur pied des groupes Yahoo pour faire circuler les informations entre les membres (planification d'activités, soutien personnel entre les membres, suivi des mandats entre les réunions, débats internes). L'utilisation de cette plateforme par les organisations de fonctionnaires n'est pas étonnante dans la mesure où ils ont, à la différence de la majorité de leurs compatriotes, accès à un ordinateur de bureau avec lequel cet outil fonctionne mieux.

Étant donné la diffusion rapide du téléphone portable comme principal moyen de communication, l'utilisation des technologies de communications s'oriente surtout sur cet outil. Les organisations religieuses musulmanes et chrétiennes, en particulier celles animées par des jeunes, recourent depuis longtemps à des envois massifs de SMS pour mobiliser leurs membres et sympathisants. La diffusion des smartphones multiplie les possibilités. L'application WhatsApp en particulier est très populaire et sert de messagerie instantanée. Elle a l'avantage d'éviter les coûts des envois SMS pour des organisations animées par des bénévoles et dont les membres ont souvent de très faibles revenus. L'exemple du site Islam.bf est très intéressant à cet égard. Il est possible d'obtenir régulièrement des prêches sur son smartphone en adhérant au groupe WhatsApp du site [71]. En novembre 2017, plus de 3 000 personnes l'avaient déjà rejoint [72]. Il est intéressant de noter que selon la charte du groupe, il est formellement interdit d'écrire des messages sous peine d'exclusion. Il y a tout de même une vocation collaborative dans la mesure où ce groupe WhatsApp ainsi que le service de messagerie Telegram sont utilisés comme façon de collecter un maximum de sermons et prêches à Ouagadougou et ailleurs au pays. Les utilisateurs d'Islam.bf sont d'ailleurs régulièrement encouragés à contribuer, comme ce fut le cas dans cette publication Facebook publiée en juillet 2017 : « Partageons pour atteindre les provinces du Burkina. Aidez islam.bf à obtenir les prêches qui se font dans votre province ou votre quartier [sic] quelle que soit la langue du Burkina [73]. » L'Ahmadiyya est également active sur WhatsApp (Langewiesche, à paraître). Toutefois, les restrictions mises en place en 2019 par WhatsApp au partage massif de messages afin de contrer la prolifération de fausses nouvelles rend malaisé son utilisation par les groupes religieux. Islam.bf a décidé de cesser d'utiliser l'application à partir de mai 2019 et de migrer vers Telegram pour les partages de prêches.

Progressivement, Facebook est devenu le média de prédilection pour les organisations religieuses, ce qui se comprend dans la mesure où il s'agit du réseau social le plus développé au Burkina Faso. En décembre 2017, près de 840 000 comptes inscrits sur Facebook provenaient du Burkina Faso [74]. À cela s'ajoute le fait que les connaissances informatiques requises pour administrer une page sur Facebook sont bien moindres que pour une page web. La plupart des Églises nationales, les principales Églises locales, certaines paroisses de Ouagadougou, les organisations de jeunesse et d'étudiants et même certaines chorales ou communautés chrétiennes de base ont leur page ou leur groupe Facebook. Ces derniers regroupent en général entre 100 et 1 000 membres et abonnés. Se démarquent toutefois le CIE avec 11 000 abonnés [75], le Buisson Ardent avec 9 400 abonnés [76], la page du Prophète Emmanuel Sawadogo avec plus de 7 800 abonnés [77], la catéchèse de Kologh-Naba suivie par plus de 6 000 personnes [78] et les Églises nationales et de Tanghin-Barrage des Assemblées de Dieu avec plus de 5 000 abonnés chacune [79]. De nombreux abonnés suivent plusieurs pages religieuses, ce qui donne une idée de l'écosystème assez restreint, de quelques dizaines de milliers d'utilisateurs catholiques et protestants pour l'ensemble du pays (Audet Gosselin 2017).

Dans le cas du CIE, clairement en avance sur les autres organisations religieuses pour son utilisation des médias, sa présence active sur Facebook est relativement récente. Bien que certaines pages existent depuis plusieurs années, c'est seulement en 2017 que la page « CIE-MIA officiel » est devenue un pôle actif de diffusion. Cette diffusion est principalement locale à en juger par l'audience relativement limitée de la page, mais le pasteur Karambiri bénéficie en parallèle d'une diffusion internationale via la plateforme *TopChrétien*, dont la page Facebook est suivie par plus d'un million de personnes. L'utilisation de l'outil Facebook Live, qui reste rare dans l'ensemble des organisations, permet de retransmettre chaque dimanche les cultes animés par le pasteur Karambiri et les événements spéciaux de l'Église. Cette fonction est maintenant utilisée également par le CIMIDI, qui retransmet notamment les séances de délivrance d'Emmanuel Sawadogo à l'étranger, par le Buisson Ardent, ainsi que par Islam.bf qui diffuse certaines prédications des figures salafistes (Mohammed Kindo, Mahmoud Ouédraogo, Yahya Soré) depuis le Ramadan 2018.

Le CERFI (plus de 10 000 « j'aime » depuis 2014) [80] et l'AEEMB (8 600 « j'aime » depuis 2013) [81] se sont montrés particulièrement actifs à cet égard en diffusant plusieurs publications par semaine. Les sections locales des associations nationales offrent souvent une page Facebook qui permet aux membres de partager du contenu religieux, mais également de publiciser les activités organisées et de mieux mobiliser les militants. Depuis 2015, la Fédération des Associations islamiques du Burkina, qui, par le passé, était souvent critiquée pour n'être qu'une « Commission Lune » servant uniquement à déterminer les dates officielles des fêtes islamiques, se prononce davantage de plus en plus sur des sujets d'actualité et certains débats de société. Dans cette optique, la page Facebook de la fédération est fréquemment utilisée pour relayer les déclarations officielles de ses responsables [82]. En contraste avec le rôle central de Facebook, le réseau social Twitter demeure très peu utilisé par les organisations religieuses burkinabè. Les deux exceptions principales sont le Buisson Ardent [83] et Daawatoul Islamia [84]. Dans le premier cas, ils utilisent Twitter pour retransmettre en texte le contenu de leurs séances d'adoration et d'évangélisation. Dans le second, il s'agit plutôt d'une communication intégrée où le contenu du site web et du canal YouTube est systématiquement relayé sur Facebook et Twitter, avec de fréquentes republications de textes, vidéos et audios qui sont ainsi remises de l'avant durant plusieurs semaines. Dans les deux cas toutefois, le nombre d'abonnés n'atteint pas 300 et leurs publications n'entraînent que très peu de réactions. Le missionnaire Ahmadi Ata Ul Habib est également présent sur Twitter, où il intervient sur la vie sociopolitique burkinabè et défend la doctrine de l'Ahmadiyya, fréquemment attaquée par les autres organisations musulmanes [85].

Renforcement des principaux leaders « hors-ligne » et diffusion de discours religieux « normatifs » voire « radicaux »

Dans les années 1990, l'arrivée d'internet semblait remplie de promesses quant à la démocratisation, permettant notamment de contourner les censures gouvernementales et ouvrant un espace de liberté où n'importe qui pouvait publier et réagir. Les réseaux sociaux ont renouvelé cette promesse en fournissant des plateformes où les réactions peuvent être immédiates. Par contre, si certains éléments se sont révélés libérateurs, notre analyse de l'utilisation des médias numériques par les organisations religieuses montre les limites de ces prévisions. Elle révèle, d'une part, que les médias numériques tendent à renforcer les hiérarchies déjà en place dans le monde religieux et, d'autre part, que les tendances telles que l'islam salafiste et la mouvance charismatique bénéficient plus efficacement des avantages de ces plateformes.

Le cas du Burkina Faso vient un peu en opposition avec ce que nombre d'études font valoir par rapport aux médias numériques et aux religions. On ne constate en effet pas vraiment l'émergence de figures qui se sont fait d'abord connaître sur les médias sociaux et sur internet.

Ainsi, alors que l'internet pourrait à première vue affaiblir les grandes figures musulmanes avec une fragmentation de l'autorité religieuse – les internautes musulmans ayant accès à un choix de sermons et de prêches, de thèmes et de prédicateurs « à la carte » –, les populaires sites Islam.bf, Bissmillahi-bf et Daawatoul Islamia ont consolidé le contrôle de plusieurs autorités musulmanes dominantes sur l'interprétation religieuse. En effet, ces médias numériques leur ont fourni de nouvelles opportunités pour réaffirmer leur influence. La plupart des sermons et des prédications sur les principaux sites burkinabè sont ceux de grandes figures islamiques du pays comme Mohammed Kindo, Ismaël Derra et Mohammed Sawadogo, qui ont tous étudié dans de prestigieuses universités du monde arabe et qui sont proches des courants salafistes. À cela s'ajoute le fait que les divers enregistrements diffusés sur ces sites internet concernent presque exclusivement des hommes. Il s'agit donc d'un secteur que les prêcheuses n'ont toujours pas investi au contraire des radios islamiques.

La situation est similaire en ce qui concerne l'utilisation d'internet par les Églises, qui a tendance à renforcer l'audience des voix « autorisées » en offrant très peu d'interaction de la part des membres de base. Les plateformes relaient pour l'essentiel les prêches des pasteurs et prêtres, ainsi que les activités des Églises. L'Église catholique s'appuie sur son service de communication professionnel pour véhiculer des contenus qui émanent de la hiérarchie. Internet sert donc à la fois d'outil de promotion pour les activités régulières organisées par les hiérarchies et de prolongement des cultes, messes et célébrations physiques. L'utilisation des transmissions vidéo, en différé, sur les sites web et sur YouTube et, de plus en plus, en direct sur Facebook, renforce l'audience et le prestige des leaders en multipliant leur audience. Les réactions des internautes s'alignent sur celles des spectateurs présents et se limitent généralement à répéter « Amen » (Audet Gosselin 2017).

Par ailleurs, le religieux 2.0 est loin de représenter fidèlement l'ensemble du champ religieux du pays, mais tend à donner une importance accrue aux mouvances plus normatives ou charismatiques. Ces dernières, notamment l'islam salafiste, le christianisme évangélique charismatique et le renouveau charismatique catholique, attirent certes de nombreux fidèles autour de figures très populaires, mais d'autres tendances mobilisent également dans les lieux de culte sans être présentes sur internet. La CMBF y est en effet presque absente d'internet, de même que l'islam soufi qui, avec des figures comme Aboubacar Doukouré, Aboubacar Maïga II et Mahamoudou Bandé, draine pourtant des foules considérables lors de certaines célébrations comme le *maouloud*. Les Assemblées de Dieu ont une présence en ligne irrégulière et y rejoignent beaucoup moins de fidèles que les pasteurs charismatiques comme Mamadou

Karambiri, bien qu'elles regroupent la majorité des fidèles protestants. Aucune paroisse catholique ne diffuse ses homélies en ligne, alors que les séances du renouveau charismatique sont fréquemment partagées en direct. Même les organisations estudiantines (AEEMB, JEC, UGBB), qui possèdent une présence significative en ligne, n'ont pas une audience à la hauteur de leur maillage de l'ensemble du milieu scolaire et universitaire du pays.

Plusieurs hypothèses peuvent expliquer cette situation, qui demanderait toutefois des études plus approfondies. La principale serait que ces tendances, qui trouvent moins d'espace pour s'exprimer dans l'espace public national dominé par des voix plus consensuelles, investissent plus efficacement l'espace public virtuel où ils peuvent rejoindre des fidèles convaincus où qu'ils se trouvent, fût-ce à l'étranger. Cette hypothèse s'arrime d'ailleurs avec des observations faites à travers le monde, voulant que les réseaux sociaux favorisent la construction de « chambres d'écho » où des adhérents à des idées marginales se retrouvent entre eux et renforcent leurs convictions (Bessi *et al.*, 2016). D'autres hypothèses comme le rôle des entrepreneurs privés ou la valorisation variable entre les tendances religieuses des diverses formes d'interaction entre les figures religieuses et les fidèles seraient également à explorer. En effet, le rôle de l'entrepreneur médiatique est fortement valorisé au sein du Mouvement sunnite, qui est soutenu en grande partie par des commerçants. La mouvance charismatique, de son côté, s'inspire fortement de la théologie de la prospérité, qui valorise grandement les initiatives individuelles. Par ailleurs, le salafisme et le mouvement charismatique s'inscrivent explicitement dans la globalisation et mobilisent des réseaux transnationaux, ce qui les pousse vers l'utilisation des réseaux sociaux pour rejoindre une audience globale, comme le montrent les succès à l'échelle de la francophonie de Mamadou Karambiri et de Daawatoul Islamia.

CONCLUSION

En définitive, le portrait de l'utilisation des médias par les organisations religieuses burkinabè révèle une transposition progressive – et à une vitesse très variable selon les groupes – des médias « traditionnels » (journaux, radios, télévision) vers les médias numériques, sans que ces derniers ne remplacent les premiers. Les diverses formes médiatiques tendent plutôt à se superposer et les contenus s'intègrent d'une plateforme à l'autre. Bien que l'Église catholique possède une avance historique dans l'utilisation des médias et s'appuie sur une organisation solide qui assure un professionnalisme, d'autres organisations des différentes confessions profitent également des possibilités offertes par les nouveaux outils de communication à l'ère du numérique.

Le portrait présenté ici révèle en outre une forte compétition, non seulement entre les religions, mais aussi, et surtout, entre les organisations appartenant à une même confession. Dans cette compétition, certaines voix telles que le pasteur Mamadou Karambiri se démarquent. Alors que beaucoup d'études sur les religions et les médias numériques ont mis en avant l'émergence de nouvelles figures très populaires, souvent des jeunes et des femmes, qui se sont fait connaître grâce au numérique (Campbell 2012 ; Hackett & Soares 2014 ; Duteil-Ogata *et al.* 2015), dans le cas burkinabè, la médiatisation concerne plutôt certaines figures salafistes ou charismatiques, dont la renommée s'est d'abord construite dans le monde « réel » avant de se traduire dans la sphère numérique.

La situation des médias religieux est appelée à se transformer très rapidement du fait de la multiplication rapide des initiatives, de leur caractère souvent éphémère et de la constante évolution des outils mêmes de communication. Les défis méthodologiques sont donc majeurs pour l'étude de ce secteur. Ce champ de recherche demeure toutefois essentiel pour comprendre les mutations actuelles dans la vie religieuse au Burkina Faso comme ailleurs. Si l'utilisation d'internet par les organisations religieuses burkinabè est encore aujourd'hui un complément de la vie religieuse « hors-ligne », la progression rapide du nombre d'internautes burkinabè pourrait changer la donne.

Enfin, le panorama des médias religieux au Burkina Faso soulève de nombreuses questions. La place des femmes semble plutôt limitée pour le moment et il conviendrait d'analyser plus en profondeur les dynamiques de genre. De plus, il serait pertinent d'approfondir l'interaction entre le contenu en ligne et la vie religieuse des Burkinabè en général. Comme l'internet permet de transcender l'espace national, il sera par ailleurs crucial de retracer autant l'exportation, qui est pour le moment limitée, des voix religieuses burkinabè à travers le monde, la place de la diaspora que les appropriations de contenu étranger par les fidèles du Burkina Faso. Enfin, la question de l'utilisation d'internet par les mouvements extrémistes est à creuser davantage dans un contexte où le Burkina Faso est aujourd'hui aux prises avec un groupe djihadiste, qui a d'abord revendiqué ses actions sur Facebook, bien qu'il soit encore prématuré de parler de *cyber-djihad*.

Bibliographie

Audet Gosselin L., 2017, « Médias 2.0 et Églises chrétiennes au Burkina Faso : évangélisation numérique et contrôle du message », *Émulations, 24*, p. 71–85.

Balima S.T., Frère M.-S., 2003, *Médias et communications sociales au Burkina Faso : approche socio-économique de la circulation de l'information*, Paris, L'Harmattan.

Bessi A. et al., 2016, « Homophily and Polarization in the Age of Misinformation », *European Physical Journal*, 225, 10, p. 2047–59.

Bouron J.-M., 2013, Évangélisation parallèle et configurations croisées : histoire comparative de la christianisation du Centre-Volta et du Nord-Ghana (1945–1960), Thèse d'histoire contemporaine, Université de Nantes – Université de Ouagadougou.

Campbell H.A. (dir.), 2012, *Digital Religion: Understanding Religious Practice in New Media Worlds*, New York, Taylor & Francis.

Capitant S., 2008, « La radio en Afrique de l'Ouest, un "média carrefour" sous-estimé ? L'exemple du Burkina Faso », *Réseaux*, 150, 4, p. 189–217.

Duteil-Ogata F., Jonveaux I., Kuczynski L., Nizard S. (dir.), 2015, *Le religieux sur Internet*, Paris, L'Harmattan.

Gomez-Perez M., 2016, « Women's Islamic Activism in Burkina Faso: Toward Renegotiated Social Norms? », *Canadian Journal of African Studies/Revue canadienne des études africaines*, 50, 1, p. 45–63.

Gomez-Perez M., 2018, « Prêcheuses arabisantes à Dakar et à Ouagadougou. Des logiques d'individualisation et d'individuation », *Anthropologie et sociétés*, 42, 1, p. 205–26.

Hackett R., Soares B. (dir.), 2014, *New Media and Religious Transformation in Africa*, Bloomington, Indiana University Press.

International Crisis Group, 2017, « Nord du Burkina Faso : ce que cache le jihad », *Rapport Afrique 254*, www.crisisgroup.org/fr/africa/west-africa/burkina-faso/254-social-roots-jihadist-violence-burkina-fasos-north.

Kaboré K., 2016, Les relations interreligieuses institutionnalisées au Burkina Faso : le cas de l'Union Fraternelle des croyants (UFC) dans le Sahel de 1960 à 2006, Thèse d'histoire contemporaine, Université Ouaga I.

Kaboré K., 2017, « Mouvement interreligieux et usages d'Internet au Burkina Faso. Le cas de l'Union fraternelle des croyants (UFC) de Dori », *Émulations*, 24, p. 23–35.

Langewiesche K., à paraître, « Le calife et son portrait. L'iconographie d'un Islam missionnaire. Le cas de l'Ahmadiyya », in M.-P. Ba, M. Saint-Lary & F. Samson (dir.), *Matérialités religieuses. Aux frontières du public et du privé*, Dakar, CODESRIA.

Laurent P.-J., 1999, « L'Église des Assemblées de Dieu du Burkina-Faso. Histoire, transitions et recompositions identitaires », *Archives des sciences sociales des religions*, 105, p. 71–97.

Laurent P.-J., 2009 [2003], *Les pentecôtistes du Burkina Faso. Mariage, pouvoir et guérison*, Paris, Karthala.

LeBlanc M.N., Audet-Gosselin L., Gomez-Perez M., 2013, « Les ONG confessionnelles en Afrique de l'Ouest : un équilibre précaire entre prosélytisme et professionnalisme au Burkina Faso », *Canadian Journal of Development Studies/ Revue canadienne d'études du développement*, 34, 2, p. 236–56.

Madore F., 2016a, « Islam, médias, mise en place du Sénat et article 37 de la Constitution : changement de paradigme au Burkina Faso (1991–2014)? », *Canadian Journal of African Studies / Revue canadienne des études africaines*, 50, 1, p. 7–27.

Madore F., 2016b, « L'islam ivoirien et burkinabé à l'ère du numérique 2,0 », *Journal des anthropologues*, 146-147, p. 151–78.

Mazzocchetti J., 2009, Être étudiant à Ouagadougou : itinérances, imaginaire et précarité, Paris, Karthala.

Saint-Lary M., 2011, « Le Coran en cours du soir. La formation comme outil de réislamisation des musulmans francophones », *Ethnographiques.org*, n° 22, www.ethnographiques.org/2011/Saint-Lary.

Samson F., 2008, « Entre repli communautaire et fait missionnaire : deux mouvements religieux (chrétien et musulman) ouest-africains en perspective comparative », *Social Sciences and Missions*, vol. 21, n° 2, 2008, p. 228-52.

Samson F., 2011, « La guerre des ondes comme mode de prosélytisme. La Ahmadiyya et les médias au Burkina Faso », *Ethnographiques.org*, 22, en ligne : www.ethnographiques.org/2011/Samson.

Savadogo M., Gomez-Perez M., 2011, « La médiatisation des prêches et ses enjeux. Regards croisés sur la situation à Abidjan et à Ouagadougou », *Ethnographiques.org*, 22, www.ethnographiques.org/2011/Savadogo,Gomez-Perez.

Tudesq A.-J., 2002, *L'Afrique parle, l'Afrique écoute : les radios en Afrique subsaharienne*, Paris, Karthala.

Notes

1. Les auteurs tiennent à remercier les directeurs de l'ouvrage pour leurs commentaires et suggestions. Ce travail s'inspire de recherches menées grâce au financement du Conseil de recherches en sciences humaines du Canada. Merci à Aissé-tou Sawadogo pour son aide précieuse.
2. Dans le cadre de la 16e conférence des chefs d'État d'Afrique et de France qui s'est déroulée dans la commune française de La Baule-Escoublac, le président français François Mitterrand rendit l'aide française conditionnelle, selon les efforts accomplis par les États africains en matière de démocratie. Suivant ce discours, des élections multipartistes furent tenues pour la première fois en 1990 et 1991 dans plusieurs pays d'Afrique francophone qui étaient auparavant sous un régime de parti unique.
3. « Présentation générale du CSC », Conseil supérieur de la communication (CSC), www.csc.bf/m-255-presentation-du-csc.html, page consultée le 25 avril 2018.
4. En juin 1984, les bureaux du journal indépendant *L'Observateur*, un des piliers de la presse burkinabè, furent incendiés. Le journal s'était montré critique envers le pouvoir.
5. « Répertoire des médias audiovisuels au Burkina Faso (avril 2015) », Conseil supérieur de la communication *(CSC)*, www.csc.bf/fichiers_site/a4294bur/contenu_pages/REPRETOIRE%20DES%20MEDIAS%202015.pdf, page consultée le 25 avril 2018.
6. Bien que significatives sur le plan démographique, les religions traditionnelles sont peu présentes dans les médias et n'ont pas été prises en compte dans ce chapitre.
7. « Médias catholiques : *Duc in Altum* désormais journal d'informations générales », *LeFaso.net*, 13 avril 2016.
8. Par exemple, l'Église de la Mission apostolique a publié *1959–2009. Célébration du jubilé d'or de l'Église de la mission apostolique*, livret de 36 pages à l'occasion de son cinquantenaire.
9. Ainsi, *L'Écho de la JAD*, organe de la section jeunesse de l'Église de l'Alliance chrétienne, publié au début des années 2000, ou encore *Le Berger*, feuillet

de l'Église du Bon Berger affiliée à l'Église évangélique baptiste, dont la publication a cessé en 2009.
10. Au Burkina Faso, tout un imaginaire a été construit autour du statut d'« intellectuel » par les étudiants et diplômés universitaires du pays (Mazzocchetti, 2009). Ainsi, par extension, les musulmans, qui ont suivi un cursus scolaire francophone et ont intégré la fonction publique ou le secteur économique officiel, se sont autoproclamés « intellectuels musulmans ». Cette catégorie, qui revêt une acception large, exclut généralement les arabisants formés dans les universités arabes.
11. Créée en 1986, cette association vise la promotion de l'islam dans le milieu scolaire et étudiant francophone.
12. Créé en 1989, le CERFI est en quelque sorte le prolongement de l'AEEMB. N'ayant plus le statut d'élève ou d'étudiant, ses membres, insérés sur le marché du travail, peuvent faire partie du Cercle.
13. « L'Appel vivra si… », *L'Appel*, 06, novembre-décembre 1995, p. 6.
14. « Top départ pour l'an cinq… », *L'Appel*, 24, novembre-décembre 1998, p. 2.
15. Anciennement *Le vrai visage de l'Islam*.
16. Entretien avec le rédacteur en chef du journal *L'Autre Regard*, bureau du journal, 24 avril 2015.
17. Créée en 2005, la FAIB regroupe la totalité des plus importantes structures islamiques du pays.
18. Ils sont d'ailleurs montrés très critiques de l'usage des médias fait par la FAIB. Voir « FAIB-nouveau : faire de la communication, un outil précieux », *L'Autre Regard*, 28, 5 juillet au 5 août 2015, p. 5.
19. Pour plus de détails sur l'implantation au Burkina Faso de ce mouvement islamique originaire du monde indo-pakistanais, voir Cissé & Langewiesche, dans ce volume.
20. www.reviewofreligions.org.
21. « Les radios catholiques du Burkina, mises en réseau », www.eglisedubur-kina.org/les-radios-catholiques-du-burkina-mises-en-reseau/, page consultée le 28 février 2018.
22. Une ONG islamique dont le siège se trouve au Koweït. Sur les différentes ONG confessionnelles impliquées au Burkina Faso, voir notamment LeBlanc et al. (2013).
23. Officiellement reconnu en 1973, le Mouvement sunnite est la principale association salafiste du pays.
24. Signifie « le maître » en mooré.
25. Sur cette figure musulmane et sur la Libulmesco, voir Saint-Lary (2011).
26. Anciennement la Communauté musulmane de Haute-Volta (CMHV). Créée en 1962, cette association était considérée comme la principale interlocutrice des musulmans auprès de l'État jusqu'à la création de la FAIB en 2005.
27. Entretien avec un responsable de la radio *Ridwane*, 16 avril 2015.
28. Reconnue officiellement par l'État en 1991, cette association relevant de la *tijâniyya hamawiyya*, ou « onze grains », de Hamdallaye fait partie des plus importantes organisations islamiques nationales. Aboubacar Doukouré, figure islamique très connue, en est le guide spirituel.
29. Entretien avec une responsable d'Emmaüs Burkina, Ouagadougou, 2 février 2011.
30. « CSC : Al Houda et Fémina FM auditionnées pour "atteinte au principe de tolérance religieuse" », Burkina24, 19 août 2016.

31. « Médias : La radio Al Houda auditionnée par le Conseil supérieur de la communication », *LeFaso.net*, 13 septembre 2017.
32. Il n'a pas été possible d'en savoir plus sur cette émission.
33. Entretien avec l'imam Alidou Ilboudo, Ouagadougou, 14 avril 2015.
34. « ImpactTV sur satellite », *LeFaso.net*, 16 avril 2012.
35. Entretien avec le directeur de la Radio Télévision Al Houda, Ouagadougou, 20 avril 2015.
36. https://wearesocial.com/blog/2018/01/global-digital-report-2018.
37. www.jeuneafrique.com/339107/societe/technologie-whatsapp-a-conquis-lafrique.
38. www.catholique.bf.
39. www.cie-mia.bf.
40. www.cimidi.org.
41. www.blaisebicaba.bf.
42. www.rccuo.com.
43. Observation d'une séance « espace jeunes » de l'Église centrale de l'Alliance chrétienne de Ouagadougou, le 24 juin 2010.
44. Paul Sagadou, secrétaire national, « Mot de bienvenue du secrétaire national de la JEC », jec-bf.org, page consultée le 6 octobre 2010 [aujourd'hui hors ligne].
45. www.ugbb.bf.
46. Entretien avec un responsable de l'UGBB, Ouagadougou, 27 janvier 2015.
47. www.aeemb.bf. Une tentative avait été faite en 2000, voir *An-Nasr trimestriel*, juin–août 2000, n° 009.
48. « Association des élèves et étudiants musulmans du Burkina : un site Web, pour plus de visibilité », *Sidwaya*, 31 janvier 2006.
49. www.cerfibf.bf.
50. « Un bâtiment et un site Internet pour un travail islamique efficace », *Le CERFIste*, *10*, janvier 2010, p. 12.
51. www.sunna.bf (Mouvement sunnite) et http://cmbf-bf.com (CMBF).
52. L'adresse du site a d'abord été www.cerfi.org, puis http://cerfibf.com avant d'être www.cerfibf.bf.
53. « L'AEEMB a pris ma jeunesse », www.aeemb.bf, page consultée le 2 décembre 2010 [aujourd'hui hors ligne].
54. « Des reproches à l'AEEMB », www.aeemb.bf, 10 décembre 2009 [aujourd'hui hors ligne].
55. « FAIB-nouveau : faire de la communication, un outil précieux », *L'Autre Regard*, *28*, 5 juillet au 5 août 2015, p. 5.
56. www.alislam.org. Les versions francophones sont disponibles à ces adresses : www.islam-ahmadiyya.org et www.ahmadiyya.fr.
57. http://www.bf.humanityfirst.org/
58. Une exception notable est celle de Cheikh Soufi Moaze Ouédraogo, le guide spirituel de la Communauté spirituelle musulmane des soufis du Burkina Faso (CSMSBF), qui est particulièrement actif sur Facebook : www.facebook.com/cheicksoufi.ouedraogo.
59. http://islam.bf.
60. Entretien avec le responsable du site Islam.bf, Ouagadougou, 5 mai 2015.
61. http://ismailderra.islam.bf.
62. http://kindo.islam.bf.
63. www.bissmillahi-bf.org.

64. « El hadj Mohamadi Nana (SONACOF) : un entrepreneur, une vision, une foi », *Le vrai visage de l'islam*, *10*, 5 décembre 2013 au 5 janvier 2014, p. 15–6.
65. www.youtube.com/user/islambf.
66. www.facebook.com/www.islam.bf.
67. www.facebook.com/bissmillahiOfficiel.
68. www.youtube.com/channel/UCTcB_GMaikuF9IsIXy9Wn5Q.
69. http://daawatoul-islamia.net.
70. www.facebook.com/daawatoul.
71. http://z.islam.bf.
72. www.facebook.com/www.islam.bf/photos/a.515245445182853.116175.303458109694922/1901816113192439/?type=3.
73. www.facebook.com/www.islam.bf/photos/a.515245445182853.116175.303458109694922/1749913715049347/?type=3&theater.
74. « Internet Usage Statistics for Africa », *Internet World Stats*, www.internetworldstats.com/stats1.htm, page consultée le 5 mai 2018.
75. www.facebook.com/Ciemiaofficiel.
76. www.facebook.com/rccuobuissonardent.
77. www.facebook.com/propheteemmanuelsawadogo.
78. www.facebook.com/profile.php?id=100011333214716.
79. www.facebook.com/adburkina/; https://www.facebook.com/adtanghin.
80. www.facebook.com/pages/Cerfi-Burkina/1539198672980618.
81. www.facebook.com/AEEMB-Burkina-383154995194073.
82. www.facebook.com/Faib-Burkina-1780977995527493.
83. https://twitter.com/buissonardent.
84. https://twitter.com/daawatoul.
85. https://twitter.com/habibfaso.

14.

LA NOTION DE DJIHAD EN CONTEXTE

Hamidou Diallo & Alice Degorce

Depuis les attentats terroristes du 11 septembre 2001 aux États-Unis, perpétrés par l'organisation islamiste Al-Qaïda fondée par Oussama Ben Laden, les termes « *djihad* » et « *djihadisme* » ont été mis sur le devant de la scène internationale. En 2012, des groupes islamistes dotés d'armes issues de l'arsenal militaire de la Libye après la chute et l'assassinat du guide Libyen Mouammar Khadafi occupent le nord du Mali et prétendent mener le djihad en faisant appliquer la loi islamique. Le Sahel Ouest-africain est ainsi investi par les groupes qui se revendiquent du djihad islamique et, à partir de 2015, le Burkina Faso est victime à son tour d'attaques. Dans ce pays moyennement islamisé (environ 60 % de musulmans), où les religions se caractérisent par une coexistence globalement pacifique et où prévaut la tolérance en matière de confession, ces violences associées au djihad peuvent paraître étranges et nouvelles. En réalité comme dans beaucoup de pays du Sahel (Sénégal, Mauritanie, Mali, Niger, Tchad), le djihad a été expérimenté au cours de l'histoire entre le XVIIe et le XIXe siècle. Au Burkina Faso actuel, c'est au XIXe siècle que, plusieurs expériences de djihad ont vu le jour. Quelles sont les régions concernées par ce phénomène et comment l'expliquer ? Quelles similitudes peut-on relever entre le djihad du passé et celui d'aujourd'hui ? Dans un premier temps, nous tenterons ici de donner des réponses à ces questions après avoir donné un aperçu sur la notion de *djihad* dans l'histoire du Burkina Faso. Nous interrogerons ensuite sur les analyses possibles dans le contexte contemporain.

LE DJIHAD AU BURKINA FASO ACTUEL AU XIXe SIÈCLE

La notion de djihad

Il ne s'agit pas dans le cadre de ce chapitre de procéder à de longs développements sur la notion de djihad mais d'en rappeler les aspects essentiels. Le djihad ne fait pas partie des cinq piliers de l'islam (Flori 2002 : 21) mais, pour certains juristes musulmans comme al-Qayrawânî (922–996) : « le jihad est une obligation d'institution divine. Son accomplissement par certains en dispense les autres. » (Al-Qayrâwâni 1975 : 163).

Le terme *djihad* peut se traduire par « effort accompli dans la voie de Dieu ». Il peut s'appliquer à toute entreprise louable ayant pour but le triomphe de la vraie religion sur l'impiété. Il y a plusieurs sortes de djihad, notamment celui du cœur ou celui de la langue (Flori 2002 : 71). On ne peut donc pas identifier strictement djihad et guerre sainte. Le terme recouvre également la notion de combat armé ou « djihad de l'épée » que l'on peut considérer comme le « djihad armé » : c'est cette acception qui nous concerne dans le présent chapitre.

La doctrine du djihad est marquée par l'évolution historique du monde musulman. Pendant la période des conquêtes militaires (VIIIe–IXe siècle), elle sert de caution et de justification de l'expansion arabo-musulmane. L'accent est alors mis sur l'interprétation belliciste (Flori 2002 : 82). Au Xe et surtout au XIe siècle, avec la montée des périls internes, le djihad s'oriente vers le sens plus spirituel de combat moral (Flori 2002 : 83). Ainsi, le djihad armé est considéré comme le « djihad mineur » tandis que le « djihad majeur » est celui du combat spirituel, moral contre tout ce qui nuit à la communauté musulmane.

Le djihad armé est généralement dirigé contre quatre cibles : les infidèles, les apostats, les rebelles qui contestent un chef légalement choisi, et les brigands (Urvoy 2007 : 375–6). Beaucoup d'initiatives de djihad en Afrique occidentale ont été dirigées contre les infidèles et les apostats, notamment ceux qui étaient considérés comme de « mauvais musulmans ». Pour les djihadistes d'aujourd'hui, les apostats sont les « mauvais musulmans » bâtisseurs de mausolées et les dirigeants africains musulmans considérés comme « les laquais des croisés » (les pouvoirs des pays occidentaux).

Dans un ouvrage récent, Marc-Antoine Pérouse de Montclos revient sur l'histoire des djihad dans la bande sahélo-sahélienne. Si les groupes armés se revendiquant actuellement du djihad cherchent une légitimité historique, leur position et leur mode de fonctionnement diffèrent des djihad du XIXe siècle, notamment sur le point suivant :

> « Dans bien des cas, les guerres saintes de l'époque n'avaient certes pas le sens que les groupes djihadistes du Sahel leur donnent aujourd'hui. Quand elles prenaient les armes, la plupart des théocraties islamiques d'autrefois n'avaient pas pour objectif de convertir les masses. Leur autorité ne reposait d'ailleurs pas sur un djihad militaire mais sur un mode de gouvernement consacrant l'emprise des savants musulmans » (Pérouse de Montclos 2018 : 59)

L'Afrique de l'Ouest a connu trois générations de djihad armé. La première concerne le Fuuta Jallon (1725) et le Fuuta Tooro (1776). La seconde est relative à la naissance du califat de Sokoto (1804) et de la Diina du Maasina (1818) : l'aventure d'El Hajj Umar Tall (1842–1864) est à associer à cette génération. La troisième est anticoloniale (Triaud 1998 : 12). Les expériences du djihad armé au Burkina Faso actuel relèvent des deuxième et troisième générations.

Le djihad en pays peul

La région située au nord-est du Burkina Faso et qui correspond aux provinces actuelles du Séno (Liptaako) et du Yaaga a été une terre de djihad au début du XIXe siècle. Cette zone sahélienne à la périphérie des entités politiques dominantes (empire Songhaï, royaumes moose) fut un lieu de convergence d'agriculteurs sédentaires et de Peuls pasteurs nomades ou semi-sédentaires au cours de l'histoire. Les populations anciennement installées (Dogon, Kurumba, Songhaï) ont accueilli dès les XVe–XVIe siècles les Peuls, surtout venus du delta intérieur du Niger (Massina au Mali actuel). Aux XVIIe–XVIIIe siècles, des facteurs naturels et politiques (périodes de sécheresse suivies de famines, épidémies et pouvoirs prédateurs et oppresseurs) ont accéléré les migrations peules (Diallo 2003 : 45). Si l'islamisation massive des Peuls date du XIXe siècle, leurs communautés renferment assez souvent des familles maraboutiques qui enseignent les préceptes islamiques et assurent des prestations magiques.

Au cours du XVIIIe siècle, à la suite de plusieurs vagues de migrations, la présence peule prend de l'importance. Le contrôle politique du territoire est assuré par des chefferies d'agriculteurs sédentaires. Les Gourmantché, repoussés plus au sud par l'empire Songhaï détruit par les troupes marocaines en 1591, exercent leur domination sur le Liptaako et le Yaaga au XVIIIe siècle. Les sources orales peules présentent les chefs gourmantché comme des tyrans imposant de lourds tributs et se livrant à des pillages et à des exactions (Diallo 2009).

Au début du XIXe siècle, le djihad est victorieux en pays haussa au nord du Nigeria actuel. Usman dan Fodio crée en 1804 le califat de Sokoto. Les Peuls du Liptaako et du Yaaga lui prêtent alors allégeance et mènent au nom de l'islam un combat victorieux contre les Gourmantché.

Au Liptaako

La base sociale du mouvement djihadiste au nord du Nigeria était constituée de Hausa et d'autres groupes ethniques, notamment les Peuls éleveurs (Fulani). L'aristocratie hausa était islamisée, mais prélevait des taxes non canoniques, se livrait à des exactions et s'accommodait de pratiques liées aux croyances non islamiques. Il s'agissait donc pour les djihadistes de « mauvais musulmans » considérés comme cibles du djihad.

Usman dan Fodio étant issu du milieu peul, la création du califat de Sokoto était perçue comme le début du processus de libération des communautés peules du Sahel de la tutelle politique des agriculteurs sédentaires. Au Liptaako, Ibrahima Saydu chef de la communauté peule, alla à Sokoto et revint muni d'un étendard (*deseewal* en fulfulde) symbole de l'allégeance à Usman dan Fodio, chef religieux charismatique et « ami de Dieu » (*wali*). Ses bénédictions permirent la victoire des Peuls dans le combat contre les Gourmantché attachés aux croyances ancestrales (donc considérés comme « infidèles »), dont le centre du pouvoir se trouvait à Koala, à l'ouest de Dori. Ainsi est né en 1810 l'émirat du Liptaako en tant qu'une des provinces du califat de Sokoto. Ibrahima Saydu devient le premier émir du Liptaako. Une nouvelle dynastie vit le jour et régna au Liptaako du début du XIXe siècle à nos jours (Diallo 2009).

Au Yaaga

Hamma Bunti, chef de la communauté peule alla à son tour à Sokoto. Il y bénéficia d'une formation islamique et ramena également avec lui un étendard. Il invita les Gourmantché à se convertir à l'islam. Ces derniers refusèrent. Une série de batailles permit aux Peuls de remporter la victoire. L'émirat du Yaaga vit ainsi le jour en 1812 autour de la localité de Seba qui devint le centre du nouveau pouvoir (Diallo 2003 : 52-53).

En définitive dans les deux cas, l'idéologie islamique a servi à diaboliser l'ennemi gourmantché attaché à la religion du terroir et donc « infidèle ». Elle a aussi servi d'instrument de cohésion aux Peuls et d'affermissement de leur ardeur guerrière. Ils étaient convaincus de combattre dans la voie d'Allah sous la direction d'un *wali* dont la *baraka* [1] leur assurerait la victoire. En tant qu'instrument de la libération des Peuls, l'islam a dès lors été intégré à leur identité. Leur islamisation massive date ainsi du XIXe siècle. Au cours du même siècle, le pays marka va connaître à son tour deux expériences de djihad.

Le djihad en pays marka

La pénétration de l'islam en pays marka dans la boucle du Mouhoun (ex-Volta noire) et, de manière générale dans l'ouest du Burkina Faso, est liée au commerce nord-sud. Ce commerce concernait surtout le sel venant du nord et la kola produite en zone forestière au sud. Les commerçants marka et jula originaires des cités des rives du fleuve Niger s'installèrent dans les localités du Burkina Faso situées sur les axes commerciaux (Safané, Boromo, Bobo-Dioulasso, etc). Ces commerçants, épaulés par des lettrés musulmans, diffusèrent l'islam. La période allant du XVIe au XVIIIe siècle a connu le processus d'organisation de ce commerce nord-sud marqué par la désintégration de l'empire Songhaï à partir de 1591 et l'installation des Européens sur les côtes ouest-africaines. Au XVIIIe siècle, période de l'apogée de la traite atlantique, le commerce des esclaves prend de l'ampleur. Jusqu'au XIXe siècle, les communautés musulmanes vivaient dans les cités et constituaient des enclaves au sein des populations d'agriculteurs majoritaires attachées à la religion du terroir. La coexistence pacifique prévalait entre les deux groupes de populations. Les musulmans minoritaires étaient soumis aux autorités non musulmanes au sein des localités, dans un espace marqué par l'absence de pouvoir centralisé. Au XIXe siècle, des tensions naquirent entre musulmans et adeptes des croyances ancestrales et débouchèrent parfois sur des conflits armés au nom de l'islam (Diallo 1990).

L'œuvre de Mahamoudou Karantao

Le djihad du marka Mahamoudou Karantao se déroula dans un espace habité par plusieurs groupes de populations (notamment Marka, Bwa, Ko, Yarse, Nuna, Moose). Mahamoudou Karantao naquit à Douroula au nord-est de Dédougou où son père se réfugia au moment de la conquête de la région de Djenné par Seeku Aamadu fondateur de la Diina du Massina au début du XIXe siècle (1818). Il fit ses études coraniques auprès de son père, puis alla les poursuivre à Safané. À l'âge adulte, il s'engagea dans le commerce de l'or entre Poura et Douroula ; il entra ainsi en contact avec de nombreux commerçants d'origines diverses (ceux de Tombouctou, Djénné, Kong, du pays mossi, etc.). Il demanda à son père l'autorisation d'effectuer le pèlerinage à la Mecque. Ce dernier le bénit et mourut avant son retour. Revenu de la Mecque, Mahamoudou Karantao entreprit le djihad.

Comme dans le cas d'El Hajj Umar Tall, les sources orales laissent penser que Mahamoudou Karantao avait le sentiment d'avoir obtenu une investiture orientale à la Mecque. En effet, selon les indications reçues dans cette ville sainte, le djihad devait se dérouler dans une région où les populations ignoraient la justice et où le pillage était fréquent. La région indiquée fut celle de Boromo où les Ko s'attaquaient aux passants et les dépouillaient de leurs biens. Mahamoudou Karantao en fut lui-même victime lorsqu'il alla vendre du sel au marché de Boromo (Koté 1982 : 77).

Revenu de la Mecque, Mahamoudou Karantao s'installa à Safané, mais il se brouilla avec les musulmans de la localité. Il se retira alors à Dounakoro au sud de la région de Boromo et créa sa propre école coranique. Il entreprit par la suite la « guerre sainte ». Il se prépara secrètement en achetant des fusils de traite. Il noua une alliance avec les commerçants yarse originaires de Gourcy et ayant comme chef Yaya Guira, et recruta des Dagari-dioula du village de Tô situé au nord de Léo et dont le chef était Mahama. Il commença la conquête des villages autour de l'année 1840 (Diallo 1990).

À partir de Boromo, il s'empara des villages situés au nord de la localité. Il prit Massala en pays bwa, mais se heurta à la résistance des villages de Passakongo et de Sokongo. Il rebroussa alors chemin. À Boromo, il confia le commandement de la ville à Yaya Guira et alla s'installer dans le village de M'Phéoun qu'il baptisa Ouahabou (de *wa hab illahi* : Dieu me l'a donné). Le chef Dagari-dioula s'établit dans le village voisin à Koho baptisé *shukr lillahi* (merci à Allah). Mahamoudou Karantao essaya à deux reprises de s'emparer de Bagassi qui opposa une résistance farouche. Il trouva la mort au cours d'une troisième tentative (Duperray 1977 : 73). Moktar Karantao succéda à son père défunt vers 1878. En dépit de l'insoumission des populations à leur autorité, l'œuvre des Karantao favorisa le rayonnement de l'islam dans les centres marka (ou dafing) tels que Safané, Douroula et Ouahabou. En 1897, Moktar Karantao signa avec la France un traité d'alliance en sa qualité de « roi de Ouahabou » (Kambou-Ferrand 1993 : 124). La pénétration française s'est heurtée à une seconde expérience du djihad en pays marka.

Ali Kari de Bossé

Le djihad d'Ali Kari se déroula au nord du pays dafing, dans la région qui englobe la boucle du Mouhoun près de la source du fleuve et les deux rives de son affluent principal, le Sourou. À la fin du XIXe siècle, on y trouvait des enclaves musulmanes constituées de Marka et de Dioula. Les San (Samo) dans leur majorité restaient attachés aux croyances ancestrales. Néanmoins, il existait des centres de rayonnement islamique comme Lanfiéra. Situé au sud du Massina, le pays dafing était victime de razzias périodiques de Peuls musulmans et des Toucouleurs qui finirent par se tailler de petites chefferies à ses frontières (Diallo 1990 : 42).

Amadou Démé est le vrai nom d'Ali Kari. Issu d'une vieille famille marka, il naquit à Bossé vers 1845 et commença sa formation islamique à Lanfiéra chez Mamoudou Sanogo (également surnommé Karamôgô Ba, « le grand marabout »), célèbre pour son savoir islamique et jouissant d'une grande réputation. Vers 1870, il alla poursuivre ses études à Djénné (Mali actuel) auprès d'Alfa Moktar, maître réputé de la Qadiriyya. Autour de l'année 1880, il se dirigea vers la Mecque pour y accomplir le pèlerinage. En 1887, il revint chez lui et envisagea le djihad militaire afin de convertir à l'islam les San (Diallo 1990 : 42). Son projet ne rencontra pas l'assentiment de son maître Karamogo Ba de Lanfiéra. Ce dernier lui recommanda la conversion par l'enseignement islamique et le comportement exemplaire. Pour Karamogo Ba, l'imminence de la pénétration française rendait vaine toute tentative de djihad militaire : il valait mieux réserver un accueil courtois aux émissaires français (Echenberg 1970 : 17-18). Ali Kari refusa d'écouter les conseils de son ancien maître. Ce dernier, qui avait accueilli cordialement les explorateurs français Crozat et Monteil respectivement en 1890 et 1891, fut victime de mépris de la part des partisans d'Ali Kari. Les préparatifs pour le djihad militaire commencèrent. Le chef religieux de Bossé somma officiellement les San d'embrasser la religion de Mohamet. Certains villages intimidés par les menaces y consentirent, mais les San dans leur majorité affichèrent mépris et hostilité (Kambou-Ferrand 1993 : 24-25).

Ali Kari recruta des partisans dans les milieux musulmans. L'organisation militaire s'effectua dans le village de Koumbara où étaient stockées les armes et les provisions acquises par le pillage. Bossé demeura le centre spirituel et stratégique où Ali Kari méditait le Coran et préparait les ordres de campagne destinés à son frère Mamadou Démé, responsable de l'armée (Kambou-Ferrand 1993 : 124).

Les combats pour la conquête des villages commencèrent en mai 1892. Les hommes d'Ali Kari attaquèrent un certain nombre de villages et remportèrent la victoire. La plupart d'entre eux lui versèrent un tribut et acceptèrent la mise en place d'une communauté musulmane. Les hommes vaincus se convertirent de force à l'islam et se firent enrôler dans l'armée musulmane (Diallo 1990 : 40). Toutefois la population san opposa une résistance farouche et s'organisa assez rapidement. Les rescapés des villages détruits et les habitants des villages ne pouvant pas se défendre se réfugièrent à Kamina et à Sourou, qui furent transformés en places fortes. Une résistance tenace fut maintenue jusqu'à la pénétration coloniale des Français (Kambou-Ferrand 1993 : 125).

Les troupes musulmanes se heurtèrent à la pénétration française. La colonne dirigée par le capitaine Bonaccorsi marcha sur Bossé au début du mois de juillet 1894. Ali Kari et ses hommes opposèrent une résistance farouche en combattant les « *keffirs* » (cafres, infidèles). Le 3 juillet, lorsque le capitaine Bonaccorsi leva le camp, Bossé n'était qu'un amas de ruines. Le bilan des combats illustre l'âpreté de la résistance : huit tirailleurs furent tués, dont un soldat européen. Les blessés de la colonne étaient au nombre de 140, dont six officiers européens. 226 obus et 36 126 cartouches furent tirés. Environ 450 hommes trouvèrent la mort du côté des musulmans. Ali Kari mourut les armes à la main (Kambou-Ferrand 1993 : 126–7). Ce dernier cas de djihad combattu par le colonisateur français relève, comme nous l'avons vu plus haut, de la troisième génération, celle du djihad anticolonial. Que pouvons-nous retenir des quatre expériences de djihad militaire ?

Quelques réflexions sur le phénomène

Les initiateurs du djihad d'origine peule et marka relèvent de groupes ethniques qui se caractérisent par une longue tradition d'islamisation qui pourrait légitimer leur rôle de dirigeants. Le contexte de l'Afrique de l'Ouest au XIXe siècle marqué par l'émergence de plusieurs cas de djihad militaire (en pays hausa, au Massina, djihad toucouleur, etc.) a certainement stimulé les musulmans du pays peul et marka de l'actuel espace. Si les émirs peuls issus du djihad ont pu asseoir leur légitimité en prêtant allégeance à Usman dan Fodio, fondateur du califat de Sokoto, les deux chefs religieux du pays marka ont pu s'appuyer sur le prestige que confère le pèlerinage à la Mecque. En Arabie, au XIXe siècle, où les wahhabites sont malmenés par leurs ennemis ottomans, ils ont peut-être été influencés par le wahhabisme intransigeant et belliqueux de l'époque (Mouline 2015). Partout le djihad justifie sur le plan religieux la lutte pour des intérêts sociopolitiques et économiques, l'objectif étant la mise en place de pouvoirs permettant le contrôle de l'espace pour promouvoir l'élevage chez les Peuls pasteurs et l'instauration d'une sécurité sur les axes commerciaux afin de favoriser l'épanouissement du commerce chez les Marka.

En pays marka comme ailleurs en Afrique de l'Ouest, le djihad militaire ne faisait pas l'unanimité. Dans le cas de Mahamoudou Karantao, les « infidèles » et les musulmans ont été victimes du djihad : en effet les musulmans de Safané le condamnèrent pour avoir combattu musulmans et « infidèles » (Duperray 1978 : 73).

Enfin au Yaaga et dans le cas d'Ali Kari, l'exigence doctrinale qui consiste à appeler les « infidèles » à se convertir avant de les combattre a été respectée.

Comme on a pu le constater, le djihad militaire du passé, à l'instar de celui d'aujourd'hui, ne fait pas l'unanimité parmi les musulmans. Compte tenu de l'absence d'un centre unique producteur de l'orthodoxie en islam, les lectures et interprétations des textes sont plurielles et varient en fonction des contextes et des intérêts des acteurs. Le local et le global s'y mêlent ; si le djihadisme contemporain est le produit de la modernité et de la mondialisation, celui du passé est stimulé par des facteurs locaux, régionaux et extérieurs. Les initiateurs du djihad sont convaincus que l'instauration d'un ordre islamique est source de salut. Les principales cibles restent les « infidèles » et les apostats ou « mauvais musulmans », et la domination de l'Occident chrétien est inacceptable comme le montre la résistance d'Ali Kari.

Enfin, il faudrait peut-être penser que la distanciation des dirigeants soufis, notamment hamallistes, vis-à-vis de l'administration coloniale dans les années 1930 et 1940 était aussi une forme de djihad, *mais spirituel* : djihad « majeur » ou celui « de l'âme ».

LA NOTION ACTUELLE DE DJIHADISME DANS L'ESPACE PUBLIC BURKINABÈ CONTEMPORAIN

Les notions de djihad et de djihadisme [2], telles qu'elles sont actuellement entendues dans le contexte international, et souvent associées à celles de radicalisme religieux et d'extrémisme violent, ont émergé relativement récemment dans le débat public burkinabè, suite à des enlèvements et des actes terroristes qui ont débuté en 2015 et ne cessent de s'intensifier depuis (voir carte 6). Le pays a en effet connu ce type d'événements au lendemain de l'insurrection et de la chute de Blaise Compaoré en octobre 2014, plusieurs observateurs s'accordant à dire qu'en plus de la chute du réseau de renseignements efficace qu'avait mis en place l'ancien président, des accords tacites qu'il aurait passés avec les groupes armés se revendiquant du djihad islamique présents dans la sous-région avaient jusqu'alors préservé le Burkina Faso des attaques dites djihadistes (Noaro-Kabré 2018 ; Pigeaud & Sy 2018), et ce, malgré les démentis de Blaise Compaoré lui-même (Roger 2017).

Les attaques terroristes au Burkina Faso

En avril 2015, un employé roumain de la mine de Tambao, dans la région du Sahel, est enlevé, un gendarme et un agent de sécurité sont blessés. Cet enlèvement, revendiqué par AQMI (Al-Qaïda au Maghreb Islamique), était le premier sur le sol burkinabè. En octobre 2015, la gendarmerie de Samoroguan, dans le Kénédougou, dans l'ouest du pays est attaquée par une dizaine d'hommes armés. Un assaillant et trois gendarmes perdent la vie. Un fourgon de la mine d'or d'Inata est ensuite attaqué au cours du mois de novembre de la même année. Le 15 janvier 2016, trois attaques ont eu lieu simultanément : le poste de gendarmerie de Tin-Akoff (dans l'Oudalan, région du Sahel) est visé ; à Djibo, un couple d'Australien œuvrant dans le domaine de la santé, le docteur Eliott et son épouse [3], sont enlevés ; et, à Ouagadougou, un attentat vise l'hôtel Splendid et le café Le Cappuccino, faisant une trentaine de morts. AQMI revendique l'enlèvement du docteur Eliott et de sa femme, et s'associe au groupe Al-Mourabitoun [4] pour revendiquer l'attaque du Cappuccino. Sept « incidents sécuritaires » (pour reprendre la terminologie choisie par les *Think Tank* comme International Crisis Group ou les ONG comme Human Rights Watch) ou « attaques », auront ensuite lieu au cours de l'année 2016, essentiellement dans les provinces du Soum ou de l'Oudalan dans la région du Sahel, dont l'attaque de

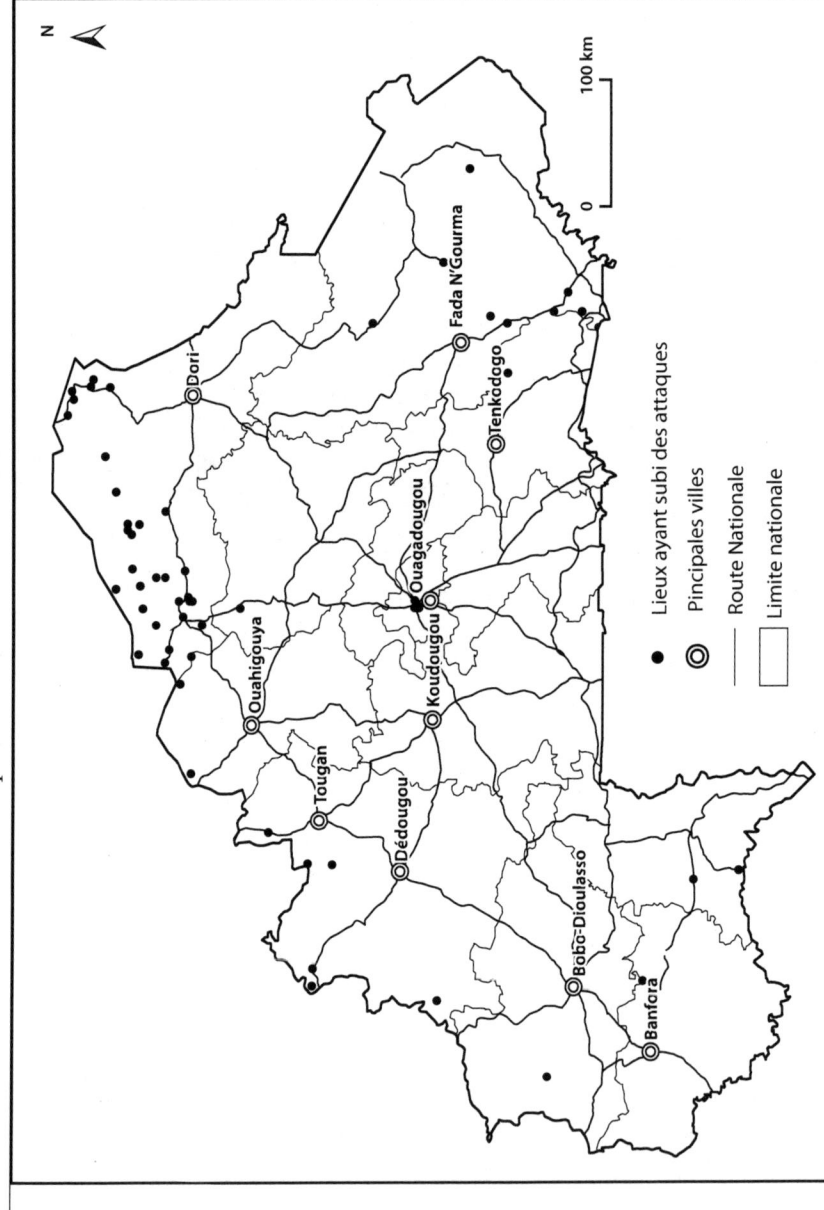

Carte 6. Attaques au Burkina Faso de 2015 à octobre 2018

Sources : revue de presse et International Crisis Group 2017 ; réalisation : INSS.

Nassoumbou en décembre 2016, au cours de laquelle 12 soldats ont tués. Le nom du groupe *Ansarul Islam*, premier groupe djihadiste burkinabè, émerge dans les médias, alors que ces événements se multiplient dans le Sahel.

En 2017, International Crisis Group dénombre une vingtaine d'attaques dans le nord, dont des menaces visant directement les enseignants en janvier-février et qui provoqueront la fuite de la plupart d'entre-eux (International Crisis Group 2017 : 23–24). Le 3 mai 2017, un directeur d'école est tué à Kourfayel, près de Djibo. Trois autres attaques ont ensuite lieu cette année-là dans la Boucle du Mouhoun et un attentat non revendiqué vise le Café Aziz Istambul à Ouagadougou. Sur l'ensemble du territoire, le bi-mensuel *Mutations* recense au total 54 attaques en 2017 [5].

Human Rights Watch (2018 : 12) compte, de novembre 2016 à avril 2018, 19 meurtres « s'apparentant à des exécutions qui auraient été commises par des groupes islamistes armés ». L'ONG recense également de nouvelles attaques en 2018, notamment celles visant l'état-major de l'armée et l'ambassade de France à Ouagadougou le 2 mars. Au cours de cette année, de nouvelles attaques se sont par ailleurs multipliées à l'est du pays (15 attaques comptées en septembre 2018 depuis le début de l'année) [6] et de nouvelles ont eu lieu dans le sud-ouest du pays, dans la région de Batié. Dans son discours du 17 septembre 2018 devant l'Assemblée nationale [7], le premier ministre Paul Kaba Thiéba dresse un bilan des attaques depuis 2015, comptant 118 morts (dont 48 parmi les forces de sécurité et de défense et 70 civils). Pour la seule année 2018, de janvier à mi-septembre, le bilan s'élevait déjà à 69 victimes.

L'implication de Burkinabè dans un réseaux complexes

Cet état des lieux rapidement brossé met en évidence d'une part l'intensification depuis 2015 des attaques de groupes dits djihadistes au Burkina Faso et, d'autre part, la complexité des groupes en présence, émergeant au niveau local comme Ansarul Islam dans le Soum, et des groupes transnationaux, tels que l'État islamique au Grand Sahara (EIGS), AQMI (Al-Qaïda au Maghreb islamique) ou la *katiba* Al-Mourabitoune, ces deux derniers étant désormais regroupés depuis mars 2017 dans le Groupe de soutien à l'islam et aux musulmans (JNIM) avec Ansar dine et la *katiba* Macina du Malien Amadou Koufa. Ces différents mouvements insurrectionnels qui se revendiquent du djihad, qu'ils soient d'envergure transnationale ou ancrés localement, entretiennent des relations entre eux. Outre les mouvements de fusion et de scission qui ont animé les branches sahéliennes d'Al-Qaïda ou de Daesh, Human Rights Watch souligne dans son rapport de mai 2018 qu'Ansarul Islam a, selon ses enquêtes, reçu une formation et un soutien logistique de la part d'AQMI et de l'EIGS. Face à cette pluralité, nous rejoignons Marc-Antoine Pérouse de Montclos dans son utilisation du terme « djihadistes » pour qualifier :

> « des mouvements insurrectionnels qui se réclament du Coran, qui recourent à la lutte armée et qui ont une forte dimension politique et sociale, quoi qu'il en soit par ailleurs de leurs autres motivations, de leurs liens avec des fondamentalistes salafistes et de leur capacité ou non à gérer des États fondés sur la charia » (Pérouse de Montclos 2018 : 6).

Si ces différents groupes ont par ailleurs de nombreux points communs dans leurs modes de fonctionnement, ils ont été perçus différemment au Burkina Faso selon qu'ils sont considérés comme endogènes ou exogènes. Longtemps, la menace terroriste liée aux groupes djihadistes a en effet été perçue comme venant « de l'extérieur » du pays (*Le Monde Afrique* 2017). La situation du Burkina Faso, du fait de sa pluralité religieuse, souvent qualifiée de « religiosité tranquille » à la suite du politologue René Otayek (1999 : 35) [8], a en effet concouru à alimenter l'idée que le pays ne pouvait compter de terroristes se revendiquant du djihad armé. Ces perceptions ont été mises à mal à partir de 2017, avec l'émergence du groupe Ansarul Islam de Malam Dicko, qui sévit dans le Nord du pays et recrute dans ses rangs essentiellement des Burkinabè. *Ansarul Islam* a été créé en 2016 par Ibrahim Malam Dicko à la suite d'un séjour en prison à Bamako où il a notamment côtoyé Amadou Koufa [9].

En mai 2018, la neutralisation d'un commando impliqué selon les autorités dans plusieurs attaques au Burkina Faso [10], dont celles contre l'état-major de l'armée et l'ambassade de France à Ouagadougou du 2 mars 2018, ainsi que la gendarmerie de Samorogouan en octobre 2015, ont confirmé l'implication de Burkinabè à un haut niveau d'organisation des attentats, le « cerveau » de la cellule et son frère étant originaires de la région de Ouahigouya au nord du pays, et ayant un parcours biographique (tel que retracé par les médias) similaire à celui de nombreux Burkinabè (*Courrier confidentiel* 21 juin 2018). Les deux frères étaient actifs dans le JNIM, cette appartenance confirmant donc l'implication de Burkinabè dans ces groupes djihadistes transnationaux.

Des revendications religieuses ou sociopolitiques ?

Comme le remarque par ailleurs Marc-Antoine Pérouse de Montclos : « contrairement aux cellules terroristes actives en Occident, ces groupes sont profondément ancrés dans leurs terroirs respectifs et évoquent davantage les phénomènes de guérilla d'autrefois » (Pérouse de Montclos 2018 : 12). Il montre ainsi combien les groupes terroristes se revendiquant du djihad s'ancrent avant tout dans des situations de crise sociopolitique et d'affaiblissement de l'État (Pérouse de Montclos 2018). Si la radicalisation et l'extrémisme violent lié à la radicalisation religieuse ont été dénoncés après les premières attaques et aux vues de l'implication de groupes comme AQMI ou l'EIGS, ou encore de la radicalisation par exemple observée à partir de 2012 dans les discours de personnages comme le prêcheur Malam Dicko, les incidents sécuritaires sont de moins en moins imputés à des formes de radicalisation religieuse dans les discours et les médias des politiques. Le terme « attaques » est en effet de plus en plus utilisé. Dans une déclaration postée sur *Twitter* après les attentats du 2 mars 2018, le président Roch Marc Christian Kaboré n'a d'ailleurs pas évoqué de dimension religieuse, parlant simplement de « forces obscurantistes » et d'« attaques »[11]. Dans le traitement médiatique des attaques, le terme « djihadiste » semble ainsi de plus en plus suffire à renvoyer à un socle idéologique (sans que ses fondements ne soient détaillés), et les descriptions des actes commis renvoient quant à elles à des attaques ou à une lutte armée de type guérilla.

Dans un rapport daté du 12 octobre 2017 sur la situation au nord du Burkina Faso, l'International Crisis Group rappelait ainsi l'ancrage social de la crise installée dans cette région du pays, notamment dans le Soum, en l'interprétant comme liée à « un mouvement de contestation de l'ordre social » (International Crisis Group, 2017), plus qu'à une idéologie religieuse. International Crisis Group souligne ainsi plusieurs facteurs, les premiers étant liés à la structuration de la société, notamment de la société peule, où les « cadets sociaux » qui ne détiennent ni autorité politique, ni autorité religieuse, revendiquent des droits. Les revendications du groupe armé Ansarul Islam portent ainsi selon eux sur les clivages entre familles maraboutiques traditionnelles et nouveaux érudits musulmans, notamment formés dans les pays arabes, sur les enjeux autour de la transmission de l'imamat, de la maîtrise de la langue arabe, sur les clivages au sein de la société peule entre les descendants d'esclaves, les *rimaibé*, majoritaires dans le Soum, et les descendants des familles « nobles », sur la remise en cause des dons d'argents aux marabouts, des dots, ou encore des cérémonies coûteuses qui, selon eux, ne sont pas prescrits par l'islam. Si certains de ces enjeux peuvent apparaître liés à des revendications religieuses radicales ou rigoristes, la dimension sociopolitique apparaît prendre le dessus sur le religieux, notamment pour ce qui concerne la relation de la région à l'État burkinabè, les habitants se sentant délaissés par le pouvoir central, manquant de fourniture de services sociaux de base. Si la proximité avec le Mali fragilise par ailleurs le Soum, selon International Crisis Group, il serait erroné de penser que la situation au Soum est un reflet de celle du Mali : il faut avant tout tenir compte de ces facteurs internes, endogènes.

CONCLUSION

La notion de djihad ou de djihadistes est donc plurielle, tant du point de vue historique que dans la situation actuelle traversée par la zone sahélienne. Son histoire au Burkina Faso montre comment elle y a déjà été ancrée au cours de l'histoire en lien avec des processus sociaux particuliers, comme par exemple l'expansion de la société peule ou la réaction à la colonisation européenne. La prolifération actuelle de groupes se revendiquant du djihad invite ainsi à s'interroger sur ce qui, au-delà d'un socle idéologique lié au religieux, permet à ces mouvements de s'implanter dans le contexte politique et social actuel.

Le vocabulaire employé dans les discours des analystes, des médias et des politiques, de moins en moins associé au religieux, peut permettre de mieux saisir la dimension sociopolitique de ces groupes insurrectionnels, et peut-être, on peut l'espérer, apaiser les tensions liées au religieux qui se sont accrues depuis 2016, et qui font encourir le risque du repli sur soi et du communautarisme. Sans nier la présence de pratiques ou de groupes religieux aux pratiques radicales et/ou rigoristes, il s'agit ici de les contextualiser dans leurs dimensions sociales et politiques. Dans cette perspective, il nous semblait essentiel de situer à travers ce chapitre la notion de djihad dans l'histoire du Burkina Faso et dans les analyses contemporaines des événements actuellement traversés par le pays, afin de souligner les évolutions qu'elle a connues au fil du temps et des discours.

Bibliographie

Diallo H., 1990, « Introduction à l'étude de l'histoire de l'islam dans l'Ouest du Burkina Faso : des débuts à la fin du XIXe siècle », *Islam et sociétés au sud du Sahara*, 4, p. 33–45.

Diallo H., 2003, « Les Peuls du Nord du Burkina Faso entre le Califat de Sokoto et la Diina du Maasina », *Cahiers du CERLSHS*, Université de Ouagadougou, deuxième numéro spécial, p. 43–58.

Diallo H., 2009, Histoire du Sahel au Burkina Faso : agriculteurs, pasteurs et islam (1740–1960), thèse de doctorat d'État en histoire, Université de Provence (Aix-Marseille I), 2 vol.

Duperray A.M., 1978, Les Gourounsi de Haute-Volta, conquête et colonisation, 1896–1933, thèse de troisième cycle, Paris, ÉHESS.

Echenberg M.J., 1970, « La jihad d'Ali-Kari, de Boussé : un État marka en pays dafing à la fin du XIXe siècle ». *Notes et documents voltaïques*, 3, 3, p. 3–42.

Flori J., 2002, *Guerre sainte, jihad, croisade. Violence et religion dans le christianisme et Islam,* Paris, Seuil.

Kambou-Ferrand J.M, 1993, *Peuples voltaïques et conquête coloniale, 1885–1914 – Burkina Faso*, Paris, L'Harmattan.

Koté B., 1982, Les Marka et l'islam dans la boucle de la Volta noire : du jihad d'El Hadj Mahamoudou Karantao au début de la colonisation française (1820–1915), Mémoire de maîtrise d'histoire, Université de Ouagadougou.

Mouline N., 2015, *Les clercs de l'islam*, Paris, PUF.

Otayek R., 1999, *Dieu dans la cité. Dynamiques religieuses en milieu urbain ouagalais*, Talence, Centre d'étude d'Afrique noire.

Pérouse de Montclos M.-A., 2018, *L'Afrique, nouvelle frontière du djihad ?*, Paris, La Découverte.

Al-Qayrawani I.A.Z, 1975, *La Risâla ou Épitre sur les éléments du dogme et de la loi de l'islam selon le rite mâlikite*, trad. De Léon Bercher, Alger Éditions populaires de l'Armée.

Triaud J.-L., 1998, « Introduction », in O. Kane et J.-L. Triaud (dir.), *Islam et islamisme au sud du Sahara*, Paris, IREMAM, Karthala, MSH, p. 5–20.

Urvoy M.T., 2007, « Guerre et paix », in M.A. Amir-Moezzi (dir.), *Dictionnaire du Coran*, Paris, Robert Laffont, p. 372–377.

Articles de journaux

Courrier confidentiel, 2018, « Attaques terroristes à Ouagadougou : notre enquête sur des frères sanguinaires », *Courrier confidentiel, 158*, 21 juin 2018.

Douce S., 2018, « Nous assistons à la naissance d'une nouvelle cellule terroriste au Burkina Faso », *Le Monde Afrique*, 05/09/2018, en ligne : https://www.lemonde.fr/afrique/article/2018/09/05/nous-assistons-a-la-naissance-d-une-nouvelle-cellule-terroriste-au-burkina-faso_5350644_3212.html

Le Cam M., 2017, « Comment est né Ansaroul Islam, premier groupe djihadiste de l'histoire du Burkina Faso », *Le Monde Afrique*, 11/04/2017, en ligne : https://www.lemonde.fr/afrique/article/2017/04/11/comment-est-ne-ansaroul-islam-premier-groupe-djihadiste-de-l-histoire-du-burkina-faso_5109520_3212.html

LeFaso.net, 2018, « Lutte contre le terrorisme : 3 assaillants abattus et 1 gendarme tué à Ouagadougou », en ligne : http://lefaso.net/spip.php?article83545

Le Monde Afrique, 2017, « Le Burkina Faso a l'épreuve du terrorisme », *Le Monde Afrique*, 09/04/2017, en ligne : https://www.lemonde.fr/afrique/article/2017/04/09/le-burkina-faso-a-l-epreuve-du-terrorisme_5108561_3212.html

Noaro-Kabré F., 2018, « Depuis la chute de Blaise Compaoré, les attaques terroristes se multiplient au Burkina Faso », France Culture, en ligne : https://www.franceculture.fr/emissions/le-choix-de-la-redaction/le-choix-de-la-redaction-du-mercredi-21-mars-2018

Pigeaud F., Sy K., 2018, « Burkina Faso : les terroristes étaient liés au président déchu Blaise Compaoré », *Mediapart*, 20/03/2018, en ligne :
https://www.mediapart.fr/journal/international/200318/burkina-faso-les-terroristes-etaient-lies-au-president-dechu-blaise-compaore?onglet=full

Roger B., 2017, « Burkina : Blaise Compaoré sort du silence et dément tout lien avec les jihadistes sahéliens », *Jeune Afrique*, 17/11/2017, en ligne : http://www.jeuneafrique.com/494113/politique/burkina-blaise-compaore-sort-du-silence-pour-dementir-tout-lien-avec-les-groupes-jihadistes-saheliens/

Rapports

International Crisis Group, 2017, *Nord du Burkina Faso : ce que cache le jihad*, Rapport Afrique n° 254, 12 octobre 2017.

Human Rights Watch, 2018, « *Le jour, nous avons peur de l'armée, et la nuit des djihadistes* », *Abus commis par des islamistes armés et par des membres des forces de sécurité au Burkina Faso*, mai 2018.

Notes

1. Au sens de bénédiction, d'influence bénéfique.
2. Ce texte a été rédigé en septembre 2018. La partie qui suit ne prend ainsi pas compte les événements qui se sont déroulés depuis cette période, mais qui nous semblent s'inscrire dans la lignée de l'analyse proposée ici.
3. Elle sera libérée en février 2018.
4. Groupe terroriste né de la fusion du MUJAO (Mouvement pour l'unicité et le djihad en Afrique de l'Ouest) et du groupe « les Signataires par le sang », dirigé par Mokhtar Belmokhtar, puis Abdalmalek Droukel (Pérouse de Montclos 2018 : 26).
5. *Mutations*, 15–31 janvier 2018. Voir aussi : https://24infos.net/terrorisme-burkina-54-attaques–2017/.
6. Voir Douce (2017).
7. https://lefaso.net/spip.php?article85464.
8. Otayek, qui utilisait cette expression en comparaison aux pays de la zone sahélienne traversés par l'islam politique et aux pays côtiers, marqués par un foisonnement d'Églises protestantes, soulignait bien que la société burkinabè n'en était pas moins « 'travaillée' en profondeur par des dynamiques religieuses » (Otayek 1999 : 35).
9. Lire notamment, à ce propos, Le Cam (2017).
10. LeFaso.net, 22/05/2018 : http://lefaso.net/spip.php?article83545
11. http://www.rtb.bf/2018/03/attaques-a-ouaga-le-peuple-burkinabe-restera-debout-et-uni-face-a-ladversite-roch-marc-christian-kabore/

CONCLUSION

La pluralité religieuse au Burkina Faso : modèle ou exception ?

Katrin Langewiesche

Comment peut-on décrire les grandes tendances du changement religieux à travers l'analyse de la pluralité religieuse au Burkina Faso ? Les chapitres réunis dans ce livre ont appréhendé cette question d'une manière à la fois descriptive et explicative. Les seize auteurs décrivent, souvent avec une perspective historique, comment la place des religions au sein de la société burkinabè a changé au fil du temps. Au-delà de la description, les contributeurs de cet ouvrage s'appliquent ainsi à trouver des éléments permettant d'expliquer les facteurs et les contextes qui ont participé, et participent toujours, au changement social. Les chapitres illustrent ainsi la centralité du religieux pour saisir ces processus.

Nous avons proposé ici une approche qui a recours aux enquêtes de terrain, tout en nous appuyant sur des études historiques lues avec un regard anthropologique. Malgré les tendances indubitables de la globalisation, les spécificités socioculturelles nationales ou régionales restent influentes. Les études par pays n'excluent pas les études transnationales et les comparaisons entre celles-ci. Concevoir les études nationales ou régionales du social d'une manière relationnelle et processuelle, comme le réclament Spies et Seesemann (2016), ouvre les frontières et dégage de nouvelles perspectives de recherche. L'approche comparative entre les dynamiques religieuses des différents pays de la sous-région a donné lieu à des études innovatrices (Bouron 2013 ; Kobo 2009 ; LeBlanc & Gosselin 2017). Cependant, si nous concentrons dans ce livre nos efforts empiriques sur l'étude d'un pays, le Burkina Faso, c'est pour souligner notre conviction que seules des recherches à la fois localisées et multisites, fondées sur des enquêtes fines, ancrées dans l'histoire, peuvent contribuer à la compréhension du changement religieux et servir de base pour des comparaisons éclairées. Par ailleurs, cette focalisation sur un pays reconnaît la dépendance des chercheurs travaillant sur certains thèmes vis-à-vis de l'État en ce qui concerne par exemple la collecte des données de recensements et la production des faits statistiques sur la diversité religieuse. L'État-nation reste enfin le niveau le plus pertinent pour mesurer la pluralité religieuse, même si les paysages religieux varient sensiblement de la ville à la campagne ou d'une région à l'autre (Kühle & Hoverd 2018). Cette conclusion met l'accent sur les perspectives plus larges que l'on peut tirer de l'exploration des différentes formes de coexistence religieuse au Burkina Faso, dans un environnement où des mouvements insurrectionnels violents se développent, avant de revenir sur la question cruciale des liens entre la constitution des savoirs et les contextes politiques.

LA CENTRALITÉ DU RELIGIEUX POUR SAISIR DES CHANGEMENTS SOCIAUX

Les huit chapitres de la première partie soulignent tous la diversité des pratiques au sein des principales traditions religieuses, même parmi celles qui semblent être clairement délimitées et qui proclament leurs différences par rapport aux autres. L'existence d'une différenciation interne, c'est-à-dire de différents courants au sein d'une même religion, particulièrement élevée pour l'islam et le protestantisme, constitue une facette de la diversité religieuse. La deuxième facette de ce concept est composée par le nombre des traditions religieuses en présence sur le territoire burkinabè et la nature de leurs relations. En filigrane, derrière les descriptions d'un mouvement religieux se dresse la complexité de la cohabitation religieuse avec les autres religions et leurs adeptes. Cette complexité traverse tous les chapitres de la première partie. En effet, comme nous le rappelle le chapitre 9, sur « Les enjeux des chiffres », une attention particulière doit être portée à la nature des coexistences dans des sociétés plurielles, en particulier lorsque des mesures uniformisées de la diversité religieuse comme les catégories de statistiques officielles sont utilisées (chapitre 9). Ainsi, nous pouvons comprendre au fil de la lecture des chapitres les diverses facettes de la cohabitation des religions au Burkina Faso, qui implique tant des appartenances multiples que des exclusions et démarcations, des imitations ou emprunts, des innovations, des pratiques de tolérance et d'oscillation et des conflits latents ou violents. Aucun type de relation n'est en effet exclusif à l'islam, au christianisme ou aux religions traditionnelles.

Le phénomène des appartenances multiples est mentionné par plusieurs auteurs de ce livre. Il est exprimé au quotidien d'une manière caricaturale par la plaisanterie qui dit que « 60 % des Burkinabè sont musulmans, 23 % chrétiens et 100 % animistes ». Cette tendance – à considérer la tradition comme arrière-plan et de pratiquer des rites traditionnels en complément à ceux des autres religions en fonction des âges de la vie et des circonstances existentielles – peut être interprétée comme une avance sur celle qu'on observe depuis peu en Europe et qui consiste à « croire à la carte ». Les développements des dernières décennies montrent en effet que l'homogénéisation religieuse habituellement associée à l'Europe est en train de se décomposer (Davie & Hervieu-Léger 1996 ; Davie 2001 ; Rémond & Nevill 1999). Les identités religieuses nationales se recomposent dans tous les pays européens. La situation de pratiques religieuses multiples, comme on les trouve au Burkina Faso et ailleurs en Afrique, est donc tout à fait en avance sur des tendances qui émergent tout juste au Nord. Les études empiriques qui se consacrent au phénomène d'appartenances multiples en Europe sont peu nombreuses (Liefbroer *et al.* 2018 ; Berghuijs 2017 ; Goosen 2007) et pourraient certainement s'inspirer de celles menées dans des sociétés africaines depuis longtemps.

La cohabitation des religions au Burkina Faso passe aussi par des exclusions mutuelles et des démarcations strictes entre courants religieux. Ce type de relations se retrouve dans le discours de « diabolisation » de pratiques liées aux religions locales par certains groupes évangéliques (chapitres 7 et 8) ou le rejet retentissant des pratiques soufies par les adeptes du mouvement sunnite et de celui de l'Ahmadiyya (chapitres 3 et 5). Simultanément à des tentatives d'exclusion et un discours qui accentue les différences, nous observons des emprunts et des imitations entre les courants religieux, par exemple en ce qui concerne les pratiques du dialogue interreligieux initié par les catholiques poursuivis et adaptés par différents courants musulmans (chapitres 4, 5, 6) ou l'utilisation des médias numériques et des réseaux sociaux. Précurseurs dans ce domaine, certaines voix évangéliques ont servi de modèles autant pour les catholiques, les ahmadis, le mouvement sunnite ou les musulmans francophones (chapitres 3, 4, 5, 6). Des innovations, notamment en ce qui concerne le statut des femmes au sein des différentes organisations religieuses, et l'accent mis sur l'engagement social, se retrouvent également au sein de tous les mouvements présentés au cours de la première section du livre.

Bien que ces huit premiers chapitres décrivent les différents courants musulmans et chrétiens séparément, ils mettent tous en évidence une pluralité religieuse dynamique, due à la dissolution des frontières entre les groupes par les migrations, les appartenances multiples, la transnationalisation du religieux dans un contexte de globalisation ou la mobilité religieuse individuelle. Cette approche centrée sur chaque communauté n'exclut point d'analyser les liens, emprunts, collaborations et tensions entre elles afin de saisir que la dynamique religieuse est justement entretenue par l'utilisation des frontières entre les religions à des fins sociales pour exprimer des revendications ou s'adapter à des contextes changeants.

Débuter la présentation de la pluralité religieuse au Burkina Faso par une entrée par des groupes religieux, plus ou moins clairement délimités, constitue un bon outil de réflexion sur la diversité, qui devient encore plus complexe et fluide lorsque l'on analyse des questions traversant les confessions, comme le font les auteurs dans la deuxième partie du livre. Les six chapitres de cette partie montrent que les religions sont toujours plus qu'un marqueur de différence ou une sorte de pratique sociale. Transformatrices par nature, les religions sont aussi un puissant lieu d'action, ouvert à l'investissement et l'appropriation individuels ou collectifs. Pour le Burkina Faso, nous constatons que la vitalité des religions et leur présence dans des institutions séculières ne diminuent point avec l'augmentation de la diversité religieuse, comme le présume Peter Berger dans sa théorie de 1967, révisée dans l'ouvrage *Altars of Modernity* (2014). L'enseignement privé confessionnel est une composante incontournable du secteur de l'éducation nationale, une arène où les grands courants religieux exercent leur influence sur la société civile à travers l'éducation des générations futures. Le chapitre 10 compare l'enseignement catholique, situé surtout dans les villes, et l'enseignement musulman, à forte dominante rurale. L'enseignement catholique, très structuré à l'image de l'Église, et l'enseignement musulman, peu structuré et éclaté en différents types d'établissements, reflètent la position des musulmans et chrétiens vis-à-vis de l'État burkinabè. Le poids des intellectuels chrétiens (catholiques et protestants) demeure encore important dans l'arène politique, bien que les acteurs musulmans s'y affirment davantage. Le chapitre 11 souligne le souci de l'État burkinabè de maintenir, depuis l'indépendance du pays, l'équilibre dans ses relations avec les différentes religions, bien que cet engagement soit plus facile à tenir en théorie qu'en pratique et varie évidemment en fonction des périodes que le pays traverse. Ce consensus soutenant la subordination de la religion – y compris le catholicisme – à l'État a été préféré aux conflits interreligieux pour l'hégémonie et la fabrication de l'homogénéité. Les auteurs de ce chapitre expliquent que l'évolution historique de la diversité religieuse au Burkina Faso est la base de ce consensus qui fait exception au sein des pays sahéliens.

La vitalité des religions se manifeste également dans le domaine du développement ce que le chapitre 12 étudie à travers l'analyse de la progressive « ONG-isation » des Églises et associations religieuses burkinabè. Depuis les années 1990, on assiste au Burkina Faso, comme ailleurs en Afrique de l'Ouest, non seulement à une multiplication des associations et ONG religieuses, mais aussi à un essor des médias privés et religieux. Le chapitre 13 examine la diversité religieuse au Burkina Faso à travers le prisme des médias. Le portrait que les auteurs de ce chapitre présentent du paysage médiatique religieux révèle une dominance catholique dans des médias classiques (journaux, radios, télévision) et une prépondérance de certaines figures salafistes ou charismatiques dans le numérique. La pluralité religieuse se caractérise dans ce domaine par une forte compétition, entre les religions, mais aussi entre les organisations appartenant à une même confession.

Le chapitre 14 donne un autre exemple pour comprendre comment le religieux devient un lieu de revendications collectives et individuelles, et illustre en même temps le fait qu'une étude attentive du local peut éclairer les manières variées de s'approprier les effets de la mondialisation. Les auteurs soulignent que l'histoire du *djihad* au Burkina Faso est historiquement en lien avec des processus sociaux et historiques particuliers, par exemple l'expansion de la société peule ou la réaction à la colonisation européenne. Au XIXe siècle, les promoteurs du *djihad* justifiaient avec des arguments religieux la lutte pour des intérêts sociopolitiques et économiques, l'objectif étant la mise en place de pouvoirs capables de contrôler l'espace pour promouvoir l'élevage chez les Peuls pasteurs et d'instaurer la sécurité sur les axes commerciaux afin de favoriser l'épanouissement du commerce chez les Marka. Aujourd'hui aussi, les groupes qui se réclament du *djihad* au Burkina Faso sont, bien qu'ils soient liés aux djihadistes maliens et mondialisés, profondément enchâssés dans l'histoire et la géographie politique, notamment dans la question des classes sociales et des hiérarchies des familles maraboutiques au Sahel burkinabè.

À la fin de la deuxième partie du livre, le lecteur ne peut que constater que l'évolution historique de la cohabitation des religions au Burkina Faso et les questions transversales qui se posent par rapport à l'éducation des générations futures, à la gouvernance, au développement économique, à la liberté d'expression ainsi qu'à la question sécuritaire, sont devenues des enjeux politiques majeurs. La diversité religieuse soulève des préoccupations quant à la façon dont les groupes religieux devraient participer à la société civile ou s'y engagent déjà.

LES LIENS ENTRE CONSTITUTION DES SAVOIRS ET CONTEXTE POLITIQUE

De nombreux chercheurs sont attirés par les analyses de la pluralité religieuse en raison de son importance pour la théorie du changement social contemporain et historique. Ainsi, certaines recherches prennent leur point de départ dans les préoccupations politiques concernant les défis de la diversité religieuse (Dawson 2016 : 2). La croissance des flux migratoires au cours des dernières décennies, ainsi que la reconnaissance de la religion comme un facteur de plus en plus important dans l'identification personnelle et collective a favorisé à la fois des études sur la pluralité religieuse et des analyses des communautés religieuses minoritaires. En outre, les attentats terroristes du 11 septembre 2001 ont contribué à accroître encore davantage les préoccupations politiques à l'égard de la religion. Au Burkina Faso, les débuts de la guerre au Mali en 2012 ont fortement influencé les points de vue des responsables politiques sur la religion et contribué à l'émergence de la notion de « radicalisation religieuse » dans le contexte burkinabè. Si les religions ont acquis aujourd'hui une grande visibilité, c'est en partie parce qu'elles sont un médium pour régler les conflits politiques, ethniques, nationaux et économiques, et qu'elles ont ainsi atteint une pertinence pour le politique et la sphère du pouvoir. Cette situation accentue l'importance de s'interroger sur la question de l'autonomie du champ scientifique, notamment par rapport aux préoccupations récentes autour de la radicalisation religieuse violente. L'autonomie du champ scientifique « n'est pas une donnée mais une conquête historique, qui est toujours à recommencer » (Bourdieu 2001 : 100). La production du savoir peut évidemment servir des intérêts politiques, économiques (par exemple des recherches sur les produits phytosanitaires par l'industrie des pesticides) ou religieux (par exemple l'*Intelligent Design* aux États-Unis comme « théorie » alternative à la théorie de l'évolution). Inversement des acteurs religieux peuvent s'approprier le registre des sciences sociales – comme dans les discours chrétiens sur « la théorie du genre » déployés pour s'opposer au mariage pour tous en France – dans le but de transformer des convictions religieuses en théories scientifiques.

Les préoccupations politiques vis-à-vis des mouvements insurrectionnels violents se réclamant du djihad au Burkina Faso, inspirées par le contexte mondial et la situation au Mali et au Nigeria, ont devancé les recherches universitaires sur la radicalisation religieuse au sein du territoire burkinabè. Une des conséquences de cette situation est l'émergence de nombreux appels aux initiatives de recherche visant à étudier la présumée radicalisation religieuse. Cependant, la revue de la littérature sur le religieux au Burkina Faso montre que les recherches mettent davantage l'accent sur le cas de l'exceptionnalité du Burkina Faso dans la sous-région en matière de cohabitation religieuse pacifique et de non-politisation des religions en général, et de l'islam en particulier (Langewiesche 2019). L'explosion de la violence sur le sol burkinabè est, pour une grande partie des chercheurs, mise en relation avec les situations locales, les fractures identitaires, les clivages socioéconomiques et le dysfonctionnement ou l'absence de l'État et de ses services dans les territoires concernés, et non avec des idéologies religieuses. Dans ce contexte politisé où la pluralité religieuse est considérée comme quelque chose qui doit être réglementé, il est crucial que les chercheurs restent attentifs aux enjeux qui peuvent peser sur leur recherche.

L'un des objectifs de cet ouvrage collectif a été de faire apparaître la complexité de la diversité religieuse et de repérer les changements et reconfigurations du religieux au Burkina Faso. Le modèle burkinabè de la pluralité religieuse mérite toute notre attention, car elle fonctionne et évolue avec ses conflits ponctuels depuis des siècles. On pourrait sans doute tirer profit d'une comparaison de cette situation particulière avec celle d'autres pays en Afrique pour saisir les évolutions religieuses dans toute leur épaisseur et conséquences pour la vie des populations. Malgré ses limites évidentes, dont l'une réside dans le fait que tous les courants religieux et tous les phénomènes sociaux impliquant la religion au Burkina Faso n'ont pour l'instant pas été étudiés, cet ouvrage collectif aura au moins permis d'éclairer la question de la gestion actuelle de la diversité religieuse par des exemples de coexistence religieuse étalés sur plusieurs siècles.

Bibliographie

Berger P.L., 2014, *The Many Altars of Modernity, Toward a Paradigm for Religion in a Pluralist Age*, Boston, Berlin, de Gruyter.

Berghuijs J., 2017, « Multiple Religious Belonging in the Netherlands: An Empirical Approach to Hybrid Religiosity », *Open Theology*, 3, 1, p. 19–37.

Bourdieu P., 2001, *Science de la science et réflexivité, Cours du Collège de France 2000-2001*, Paris, Raisons d'agir.

Bouron J.-M., 2013, Évangélisation parallèle et configurations croisées. Histoire comparative de la christianisation du Centre-Ghana et du Nord-Volta, (1945–1960), Thèse de doctorat, Université de Nantes et de Ouagadougou.

Davie G., Hervieu-Léger D. (dir.), 1996, *Identités religieuses en Europe*, Paris, La Découverte [Collection "Recherches"].

Davie G., 2001, *Religion in Modern Europe: A Memory Mutates*, Oxford, Oxford University Press.

Dawson A. (dir.), 2016, *The Politics and Practice of Religious Diversity: National Contexts, Global Issues*, London, Routledge.

Goosen G., 2007, « An Empirical Study of Dual Religious Belonging », *Journal of Empirical Theology*, 20, 2, p. 159–78.

Kalsky M., 2008, « Religiöse Flexibilität: Eine Antwort auf kulturelle und religiöse Vielfalt », in R. Bernhardt & P. Schmidt-Leukel (dir.), *Multiple religiöse Identität: Aus verschiedenen religiösen Traditionen schöpfen*, Zürich, Theologischer Verlag, p. 219–42.

Kobo O.M., 2009, « The Development of Wahhabi Reforms in Ghana and Burkina Faso, 1960–1990: Elective Affinities between Western-Educated Muslims and Islamic Scholars », *Comparative Studies in Society and History*, 51, 3, p. 502–32.

Kühle L., Hoverd W., Borup J. (dir.), 2018, *The Critical Analysis of Religious Diversity,* Leiden, Boston, Brill.

Lähdesmäki T., Saresma T., Hiltunen K., Jäntti S., Sääskilahti N., Vallius A., Ahvenjärvi K., 2016, « Fluidity and Flexibility of 'Belonging': Uses of the Concept in Contemporary Research », *Acta Sociologica, 59,* 3, p. 233–47.

Langewiesche K., 2019, *Un bilan de 60 ans de recherches en sciences sociales sur le religieux au Burkina Faso,* Arbeitspapiere des Instituts für Ethnologie und Afrikastudien der Johannes Gutenberg-Universität Mainz, n° 182, http://www.ifeas.uni-mainz.de/92.php.

Leblanc M.N., Audet Gosselin L., 2017, *Faith and Charity. Religion and Humanitarian Assistance in West Africa,* London, Pluto Press.

Liefbroer A.I., André F., Van Der Braak M., Kalsky M., 2018, « Multiple Religious Belonging among Visitors of Dominican Spiritual Centers in the Netherlands », *Journal of Contemporary Religion, 33,* 3, p. 407–26.

Rémond R., Nevill A., 1999, *Religion and Society in Modern Europe (Making of Europe),* Oxford, Blackwell Publishers.

Spies E., Seesemann R., 2016, « Pluralicity and Relationality: New Directions in African Studies », *Africa Today, 63,* 2, p. 132–9.

22. Dessin de Damien Glez publié dans *Jeune Afrique* (Numéro 2938 du 30 Avril au 6 mai 2017).